Militär und Sozialwissenschaften
The Military and Social Research

herausgegeben vom Arbeitskreis
Militär und Sozialwissenschaften (AMS)
und von Chance Schweiz – Arbeitskreis für
Sicherheitsfragen

Band 50

Heiner Möllers | Jörg Jacobs [Hrsg.]

Bundeswehr und Medien

Ereignisse – Handlungsmuster – Mechanismen
in jüngster Geschichte und heute

Nomos

In Zusammenarbeit mit dem Zentrum Informationsarbeit Bundeswehr
in Strausberg und dem Zentrum für Militärgeschichte und Sozialwissenschaften
der Bundeswehr in Potsdam.

Die Deutsche Nationalbibliothek verzeichnet diese Publikation in
der Deutschen Nationalbibliografie; detaillierte bibliografische
Daten sind im Internet über http://dnb.d-nb.de abrufbar.

ISBN 978-3-8487-3019-3 (Print)
ISBN 978-3-8452-7403-4 (ePDF)

1. Auflage 2019

Vorwort

Die Bundeswehr und die Medien haben ein schwieriges Verhältnis zueinander. In der pluralistischen Demokratie der Bundesrepublik Deutschland unterliegen die Streitkräfte nicht allein der politischen Kontrolle durch den Bundestag, sondern sind zudem einer intensiven medialen Beobachtung durch die „vierte Gewalt" ausgesetzt, seien es Rundfunk, Fernsehen oder Zeitungen. Im Zeitalter von Internet und Blogs hat sich in den zurückliegenden 20 Jahren die Berichtsqualität über sicherheitspolitische Themen jedoch erheblich verschoben. Waren in den 1960er-Jahren einige wenige Journalisten als sicherheitspolitische Experten bei überwiegend überregionalen Tageszeitungen ausgewiesen und nur wenige Fachleute bei Rundfunk und Fernsehen namentlich bekannt, so äußern sich heute zahllose Berichterstatter zu aktuellen sicherheits- und militärpolitischen Themen, die ihnen oftmals fremd sind. Früher war der „wehr- und sicherheitspolitische Journalist" in der Regel ein studierter Reserveoffizier, der die Bundeswehr von innen kannte und über gute Kontakte zu den für die Öffentlichkeitsarbeit Verantwortlichen in der Bundeswehr verfügte. Heute weisen die Journalisten nicht immer eine ihrem Thema angemessene Vorbildung auf, wie überhaupt die Informationstiefe bei Nachrichtensendungen gesunken ist – „Weiteres finden Sie auf Heute.de", heißt es dann beispielsweise.

Die Veränderung der Medienlandschaft und das Aufkommen zahlloser privater Rundfunk- und Fernsehsender sowie das Massensterben von Tageszeitungen haben außerdem dazu geführt, dass immer schneller zu gerade aktuellen Themen geschrieben und gesendet werden muss. Die Qualität der Berichte leidet darunter, und das fehlende Wissen der Journalisten tut sein Übriges dazu. In der Folge hat gerade das Spezialthema Bundeswehr in den Medien oftmals unter einem schiefen Blickwinkel und einer wenig fundierten Bewertung zu leiden.

Andererseits scheint vieles von dem, was in der Bundeswehr geschieht, die Medien kaum zu interessieren. Es findet keinen Platz auf Zeitungsseiten oder lässt sich nicht in eineinhalb Minuten in elektronischen Medien erklären, weshalb es kaum an die Öffentlichkeit gelangt. Hingegen wird nicht selten etwas, das der Bundeswehr nicht gut gelingt, Gegenstand einer kurzzeitig umfangreichen, kritisch bis polemischen Berichterstattung. Dies lässt sich an vielen Beispielen beobachten: Ein Elbehochwasser oder ein Waldbrand in der Lüneburger Heide, bei denen mehr als 10.000 Soldaten als Helfer eingesetzt werden, verschwinden nach dem Ende der Katastrophe schnell aus den Schlagzeilen. Die Nutzung von Waffensystemen hingegen, die nach anfänglichen technischen Problemen und möglicherweise angereichert durch Unfälle und Krisen, undurchsichtige Beschaffungsprozesse und schließlich gar durch eine Entscheidung der Nichtbeschaffung mediale Aufmerksamkeit erlebt, hält sich über Monate in den Medien – und dies umso mehr, wenn anschließend noch ein parlamentarischer Untersuchungsausschuss eingesetzt wird. Und ein Totenkopf in Afghanistan lässt sich besser wenige Wochen später skandalisierend inszenieren.

Es ist aber auch zu konstatieren, dass sich die regionale Berichterstattung in den Garnisonstädten der Bundeswehr vom Mainstream der bundesweiten Darstellung überregionaler Medien unterscheidet: Die vielfach positive Berichterstattung von Appellen, mit denen in der Heimat die Rückkehr von Soldaten aus dem Auslandseinsatz begangen wird, steht in deutlichem Gegensatz zur möglicherweise gleichzeitigen Berichterstattung aus der Hauptstadt über die Einsatzbereitschaft der Bundeswehr, Drohnen-, Hubschrauber oder A-440M-Probleme. Während die Rückkehrer allerdings nur kurzzeitig in den lokalen Medien Erwähnung finden, ergeben sich aus den Problemen und Affären eine langwierige Berichterstattung und intensive Diskussionen, gerade auch in den Internetblogs. Ohnehin muss in regionalen Zeitungen eine entsprechende Darstellung nach wenigen Tagen wieder den übrigen Problemen der Welt oder den regionalen und lokalen Schwerpunktthemen weichen. Selbst in den überregionalen Tageszeitungen und erst recht in den Wochenformaten ist eine gleichbleibend intensive Berichterstattung über die Bundeswehr im Generellen nicht festzustellen.

Eine kleine Gruppe der deutschen Bevölkerung hat in den letzten Jahren ihre Aufmerksamkeit auf einige wenige Blogs gerichtet, die sich gezielt der Bundeswehr oder militär- und sicherheitspolitischen Themen widmen. Die Qualität und Dichte der dortigen Berichterstattung, das von den Usern und Kommentatoren preisgegebene Insiderwissen sowie die hier anzufindende Verknüpfung von ansonsten öffentlich zugänglichen Informationen bilden ein Angebot, das, was Qualität und Quantität angeht, die Arbeit der Journalisten zu den besten Zeiten der wehr- und sicherheitspolitischen Medienarbeit in jeder Hinsicht in den Schatten zu stellen vermag. Dennoch – die wenigsten Bürgerinnen und Bürger der Bundesrepublik nutzen solche Möglichkeiten, sich ein Bild von der Bundeswehr als „ihren" Streitkräften zu machen. Aus diesem Grund besitzen die Massenmedien, und hier vor allem das Fernsehen, immer noch eine Meinungsführerschaft mit all ihren kritischen Auswirkungen auf die selektive Wahrnehmung der Bundeswehr durch weite Teile der deutschen Bevölkerung.

Zahlreiche demoskopische Umfragen zeigen immer wieder die hohe Akzeptanz, die die Bundeswehr in der deutschen Bevölkerung besitzt. Ihnen zufolge stehen die Streitkräfte des demokratischen Deutschlands dem Bundesverfassungsgericht als populärster staatlicher Institution kaum nach. Das lässt sich vielleicht mit den Einsätzen unserer Streitkräfte bei Naturkatastrophen erklären, die die Bundeswehr seit ihrer Gründung vielfach leisten musste. Allerdings spiegelt die eher nachrangige Art und Weise der Medienberichterstattung über die Bundeswehr das vom früheren Bundespräsident Horst Köhler so bezeichnete „freundliche Desinteresse" der Deutschen an ihrer Armee wider. Der „wahre Wert" der Bundeswehr wird für den Normalbürger, wie es scheint, erst dann spürbar, wenn sie seine Existenz vor den Fluten der Flüsse sichert.

Der hier skizzierte Befund ist nicht neu und bedarf keiner umfassenden Darstellung. Die hinter diesen Entwicklungen stehenden Ursachen wie auch die zwischen Bundeswehr, Medien und Öffentlichkeit stattfindende Kommunikation sind hingegen weitgehend unbekannt oder werden nicht wahrgenommen.[1] Während die zu solchen Abläufen gehörenden kommunikativen Entwicklungen im Rahmen der Kommunikationswissenschaften längst untersucht werden, hat sich beispielsweise die Mediengeschichte bis auf wenige Ausnahmen den Streitkräften der Bundesrepublik kaum genähert. Aus diesem Grund haben das Zentrum Informationsarbeit der Bundeswehr (früher Akademie der Bundeswehr für Information und Kommunikation) und das Zentrum für Militärgeschichte und Sozialwissenschaften der Bundeswehr mit dem Workshop „Bundeswehr und Medien in jüngster Geschichte und heute" das Verhältnis zwischen Bundeswehr und Medien untersucht. Neben medientheoretischen Betrachtungen, die die Kommunikation zwischen den Streitkräften und der „vierten Gewalt" analysieren, wurden verschiedene Ereignisse aus der Bundeswehrgeschichte thematisiert, die – jedes in seiner Zeit – eine beträchtliche Medienwirkung erzielten.

---

1 Zum grundsätzlichen Problem der Wahrnehmung der Bundeswehr durch die Medien heute siehe Martin Löffelholz, Claudia Auer und Kathrin Schleicher, Vorsichtige Annäherung. Die Beziehungen der Bundeswehr zu den Medien vom Ende des Kalten Krieges bis heute. In: *Militärgeschichtliche Zeitschrift* 70 (2011), S. 69–84.

Dieser Band versteht sich nicht als Aufsatzsammlung der beim Workshop gehaltenen Vorträge. Vielmehr will er Anstöße für eine wissenschaftliche Debatte über die Medienwirkung der Bundeswehr und für eine kommunikationswissenschaftliche Betrachtung der Rolle, die die Streitkräfte der Bundesrepublik Deutschland spielen, geben.

Potsdam und Strausberg   Jörg Jacobs und Heiner Möllers

Inhalt

Medien und Bundeswehr

Jörg Jacobs

Über das Verhältnis der Medien zur Bundeswehr – oder der Bundeswehr zu den Medien – zu schreiben, ist einerseits trivial, andererseits auch komplex. Abgesehen von der Verankerung der Bundeswehr im Grundgesetz ist es trivial, weil die Bundeswehr als Organisation und Name für die deutschen Streitkräfte allgemein bekannt ist. Als Monopolist zur Ausübung staatlicher Gewalt in den Außenbeziehungen der Bundesrepublik sowie als Ressource bei der Bewältigung von Katastrophen im Inland kann die Bundeswehr mit einem hohen Bekanntheitsgrad rechnen. Wenn etwa bei Studien unter Kindern und Jugendlichen die Bundeswehr neben der Polizei unter den Top-Arbeitgebern gewünscht ist, sagt dies mehr über die Bekanntheit der Streitkräfte aus als darüber, dass der Soldatenberuf wirklich der Traumberuf vieler Kinder in Deutschland ist. Dabei hat die Bundeswehr einen hohen Bedarf an Personal: Etwa 250.000 Menschen arbeiten als zivile Mitarbeiter/-in oder Soldat/in für eine staatliche Organisation, die mit ihren (Friedens-)Standorten im ganzen Land vertreten und damit auch in allen regionalen Medien Gegenstand der Berichterstattung ist.

In dem Auftrag und den Aufgaben der Bundeswehr sowie den daraus abgeleiteten Fähigkeiten zur Erfüllung des Auftrags und der sich daraus ergebenden Größe der Organisation liegen die Gründe für die Komplexität der Beziehung zu den Medien verborgen. Durch die Größe ist eine Gliederung des „Konzerns Bundeswehr" in Tochtergesellschaften erforderlich, die weitgehend eigenständig zur Erfüllung der Aufgaben beitragen, die aber jeweils durch die „Muttergesellschaft" geführt werden müssen, um auch im Sinne einer Gesamtsteuerung ihre jeweiligen Teilaufgaben erfüllen zu können. Hinzu kommt, dass durch die „Innere Führung" als Unternehmensphilosophie und demokratisches Selbstverständnis der Streitkräfte (Stichwort: Staatsbürger in Uniform) eine gesellschaftliche Verankerung der Streitkräfte für die Funktionsfähigkeit der Streitkräfte als Ganzes sowie die Bereitschaft des Einzelnen Soldaten, sich Befehlen zu unterwerfen, geradezu zwingend erforderlich ist.

Diese Gemengelage legt in einer demokratischen politischen Ordnung mit einer offenen Gesellschaft geradezu eine externe, öffentlichkeitswirksame Kontrolle der Organisation Bundeswehr auf ihre Funktionsfähigkeit, der politischen Führung der Bundeswehr auf ihre Führungsfähigkeit sowie der Bundesregierung auf die selbst gesetzten strategischen Zielsetzungen nahe. Die Bundeswehr als Thema in den Medien regt zur Berichterstattung an und fordert den journalistischen Ehrgeiz aufgrund des zu erwartenden devianten Verhaltens geradezu heraus. Auch die Notwendigkeit für den einzelnen Soldaten, im Ernstfall zu töten und das persönliche Risiko einzugehen, selbst getötet zu werden, führt in einer zivilen Gesellschaft (mit einem Wertesystem von Frieden in Freiheit) zu einem gewissen Unbehagen und ist so bereits ein besonderer Nachrichtenfaktor an sich.

Dieser Beitrag geht der Frage nach, wie die Bundeswehr in das Mediensystem der Bundesrepublik passt und nach welcher Logik die Akteure Medien und Bundeswehr ihre Zusammenarbeit im öffentlichen Raum jeweils gestalten. Denn am Ende sind die Bundeswehr als Gegenstand der Berichterstattung und Produzent von Meldungen sowie die Medien als Kanäle zur Verbreitung von Nachrichten und als Gatekeeper für die Auswahl und den Tenor von Nachrichten Partner im öffentlichen Raum.

Politikvermittlung

Spätestens mit dem Entstehen von Nationalstaaten ist Politik immer ein vermitteltes Geschehen. Ist es noch vorstellbar, dass sich in den Stadtstaaten des alten Griechenland die abstimmungsberechtigten Bürger auf dem Marktplatz treffen, vor einer Entscheidung eine politische Frage diskutieren und dann im Anschluss an die Diskussion direkt entscheiden, ist dieses Verfahren in Flächenstaaten nicht praktikabel. Daher sind alle Akteure, der Souverän wie der Politiker oder der Verwaltungsbeamte auf die geeignete Ver- und Übermittlung von Vorhaben sowie einmal getroffener Entscheidungen abhängig. Politische Realität wird folglich nicht einfach abgebildet, sondern durch die Über- und Vermittlung mitkonstruiert (vgl. Sarcinelli 1999: 702). Entsprechend üben Medien in Demokratien nicht nur die Funktion eines Boten aus, der Informationen überträgt, sondern sie sind selber ein Akteur, der – bei allem Bemühen um eine objektive Berichterstattung – interagiert und damit zur Partei wird. Medien erläutern politische Vorhaben und Entscheidungen aus ihrer Sicht und fügen damit dem Transport von Informationen eine Vermittlungsleistung hinzu. Auf diese Weise garantieren Massenmedien eine weitgehend akzeptierte und auch den einzelnen Individuen bekannte Gegenwart. Wenn also entsprechend mediale Institutionen wie die „Tagesschau" oder die „heute"-Nachrichten durch ein flexibilisiertes Nutzungsverhalten ihre Stellung als Vermittler der gesellschaftlichen Gegenwart verlieren, kann ein vergleichbares Verständnis von allen gesellschaftlichen Gruppe für eine aktuelle Lage auch nicht vorausgesetzt werden. Als Konsequenz daraus könnte eine Vielzahl von fragmentierten Öffentlichkeiten entstehen, die zwar voneinander wissen, die aber keine gemeinsame Gesprächsbasis mehr haben. In gewisser Weise verlieren die politischen Akteure den medialen Partner für die Publikation von wechselseitig aufeinander bezogenen Vermittlungsprozessen und die Medien ihren Einfluss als Dirigenten der Selbstbeobachtung des Gesellschaftssystems. Mediale Nischenprodukte, vom Einzelnen gewählt nach individuellen Präferenzen (z.B. Internetseiten mit „unterhaltsamen" Verschwörungstheorien), erhalten eine höhere Aufmerksamkeit, nähren Zweifel an der akzeptierten, bekannten Gegenwart und erlangen so potenziell eine gesellschaftliche Bedeutung über den Unterhaltungswert hinaus.

Mit den strukturellen Veränderungen der Medienwelt ist also mehr verbunden als die Möglichkeit, sein Unterhaltungsprogramm individuell zu gestalten. Wenn die 20 Uhr- Tagesschau nicht mehr der Ankerpunkt der politischen Information ist, geht die gemeinsame „Wissensbasis" der Gesellschaft, eine breit adaptierte und auch akzeptierte Bewertung von Ereignissen, in dieser Entwicklung verloren.

Um auf einem fragmentieren, wettbewerbsorientierten Medienmarkt bestehen zu können, sind mediale Akteure mehr denn je gefordert, für ihre Nutzer einen Mehrwert zu generieren und flexibel abrufbare Angebote über ein Netz von Medienkanälen und Ausspielwegen anzubieten. Und politische Akteure sind gezwungen, über neue Wege nachzudenken, wie politische Vorhaben und politische Entscheidungen der breiten Bevölkerung über- und vermittelt werden können. Das gilt zumal in einer gesellschaftlichen Realität, in der unbegründete Behauptungen zum guten Ton der politischen Kommunikation erkoren werden (vgl. die Präsidentschaftskampagne in den USA, die Argumentation der Befürworter des Austritts von Großbritannien aus der Europäischen Union, aber auch populistischer Bewegungen in den verschiedenen Ländern Europas).

Die Medialisierung (vgl. Blumler/Kavanagh 1999) der Gesellschaft bedeutet aber nicht nur eine strukturelle Veränderung der Medienwelt durch „special interests" (z.B. neue Spartenkanäle im Fernsehen oder die weltweite Bereitstellung von „Genre-Sendern" über das Internetradio bzw. Video-Plattformen des Internet) oder eine quantitative und qualitative Ausbreitung der Anzahl der publizierten Medien. Es bedeutet auch eine (in Geschwindigkeit wie Leistung) immer intensivere Durchdringung aller gesellschaftlichen Bereiche durch „alerts", „Newsletter" oder digitale Marketingmaßnahmen sowie die unmittelbare Verfügbarkeit veröffentlichter Informationen aufgrund der Entwicklungen in der mobilen Internettechnologie und der verbreiteten Nutzung von mobilen Endgeräten mit einem Zugang zum Internet. Es wird durch sogenannte „Breaking News" der Anschein erweckt, das Bedürfnis der Gesellschaft nach Nachrichten zu befriedigen, obwohl viele Meldungen ohne Hintergrundwissen nur einen Sachstand zum Zeitpunkt t1, am Ort O2 zum Ereignis E3 darstellen, die erstens keine wirkliche Bewertung zulassen und zweitens nach wenigen Stunden bereits überholt sein können. Die Herausforderung für die politische Kommunikation aller staatlichen Institutionen besteht darin, diesen Scheinriesen der aktuellen Nachricht durch eine seriöse Kommunikation wieder auf das Maß eines bodenständigen Zwerges zu reduzieren. Der Spagat besteht dabei darin, einerseits den Bedarf der Mediennutzer nach Unterhaltung zu bedienen, um überhaupt wahrgenommen zu werden. Andererseits aber auch das berechtigte Bedürfnis der Gesellschaft ernst zu nehmen, mehr über Gründe, Absichten und Ziele politischen Handelns zu erfahren. Es gilt also, nicht nur den Anspruch an Legalität (Informationspflicht der Regierung), sondern auch die empirische Legitimität politischer Kommunikation zu wahren.

Politische Akteure

Insbesondere politische Akteure stehen potenziell unter einer (Dauer-)Beobachtung durch die Medien. Dadurch wird auch die Deutung politischen Handelns, die individuelle wie gesellschaftliche Wirklichkeitskonstruktion und damit auch die linke und rechte Grenze politischer Handlungsmöglichkeiten tiefgreifend beeinflusst. Gleichzeitig ist das Kommunikationsdreieck zwischen Politik, Medien und Öffentlichkeit eher als ein System von Interaktionsbeziehungen mit einem Geben und Nehmen zu definieren denn als Kausalmodell mit einem bestimmenden Akteur, dem alle anderen folgen (vgl. Tenscher/Viehrig 2007).

Diese Interaktion mit ihren „checks and balances", die jeweils auf wohl verstandenem Eigeninteresse beruhen, sind ein wesentlicher Funktionsbestandteil, um in einer pluralen Gesellschaft Öffentlichkeit zu gewährleisten. Medien sind einerseits die Abnehmer von Informationen, denn deren Veröffentlichung ist ihr Geschäft. Sie bieten aber auch der (politischen) Öffentlichkeitsarbeit eine partnerschaftliche Zusammenarbeit an, um Informationen zu erhalten und überhaupt „Geschichten" erzählen zu können. Die Herausforderung besteht nun darin, die notwendige professionelle Distanz zu wahren, um jeden Anschein von Gefälligkeitsberichterstattung zu vermeiden. Gleichzeitig bieten Medien aber auch Informationen in einer bestimmten Weise oder mit einer Wertung versehen an, die von ihren Lesern/Zuschauern/Nutzern erwartet und auch nachgefragt werden.

Hier besteht die Herausforderung darin, dass die Medien ihrer Rolle als intersubjektiver Berichterstatter noch gerecht werden. Leser/Nutzer/ Zuschauer wiederum nehmen Informationen eher auf, wenn sie den individuellen Vorstellungen entsprechen. Gerade die unübersichtliche Menge an digital bereitgestellten Informationen zwingt den Einzelnen zur Auswahl nach individuellen Präferenzen. Paradoxerweise bleibt in einer Welt mit immensen Informationsmöglichkeiten immer weniger Raum, sich ein breites Gesamtbild über die verschiedensten Themen jenseits der eigenen Interessen anzueignen. Die Öffentlichkeit wiederum ist nicht nur Rezipient von Medieninhalten, sondern äußert die eigenen Vorstellungen im (politischen) Verhalten. Dieses Verhalten kann mit der Bandbreite von Diskussionen am Stammtisch, dem Schreiben von Leserbriefen („klassisch" wie digital oder in Diskussionsgruppen sozialer Medien), dem (Nicht)Wählen oder der Teilnahme an Demonstrationen und Petitionen verschiedene Formen annehmen (vgl. Kaase 1982). Responsive politische Akteure berücksichtigen das Verhalten der Öffentlichkeit für die Vorbereitung und Ausgestaltung politischer Entscheidungen, was wiederum von der Öffentlichkeit bewertet und sanktioniert wird. Das Dreieck der Wechselbeziehungen zwischen Medien - politischen Akteuren - Öffentlichkeit schließt sich dadurch, dass die (politische) Öffentlichkeitsarbeit diese Vorbereitungen und Ausgestaltungen politischer Entscheidungen den Medien als Mittler politischer Vorhaben zur Veröffentlichung anbietet. Die Herausforderung für öffentliche Institutionen in diesem Dreiecksverhältnis der Abhängigkeitsbeziehung ist es, den eigenen Gestaltungsanspruch unter Beobachtung der Medien und der Sanktionsmöglichkeiten der Öffentlichkeit umzusetzen.

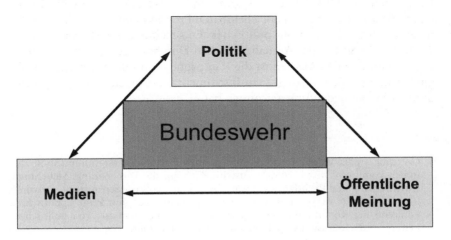

Politische Akteure sind sich bewusst, dass sie in einer pluralen, demokratischen politischen Ordnung auf die Vermittlungsleistung von Medien angewiesen sind, aber auch gut beraten sind, ihre politischen Ziele (policy-Durchsetzung, office-seeking [vgl. Theorien zur Koalitionsbildung]) mit hinreichender Distanz zu den Medien strategisch zu verfolgen. Dazu gehört es, Themen und Deutungen medial zu platzieren, um die gesellschaftliche Zustimmung zu gewinnen oder zu erhalten sowie Möglichkeiten und Strategien der Öffentlichkeitsarbeit an den Möglichkeiten und Grenzen der jeweiligen Rolle auszurichten (z. B. ist das Bundespresseamt in den Möglichkeiten der Gestaltung von Kampagnen deutlich stärker eingeschränkt als Nicht-Regierungsorganisationen). Bei politischen Akteuren, die ein öffentliches Amt bekleiden, ist ein wesentlicher Aspekt der Öffentlichkeitsarbeit, dass die Regierungskommunikation[1] vor allem aufklärerische Züge tragen soll, denn die Informationspolitik soll „Verständnis für erforderliche Maßnahmen wecken" (BVerfGE 44, 125ff., 147f.). Nach Gebauer wird unter Regierungskommunikation „herkömmlich vor allem Öffentlichkeitsarbeit und Informationspolitik, im Schwerpunkt Politikvermittlung im Sinne von Entscheidungsvorbereitung nach innen und außen" (Gebauer 1998: 44) verstanden. Damit steht die Gestaltung der Regierungskommunikation in einem Interessenkonflikt des jeweiligen Amtsinhabers mit seiner Rolle als Politiker. Politische Akteure sind bestrebt, durch eine positive Berichterstattung um Zustimmung und Unterstützung für eine Wiederwahl zu werben. Dies umso mehr, als die Veränderungen in der Medienwelt neue Möglichkeiten der direkten, digitalen Interaktion eröffnen. Politische Kommunikation kann also mehr sein als ein Instrument der Vermittlung politischer Entscheidungen. Sie ist auch ein „zentraler Mechanismus bei der Formulierung und Artikulation politischer Interessen, ihrer Aggregation in entscheidbaren Programmen, sowie der Durchsetzung und Legitimation politischer Entscheidungen" (Jarren/Donges 2011: 21). Aufgrund der Aktualität, hohen Durchdringung und Schnelllebigkeit der digitalen Medien ist die Kampagne – und die Fähigkeit zur digitalen Kampagnenführung – ein Instrument, das für die politische Kommunikation an Bedeutung gewonnen hat.

---

1 Czerwick grenzt Verwaltungskommunikation von Regierungskommunikation ab, indem kommunikatives Handeln ausschließlich auf die Vorbereitung, Steuerung, Durchsetzung und Rechtfertigung von administrativen Prozessen ausgerichtet wird (Czerwick 1997: 983). Damit wird hier eine „klassische" und keine „politische" Funktion der Kommunikation angenommen und die Trennung von politischer Leitung und administrativer Umsetzung von Politik betont.

Kampagnen

Durch die beständige Verfügbarkeit einer unübersichtlichen Menge von Informationen stehen Nutzer vor der Aufgabe der Informationsauswahl und Anbieter von Informationen vor der Herausforderung, Aufmerksamkeit für die eigenen Nachrichten zu generieren. Kampagnen sind ein Instrument, um eine erhöhte öffentliche Aufmerksamkeit zu erreichen. Kampagnen sind dabei definiert als dramaturgisch angelegte, thematisch begrenzte und zeitlich befristete kommunikative Strategien. Sie verfolgen das Ziel, Aufmerksamkeit zu erzeugen, Vertrauen in die eigene Glaubwürdigkeit zu schaffen und Zustimmung zu beabsichtigten Handlungen und/ oder Anschlusshandlungen zu erzeugen (Röttger/Röttger 1998: 667; z.B. die Bereitschaft zur Verpflichtung, als Soldat in der Bundeswehr zu dienen, folgt als Anschlusshandlung auf eine Kampagne zur Imagebildung). Mit der allgemeinen Nutzung von sozialen Medien und deren potenziell universeller Erreichbarkeit stehen Großorganisationen vor der besonderen Herausforderung, vor dem Start einer externen Kampagne das eigene Personal auf diese Kampagne vorzubereiten. Denn in den sozialen Medien gelten Angehörige einer Organisation als Experten mit einer höheren Glaubwürdigkeit und genießen im Zweifel mehr Vertrauen als eine professionelle Kommunikationsabteilung. Darüber hinaus wird es innerhalb von Großorganisationen verschiedene Bereiche mit eigenen, unter Umständen nicht mit den Kampagnenzielen zu vereinbaren Teilidentitäten und -interessen geben (bei der Bundeswehr sind diese Bereiche z.B. das Bundesministerium der Verteidigung, die Teilstreitkräfte und Organisationsbereiche). Die Vielschichtigkeit einer Organisation gilt es vor der Veröffentlichung von Kampagnen im Sinne einer integrierten Kommunikation zu berücksichtigen, wenn sie auf gemeinsame Organisationsziele hin ausgerichtet sein soll. Lehrbuchmäßig werden Kampagnen erst dann medial verbreitet, wenn die interne Verständigung darüber abgeschlossen ist und die Angehörigen einer Organisation auf Rückfragen der Öffentlichkeit auch reaktionsfähig sind, indem sie von der Kampagne wissen. Damit ist ausdrücklich nicht eine ungeteilte Zustimmung gemeint, sondern die Fähigkeit zur Diskussion im jeweiligen Lebensumfeld.

Die Interaktion von Medien und politischen Akteuren zeigt sich auch in diesem Punkt: die Medienkommunikation in Kampagnen wird nur dann ihre Ziele erreichen können, wenn bestimmte Charakteristika der Medienwelt eingehalten werden. Dazu zählen das Einhalten von journalistisch-handwerklichen Standards (z.B. keine langen Presseerklärungen, Timing von Veröffentlichungen nicht nach Redaktionsschluss etc.). Ein weiterer Aspekt ist das Selbstverständnis von Medien, die zur Sorgfalt verpflichtet sind und zwar eine gewisse Nähe zu Organisationen benötigen, um Informationen zu erhalten, aber ein eigenes Profil pflegen. Unter anderem ist dies der Fall, wenn es darum geht, sich im Konkurrenzkampf der Medien um Leser/Zuschauer/Zuhörer und Werbekunden behaupten zu können. Und schließlich gehört die Beachtung des Nachrichtenwerts zu den wesentlichen Strukturmerkmalen von Kampagnen, um überhaupt ein nennenswertes mediales Interesse zu wecken. Denn letztlich sind auch Journalisten aufgrund der verfügbaren Nachrichtenflut gezwungen, eine Auswahl für die Inhalte des jeweiligen Mediums zu treffen. Diese Auswahlentscheidung ist sicherlich zunächst vom Selbstverständnis eines Journalisten abhängig (ob er sich als Vermittler, Erklärer, Forscher, Detektiv, Wachhund, Parteigänger, Anwalt oder Unterhalter oder einer Mischung aus verschiedenen Rollen sieht), aber auch von Struktur- und Funktionszusammenhängen. Und neben der Ausrichtung eines Mediums gehören dazu vor allem die Nachrichtenwertfaktoren, die sich wiederum in eine inhaltliche Dimension (z.B. Eindeutigkeit, Relevanz, Überraschung, Konsonanz, Entfremdung, Negativität, Personalisierung), den Bezug zu einem Medium (Termin und Dauer eines Ereignisses im Verhältnis zum Veröffentlichungsintervall eines Mediums; dem Verhältnis eines Mediums zum Themenmenü), den Bezug zur Situation (Intensität eines Ereignisses) und den Bezug zu vergangenen Auswahlentscheidungen (Kontinuität) unterteilen lassen (vgl. zu dieser Thematik Maier et al. 2010). Die notwendige Nachrichtenauswahl führt zwar immer zu einer Wirklichkeitsverzerrung durch Vereinfachung, Identifikation und Sensationalismus (vgl. Schulz 2009; Östgaard 1965: 45-46), ist aber ein integraler Bestandteil der Medienwelt, der nicht vermieden werden kann. In diesem Sinne hilft das Niveau des Nachrichtenwertes (d.h. der Grad der Übereinstimmung mit den oben aufgezählten Eigenschaften) dem Anbieter von Nachrichten (hier politischen Akteuren) als Indikator einzuschätzen, welche Chancen für eine mediale Platzierung bestehen. Welche Nachrichtenfaktoren der journalistischen Realitätshypothese entsprechen, drückt sich in der positiven Selektionsentscheidung (eine Meldung wird veröffentlicht), dem Umfang (eine Meldung wird knapp oder breit in die Berichterstattung aufgenommen) und der Platzierung aus (eine Meldung wird auf Seite 1 veröffentlicht, im sofort sichtbaren Abschnitt eines Internetauftritts angeboten oder eben als kleine Agenturmeldung auf Seite 30).

Ob die journalistische Realitätshypothese auch öffentlich aufgenommen wird und gesellschaftliche Relevanz erhält, entscheiden letztlich die Mediennutzer. Sie nehmen Informationen durch Meldungen und Kommentare auf, sind aber durch die digitalen Medien heute auch in der Lage, journalistische Berichte und Kommentare unmittelbar zu bewerten. Dabei darf vorausgesetzt werden, dass sowohl für die Auswahl und Aufnahme von Informationen als auch für deren Bewertung kognitive Konsonanz stärker wiegt als kognitive Dissonanz. Bei der Verfügbarkeit von digitalen Medien bedeutet dies konkret, dass die gemeinsame Nachrichtenbasis, der einheitliche Wissensstand der Gesellschaft verloren geht (s.o.). Nach individuellen Präferenzen zusammengestellte Informationen bedeuten eben, dass darüber hinausgehende gesellschaftlich relevante Themen nicht mehr zur Kenntnis genommen werden. Das individuelle Weltbild (vgl. Converse 1964; Zaller 1992) und daraus abgeleitete Präferenzen werden für konventionelle/unkonventionelle Partizipation, das Sanktionieren politischer Entscheidungen, aber auch das Sanktionieren der medialen Berichterstattung durch Kaufverhalten bedeutsamer als das Bereitstellen und die Bewertung objektivierbarer Informationen zu einem (Rand-)Thema.

Die Bundeswehr im Kommunikationsdreieck

Die Bundeswehr steht als nachgeordneter Bereich der Bundesregierung in der Mitte dieses Kommunikationsdreiecks aus Politik, Medien und Öffentlicher Meinung. Einerseits bereitet sie über Verwaltungskommunikation administrative Prozesse vor und rechtfertigt sie (z.B. Stationierungskonzept), andererseits ist die Bundeswehr allein aufgrund ihrer Größe und militärischen Aufgabe (Instrument des Staates zur Verteidigung des Landes und Gewaltanwendung gegen äußere Bedrohungen) eine Behörde von Verfassungsrang, von herausgehobenem öffentlichem Interesse. Als ein nachgeordneter Bereich der Bundesregierung ist sie auch Gegenstand der Regierungskommunikation. Im Sinne der Entscheidungsvorbereitung und Politikvermittlung dienen in der Außenkommunikation der Bundeswehr die Erläuterung (sicherheits-)politischer Vorhaben und die Darstellung des Auftrags und der Aufgaben der Bundeswehr auch dazu, die Verankerung der Bundeswehr in der Gesellschaft zu vertiefen sowie die Steigerung des Ansehens der Soldatinnen und Soldaten zu fördern.

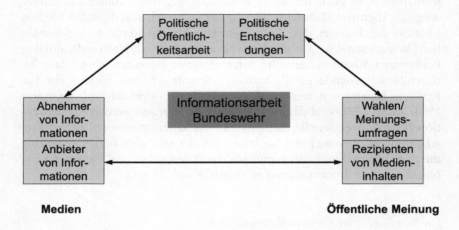

Die Bundeswehr stellt mit ihrer Informationsarbeit (bestehend aus Presse-, Öffentlichkeits-, Medienarbeit und sicherheitspolitischer Kommunikation,[2] vgl. nachfolgender Abschnitt) Informationen über die Bundeswehr bereit, die dann über eigene und externe Medien der Öffentlichkeit angeboten werden. In gleicher Weise stellt sich die Bundeswehr der Diskussion mit der Öffentlichkeit, wenn sie über die Umsetzung von politischen Entscheidungen - vorrangig den Auftrag und die Aufgaben der Bundeswehr, wie sie im jeweils gültigen Weißbuch der Bundesregierung formuliert wurden – durch die Bundeswehr berichtet. Ein wesentlicher Unterschied in den Kommunikationsabsichten politischer Entscheidungsträger und der Bundeswehr als Behörde liegt im Zeithorizont des Handelns begründet. Während politische Entscheidungsträger durch demokratische Verfahren gezwungen sind, Wahlzyklen zu bedenken und die damit verbundene Frage des Machterhalts einen Aspekt des Kalküls darstellt, ist die Bundeswehr vorrangig an einer langfristig angelegten Unterstützung durch die Gesellschaft interessiert. Natürlich ist auch die Bundeswehr bestrebt, die eigene Leistungsfähigkeit zu jedem Zeitpunkt darzustellen und eine negative Berichterstattung über aktuelle Ereignisse zu vermeiden. Das strategische Ziel aller kommunikativen Aktivitäten ist jedoch eine langfristig angelegte

---

2 Auf der ministeriellen Ebene wurde die strategische Planung der Kommunikation der Arbeitgebermarke Bundeswehr inzwischen dem Presse- und Informationsstab zugeordnet. Im Geschäftsbereich des Bundesministeriums der Verteidigung findet diese Zuordnung keine strukturelle Entsprechung.

Bestandssicherung der Bundeswehr durch eine breite diffuse Unterstützung (vgl. zum Konzept der politischen Unterstützung Easton 1965; Fuchs 1989) der Bevölkerung zu erreichen, d.h. das Vertrauen der Bevölkerung in die Verteidigungspolitik der Bundesrepublik zu stärken, die Integration der Bundeswehr in die Gesellschaft zu zeigen und über das Ansehen der Soldatinnen und Soldaten auch das Selbstverständnis sowie die *Corporate Identity* zu fördern. In diesem Sinne sind auch die aktuellen Bemühungen um eine Positionierung der Arbeitgebermarke Bundeswehr zu verstehen, mit der nach dem Aussetzen der Wehrpflicht in einer alternden Gesellschaft über die Sinnhaftigkeit des Wehrdienstes auf die Attraktivität eines Dienstes in der Bundeswehr aufmerksam gemacht wird.

Auftrag der Informationsarbeit der Bundeswehr

Die Bundeswehr bündelt ihre Kommunikation mit der deutschen Öffentlichkeit sowie der internen Kommunikation mit eigenen Medien in der Funktion „Informationsarbeit" (InfoA). Dieser Begriff wurde in Abgrenzung des vieldeutigen Begriffs „Public Relations" (PR) bewusst gewählt, um die besonderen Randbedingungen der Kommunikation von staatlichen Stellen mit der Gesellschaft zu betonen und eben nicht mit Werbung oder Propaganda verwechselt zu werden. So heißt es zu den „Prinzipien der Informationsarbeit" in der entsprechenden Dienstvorschrift A-600/1: „Informationen aus Sorge vor Kritik oder negativer Berichterstattung über die Bundeswehr zurück zu halten, ist für ihr Ansehen kontraproduktiv und mit den Grundsätzen der InfoA nicht vereinbar. Die InfoA trägt vielmehr zu einer abwägenden, realitätsnahen und ausgewogenen Berichterstattung bei und gewinnt dadurch Glaubwürdigkeit sowie Vertrauen ihrer Zielgruppen. Von diesen Grundsätzen wird auch bei Unregelmäßigkeiten nicht abgewichen. Die Handlungsmaxime ist stets: Aufklären, Abstellen, Konsequenzen ziehen und diese – wenn Bedarf besteht – kommunizieren" (Zentrale Dienstvorschrift A600/1 Nr. 1005, 1006). Der Begriff „Public Relations" wird in der Bundeswehr lediglich in seiner Definition als Managementfunktion verwendet, um die verfügbaren Ressourcen in der Beziehung zur Öffentlichkeit möglichst effizient zum Erreichen beabsichtigter Kommunikationsziele einzusetzen (vgl. zu dieser Sichtweise Jarren/Röttger 2008). Die gebräuchliche deutsche Übersetzung für den Begriff Public Relations, „Öffentlichkeitsarbeit", wird in der Bundeswehr funktional als ein Bereich der Informationsarbeit verstanden, in dem alle Aktivitäten mit direkter Kommunikation und dem Dialog mit der Gesellschaft (z.B. sicherheitspolitische Seminare, Tage der offenen Tür, Begegnungen mit Partnergemeinden, Jugendoffiziere als Ansprechpartner/Vortragende zum Thema Sicherheitspolitik und Bundeswehr für Lehrer, Aktivitäten in den sozialen Medien, Informationsbesuche bei militärischen Einheiten/Verbänden) gebündelt, organisiert und verantwortet werden. Daneben gliedert sich die Informationsarbeit in die Teilgebiete Kommunikation und Zusammenarbeit mit externen Medien („Pressearbeit"), die Publikation eigener Medien für die Mitarbeiterkommunikation nach innen und außen (Print- und Online-Medien), die direkte Kommunikation über klassische Kanäle (Brief, Telefon, e-mail) und digitale Medien (Facebook, You Tube; „sicherheitspolitische Kommunikation") sowie die Kommunikation der Arbeitgebermarke Bundeswehr. Um ein einheitliches Erscheinungsbild in der Öffentlichkeit zu wahren und die Verankerung der „Marke Bundeswehr" im öffentlichen Bewusstsein zu fördern, koordiniert und führt der Presse- und Informationsstab die Informationsarbeit des Bundesministeriums der Verteidigung sowie die Informationsarbeit der Bundeswehr insgesamt unmittelbar fachlich und außerhalb der üblichen Hierarchie. Der Presse- und Informationsstab des Bundesministeriums der Verteidigung steuert die Presse- und Öffentlichkeitsarbeit des Ministeriums selbst und ist Herausgeber der zentralen bundeswehreigenen Medien der Informationsarbeit. Organisatorisch ist der Sprecher/die Sprecherin des Bundesministers/der Bundesministerin der Verteidigung gleichzeitig auch der Leiter/die Leiterin des Presse- und Informationsstabs im Bundesministerium der Verteidigung, indem auch die Belange der Teilstreitkräfte (Heer, Luftwaffe, Marine) und Organisationsbereiche der Bundeswehr (Streitkräftebasis, Sanitätsdienst, Cyber- und Informationsraum, Personal, Infrastruktur Umweltschutz Dienstleistung und Ausrüstung Informationstechnik Nutzung) durch jeweils einen Sprecher/eine Sprecherin mit berücksichtigt werden. Gleichzeitig ist die Informationsarbeit subsidiär organisiert, und die Teilstreitkräfte und Organisationsbereiche der Bundeswehr führen ihre Informationsarbeit im jeweiligen Verantwortungsbereich eigenständig, eigenverantwortlich und mit eigenem Personal durch. Jede Teilstreitkraft und jeder Organisationsbereich verfügt über ein eigenes Presse- und Informationszentrum, um die Informationsarbeit zu gestalten, zu koordinieren und durchzuführen. Damit stehen den Medienvertretern flächendeckend und auf unterschiedlichen Niveaus (lokal, regional, überregional, international) Ansprechpartner aus der Informationsarbeit der Bundeswehr zur Verfügung. Vielleicht ist es auf den ersten Blick überraschend, dass gerade eine hierarchische Organisation wie die Bundeswehr mit dem Prinzip der Subsidiarität (lokale Themen werden auch lokal verantwortet, übergeordnete Themen werden von der übergeordneten Instanz betreut) eine dezentrale Zusammenarbeit mit den Medien ermöglicht. Aber gerade die Präsenz der Bundeswehr in den Regionen und die Verankerung der Angehörigen der Bundeswehr in ihren jeweiligen Standorten und örtlichen Gemeinden spiegelt auch die Verankerung der Bundeswehr in der Gesellschaft wider. Die Orientierung an regionalen Gegebenheiten bietet eine gute und solide Grundlage für eine Zusammenarbeit der Menschen vor Ort, weit über den eigentlichen Auftrag der Informationsarbeit der Bundeswehr hinaus.

Mit der zunehmenden Bedeutung von direkter Kommunikation über digitale Medien steht auch die Informationsarbeit vor neuen Herausforderungen. Insbesondere die sach- und informationsorientierte Darstellung des Auftrags und der Aufgaben der Bundeswehr steht durch den technischen Zwang zu „endgerätegerechten" Darstellungsformen sowie in der sichtbaren Emotionalisierung der Medienberichterstattung vor der Herausforderung, die eigenen Grundsätze zu bewahren und gleichzeitig die Bevölkerung überhaupt noch mit Sachinformationen erreichen zu können. Die Tonlage vieler digitaler Diskussionen auf „Stammtischniveau" mit allen entsprechenden Entgleisungen, wie sie auch an traditionellen Stammtischen vorkommen (z.B. „flame war" [dt. Shitstorm], „hatestorm", „candystorm"; allen diesen Phänomenen ist gemeinsam, dass sie zu einer Verbreitung von Gerüchten ohne sachliche Grundlage beitragen) weicht deutlich von den Anforderungen an die Seriosität und Ernsthaftigkeit einer regierungsamtlichen Kommunikation oder den Ansprüchen an eine staatliche Organisationskommunikation ab. Dabei wird durch die neuen technischen Möglichkeiten zur Kommunikation nur eine Entwicklung potenziert, die in der Medienwelt schon länger zu beobachten ist. In „Soft News Goes to War" beschreibt Baum (2005), wie traditionelle Nachrichten durch das Fernsehen in eine Vielzahl von Sendungen und Talkshows überführt wurden, die vorrangig der Unterhaltung dienen sollten. Durch diese Verwandlung politischer Fragen mit dem Potenzial für Skandale und Gewalt in unterhaltsame Medienformate werden mehr Menschen angesprochen als durch ein Format, das ausschließlich Informationen bereitstellt. Dieses Vorgehen weckt zwar kein Interesse an außen- oder sicherheitspolitischen Krisen und kann auch nur annähernd die Komplexität internationaler Konflikte darstellen, aber dennoch befassen sich weite Teile der Bevölkerung unter dem Aspekt der Unterhaltung (zumindest kurzfristig) mit außen- und sicherheitspolitischen Fragestellungen. Diese Erlebnisorientierung in der medialen Berichterstattung wird oftmals mit einem geringeren Niveau an Wissen und Kenntnissen erkauft.

Mit dem Grundsatz „Nachhaltigkeit vor Vollständigkeit" wird durch emotionalisierte Berichte oftmals mehr als ein erster Eindruck geprägt, der durch eine faktenorientierte Berichterstattung, die zwangsläufig langweiliger und langsamer sein muss, kaum noch durchdringt. Für die Bundeswehr, der Vertrauen und Unterstützung vor allem aufgrund von Verlässlichkeit, Seriosität, Regelkonformität und Selbstbeschränkung entgegen gebracht wird, ergibt sich aus dieser Entwicklung ein Dilemma: Folgt man dem Trend zur leichten Unterhaltung, geht die Seriosität verloren. Bleibt man ernst, hört kaum noch jemand zu.

„Nudging" (anschupsen [vgl. Thaler/Sunstein 2008]) als Element des Erzählens von Geschichten ohne eine Basis in der realen Welt ist eine Versuchung für Kommunikationsabteilungen, die aufgrund der technischen Entwicklungen in der Medienwelt ein mögliches Instrument darstellt, dem nur schwer zu widerstehen ist. Wer möchte sich noch mit schwer verdaubaren Fakten belasten, wenn man die öffentliche Neugier durch unterhaltsame Geschichten ausreichend befriedigen kann? Mit der Aufnahme des Infotainments in die Programme des öffentlich-rechtlichen Fernsehens ist diese Frage von im Kommunikationsdreieck höchster Relevanz: Talkshows verdrängen fundierte Dokumentation aus dem Programm, Nachrichtensender folgen mit ihren „Breaking News" eher Ereignissen, die dem Zeitgeist geschuldet sind, als komplexe Sachverhalte fundiert, abwägend und kenntnisreich aufzugreifen.

Unterhaltsame Information: Narrativ vor Information

In der Konkurrenz der verschiedenen Medienkanäle und alternativen Angebote sind die Medienunternehmen gezwungen, sich den Gewohnheiten und Erwartungen der Mediennutzer als Kunden anzupassen, um auf dem Markt bestehen zu können. Dies gilt auch für gebührenfinanzierte öffentlich-rechtliche Medienanstalten, die auch anhand der eigenen Reichweite nachweisen (müssen), dass die Gebühren auch für die Information der breiten Bevölkerung und nicht ausschließlich für ein Nischenpublikum (z.B. die Fernsehsender arte oder den Kinderkanal) eingesetzt wurden. In der Anpassung an die Umwelt geht inzwischen Gesprächswert manchmal vor Erkenntniswert: „Beginnen wir mit einer Geschichte.' Mit diesem Satz eröffnete Claus Kleber am 16.4.2011 die Sendung ‚heute journal'; eine Nachrichtensendung, ein Nachrichtenmagazin und eine Geschichte. Claus Kleber sagte eben nicht, er wolle mit einer Information beginnen, die die Redaktion als die wichtigste des Tages eingestuft habe. Soll das heißen, es geht gar nicht vorrangig ums Informieren, sondern darum, attraktive Geschichten zu erzählen?" (Wolf 2011: 6). Mit der Verbreitung der digitalen Medien wird die Geschwindigkeit dieser Entwicklung zum „Erzählen von Geschichten" wie auch die Relevanz des Gesprächswerts potenziert. Soziale Medien greifen in Tonalität und Umgangsformen oftmals diese Unterhaltungsorientierung bei der Präsentation von Sachthemen auf, und es kann der Eindruck entstehen, dass eine begrenzte Sachkenntnis geradezu System hat und nicht systemwidrig ist. Fehlende Sachkenntnis wird in den sozialen Medien genau wie an Stammtischen durch ein hohes Maß an Emotionalität ausgeglichen. Und genau wie an Stammtischen werden gelegentliche Besucher durch eine raue, oft ungebildete und politisch inkorrekte Sprache abgeschreckt, während dieser Umgangston für Stammgäste und „heavy user" dazugehört und (meist) auch eingeordnet werden kann.

Fazit

Das Verhältnis öffentlicher Institutionen, Medien und Öffentlichkeit ist von Interaktionen und Wechselbeziehungen geprägt. In dem Beitrag wurde argumentiert, dass Aussagen wie „die Politik lenkt die Medien" oder „die Medien lenken die Öffentlichkeit" den komplexen Wechselbeziehungen nicht gerecht werden. Keine dieser drei Gruppen von Akteuren zeichnet sich durch ein hohes Maß an innerer Kohärenz oder Homogenität aus. Vielmehr lassen sich Akteure mit eigenen Motivlagen identifizieren, die das jeweilige Handlungsrational bilden. Ausgangspunkt für das Verhältnis von Bundeswehr und Medien ist daher die Annahme, dass jeder Akteur einer eigenen Funktionslogik folgt, für die man ein hohes Maß an Rationalität und Professionalität unterstellen kann. Allerdings ändert sich dieses Rational durch die zunehmende Bedeutung des Unterhaltungswerts gegenüber dem Nachrichtenwert, von Infotainment und der sichtbaren Aufspaltung der Öffentlichkeit in Themenpublika.

Für die Kommunikationsabteilungen aller staatlichen Institutionen, die ihre Legitimation auf Seriosität und Verlässlichkeit gründen, stellen unterhaltsame Darstellungsformen im Zeitgeist eine besondere Herausforderung dar. Die bisherige Geschäftsgrundlage der Beziehung zwischen der Bundeswehr und den Medien ist das Anerkennen der Funktionslogik des jeweils Anderen und der wechselseitige Respekt. Wird diese Geschäftsgrundlage aufgrund der höheren Bedeutung von „fake news" verlassen, wird es schwierig, den Informationsauftrag weiter zu verfolgen. Das formulierte Ziel des Bundesverfassungsgerichts, dass der Einzelne sich durch das Bereitstellen von Informationen staatlicher Institutionen selbst eine begründete Meinung bilden kann, ist ohne Konzessionen an den Zeitgeist nicht zu erreichen. Dabei ist absehbar, dass sich auch die Produzenten von Medien an die Veränderungen des Mediensystems anpassen und ihre Funktion als Gatekeeper über die Kontrolle von Online-Portalen oder die Auffindbarkeit in Internet-Suchmaschinen über kurz oder lang wieder einnehmen werden.

Literatur

Baum, Matthew A. (2005): Public Opinion and the American Foreign Policy in the New Media Age. Princeton: Princeton University Press.

Blumler, Jay G./Kavanagh, Dennis (1999): The Third Age of Political Communication: Influences and Features. In: Political Communication, Vol. 16, 209-230.

Converse, Phillip E. (1964) [Reprint 2006]: The Nature of Belief Systems in Mass Publics, in: Critical Review Vol. 18 (1-3), 97-117.

Czerwick, Edwin (1997): Strukturen und Funktionen der Verwaltungskommunikation. In: Die Öffentliche Verwaltung, 50. Jg., 973-983.

Easton, David (1965): A System Analysis of Political Life. New York.

Fröhlich, Romy (2008): Die Problematik der PR-Definition(en). In: Günter Bentele/Romy Fröhlich, Romy/Peter Szyszka (Hg.): Handbuch der Public Relations – Wissenschaftliche Grundlagen und berufliches Lexikon. 2. Auflage, Wiesbaden: VS Verlag, 95-109.

Fuchs, Dieter (1989): Die Unterstützung des politischen Systems der Bundesrepublik Deutschland, Wiesbaden: Westdeutscher Verlag.

Gebauer Klaus Eckart (1998): Regierungskommunikation. In: Ottfried Jarren/Ulrich Sarcinelli/Ulrich Saxauer (Hg.): Politische Kommunikation in der demokratischen Gesellschaft. Wiesbaden: Westdeutscher Verlag, 464-472.

Jarren, Otfried/Röttger, Ulrike (2008): Public Relations aus kommunikationswissenschaftlicher Sicht. In: Günter Bentele/Romy Fröhlich/Peter Szyszka (Hg.): Handbuch der Public Relations – Wissenschaftliche Grundlagen und berufliches Handeln, 2. Auflage, Wiesbaden: VS Verlag, 19-36.

Jarren, Otfried/Donges, Patrick (2011): Politische Kommunikation in der Mediengesellschaft. Eine Einführung, 3. Auflage, Wiesbaden: VS Verlag.

Kaase, Max (1982): Partiziparorische Revolution – Ende der Parteien?. In: J. Raschke (Hg.): Bürger und Parteien. Schrifenreihe der Bundeszentrale für Politische Bildung Bonn, Vol. 189, Wiesbaden: VS Verlag, 173-189.

Keppliner, H.M. (2008): News Factors. In: Wolfgang Donsbach (Hg.): The International Encyclopedia of Communication (Vol. 7), Malden Man et al.: Blackwell, 3245-3248.

Maier Michaela/Stengel, Karin/Marschall, Joachim (2010): Nachrichtenwerttheorie. Baden-Baden: Nomos.

Östgaard, E. (1965): Factors Influencing the Flow of News. Journal of Peace Research, Vol. 2, 39-63.

Röttger, Klaus/Röttger, Ulrike (1998): Medium, Organisation, Nutzung: Bedingungen erfolgreicher Öffentlichkeitsarbeit. In: I. Neverla (Hg.): Wiesbaden: Westdeutscher Verlag, 219-243.

Sarcinelli, Ulrich (1999): Politische Kommunikation in Deutschland. Zur Politikvermittlung im demokratischen System. Wiesbaden: Westdeutscher Verlag.

Schulz, Winfried (1976): Die Konstruktion von Realität in den Nachrichtenmedien: Analyse der aktuellen Berichterstattung. Stuttgart: Alber Broscher.

Schulz, Winfried (2009): Politische Kommunikation. 2. Auflage, Wiesbaden: Springer Verlag

Tenscher, Jens/Viehrig, Henrike (2007): Politische Kommunikation in internationalen Beziehungen. Zugänge und Perspektiven. In: Jens Tenscher/Henrike Viehrig (Hg.): Politische Kommunikation in internationalen Beziehungen, Münster: Lit-Verlag, 7-32.

Thaler, Richard H./Sunstein, Cass R. (2008): Nudge – Wie man kluge Entscheidungen anstößt. Düsseldorf: Econ.

Wolf, Fritz (2011): Wa(h)re Information – Interessant geht vor relevant. Netzwerk Recherche 2011.

Zaller, John R. (1992): The Nature and Origins of Mass Opinion. Cambridge: Cambridge University Press.

Strategische Kommunikation und Bundeswehr

Gerhard Kümmel / Phil C. Langer

1. Einleitung

Die Bundeswehr widmet dem Thema der strategischen Kommunikation beträchtliche Aufmerksamkeit. So bietet beispielsweise die Führungsakademie der Bundeswehr in Hamburg seit 2014 ein eigenes Ausbildungsmodul zur strategischen Kommunikation an. Die Universität der Bundeswehr in München wiederum kann eine Professur für Unternehmenskommunikation und Strategic Communication Management vorweisen, die seit 2010 Frau Prof. Dr. Natascha Zowislo-Grünewald innehat. Neben der Lehre in diesem Themenbereich erstrecken sich die Forschungsanstrengungen des Lehrstuhls unter anderem auf die Frage, wie das NATO-Konzept zur strategischen Kommunikation auf nationaler Ebene zu implementieren ist. Der Beschreibung des Internetauftritts zufolge wird in dem Forschungsprojekt

> „Umsetzung Strategische Kommunikation in der Bundeswehr' [untersucht], wie das Nato-Konzept zu Strategic Communications strukturell wie prozessual innerhalb der Bundeswehr so umgesetzt werden kann, damit dem Idealbild einer übergreifenden, ganzheitlichen und integrierten, strategischen Kommunikation – Strategic Communication – möglichst entsprochen werden kann."[1]

Ein aus dem Projekt erwachsenes Gutachten soll dem Bundesministerium der Verteidigung am 31. Januar 2014 zugeleitet worden sein.

Doch was genau ist strategische Kommunikation? Diese Frage wird uns im Folgenden als Erstes beschäftigen, wobei wir uns nicht allein auf strategische Kommunikation, sondern auch auf das damit eröffnete Themenfeld insgesamt beziehen werden. Entsprechend werden die Begriffe „öffentlich", „öffentliche Meinung", „Öffentlichkeitsarbeit" und „Public Relations" zu erörtern sein. Anschließend beleuchten wir einige offizielle Dokumente zur strategischen Kommunikation, die zeigen werden, welchen Stellenwert

---

1 http://strategiccommunication.bwi.unibw-muenchen.de/index.pl?id=8256 (08.09.2018).

die Bundeswehr und andere Streitkräfte der strategischen Kommunikation beimessen. Im letzten Abschnitt werden wir uns schließlich mit der Frage nach den Möglichkeiten und den Grenzen der strategischen Kommunikation auseinandersetzen.

2. Das Themenfeld

Das Verständnis von Kommunikation ist nicht einhellig. Löffelholz und Quandt (2003: 181) zufolge gab es allein bis Mitte der 1970er-Jahre in den relevanten wissenschaftlichen Disziplinen nicht weniger als 160 verschiedene Definitionen von Kommunikation. In dem klassischen und zugleich einfachsten Modell von Kommunikation handelt es sich dabei um eine Sender-Empfänger-Beziehung: Ein Sender, ein Kommunikator, sendet auf einem von ihm gewählten Kommunikationsweg eine Nachricht an einen Empfänger. Lag diesem Modell zunächst eher die Vorstellung von Kommunikation als einer linearen Handlung zugrunde, wobei dem Sender und seinem Akt des Transfers einer Nachricht, einer Information an seine Umwelt tendenziell größeres Augenmerk geschenkt wurde als dem Rezipienten, so begreift Niklas Luhmann (1995, 1997) Kommunikation als eine auf Selektionen gründende Einheit von Mitteilung, Information und Verstehen. Der Sender entscheidet darüber, ob und welche Mitteilung aus einer prinzipiell unbestimmten Menge von Möglichkeiten kommuniziert wird. Die Information ist also eine spezifische und blendet in der Kommunikation alles andere, alle anderen möglichen Informationen, aus. Der Akt des Verstehens auf seiten des Rezipienten ist ebenfalls eine Selektion, da er eine spezifische Interpretation der Information repräsentiert und andere Interpretationen ausschließt. Dadurch wiederum verkleinert sich das Spektrum möglicher Anschlusskommunikationen. Der Blick auf Kommunikation erweitert sich dann sukzessive hin zu einem Begriff von Kommunikation als einem „netzwerkartige[n] Prozess". Kommunikation gilt in diesem Sinn als eine „symbolische Orientierungshandlung, in der gesellschaftliche Wirklichkeit wechselseitig durch die Erzeugung von Symbolen und Bedeutungsaushandlungen konstruiert wird" (Schultz/Wehmeier 2010: 411).

In der Idealvorstellung der Theorie des kommunikativen Handelns von Jürgen Habermas ist dies gleichbedeutend mit einem verständigungsorientierten Handeln, das auf der Basis der wechselseitig gleichberechtigten Anerkennung der kommunikativ Handelnden und des zwanglosen Zwangs des besseren Argumentes funktioniert (Habermas 1981). In seiner Habilitationsschrift zum Strukturwandel der Öffentlichkeit (Habermas 1962) lokalisiert er die ideale Kommunikationssituation in den Cafés und Kaffeehäusern des 18. Jahrhunderts, in denen sich ein Publikum von Privatleuten aus den gebildeten bürgerlichen und auch aristokratischen Gesellschaftskreisen versammelt und eine zunächst literarische Öffentlichkeit konstituiert. Das Thema der Kommunikation dieses Lesepublikums ist anfänglich die Literatur, das Kriterium Bildung dient als Eintrittskarte in diesen Kreis. Das Charakteristikum dieser Situation ist, dass Kommunikation hier auf der Fiktion der Gleichheit der Teilnehmer und dem diskursive und rationale Kraft entfaltenden Prinzip der Autorität des Argumentes gründet. Diese literarische Öffentlichkeit wird von Habermas zu Recht als Vorform einer politisch fungierenden bürgerlichen Öffentlichkeit in der bürgerlichen Gesellschaft verstanden, die im Zuge der Herausbildung des modernen Staates, der Urbanisierung, der Säkularisierung und der Industrialisierung und vor dem Hintergrund der Aufklärung an die Stelle der repräsentativen Öffentlichkeit des Ancien Regime tritt.

Damit sind wir bei den Begriffen „öffentlich", „öffentliche Meinung" und „Öffentlichkeit" angelangt. Die Kategorie „öffentlich" ist – wie sein Counterpart „privat" – griechischen Ursprungs. So ist in den antiken griechischen Stadtstaaten die Sphäre des Privaten im Oikos von der Öffentlichkeit der Polis in den Gesprächen auf der Agora, dem Marktplatz, zu unterscheiden (vgl. Arendt 1967). Diese Differenz findet ihre Fortsetzung bei den Römern, die im römischen Recht, das die römische Antike weit überdauern sollte, zwischen privatus und publicus unterscheiden. Der deutsche Begriff „öffentlich" wird vor allem von dieser antiken Bedeutungstradition von publicus geprägt und meint zunächst so viel wie offen, klar oder offensichtlich sein. In der altgermanischen Rechtspraxis etwa musste die Verhandlung unter offenem Himmel und bei Tageslicht stattfinden. Der Gegenbegriff zu „öffentlich" war daher weniger „privat", sondern eher „heimlich" und „verborgen", womit im 14. und 15. Jahrhundert zugleich auch eine Wertung verbunden war, denn „Laster suchten nach mittelalterlicher Metaphorik das Dunkel, Tugenden das Licht" (Brunner/Conze/Koselleck 1978: 416). Das Signum einer guten Obrigkeit war folglich, dass sie nichts zu verbergen hatte. Die von ihr etablierte Ordnung war, eben weil sie öffentlich war, zugleich auch rechtmäßig. Hier taucht in nuce erstmals die Verbindung von Herrschaft und ihrer Legitimation durch ihre Publizität, ihr Öffentlich-Sein auf.

In Verbindung mit „Meinung" tritt „öffentlich" erst im Zuge der Aufklärung und dann vor allem bei John Locke in seiner Abhandlung über das *Law of Opinion and Reputation* auf. Locke sieht in der öffentlichen Meinung neben Gott und Staat eine dritte Rechtsquelle. Vor diesem Hintergrund ist etwa auch die Veröffentlichung des Staatshaushalts durch Jacques Necker, den französischen Finanzminister unter Ludwig XVI., kurz vor der

Französischen Revolution zu begreifen. In dieser Zeit, in der zweiten Hälfte des 18. Jahrhunderts, taucht dann auch erstmals „Öffentlichkeit" als eigenständiger Begriff in der deutschen Sprache auf. Im Zuge der weiteren Entwicklung der Presse wird öffentliche Meinung in der nun bürgerlichen Öffentlichkeit als *fourth estate* konzipiert, dem sukzessive eine kritische, korrektive und legitimatorische Funktion zugedacht ist. Die öffentliche (= staatliche) Gewalt soll sich vor der öffentlichen Meinung rechtfertigen und dadurch ihre Legitimation gewinnen. Öffentlichkeit wird zum Organisationsprinzip des bürgerlichen Rechtsstaates – sie wird politisch. Öffentlichkeit will den Staat durch das Recht der Subjekte auf freie Meinungsäußerung, durch öffentliche Meinung und durch öffentliches Räsonnement mit den Bedürfnissen der Gesellschaft vermitteln, und Herrschaft soll mit Vernunft konvergieren (Habermas 1962; Brunner/Conze/Koselleck 1978; Faulstich 1999).

Öffentlichkeit wird so zu einem Strukturelement und einer Conditio sine qua non der demokratisch verfassten, modernen Industriegesellschaft. Ihr kommt ein außerordentlicher Stellenwert innerhalb eines demokratischen Regierungssystems zu – man spricht von ihr als der vierten tragenden Säule der Demokratie neben Exekutive, Legislative und Judikative. Politische Vorgänge und Entscheidungen sowie das Handeln staatlicher Einrichtungen – darunter auch das Militär – sollen gemäß dieser Vorstellung über eine politische und deliberative Öffentlichkeit und die öffentliche Meinung kontrolliert werden. Damit übernimmt Öffentlichkeit, indem politische Vorgänge ihre Billigung finden, zugleich auch eine Art Legitimationsfunktion: Politische Entscheidungen, die die Zustimmung der öffentlichen Meinung gefunden haben, sind über diesen Akt der öffentlichen Legitimation im Sinne einer für die Allgemeinheit und das Gemeinwohl als gut und gerechtfertigt empfundenen Entscheidung allgemeingültig akzeptiert.

Die ideale Kommunikationssituation einer Deliberation und eines Räsonnements unter Gleichen in der bürgerlichen literarisch-politischen Öffentlichkeit wie auch die Idealvorstellung eines verständigungsorientierten kommunikativen Handelns trifft jedoch auf eine Realität, in der die ökonomische Logik und die Marktlogik längst Einzug in die Sphäre der öffentlichen Meinung und der Öffentlichkeit gehalten haben. Nachrichtenagenturen und Nachrichtenvermittler wie die Presse, das Radio oder das Fernsehen sind ökonomische Akteure, für die eine Information, eine Nachricht letzten Endes eine Ware ist. Sie bestimmen anhand eines antizipierten Nachrichtenwertes, welche Information der Mitteilung wert ist. Sie haben damit eine Gatekeeper-Funktion inne, die nicht immer frei von Einflüssen der sie überwiegend finanzierenden Werbung ist. So galt Helmut

Schelskys (1973) Schelte den Tendenzmedien, den Meinungsproduzenten und der Medienmacht, Neil Postman (1985) übte beißende Kritik an dem Medium Fernsehen und sprach kulturpessimistisch davon, dass „wir uns zu Tode amüsieren", und Jürgen Habermas (1962) selbst sprach von einer Refeudalisierung einer Öffentlichkeit, die sich von der Kritik entfernt und sich herrschaftsstabilisierend auf Akklamation beschränkt.

Kommunikation ist demnach keineswegs prinzipiell verständigungsorientiert, und es setzt sich im Diskurs nicht zwangsläufig der Zwang des besseren Arguments durch. Vielmehr können die kommunikativ Handelnden die Arena der Kommunikation auch interessegeleitet betreten und dabei ihre ökonomische, politische oder sonstige Machtposition ausspielen. So versuchen staatliche wie private Akteure die öffentliche Meinung in ihrem Sinne zu beeinflussen. Sie betreiben beispielsweise über Pressemitteilungen, Pressekonferenzen und Interviews eine gezielte Öffentlichkeitsarbeit und Public Relations; sie kommunizieren strategisch, sie konzipieren Öffentlichkeit als planbar und das Verstehen einer Mitteilung als steuerbar.

Der zeitgenössischen Managementliteratur zufolge gehen erfolgreiches Management und erfolgreiches Kommunikationsmanagement Hand in Hand (vgl. Brüne 2008; Merten 2013). So heißt es im Internetauftritt der Professur für Unternehmenskommunikation und Strategic Communication Management der Universität der Bundeswehr in München:

> „Kommunikation ist eines der Schlüsselelemente für den Erfolg von Unternehmen und Organisationen. Jede Unternehmung kommuniziert und erzählt so ihre Geschichte. Diese Geschichte definiert, was man mit dem Unternehmen verbindet, sie erklärt und legitimiert seine Existenz und (be-)schreibt Sein und Werden. Da dieser definitorische Vorgang immer stattfindet, kommuniziert jedes Unternehmen, auch ohne Kommunikation als eigenständigen Funktionsbereich zu integrieren: entweder legitimiert und beschreibt die Unternehmung sich selbst, oder sie schweigt – und überlässt so diese Deutungshoheit anderen. Aus diesem Grund ist die Bedeutung von Kommunikationsmanagement in den letzten Jahren und Jahrzehnten enorm gewachsen. Aktive Steuerung und Beeinflussung der eigenen Geschichte ist zu einem strategischen Faktor für den Unternehmenserfolg geworden, da kommunikative Differenzierung erhebliche Wettbewerbsvorteile im Kampf um Ressourcen – Mitarbeiter, Kapital, Kundenloyalität – bedeuten kann."[2]

---

2 http://strategiccommunication.bwi.unibw-muenchen.de/index.pl?id=0, Abruf am 08.09.2014.

Kommunikation wird in diesem Sinne strategisch geplant (vgl. ausführlich Paul 2011). Strategische Kommunikation ist somit definiert als „die gezielte Planung von Wirkungen mit entsprechenden Instrumenten (Kommunikationsprozessen) für bestimmte Empfänger (Zielgruppen)" (Merten 2013: 12). Oder etwas umfassender:

> „[S]trategic communication management is defined as the systematic planning and realization of information flow, communication, media development and image care in a long-term horizon. It conveys deliberate message(s) through the most suitable media to the designated audience(s) at the appropriate time to contribute to and achieve the desired long-term effect. Communication management is process creation. It has to bring three factors into balance: the message(s), the media channel(s) and the audience(s)" (Bockstette 2008: 9).

Öffentlichkeitsarbeit und Public Relations planen demnach die „optimale[] Erzeugung vorzugebender Kommunikationswirkungen bei vorzugebenden Zielgruppen mit vorzugebenden Maßnahmen, vorgegebenen Fristen und Ressourcen unter Einbeziehung von Feedback" (Merten 2013: 12). Dem „liegt ein Verständnis von strategischer Kommunikation als Organisationsfunktion, konkret als Kommunikation im Auftrag von Organisationen, zugrunde" (Röttger/Gehrau/Preusse 2013: 9).

3. Streitkräfte als strategische Kommunikatoren und Sicherheitspolitik als strategische Information gegenüber der Öffentlichkeit

Wie wir im Vorangegangen gesehen haben, wird Kommunikation auch als ein interessegeleitetes Element der strategischen Führung von Organisationen und ihrer Platzierung in der Öffentlichkeit verstanden (vgl. dazu auch Szyszka 1999). „Diese Rolle von Kommunikation ist dabei nicht auf den Organisationstyp des Wirtschaftsunternehmens beschränkt, sondern zentral auch für nicht-kommerzielle Organisationen privater, halb-staatlicher, staatlicher oder gouvernementaler Natur"[3], heißt es auf der Homepage der Professur für Unternehmenskommunikation und Strategic Communication Management der Universität München. Wie viele andere Akteure auch, gleich ob staatlicher oder nicht staatlicher Natur, können sich die Streitkräfte also in modernen politisch-demokratischen Systemen dem Zwang

---

3 http://strategiccommunication.bwi.unibw-muenchen.de/index.pl?id=0>, Abruf am 08.09.2014.

zur Öffentlichkeit nicht entziehen. Da sie ihre materiellen und finanziellen Ressourcen ebenso wie ihre Human Resources vermittelt über die Politik von der sie umgebenden Gesellschaft erhalten, sind sie bemüht, eine Akzeptanz der Streitkräfte als Organisation sowie Unterstützung und Rückhalt für ihre militärischen Aufgaben, Funktionen und Missionen in der Bevölkerung zu finden. Hierin besteht ein großer Teil ihrer Legitimation. Entsprechend versuchen sie, interessegeleitet ein bestimmtes Bild von sich als Organisation und von ihren Aufgaben in die Gesellschaft hinein zu kommunizieren. Sie sind strategische Kommunikatoren.

Die amerikanischen Streitkräfte und ihre militärische und politische Führung haben den Begriff der strategischen Kommunikation vor allem unter dem Eindruck der Terroranschläge vom 11. September 2001 für sich entdeckt. In der aktuellen Ausgabe des *Dictionary of Military and Associated Terms* des Pentagon wird strategische Kommunikation dabei definiert als

„[f]ocused United States Government efforts to understand and engage key audiences to create, strengthen, or preserve conditions favorable for the advancement of United States Government interests, policies, and objectives through the use of coordinated programs, plans, themes, messages, and products synchronized with the actions of all instruments of national power" (USDoD 2014: 243).

Zuvor hatte das United States Policy Coordinating Committee in seiner U.S. National Strategy for Public Diplomacy and Strategic Communication formuliert:

„Public diplomacy and strategic communication should always strive to support our nation's fundamental values and national security objectives. All communication and public diplomacy activities should:
– Underscore our commitment to freedom, human rights and the dignity and equality of every human being;
– Reach out to those who share our ideals;
– Support those who struggle for freedom and democracy; and
– Counter those who espouse ideologies of hate and oppression" (US-PCC 2007: 2).

Das Joint Warfighting Center des U.S. Joint Forces Command hat dazu wenig später ein *Commander's Handbook for Strategic Communication and Communication Strategy* (USJWC 2010) vorgelegt.

Die Notwendigkeit eines gesteigerten Engagements im Bereich der strategischen Kommunikation wird sicherheitspolitisch und kommunikationstechnologiepolitisch begründet. So beschreibt beispielsweise das Rapid Reaction Technology Office des Pentagon in seinem *Strategic Communication*

Science and Technology Plan aus dem Jahr 2009 in einer längeren Passage, wie Information und Kommunikation zu einer Waffe werden, was wiederum die Notwendigkeit impliziert, den Informationskrieg zu gewinnen, um den Krieg selbst für sich zu entscheiden:

> „Warfare is changing. While that statement has been true throughout the course of military history, a compelling argument can be made today that the public perceptions and implications of military operations might increasingly outweigh the tangible benefits actually achieved from real combat on the battlefield. Additionally, the increasingly ubiquitous spread of wireless, cellular, and other networked telecommunications technologies is not only enabling the emergence of new conventional and non-kinetic capabilities, but is also conveying previously unseen advantages to our adversaries, particularly non-state actors. [...] Closely coupled to this change in warfare is the speed at which both information and disinformation can be marshaled in support of this 'battle' to influence audiences that are constituted less by geography and more by shared identities and sympathies fostered by a global and dynamic information environment. Modern communication technologies, from SMS to electronic social media to satellite television, have virtually eliminated time and space. This is not about 'new media' or 'traditional media' but 'now media' that is the first to present and interpret events to an audience" (USDoDRRTO 2009: 2).

Die Vereinigten Staaten von Amerika haben strategische Kommunikation zugleich auch auf die Agenda des Bündnisses gesetzt, das sich dieses Themas angenommen und im Jahr 2009 eine *NATO Strategic Communications Policy* entwickelt hat. In diesem Dokument heißt es:

> „Today's information environment, characterized by a 24/7 news cycle, the rise of social networking sites, and the interconnectedness of audiences in and beyond NATO nations territory, directly affects how NATO actions are perceived by key audiences. That perception is always relevant to, and can have a direct effect on the success of NATO operations and policies. NATO must use various channels, including the traditional media, internet-based media and public engagement, to build awareness, understanding, and support for its decisions and operations. This requires a coherent institutional approach, coordination of effort with NATO nations and between all relevant actors, and consistency with agreed NATO policies, procedures and principles [...] [and] the coordinated and appropriate use of NATO communications activities and capabilities – Public Diplomacy, Military Public Affairs, Infor-

mation Operations and Psychological Operations, as appropriate – in support of Alliance policies, operations and activities, and in order to advance NATO's aims" (NATO SG 2009: 1).

Ein Jahr später folgte das *NATO Military Concept for Strategic Communications* des NATO Allied Command Transformation, das den Ansatz noch einmal zusammenfasst:

> „All aspects of NATO activities have a critical information and communications component. This concept proposes that Strategic Communications is not an adjunct activity, but should be inherent in the planning and conduct of all military operations and activities. As part of the overarching political-military approach to Strategic Communications within NATO, the vision is to put Strategic Communications at the heart of all levels of military policy, planning and execution, and then, as a fully integrated part of the overall effort, ensure the development of a practical, effective strategy that makes a real contribution to success. [...] The aim of NATO Strategic Communications is to ensure that NATO's audiences, whether in the Nations or in a region where a NATO operation is taking place, either friendly or adversarial, receive truthful, accurate and timely information that will allow them to understand and assess the Alliance's actions and intentions. This will deter aggression and promote NATO's aims and objectives" (NATO ACT 2010: 1).

Die NATO-Partner sind gemäß diesen Dokumenten also dazu aufgefordert, sich auf dem Gebiet der strategischen Kommunikation stärker zu betätigen, was sie bislang auch in einem unterschiedlichen Maße getan haben (vgl. etwa Reding/Weed/Ghez 2010; MoD UK 2012). Die Bundesrepublik Deutschland hat sich ebenfalls der Thematik angenommen, wie das eingangs erwähnte Gutachten des Lehrstuhls für Unternehmenskommunikation und Strategic Communication Management der Universität der Bundeswehr in München zur Frage der Umsetzung des NATO-Konzepts zur strategischen Kommunikation zeigt. In der Projektbeschreibung im Internet heißt es dazu:

> „In den vergangenen Jahren ist innerhalb der NATO ein Konzept zu einer auf die Einsatzwirklichkeit des Bündnisses bezogenen, strategisch orientierten Kommunikation entstanden. Dieses Konzept zielt insbesondere auf den Einsatz strategisch auf die Erfüllung der jeweiligen Missionsziele gerichteter, koordinierter Kommunikationsaktivitäten des Bündnisses. Die Bündnispartner sind dabei gefordert, ihre eigene

Kommunikation im Einsatz mit diesem Konzept zur Deckung zu bringen."[4]

Doch ist dies alles letzten Endes nur alter Wein in neuen Schläuchen? Haben die Bundeswehr und das Bundesministerium der Verteidigung nicht schon seit Langem strategische Kommunikation, Lobbyarbeit und Interessenpolitik betrieben und nur andere Labels dafür verwandt? Die Frage ist keineswegs unberechtigt, denn im brandenburgischen Strausberg östlich von Berlin findet man die Akademie der Bundeswehr für Information und Kommunikation (AIK). Ihrer Selbstbeschreibung im Internet zufolge ist die AIK

> „das Kompetenzzentrum für die Presse- und Öffentlichkeitsarbeit der Bundeswehr. Ihr Fachpersonal, das der Karriereberatung sowie der Medienproduktion in der Bundeswehr, wird hier ausgebildet. Seit 1994 in Strausberg bei Berlin angesiedelt, ist sie seit 2012 an ihrem zweiten Standort, der Zentralredaktion in Berlin, auch für die Produktion bundeswehreigener Medien verantwortlich. An der AIK wird ferner wissenschaftliche Grundlagenarbeit geleistet, insbesondere zur internen wie externen Kommunikation der Bundeswehr. In Strausberg werden auch spezielle Angebote der Öffentlichkeitsarbeit geplant und koordiniert. Workshops, Tagungen und Seminare zu sicherheitspolitischen Themen für unterschiedliche Interessentengruppen sowie für Fachpublikum gehören ebenfalls zum Auftrag. [...] [Die AIK] wird [...] auch als Tagungsstätte und für Veranstaltungen genutzt. Damit hat sich die Akademie im Dialog zwischen Bundeswehr, Gesellschaft, Politik und Medien als ein wichtiges Forum etabliert. [...] Das Training kommunikativer Fertigkeiten mit Verfahren moderner Erwachsenenbildung steht im Mittelpunkt des Lehrgangsbetriebes. Im „Team Teaching" betreuen erfahrene Lehrstabsoffiziere, zivile Kommunikationstrainer und Journalisten Kleingruppen von bis zu maximal 16 Personen. In den Lehrgängen wird intensiv und praxisnah gearbeitet – z. B. beim Sprechen mit und zu Einzelnen oder Gruppen sowie vor laufenden Kameras, beim Verfassen und Halten von Vorträgen oder bei der handwerklichen Gestaltung von Videobeiträgen, Fotodokumentationen und Online-Angeboten. Die AIK bietet derzeit mehr als 40 unterschiedliche Lehrgänge an. Ausgebildet werden militärische und zivile Angehörige der Bundeswehr zum Beispiel für Aufgaben als Pressesprecher, Jugend-

---

4 http://strategiccommunication.bwi.unibw-muenchen.de/index.pl?id=8256, Abruf am 08.09.2014.

offizier, Karriereberater, Redakteur (auch online), sowie für Fotografie, Kameraführung oder im Film-/Videoschnitt. Hinzu kommen allgemeine Trainings für den Umgang mit Medien sowie die Vorbereitung auf besondere Anforderungen der Kommunikation in Auslandseinsätzen. Insgesamt nehmen jährlich etwa 1.500 Trainees die bis zu vierwöchigen Lehrgänge wahr."[5]

An diesem Beispiel wird darüber hinaus deutlich, dass strategische Kommunikation und Informationsarbeit eine doppelte Zielrichtung haben: Es lassen sich eine strategische Kommunikation nach außen und eine strategische Kommunikation nach innen unterscheiden (vgl. zu letzterer auch Invernizzi/Biraghi/Romenti 2012). So richten sich nicht nur große Teile des Angebots der AIK nach innen, sondern auch das unter dem Kürzel Strat-Komm an der Führungsakademie der Bundeswehr angebotene und ebenfalls eingangs erwähnte Ausbildungsmodul „Strategisch kommunizieren – Ein weiterer Mosaikstein für erfolgreiches Führen?". Die Ausbildungsziele von StratKomm werden wie folgt beschrieben: „Sie [die Lehrgangsteilnehmer] verstehen und akzeptieren die Bedeutung von Prinzipien sowie Methoden der ‚Strategischen Kommunikation' für Personal mit Führungsverantwortung. Sie können sie an ausgesuchten Praxisbeispielen der Strategieentwicklung, des Veränderungs- und Projektmanagements anwenden."[6] Demgegenüber beschäftigt sich die Professur für Unternehmenskommunikation an der Universität der Bundeswehr in München eher mit externer strategischer Kommunikation, wie das erwähnte Gutachten belegt.

Auch in einem weiteren Projekt des Lehrstuhls wird die externe Dimension strategischer Kommunikation deutlich. Hier geht es um die Forschung im Bereich der Social Media und

„die Möglichkeiten, Strategien und Potenziale des Web 2.0 in Bezug auf die Organisationsform Bundeswehr unter Berücksichtigung ihres besonderen Stellenwerts in der Gesellschaft. [...] [Ferner werden m]it der Analyse der Social-Media-Angebote der Personalgewinnung der Bundeswehr im Internet [...] Erkenntnisse zur Bewertung der Rolle von sozialen Netzwerken in der Berufswahl Jugendlicher gewonnen. Es gilt, den Stellenwert von Social Media bei der Berufswahl zu bestimmen und die Differenzierung der Gruppe Jugendlicher anhand

---

5 http://www.kommando.streitkraeftebasis.de/portal/a/kdoskb/!ut/p/c4/04_SB8K8xL LM9MSSzPy8xBz9CP3I5EyrpHK94uyk-OyUfCCdqJeYma1XmpqUWlSaV6xfkO2o CACyszoI/, Abruf am 08.09.2014.
6 http://www.fueakbw.de/en/training/militaerische-lehrgaenge/serien/serie-5-individ uelle-fuehrungskompetenz/strategische-kommunikation/, Abruf am 08.09.2014.

der Mediennutzung darzustellen. Eine solche Differenzierung soll die gezielte Ansprache entsprechend soziokultureller Muster Jugendlicher ermöglichen. [...] Das Themenspektrum [des Projekts] umfasst folgende Komplexe:
– Gewinnung grundlegender Erkenntnisse über die Bedeutung sozialer Netzwerke (u. a. YouTube, Facebook, SchülerVZ, XING etc.) im Prozess der Berufswahl;
– Gewinnung von Erkenntnissen über die Eignung und Attraktivität der durch die Bundeswehr bereitgestellten Dialogangebote im Vergleich zu denen konkurrierender Arbeitgeber bzw. marktüblichen Standards;
– Definition von Zielen / Benchmarks als Grundlage der kontinuierlichen Weiterentwicklung und Anpassung entsprechender Angebote der Bundeswehr sowie als Basis der Weiterentwicklung personalwerblich ausgerichteter redaktioneller Fähigkeiten / Aufbauorganisationen."[7]

Dieses letztgenannte Beispiel verdeutlicht den qualitativen Unterschied zwischen strategischer Kommunikation heute und Öffentlichkeitsarbeit und Public Relations gestern – ein Unterschied, den selbst Lon Safko (2010: XVII), Autor der *Social Media Bible*, ein Stück weit übersieht, wenn er schreibt: „Social media isn't a tool box of silver bullets given to us by aliens, it's just a new set of technologies and concepts that we need to add and integrate into our existing marketing strategy" (Safko 2010: XVII). Demgegenüber ist ausdrücklich das Neue am Web 2.0 hervorzuheben, dass es nämlich „einer großen Zahl von Benutzern leicht möglich ist, im Internet nicht mehr nur noch zu konsumieren, sondern auch mitzugestalten. Dies führt fast automatisch zu einer verstärkten direkten und indirekten Kommunikation im Internet. [...] Das Web 2.0 schafft also neue, einfach nutzbare Möglichkeiten, im Internet gestaltend und kommunikativ tätig zu werden" (Richter/Koch 2007: 6; vgl. ferner auch Vowe/Dohle 2007; Bernet 2010). Dadurch wird Kommunikation praktisch symmetrischer. Hier könnte sich vielleicht ein neuerlicher Strukturwandel der Öffentlichkeit abzeichnen.

---

7 http://strategiccommunication.bwi.unibw-muenchen.de/index.pl?id=8448, Abruf am 08.09.2014. Ein Gutachten mit dem Titel *Zum Stellenwert von Social Media für die Berufswahl Jugendlicher und zur Rekrutierungskommunikation der Bundeswehr im Internet* wurde von dem Lehrstuhl Anfang Mai 2013 der AIK vorgelegt und im März 2014 in der Schriftenreihe der AIK als AIK-Text 1/2014 veröffentlicht.

4. Die Grenzen strategischer Kommunikation

Strategische Kommunikation beruht letzten Endes auf der Vorstellung, Kommunikation sei plan-, steuer- und kontrollierbar. Die strategischen Kommunikatoren streben unter Bedienung einer Klaviatur, die sich von klassischer Informationsarbeit wie Pressemitteilungen, Pressekonferenzen und Interviews in der Presse, im Radio und/oder im Fernsehen bis hin zur Nutzung von Medien wie dem Web 2.0, Social Media, Facebook, Twitter, Internetblogs etc. (vgl. Haas/Walsh/Kilian 2008; Niedermaier 2008; Emmer/Wolling 2010; Schweiger/Beck 2010; Kneidinger 2010; BITKOM 2012; ITU 2013) erstreckt, nach möglichst weit gehender Kontrolle der Kommunikationstrinität von Information, Mitteilung und Verstehen. Diese Vorstellung ist jedoch grundlegend falsch. Der Erfolg strategischer Kommunikation kann unter den Bedingungen der Tele- und Internetkommunikationsgesellschaft nur kontingent sein. Dafür sind die folgenden Punkte anzuführen:

- Eine vollständige Kontrolle eines strategischen Kommunikator-Senders über die Selektion der Information und der Mitteilung ist nicht möglich. Dies kann am Gegenpol der ausgewählten Information und Mitteilung, dem Geheimnis, erläutert werden. Das Geheimnis ist durchaus nützlich, doch drängt es das Geheimnis danach, kein Geheimnis mehr zu sein. Dies kann mitunter an dem schlechten Gewissen liegen, dass eine in das Geheimnis eingeweihte Person quält, oder an den für die Lüftung des Geheimnisses in Aussicht gestellten Benefits. In jedem Fall aber steigt mit der Zahl der in das Geheimnis involvierten Personen die Wahrscheinlichkeit, dass das Geheimnis ‚geleakt' wird. Gerade in einer so großen Organisation wie den Streitkräften ist eine Kontrolle der Organisationsangehörigen im Hinblick auf die ausgewählte Mitteilung/ Information kaum realisierbar. Dies liegt auch an einer gewissen Widerständigkeit des Individuums, die einem Anti-Organisations-Impuls entspringt (Stölting 2010). Man kann eben nicht kontrollieren, dass Soldaten in Afghanistan mit dem Handy Fotos von Totenschädeln machen und diese verbreiten.
- Die Selektion des Verstehens auf der Seite des Rezipienten einer Mitteilung/Information, also dessen Interpretation einer Nachricht, kann von einem strategischen Kommunikator nur bedingt beeinflusst werden. Angesichts einer drastischen Diversifizierung der Medienlandschaft durch das World Wide Web, das Web 2.0, Social Media, Twitter, Facebook, Internetblogs und digitale Medien sowie der technischen Kommunikationsrevolution durch Smartphones und Tablets erhalten im-

mer mehr Menschen immer mehr Zugangsmöglichkeiten zu Information. Ihnen sind infolge der Pluralisierung, Diversifizierung und Poten-
zierung der Zahl der Informations- und Mitteilungsproduzenten und
unabhängig von Zeit und Raum vierundzwanzig Stunden an sieben Tagen in der Woche alternative Informationsquellen und damit Gegenöf-
fentlichkeiten zugänglich.

• Wir leben in einer politischen Gesellschaft (Greven 2008), in der
grundsätzlich alles politisch werden kann, selbst die vermeintlich unbe-
deutende Dissertation eines Ministers oder einer Ministerin. Eine Kontrolle darüber ist enorm schwierig.

„Was tun?", könnte man am Ende mit Lenin fragen. Letztlich gibt es aus
der skizzierten Realität von Grenzen der strategischen Kommunikation
und aus der Nicht-Vorhersehbarkeit von Kommunikation – gerade im
Web 2.0 – kein Entrinnen. Dieses Schicksal teilt man aber mit vielen anderen, die im gleichen Boot sitzen. Es gilt, das Bewusstsein dauerhaft wach-
zuhalten, dass kommunikatives Handeln stets von nicht kommunizierten
Intentionen geleitet sein kann. Strategische Kommunikation wird es weiterhin geben, und auch die Streitkräfte werden sich nach wie vor als strategische Kommunikatoren betätigen (vgl. auch Giese 2014). Zwar kann der
Erfolg strategischer Kommunikation nicht mit Gewissheit prognostiziert
werden, er wird jedoch umso wahrscheinlicher, je weniger strategisch und
je mehr authentisch, integer, wahrhaft, glaubwürdig und, ja, verständigungsorientiert sie wahrgenommen wird.

Literatur

Bernet, Marcel (2010): *Social Media in der Medienarbeit*. Wiesbaden: VS.

Arendt, Hannah (1967): *Vita activa oder Vom tätigen Leben*. München: Piper.

Bockstette, Carsten (2008): *Jihadist Terrorist Use of Strategic Communication Management Techniques* (Occasional Paper 20). Garmisch-Partenkirchen: George C. Mar-
shall European Center for Security Studies.

Brüne, Klaus (2008): *Lexikon Kommunikationspolitik. Werbung – Direktmarketing –
Integrierte Kommunikation*. Frankfurt a. M.: Deutscher Fachverlag.

Brunner, Otto; Conze, Werner; Koselleck, Reinhart (Hrsg.) (1978): *Geschichtliche
Grundbegriffe. Historisches Lexikon zur politisch-sozialen Sprache in Deutschland*.
Bd. 4, Stuttgart: Klett-Cotta.

Bundesverband Informationswirtschaft, Telekommunikation und neue Medien
e. V. (BITKOM) (Hrsg.) (2012): *Leitfaden Social Media*. 2., erw. Aufl., Berlin: BIT-
KOM. Online verfügbar unter: http://www.bitkom.org/files/documents/Leitfade
nSocialMedia2012(1).pdf, Abruf am 08.09.2014.

Emmer, Martin; Wolling, Jens (2010): Online-Kommunikation und politische Öffentlichkeit. In: Schweiger, Wolfgang; Beck, Klaus (Hrsg.): *Handbuch Online-Kommunikation*. Wiesbaden: VS, S. 37–59.

Faulstich, Werner (1999): Der Öffentlichkeitsbegriff. Historisierung – Systematisierung – Empirisierung. In: Szyszka, Peter (Hrsg.): *Öffentlichkeit. Diskurs zu einem Schlüsselbegriff der Organisationskommunikation*. Wiesbaden: Westdeutscher Verlag, S. 67–77.

Giese, Daniel (2014): *Militärische Führung im Internetzeitalter. Die Bedeutung von Strategischer Kommunikation und Social Media für Entscheidungsprozesse, Organisationsstrukturen und Führerausbildung in der Bundeswehr*. Berlin: Carola Hartmann Miles Verlag.

Greven, Michael Th. (2008): *Die politische Gesellschaft. Kontingenz und Dezision als Probleme des Regierens und der Demokratie*. 2., akt. Aufl., Wiesbaden: VS.

Habermas, Jürgen (1962): *Strukturwandel der Öffentlichkeit. Untersuchungen zu einer Kategorie der bürgerlichen Gesellschaft*. Neuwied: Luchterhand.

Habermas, Jürgen (1981): *Theorie des kommunikativen Handelns*. 2 Bde., Frankfurt a. M.: Suhrkamp.

Hass, Berthold H.; Walsh, Gianfranco; Kilian, Thomas (Hrsg.) (2008): *Web 2.0. Neue Perspektiven für Marketing und Medien*. Berlin: Springer.

International Telecommunication Union (ITU) (2013): *ICT Facts and Figures*. Online verfügbar unter: http://www.itu.int/en/ITU-D/Statistics/Documents/facts/ICTFactsFigures2013-e.pdf, Abruf am 08.09.2014.

Invernizzi, Emanuele; Biraghi, Silvia; Romenti, Stefania (2012): Entrepreneurial Communication and the Strategic Role of Internal Communication. In: *Sinergie*, Nr. 87, S. 149–169.

Kneidinger, Bernadette (2010): *Facebook und Co. Eine soziologische Analyse von Interaktionsformen in Online Social Networks*. Wiesbaden: VS.

Löffelholz, Martin; Quandt, Thorsten (2003): *Die neue Kommunikationswissenschaft. Theorien, Themen und Berufsfelder im Internet-Zeitalter. Eine Einführung*. Wiesbaden: Westdeutscher Verlag.

Luhmann, Niklas (1984): *Soziale Systeme. Grundriss einer allgemeinen Theorie*. Frankfurt a. M.: Suhrkamp.

Luhmann, Niklas (1995): Was ist Kommunikation? In: Luhmann, Niklas (Hrsg.): *Soziologische Aufklärung 6. Die Soziologie und der Mensch*. Opladen: Westdeutscher Verlag, S. 113–124.

Merten, Klaus (2013): *Konzeption von Kommunikation. Theorie und Praxis des strategischen Kommunikationsmanagements*. Wiesbaden: Springer VS.

Ministry of Defence, UK (MoD UK) (2012): *Joint Doctrine Note 1/12. Strategic Communications: The Defence Contribution*. Online verfügbar unter: https://www.gov.uk/government/uploads/system/uploads/attachment_data/file/33710/20120126jdn112_Strategic_CommsU.pdf, Abruf am 08.09.2014.

Niedermaier, Hubertus (2008): Können interaktive Medien Öffentlichkeit herstellen? Zum Potential öffentlicher Kooperation im Internet. In: Stegbauer, Christian; Jäckel, Michael (Hrsg.): *Social Software. Formen der Kooperation in computerbasierten Netzwerken*. Wiesbaden: VS, S. 49–69.

North Atlantic Treaty Organization Allied Command Transformation (NATO ACT) (2010): *Military Concept for NATO Strategic Communications*. 27 July 2010, Brussels: NATO. Online verfügbar unter: https://info.publicintelligence.net/NATO-STRATCOM-Concept.pdf, Abruf am 08.09.2014.

North Atlantic Treaty Organization Secretary General (NATO SG) (2009): *NATO Strategic Communications Policy*. 14 September 2009, Brussels: NATO. Online verfügbar unter: https://info.publicintelligence.net/NATO-STRATCOM-Policy.pdf, Abruf am 08.09.2014.

Paul, Christopher (2011): *Strategic Communication. Origins, Concepts, and Current Debates*. Santa Barbara, CA: ABC-CLIO & Praeger.

Postman, Neil (1985): *Wir amüsieren uns zu Tode. Urteilsbildung im Zeitalter der Unterhaltungsindustrie*. Frankfurt a. M.: Fischer.

Reding, Anaïs; Weed, Kristin; Ghez, Jeremy J. (2010): *NATO's Strategic Communications Concept and Its Relevance for France*. Santa Monica, CA: RAND.

Richter, Alexander; Koch, Michael (2007): *Social Software – Status quo und Zukunft* (Bericht 2007-01). Neubiberg: Fakultät für Informatik der Universität der Bundeswehr München. Online verfügbar unter: http://www.kooperationssysteme.de/docs/pubs/RichterKoch2007-bericht-socialsoftware.pdf, Abruf am 08.09.2014.

Röttger, Ulrike; Gehrau, Volker; Preusse, Joachim (2013): Strategische Kommunikation. Umrisse und Perspektiven eines Forschungsfeldes. In: Röttger, Ulrike; Gehrau, Volker; Preusse, Joachim (Hrsg.): *Strategische Kommunikation. Umrisse und Perspektiven eines Forschungsfeldes*. Wiesbaden: Springer VS, S. 9–17.

Safko, Lon (2010): The Social Media Bible. *Tactics, Tools and Strategies for Business Success*. Hoboken, NJ: John Wiley & Sons.

Schelsky, Helmut (1973): Publizistik und Gewaltenteilung. In: ders.: *Systemüberwindung, Demokratisierung und Gewaltenteilung. Grundsatzkonflikte der Bundesrepublik*. München: Beck, S. 83–108.

Schultz, Friederike; Wehmeier, Stefan (2010). Online-Relations. In: Schweiger, Wolfgang; Beck, Klaus (Hrsg.): *Handbuch Online-Kommunikation*. Wiesbaden: VS, S. 409–433.

Schweiger, Wolfgang; Beck, Klaus (Hrsg.) (2010): *Handbuch Online-Kommunikation*. Wiesbaden: VS.

Stölting, Erhard (2010): Organisation, Institution und Individuum: Der militärische Kontext in soziologischer Perspektive. In: Dörfler-Dierken, Angelika; Kümmel, Gerhard (Hrsg.): *Identität, Selbstverständnis, Berufsbild. Implikationen der neuen Einsatzrealität für die Bundeswehr*. Wiesbaden: VS, S. 21–40.

Szyszka, Peter (Hrsg.) (1999): *Öffentlichkeit. Diskurs zu einem Schlüsselbegriff der Organisationskommunikation*. Wiesbaden: Westdeutscher Verlag.

United States Department of Defense (USDoD) (2008): *Principles of Strategic Communication*. 15 August 2008, Washington, D.C.: USDoD. Online verfügbar unter: http://www.au.af.mil/info-ops/documents/principles_of_sc.pdf, Abruf am 08.09.2014.

United States Department of Defense (USDoD) (2014): *Dictionary of Military and Associated Terms* (Joint Publication 1-02). Washington, D.C.: USDoD. Online verfügbar unter: http://www.dtic.mil/doctrine/new_pubs/jp1_02.pdf, Abruf am 08.09.2014.

United States Department of Defense Rapid Reaction Technology Office (USDo-DRRTO) (2009): *Strategic Communication Science and Technology Plan. Current Activities, Capability Gaps and Areas for Further Investment*. April 2009, Washington, D.C.: USDoD.

United States Joint Forces Command Joint Warfighting Center (USJWC) (2010): *Commander's Handbook for Strategic Communication and Communication Strategy. Version 3.0*. Suffolk: USJFC. Online verfügbar unter: http://www.dtic.mil/doctrine/doctrine/jwfc/sc_hbk10.pdf, Abruf am 08.09.2014.

United States Policy Coordinating Committee (USPCC) (2007): *U.S. National Strategy for Public Diplomacy and Strategic Communication*. June 2007, o. O.: USPCC. Online verfügbar unter: http://2001-2009.state.gov/documents/organization/874 27.pdf, Abruf am 08.09.2014.

Vohwe, Gerhard; Dohle, Marco (2007): Politische Kommunikation im Umbruch – Neue Forschungen zu Akteuren, Medieninhalten und Wirkungen. In: *Politische Vierteljahresschrift (PVS)* 48 (2), S. 338–359.

Medienarbeit als Issue Management in der Bundeswehr – (Wie) Funktioniert das?

Natascha Zowislo-Grünewald / Franz Beitzinger

1. Medienarbeit ist Themenarbeit

Medienarbeit ist Themenarbeit, wenn sie programmatisch und mehr sein will als reaktives Agieren auf Auslöser außerhalb der eigenen Organisation. (Erfolgreiche) Medienarbeit ist daher ein Spiegel und Ergebnis des Issue- und Themenmanagements einer Organisation.

Als Issues werden Themen bezeichnet, die für die jeweilige Organisation Relevanz besitzen, darüber hinaus aber auch von (teil-)öffentlichem Interesse sind – also auch für Stakeholder der Organisation Bedeutung haben –, in der Öffentlichkeit wahrgenommen werden und Anlass zu teils kontroversen Diskussionen geben. Issues sind häufig emotional gefärbt. Die Relevanz der jeweiligen Themen rührt dabei nicht allein daher, dass Issues tatsächlich einen Bezug zu der jeweiligen Organisation aufweisen, denn auch nur scheinbar die Organisation betreffende Themen sind relevant (Röttger 2001: 15 ff.). Dies ergibt sich daraus, dass solche Themen einerseits auf die Reputation der Organisation einwirken und andererseits die Handlungsspielräume der Organisation und somit auch deren Handlungsfähigkeit beeinflussen (Ingenhoff/Röttger 2006: 324).

Issues betreffen Themenzusammenhänge, doch deren Bedeutung und Interpretation ist kontextabhängig, wird vom Verlauf der Rezeption und Diskussion bzw. des Diskurses beeinflusst und ist für die Organisation und die verschiedenen Stakeholder jeweils „subjektiv" unterschiedlich. In die Themenevolution oder Themenkarriere gehen „Sachverhalte" ebenso ein wie Äußerungen von Akteuren auf organisationaler, Medien- und Stakeholderseite. Issues können daher sowohl innerhalb als auch außerhalb einer Organisation entstehen, je nachdem auf welcher Seite mit der Kommunikation dieses Themas in der Öffentlichkeit begonnen wurde (Ingenhoff/Röttger 2006: 324 f.). Die Organisation und ihre Anspruchsgruppen betrachten Issues dabei aus unterschiedlichen Blickwinkeln. Ihre mit den Issues verbundenen Erwartungen sind nicht die gleichen. Zwischen Organisation und Stakeholdern besteht somit eine Erwartungslücke. Auch hieraus – und nicht erst aufgrund einer gegebenenfalls unterschiedlichen Interessenlage der verschiedenen Akteure – lässt sich ableiten, dass Issues konfliktträchtig sind (Wartick/Mahon 1994).

Auslöser von Issues sind Ereignisse im weiteren Sinne, sei es, dass etwas unmittelbar geschehen ist, sei es, dass ein bestehender Sachverhalt bemerkt wurde. Zu Beginn des Lebenszyklus eines Issues sind die Zahl der das Issue betreffenden Personen und die öffentliche Wahrnehmung sehr gering. Das Issue ist zunächst nur „latent" vorhanden. In der sich anschließenden Emergenzphase diffundieren Issues in die breitere Öffentlichkeit und gewinnen die Aufmerksamkeit immer weiterer Kreise. Das Issue erfährt einen Aufschwung, und in der Öffentlichkeit wird von den (aktiven) Anspruchsgruppen auf eine Lösung des Issues und damit auf Anspruchsbefriedigung gedrängt. Das Issue kann sich zu diesem Zeitpunkt in eine Krise transformieren. Nach der Reifephase klingt in der Abschwungphase des typischen Lebenszyklus eines Issues – infolge einer Konfliktlösung – das öffentliche Interesse an diesem Thema schnell ab (Köcher/Birchmeier 1992: 90 ff.; Liebl 2000: 22).

Die Einflussmöglichkeiten auf das Issue, das heißt die Gestaltungsmacht des Issuemanagements, ist zu Beginn des Zyklus am größten und sinkt mit wachsendem öffentlichen Interesse am Thema immer weiter ab. Auf dem Höhepunkt des Issuezyklus kann die Organisation kaum noch auf die öffentliche Diskussion einwirken und gleicht eher einem Getriebenen der Gewalten. Umso wichtiger ist es, frühzeitig mit der Medienarbeit zu beginnen und bereits in der Frühphase von (vor allem konfliktträchtigen) Issues die Stakeholder mit den für sie jeweils relevanten Medienkanälen abzuholen oder im günstigsten Falle gar einzufangen.

1.1 Ziele des Issuemanagements

Programmatische Medienarbeit als Instrument und logische Folge des Issuemanagements bzw. Medienmanagements zur „Bearbeitung" von Themen basiert auf der profunden Analyse des Themenumfelds der Organisation und ist ein unerlässlicher Bestandteil, um eine Rückkopplung mit dem Issueumfeld zu schaffen. Ziele des Issuemanagements sind daher die Erkennung und Bearbeitung relevanter (tatsächlich oder potenziell konfliktträchtiger oder Chancen bietender) Themen in der öffentlichen Diskussion (Krisenprävention), die Vermeidung von Reputationsschäden durch kritische Issues und die Identifizierung und Wahrnehmung von strategischen Optionen für die Organisationsentwicklung. Besonders in der heutigen Informations- und Mediengesellschaft ist das Issuemanagement eine Herausforderung, da ein komplexer und schnelllebiger werdendes Informationsumfeld Themen und Problematiken hervorbringt, mit denen es umzugehen gilt. Dies bedeutet eine kontinuierliche Anpassung des organisationalen Handelns und somit auch der strategischen Ausrichtung dieses Handelns. Die Handlungsstrategien von Organisationen können daher niemals unumstößlich sein, sondern müssen solche Emergenzen aufnehmen. „Our conclusion is that strategy formation walks on two feet, one deliberate, the other emergent" (Mintzberg/Waters 1985: 271).

Das Ziel des Issuemanagements ist es somit zunächst, systematisch zu beobachten und zu recherchieren, um in der öffentlichen Diskussion bestehende oder mögliche, potenziell konfliktträchtige Themen frühzeitig zu erkennen und zu bearbeiten, damit der Handlungsspielraum der Organisation erhalten bleibt oder vielleicht sogar erweitert werden kann. Reputationsschäden durch kritische Issues lassen sich so vermeiden. Ein Ziel des Issuemanagements besteht daher auch in der Krisenprävention. Allerdings gilt dies nur für solche Krisen, die sich durch schwache Signale allmählich ankündigen. Krisen ohne „schwache Signale", die unmittelbar durch das starke Signal ihres abrupten Eintretens – wie im Falle von Skandalen oder Unglücks- und Störfällen – die Organisation betreffen, können hingegen durch das Issuemanagement nicht verhindert werden. Somit agiert es in der Krisenprävention proaktiv und in engem Zusammenspiel mit dem Krisenkommunikationsmanagement, um dessen Rolle möglichst auf einen außeralltäglichen Auftritt im Rahmen des integrierten Kommunikationsmanagements einer Organisation zu beschränken (Liebl 1994).

Aufgrund der zunehmenden Komplexität des Informationsumfelds von Organisationen ist die Auswertung und Analyse der verfügbaren Daten mit zunehmendem Aufwand verbunden. Gleichzeitig verkürzen sich die Zeiträume immer mehr, in denen Organisationen auf aufkommende Issues überhaupt noch reagieren können. Auch dies ist eine Folge der Emergenz der Informations- und Mediengesellschaft. Themen entwickeln sich immer schneller; Diskurse verbreiten sich immer rascher und erreichen in immer kürzerer Zeit immer mehr Personen. Organisationen sind daher gezwungen, geeignete Strategien zum kontinuierlichen Screening ihres Informationsumfelds zu entwickeln, damit sie das Entstehen relevanter Issues nicht übersehen (Ingenhoff/Röttger 2006: 322; Kuhn/Ruff 2007: 306 ff.).

Gerade das frühzeitige Agieren ist von entscheidender Bedeutung für ein erfolgreiches, proaktives Issuemanagement. Dabei geht es nicht nur um die Abwehr potenzieller Risiken, sondern auch um die Nutzung strategischer Chancen, die ein neu aufkommendes Issue mit sich bringen kann – zu denken ist hier etwa an neue Geschäftsfelder, sich abzeichnende gesellschaftlich-politische Trends oder die Nutzung technischer Innovationen. Insofern hat das Issuemanagement auch eine Thematisierungsfunktion. Schließlich können Organisationen, wenn sie die Chancen frühzeitig ergreifen, die sich aus „brachliegenden" und sich entwickelnden Themen ergeben, zum „Trendsetter" werden und entsprechende Themen absichtsvoll medial-kommunikativ entwickeln. Issuemanagement ist somit immer auch Trendmanagement.

Weisen Issues also nicht nur Risikopotenzial auf, sondern bergen sie unter Umständen auch Chancen, beschränken sie nicht zwangsläufig den Handlungsraum von Organisationen, sondern können ihn sogar erweitern. Ein proaktiv betriebenes Issue- und Themenmanagement kann dazu beitragen, Risiken für die Reputation der Organisation zu entschärfen, aber auch, Chancen für die Organisationsentwicklung aufzuzeigen. Es kann sowohl Gefahren abwenden als auch strategische Optionen aufspüren (Ingenhoff/Röttger 2006: 324 f.; Kuhn/Ruff 2007: 303 ff.).

Die hiermit angesprochene Thematisierungsfunktion des Issuemanagements bedeutet, tatsächliche, potenzielle oder sogar wünschenswerte Issues zu identifizieren und sich kommunikativ-medial gegenüber ihnen zu positionieren. Auf diese Art und Weise können Organisationen die öffentliche Aufmerksamkeit auf bestimmte Themen lenken, die für sie von besonderem Interesse sind – sei es, dass ein Thema die Organisation direkt betrifft; sei es, dass es auf politischer Ebene in Form von Policy-Agenda-Setting zur proaktiven Gestaltung der institutionellen Rahmenbedingungen organisationalen Handelns beitragen kann; oder sei es, dass es andere Organisationen berührt und von der öffentlichen Diskussion dieses Issues ein indirekter, mittelbarer positiver Effekt auf die eigene Organisation und ihre Reputation zu erwarten ist.

1.2 *Issues und Anspruchsgruppen: Salience-Kriterien des öffentlichen Interesses*

Organisationen kommunizieren, vermittelt durch (eigene und fremde) Medien, mit Ihren Anspruchsgruppen. Die gesellschaftlichen Veränderungen unserer Zeit machen aus Sicht der Organisationskommunikation ein zielgerichtetes Issue- und Themenmanagement mithilfe von Medien unverzichtbar. Die Transformation in eine Informations- und Mediengesellschaft hat nicht nur die Kommunikationsverhältnisse verändert, sondern auch die Komplexität der organisationalen Umwelt erhöht. Hier kommen insbesondere drei für die Organisationskommunikation relevante Aspekte moderner Gesellschaften zum Tragen. Erstens sind Medien eigenständige und von traditionellen Institutionen entkoppelte Akteure (Medialisierung), zweitens kann jedermann qua neuer Medien ungefiltert in die Welt kommunizieren (Digitalisierung), und drittens müssen sich Organisationen als Folge von Medialisierung und Digitalisierung zunehmend konkurrierenden und umstrittenen Ansprüchen gesellschaftlicher Bezugsgruppen stellen, wodurch sie einem wachsenden Legitimierungsdruck ausgesetzt sind (Röttger 2001: 15).

Abb.: Issuebezogenes Medien- und Stakeholdergeflecht

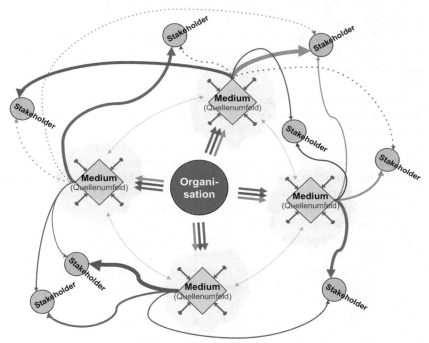

Im Rahmen des Issue- und Themenmanagements erfolgt dabei eine systematische Beobachtung eben dieser organisationalen Umwelt, um möglicherweise in der Öffentlichkeit diskutierte Themen mit Konfliktpotenzial, welche die Organisationsreputation bedrohen und so die Freiheitsgrade organisationalen Handelns einschränken könnten, frühzeitig zu identifizieren und auf sie einzuwirken. Dieses Streben, Themen-Risiken zu entschärfen, aber auch möglicherweise in Themen liegende Chancen zu heben, impliziert, sich proaktiv mit den Erwartungen und Ansprüchen der verschiedenen Teilöffentlichkeiten auseinanderzusetzen, also das Stakeholdermanagement zu integrieren (Ingenhoff/Röttger 2006: 321).

Es sind Bedeutungen, die Issues Aufmerksamkeit verleihen (Issue Salience). Issues kämpfen um die knappe Ressource der Aufmerksamkeit des

Publikums, der verschiedenen, je nach Issue unterschiedlich relevanten Stakeholder. Wie bedeutend ein Issue für die Anspruchsgruppen ist, hängt dabei nicht zuletzt davon ab, wie allgemein es formuliert ist. Eine allgemeine Formulierung bietet interpretative Flexibilität, und die Nähe zur Tautologie reduziert mögliche Widerstände. Bedeutungsstiftend ist ferner die Stärke des lebensweltlichen Bezugs von Issues, das heißt, in welchem Maße es mit dem persönlichen Erfahrungsschatz der Rezipienten durchdringbar ist. Auch die empirische Beweiskraft erhöht die Bedeutung eines Issues. Gleiches gilt, wenn ein Issue einen Bezug zu zentralen Werten aufweist, es also gleichsam soziale Bedeutung besitzt. Je zentraler diese Werte sind, desto höher ist das Mobilisierungspotenzial des Issues (Liebl: 2000: 48 f.).

Weist der Deutungsrahmen eine große Spannweite auf, lässt sich potenziell eine höhere Aufmerksamkeit der Akteure im organisationalen Feld gegenüber dem Issue erzielen, da Diversität im zugrunde liegenden Wertesystem die weltanschauliche Basis verbreitert. Das Deutungsmuster selbst sollte dabei konsistent sein, die Assoziationen des Issues also mit den Wertmustern harmonieren. Gibt es jedoch einen Konflikt zwischen dem wertbezogenen Deutungsmuster des Issues und den von der Organisation ausgehenden Handlungen, kann dies die vom Issue- und Themenmanagement intendierten Effekte konterkarieren, die Aufmerksamkeit der Öffentlichkeiten gegenüber diesem Issue abschwächen oder ihm sogar eine gegen die Organisation gerichtete Eigendynamik verleihen. Unter Umständen erzeugt eine hohe Dynamik in der Issueverbreitung allein deshalb zusätzliche Aufmerksamkeit, weil auf einmal viele darüber sprechen (Liebl: 2000: 52 ff.).

Issues sind Themen mit engem Bezug zu einem Ereignis potenziell öffentlichen Interesses oder sie haben selbst Ereignischarakter von entsprechender Tragweite. In der Frühphase von Issues kämpfen die betroffenen Akteure häufig um die Definitionsmacht über dieses Issue. Ein Ziel des Issue- und Themenmanagements aus Organisationssicht muss daher sein, die Zustimmung der Anspruchsgruppen zu der eigenen Interpretation des Issues und den eigenen Lösungsalternativen für die vom Issue aufgeworfenen Probleme zu gewinnen.

Issues kämpfen um die knappe Ressource der Aufmerksamkeit des Publikums. Die beschriebenen Aspekte sind eine Auswahl beeinflussender Variablen. Weil die Aufmerksamkeit der Öffentlichkeit ein knappes Gut ist, stehen Issues in Konkurrenz zueinander. Neu aufkommende Issues verlagern die Aufmerksamkeit des Publikums weg von den bislang thematisierten. Mit bereits bekannten Issues verwandte bzw. komplementäre Themen ermöglichen es, Neues durch Bekanntes zu erklären, und bieten so eine Orientierungshilfe. Manche Issues entstehen im Kontext bereits bestehender (Primär-)Issues. Als Sekundärissues nutzen sie die Prominenz des Primärissues; sie können die Aufmerksamkeitsspanne für dieses verlängern und somit dessen Wirkung verstärken (Liebl 2000: 53).

Issues existieren niemals im luftleeren Raum, sondern sind immer auf die Anspruchsgruppen von Organisationen bezogen (Wartick/Mahon 1994). Sie machen Personengruppen zu Stakeholdern. Anspruchsgruppen definieren sich über Issues und suchen ihrerseits nach weiteren Issues. Dies gibt Anlass, Koalitionen zu bilden. Issueorientierte Kommunikation meint daher immer auch, (mediale) Beziehungen mit Anspruchsgruppen einzugehen, zu pflegen und zu entwickeln.

1.3 Issues und Medienmanagement

Die Kunst des Issue- und Themenmanagements besteht darin, die „richtigen" Issues bzw. Trends aufzuspüren und sie sowohl mit geeigneten Kommunikationsstrategien zu bearbeiten als auch in die ihnen angemessenen organisationsinternen Prozesse einzuspeisen – bis hin zur generellen Strategiefindung und zu das Organisationsleitbild betreffenden Vorgängen. Welche Themen jedoch die „richtigen" sind, darüber besteht Unsicherheit.

Organisationen können die Ungewissheit, die das Issue- und Themenmanagement herausfordert, durch eine aus drei Elementen bestehende Aktionsstrategie verringern. Sie baut auf dem von Karl E. Weick beschriebenen Prozess auf, der zeigt, wie Organisationen sich wandelnden Umwelten Sinn geben und sich selbst entsprechend verändern. An erster Stelle steht hier das sinngebende Identifizieren potenzieller Issues (Enactment), an zweiter Stelle die Auswahl relevanter Issues (Selection) und an dritter Stelle schließlich die Entwicklung von Handlungsstrategien mitsamt deren Implementierung (Retention) in die Organisation (Ingenhoff/Röttger 2006: 329 ff.; Weick 1985: 190).

Abb.: Issuemanagementprozess (vereinfachte Darstellung in Anlehnung an In-genhoff/Röttger 2006: 333)

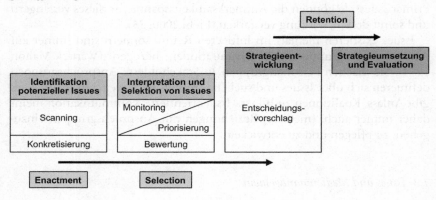

Enactment bedeutet, aktiv Regeln zu konstruieren, mit denen die Veränderungen in der Umwelt der Organisation wahrgenommen und entsprechend den situativen Bedingungen interpretiert werden können. Im Rahmen des Issue- und Themenmanagements müssen also Kriterien geschaffen werden, wie die Themen auszuwählen sind. Ohne solche Kriterien bzw. Regeln kann eine Organisation die Relevanz von Issues weder angemessen beurteilen noch entsprechende Handlungen ableiten (Ingenhoff/Röttger 2006: 330). Die ausgewählten Issues sind mehrdeutig. Durch Sinnzuschreibung kann die Organisation diese Ambiguität verringern (Weick 2001: 244). Auf diese Art und Weise reduziert sie den interpretativen Möglichkeitsraum, der mit den identifizierten Issues verbunden ist, und weist ihnen eine bestimmte Bedeutung zu, die wiederum Kriterium der Scheidung von relevanten und nicht relevanten Issues ist. Auch hierfür ist wieder organisationales Interpretationswissen in Form entwickelter Kriterien und Regeln notwendig (Ingenhoff/Röttger 2006: 332).

Damit eine Organisation langfristig die entscheidenden Themen finden und angemessen interpretieren kann, bedarf es eines ausgewogenen Zusammenspiels der Phasen des Enactment und der Selection. Der Prozess des Scanning (in der Phase des Enactment), also der bewussten Umfeldbeobachtung und Datensammlung, muss daher bereits gemachte Erfahrungen aus möglichst vielen und unterschiedlichen Perspektiven auf tatsächliche und potenzielle Issues, das heißt bisherige erfolgreiche oder fehlerhafte Selektionen, mit einbeziehen, um die Mehrdeutigkeit ausgewählter Issues zu verringern und ihnen Sinn zuzuschreiben (Weick 2001: 244; Ingenhoff/Röttger 2006: 331 f.).

2. Medienmanagement der Bundeswehr

Der Aufgabenbereich des Issue- und Themenmanagements ist in der Kommunikation der Bundeswehr im Wesentlichen der von ihr betriebenen „Medienarbeit" zugeordnet. Entsprechend der vorliegenden Konzeptdokumente zur Informationsarbeit der Bundeswehr bezieht sich „Medienarbeit" dabei insbesondere auf die Redaktion eigener, selbst produzierter und somit kontrollierter Medien. Die Zielgruppen der Medienarbeit sind die nationale und die internationale Öffentlichkeit. Diese sollen von den eigenen Medien direkt angesprochen werden. Die Ansprache von Vertretern fremder, also unabhängiger Medien wie Journalisten oder anderen Multiplikatoren, um die Öffentlichkeit indirekt zu erreichen, ist hingegen Aufgabe der organisatorisch von der „Medienarbeit" getrennten „Pressearbeit" der Bundeswehr (RichtlDurchfInfoA 2013: 3).

Das Management der eigenen Medien der Bundeswehr ist in einer Zentralredaktion zur abgestimmten Medienproduktion (Print, digital, klassisch, sozial) konzentriert. Schwerpunkt der Medienproduktion soll die Berichterstattung über die Einsatzrealität sein (Konz ZRedInfoA 2012: 9). Die Themen werden crossmedial platziert; eine tägliche Redaktionskonferenz mit Beauftragten der Organisationsbereiche soll Aktualität und Genauigkeit sicherstellen. Auch das Medienmonitoring ist Aufgabe der Zentralredaktion:

> „Voraussetzung für die Planung ist eine fortgesetzte Feststellung und Auswertung der Medienlage (Monitoring). Dabei bietet sich eine unmittelbare Einbindung der täglichen Medienauswertung für den Pr-/ InfoStab des BMVg an" (Konz ZRedInfoA 2012: 7).

Organisatorisch ist die Zentralredaktion in die – in der Zwischenzeit zum Zentrum Informationsarbeit Bundeswehr (ZInfoABw) umfirmierten – Akademie der Bundeswehr für Information und Kommunikation (AkBwInfoKomm) integriert, fachlich untersteht sie jedoch dem Presse- und Informationsstab. In dieser Zentralredaktion sind die ehemals getrennten Redaktionen der zentralen Medien der Bundeswehr zusammengefasst und integriert worden (KonzZRedInfoA 2012).

Um insbesondere die Belange der einzelnen Organisationsbereiche in der Medienarbeit zu berücksichtigen, sollen diese Beauftragte in die Zentralredaktion entsenden, um dort im Hinblick auf die angestrebte Ausgewogenheit der Medienpräsenz aller Organisationsbereiche ihre Interessen zu vertreten, Beiträge ihrer Organisationsbereiche in den zentralen Medien der Informationsarbeit redaktionell zu betreuen und mit den jeweils eigenen Online-Auftritten der Organisationsbereiche zu koordinieren. Im Sinne einer Schnittstelle zur Personalwerbung der Bundeswehr sollen auch aus diesem Bereich entsprechende Beauftragte in die Zentralredaktion abgesandt werden (KonzZRedInfoA 2012: 11 f.). Mithilfe der Zentralredaktion soll eine „zentrale Steuerung" (KonzZRedInfoA 2012: 4) der für die Bundeswehr relevanten Themen erreicht werden.

2.1 Themenmanagement

Das durch die Zentralredaktion zu leistende Themenmanagement bezieht sich nicht auf ein allgemeines, Kommunikationsfunktionen übergreifendes Management von „Themen". Vielmehr geht es um die Koordination der in den eigenen Medien der Bundeswehr und den Internetauftritten gesetzten Themen. Dabei wird den jeweiligen Medien bzw. Redaktionen ein weiter „Handlungsspielraum zur eigenen Themensetzung" (KonzZRedInfoA 2012: 4) zugestanden, was auf eine sehr dezentrale und lockere Koordination von Themen schließen lässt.

Zentrales Element des Themenmanagements ist ein Konferenzsystem. Seine Aufgabe ist die Identifizierung von Themen, die den Erfordernissen der strategischen Vorgaben, der Medienauswertung und der langfristigen Themenplanung entsprechen. Eine wesentliche Triebfeder dieses Konferenzsystems ist der harmonische Ausgleich der Belange aller Organisationsbereiche durch eine ausgewogene Medienpräsenz aller Teilbereiche der Bundeswehr. Dies betrifft neben den militärischen Organisationsbereichen (Teilstreitkräfte, Streitkräftebasis, Zentraler Sanitätsdienst) namentlich auch die Bereiche Rüstung, Infrastruktur, Umweltschutz und Dienstleistungen sowie insbesondere auch den Bereich Personal.

Die Identifikation der für die Bundeswehr relevanten Themen erfolgt aus einem Abwägen der unterschiedlichen Belange der Organisationsbereiche, weniger durch eine systematische Beobachtung der organisationalen Umwelt. So ist beispielsweise außer der bereits angesprochenen Presse- bzw. Medienausauswertung kein deziertes, systematisches und an die strategische Ebene der Kommunikationsplanung rückgekoppeltes Scanning und Monitoring von Issues vorgesehen. Auch wird mit dem Themenmanagement im Wesentlichen lediglich die Ableitung redaktioneller Inhalte für die Produktion der eigenen Medien intendiert. So heißt es hierzu beispielsweise im Konzept zur Zentralredaktion der Bundeswehr:

> „Die identifizierten Themen werden gegebenenfalls unter redaktioneller Einbindung der Mediendatenbank zunächst inhaltlich zu einer Rohfassung aufbereitet, die anschließend um Fotografien, Bewegtbil-

der, Vertonung, Grafiken etc. ergänzt und zur Endfassung verarbeitet wird" (KonzZRedInfoA 2012: 11).

Zwar sollen im Rahmen der Identifizierung von Issues auch strategische Vorgaben, eine langfristige Themenplanung sowie die Ergebnisse der Medienauswertung berücksichtigt werden (KonzZRedInfoA 2012: 11), von größerer Bedeutung scheint jedoch das Aufgreifen der Vorschläge seitens der verschiedenen Organisationsbereiche zu sein:

> „Um im Rahmen der Interessenvertretung eine ausgewogene Medienpräsenz aller OrgBereiche gewährleisten zu können, sind insbesondere die Themenvorschläge der Beauftragten der OrgBereiche unter Berücksichtigung der strategischen Vorgaben aufzugreifen und im Regelfall in den gewünschten Medien zu platzieren. Die Entscheidungen über die Themenplatzierungen nach Art und Medium fallen im Rahmen des Konferenzsystems der ZRedInfoABw im Konsens" (KonzZRedInfoA 2012: 12).

Ziel des Themenmanagements der Bundeswehr ist es also in der Hauptsache, Beiträge für die verschiedenen eigenen Medien zu generieren, welche die von Organisationsbereichen gewünschten Inhalte aufgreifen. Das Themenmanagement ist um einen harmonischen Ausgleich der unterschiedlichen Interessen der verschiedenen Organisationsbereiche bemüht. Das Konsensprinzip wird dabei besonders betont.

2.2 Management fremder Medien? – Pressearbeit der Bundeswehr

Nicht nur die eigenen, von der Zentralredaktion der Bundeswehr kontrollierten Medien kommunizieren mit den Anspruchsgruppen der Organisation. Auch und gerade fremde Medien sind wichtige Kommunikationsträger. Besonders das Aufkommen der sozialen Medien lässt die Grenzen zwischen dem Management der eigenen, kontrollierbaren Medien und den fremden, unkontrollierbaren Medien – gemeint sind hier vor allem die journalistisch betriebenen Massenmedien und die relevante Gatekeeper-Funktion der Journalisten – verschwimmen. Darüber hinaus lebt gerade die Social-Media-Kommunikation mittels eigener Plattformen von der unkontrollierten Kommunikation anderer über die Organisation.

Das Medien- bzw. Themenmanagement im Sinne eines Issuemanagements der Bundeswehr bezieht sich nur auf die eigenen Medien (Ausnahme: das bezahlte Schalten von Anzeigen in fremden Medien). Nur die konzeptionell von der Medienarbeit geschiedene Pressearbeit kommuniziert mit Vertretern fremder Medien, also Journalisten, Bloggern etc. Im Presse- und Informationsstab ist demzufolge auch ein anderes Referat für Pressearbeit zuständig. Zielgruppe der Pressearbeit sind Journalisten aller Medien im In- und Ausland, um die allgemeine Öffentlichkeit zu erreichen.

Die Pressearbeit soll „lageangepasst aktiv oder reaktiv" (RichtlDurchfInfoA 2013: 3) erfolgen. Wichtige Maßnahmen der Pressearbeit sind gemäß den Rahmenrichtlinien InfoA unter anderem die „gezielte Vermittlung von Informationen unter Ausnutzung aller zur Verfügung stehenden Medien", „die Durchführung von Informations- und Hintergrundgesprächen", die „Herausgabe von Pressemitteilungen und -materialien", die „Veranstaltung von und Teilnahme an Fachtagungen, Pressekonferenzen, Pressegesprächen und Presseempfängen" sowie die „Kontaktpflege zu Pressestellen, Verlagen, Redaktionen und Journalisten" (RichtlDurchfInfoA 2013: 8). Damit erscheint das Management fremder Medien durch die Bundeswehr vor allem situationsgetrieben zu sein und weist relativ wenige Bezüge zum Themenmanagement auf.

3. Fragen an die Themenarbeit der Bundeswehr

Vor dem Hintergrund der Bedeutung eines wirksamen Issue- und Themenmanagements für das Kommunikationsmanagement von Organisationen stellt sich die Frage, in welchem Maße dessen Anforderungen von der Themenarbeit der Bundeswehr erfüllt werden. Themenarbeit betreibt die Bundeswehr vor allem mittels der eigenen Medien; sie erfüllt dabei insbesondere die Themenwünsche und Belange der einzelnen Organisationsbereiche mit Blick auf deren Selbstdarstellung. Ein modernes Issue- und Themenmanagement geht jedoch deutlich weiter und verlangt, alle mit dem Issue- und Medienmanagement professionell befassten oder zu befassenden Kommunikationsbereiche zu verzahnen und das gesamte Medien- und Issuemanagement holistisch-integriert zu betrachten. Gerade im militärischen Kontext lohnt sich in diesem Zusammenhang ein Blick auf das Kommunikationskonzept der NATO – zumal es sich bei ihr nicht um eine allein militärische, sondern auch um eine politische Organisation handelt. Die Auffassungen des Bündnisses zur Kommunikation im öffentlich-politischen und strategischen Kontext zeigen den konzeptionellen Unterschied zum Themenmanagement der Bundeswehr.

3.1 Konzept des Issuemanagements bei der NATO

„Media Relations activities are designed to provide information through all mass communication means to NATO audiences. Commanders and staffs, through their PAOs, should be prepared to, for example: respond to media inquiries; issue statements; conduct briefings and interviews; arrange for access to permanent and operational units; and distribute information including imagery, all as a means to develop relations with the purveyors and the consumers of news.

Outreach activities are aimed at fostering strategic relations with key external stakeholders, who have an interest in military issues and activities, such as think-tanks, academia, military-related associations, and other non-news media entities. They are often invited to comment as unbiased subject matter experts in the field of security and defence policy, and more specifically on NATO policy, decisions and actions, and can therefore provide a sustainable 'force multiplier' effect" (NATO MC PA 2011: 11).

Dieser Auszug aus der NATO Military Policy on Public Affairs zeigt deutlich, dass die NATO das Issue- und Themenmanagement integrierend auf beide Bereiche – das fremde und das eigene Medienmanagement – bezieht. Das Issue- und Themenmanagement wird ganzheitlich begriffen. Insofern kann auch eine entsprechende Wirksamkeit gemäß den Anforderungen eines modernen Kommunikationsmanagements erwartet werden. Darüber hinaus lassen sich in den NATO-Vorgaben Beispiele für Richtlinien zum Issue- und Themenmanagement finden, die illustrieren, dass die Bündnisorganisation eine dezidiert andere Herangehensweise verfolgt als der entsprechende Bereich der Bundeswehrkommunikation. Konkret geht es um das Themenmanagement gerade in Bezug auf fremde Medien und um die Entwicklung von Themenführungsstrategien im Hinblick auf die Bedeutung des jeweiligen Issues für die Organisation:

„A PA approach provides a guide respecting the level of ambition or expectations of the desired profile for an activity, event or issue […]. NATO defines three military PA approaches:
a. Very Active. Significant and deliberate effort will be invested to promote awareness, visibility and to 'push out' information. This approach is called for where real public interest is anticipated or desired and may be supported by a wide range of PA products and activities.
b. Active. Routine effort will be invested to promote public awareness; the range and scope of information products or support activities are generally limited […].

c. Reactive. Efforts are not made to promote wide awareness, but a PA plan and media lines should be developed in anticipation of media or public queries. As such, being reactive still means being responsive to queries: not answering the phone or saying 'no comment' are not options" (NATO MC PA 2011: 18).

Das strategische Medienmanagementkonzept der NATO fordert darüber hinaus dezidiert Strukturen und Prozesse zur proaktiven Kommunikation mit Meinungsmachern, Journalisten, Bloggern etc.:

„Identify the audiences of any messages, actions and signals, to include key influencers [...] Develop productive relationships with credible external organizations to transmit messages [...] Provide support to embedded journalists and visiting media" (NATO StratCom MC 2010: 7).

In diesem Kontext muss auch die Forderung der NATO-Konzeption verstanden werden, das Issue- und Themenmanagement eng mit dem Management fremder Medien abzustimmen bzw. die Rolle fremder Medien in der kommunikativen Vermittlung zwischen der Organisation und ihren Teilöffentlichkeiten in der gesamten Kommunikationsplanung strategisch zu berücksichtigen und Themen entsprechend zu führen:

„Determine the appropriate medium and method for communicating messages, actions and signals [...] Determine the appropriate timing, frequency, content and packaging for any message, action and signal [...] Produce, sponsor, and support credible and culturally attuned messages and distribute them through the appropriate range of information media" (NATO StratCom MC 2010: 7).

Dieser kurze, unvollständige Einblick in den NATO-Ansatz zu Strategic Communications macht bereits anhand der wenigen zitierten Stellen der relevanten Konzeptdokumente deutlich, dass hier eine umfassende Integration eigener und fremder Medien in ein gemeinsames Issue- und Themenmanagement favorisiert wird. Diese Auffassung entspricht dem Verständnis der modernen, zivilen Organisationskommunikation. In der Bundeswehr ist das Integrationsverständnis in Bezug auf das Issuemanagement hingegen bei Weitem nicht so stark ausgeprägt.

3.2 Fazit

Das Issue- und Themenmanagement militärischer Organisationen bezieht sich in der Hauptsache auf zwei grundlegende inhaltliche Bereiche: Der eine Bereich betrifft die allgemeinen Debatten im sicherheitspolitischen Umfeld mit den entsprechenden Schnittstellen zu den anderen sicherheitspolitisch relevanten Ressorts und den nationalen wie internationalen Akteuren. Der andere bezieht sich auf die Beobachtung ziviler Issues und Trends, die beispielsweise für die Personalgewinnung, die Beschaffung und andere Funktionsbereiche relevant sein könnten. Diese Art organisationaler Umfeldbeobachtung unterscheidet sich konzeptionell nicht wesentlich vom Issue- und Themenmanagement ziviler Organisationen, zumal Letztere heute ebenfalls in einem politisierten Umfeld agieren müssen.

Gerade weil militärische Organisationen jedoch auch – entsprechend ihrer Aufgaben sogar hauptsächlich – in einem militärischen Kontext agieren, müssen sie die Wechselwirkung von Issues aus dem politisch-gesellschaftlichen Bereich, bezogen auf ihre Eigenschaft als Organisation, und von Issues, die sich durch ihre Einsatztätigkeit ergeben, berücksichtigen. Schließlich können Informationen aus dem Issue- und Themenmanagement, die „heimische" Teilöffentlichkeiten betreffen, aufgrund der Interdependenz der verschiedenen Öffentlichkeiten für die Lageeinschätzung des Informationsumfelds im Einsatzland und somit für den militärischen Erfolg des Einsatzes durchaus relevant werden und umgekehrt.

Um ein wirkungsvolles Issue- und Themenmanagement durchzuführen, ist es also unabdingbar, Erkenntnisse über die Lage im Informationsumfeld im Kontext des gesamten Kommunikationsmanagements nutzbar zu machen. Die Ressourcen hierfür sind durchaus vorhanden, sie müssten nur zielführend in das Gesamtkommunikationsmanagement integriert werden. Darüber hinaus kommt es darauf an, das Issue- und Themenmanagement konzeptionell im beschriebenen Sinne auszubauen, es also holistisch zu begreifen, nicht nur auf das Management eigener Medien zu beschränken und mit allen relevanten Organisationsfunktionen auch im Hinblick auf die genuin militärischen Aufgaben der Bundeswehr eng zu vernetzen.

Literatur und Quellen

Ingenhoff, Diana; Röttger, Ulrike (2006): Issues Management. Ein zentrales Verfahren der Unternehmenskommunikation. In: Schmid, Beat F.; Lyczek, Boris (Hrsg.): *Unternehmenskommunikation. Kommunikationsmanagement aus Sicht der Unternehmensführung.* Wiesbaden: Gabler, 319–350.

Köcher, Alfred; Birchmeier, Eliane (1992): *Public Relations? Public Relations! Konzepte, Instrumente und Beispiele für erfolgreiche Unternehmenskommunikation.* Zürich: Verlag Industrielle Organisation.

KonzZRedInfoA (2012): *Konzept Zentralredaktion der Informationsarbeit der Bundeswehr*. 23. März 2012. Berlin: BMVg/Presse- und Informationsstab.

Kuhn, Michael; Ruff, Frank (2007): Corporate Foresight und strategisches Issues Management. Methoden zur Identifikation der Trends und Themen von morgen. In: Piwinger, Manfred; Zerfaß, Ansgar (Hrsg.): *Handbuch Unternehmenskommunikation*. Wiesbaden: Gabler, S. 303–320.

Liebl, Franz (1994): Issue Management. Bestandsaufnahme und Perspektiven. In: *Zeitschrift für Betriebswirtschaft 64*, S. 359–383.

Liebl, Franz (2000): *Der Schock des Neuen. Entstehung und Management von Issues und Trends*. München: Gerling-Akademie-Verlag.

Mintzberg, Henry; Waters, James A. (1985): Of Strategies, Deliberate and Emergent. In: *Strategic Management Journal 6* (3), S. 257–272.

NATO MC PA (2011): *NATO Military Public Affairs Policy*. Februar 2011 – Az. MC 0457/2. Brüssel: NATO International Military Staff.

NATO StratCom MC (2010): *Military Concept for NATO Strategic Communications*. 12. August 2010 – Az. DSG(2010)0528. Brüssel: NATO Office of the Secretary General.

RichtlDurchfInfoA (2013): *Richtlinien für die Durchführung der Informationsarbeit der Bundeswehr*. 15. Mai 2013. Berlin: BMVg/Presse- und Informationsstab.

Röttger, Ulrike (2001): Issues Management – Mode, Mythos oder Managementfunktion? Begriffsklärungen und Forschungsfragen. Eine Einleitung. In: dies. (Hrsg.): *Issues Management. Theoretische Konzepte und praktische Umsetzung. Eine Bestandsaufnahme*. Wiesbaden: Westdeutscher Verlag, S. 11–39.

Wartick, S. L.; Mahon, J. F. (1994): Toward a substantive definition of the corporate issue construct: a review and synthesis of the literature. In: *Business and Society 33*, S. 293–311.

Weick, Karl E. (1985): *Der Prozess des Organisierens*. Frankfurt a. M.: Suhrkamp.

Weick, Karl E. (2001): *Making Sense of the Organization*. Oxford: Blackwell Publishing.

Wie Wechselwirkungen zwischen Organisationen und Gesellschaft (historisch) analysiert werden können: Eine neoinstitutionalistische Darstellung

Thilo Jungkind

1. Neoinstitutionalistisches Denken im Überblick

Originär handelt es sich beim Neoinstitutionalismus (NI) um einen wirtschaftssoziologischen Ansatz der Organisationswissenschaften, der, mit gewissen Modifikationen, auch zur Analyse nicht ökonomischer Organisationen und ihres Verhältnisses zur gesellschaftlichen Umwelt dienen kann. Die Kernthese des NI als eines der führenden konzeptionellen Ansätze der Organisationswissenschaften lautet: „Die Umwelt von Organisationen besteht aus institutionalisierten Erwartungsstrukturen, die die Ausgestaltung und Handlungsweisen von Organisationen prägen" (Walgenbach/Meyer 2008: 11). Damit behaupten die Neoinstitutionalisten gleichzeitig, dass die Art und Weise, wie Organisationen funktionieren, Anerkennung in der Gesellschaft finden müsse. Ein reibungsloses Miteinander von Organisation und Gesellschaft sei nötig, um zivilgesellschaftliche Kohäsion nachhaltig zu garantieren. In erster Linie müsse eine Organisation bestrebt sein, dass ihr das eigene Handeln von ihrem gesellschaftlichen Umfeld positiv zugeschrieben wird (Walgenbach/Meyer 2008: 12).

Nun wandeln sich bekanntlich Gesellschaften und somit auch ihr Verhältnis – man könnte auch von einer gesellschaftlichen Meinung sprechen – gegenüber Organisationen in Raum und Zeit. Entsprechend müssen sich den Neoinstitutionalisten zufolge auch die Handlungsweisen von Organisationen ändern. Dieses Postulat einer bestehenden Wirkungsmacht gesellschaftlicher Spielregeln und Werteeinstellungen auf Organisationen zu überprüfen und damit die Funktionsfähigkeit zivilgesellschaftlicher Organisationen im Wechselspiel mit dem gesellschaftlichen Wandel zu analysieren, ruft Historikerinnen und Historiker auf den Plan. Im Endeffekt ist der NI wie für Historiker gemacht, bietet er doch ein in sich geschlossenes Analyseinstrument zur Kontextualisierung an. Der vorliegende Beitrag möchte daher das neoinstitutionalistische Handwerkszeug knapp skizzieren, wie es aus meiner Sicht in historischen, sozial- oder kommunikationswissenschaftlichen Analysen zum Verhältnis von Organisationen und ihrem gesellschaftlichen Umfeld eingesetzt werden kann. An prägnanten Stellen werde ich versuchen, diese allgemeine Sichtweise auf das Verhältnis von Bundeswehr und Medien zuzuspitzen. Hier kommt die erfreuliche Eigenschaft des NI zur Geltung, dass seine Analysekategorien von Militär- und Organisationshistorikern ebenso wie von Medienhistorikern eingesetzt werden können.

2. Organisationen werden von der Gesellschaft definiert

Die Kernaussage des NI erscheint zunächst trivial. Gleichzeitig wirft sie in unserem Kontext zentrale Fragen auf und verlangt nach einer notwendigen Reflexionsebene. Die grundlegende Frage lautet: Was ist unter Organisation überhaupt zu verstehen, wenn ihr Handeln und Funktionieren gewissermaßen von gesellschaftlichen Meinungen mit bestimmt wird und Erwartungen des gesellschaftlichen Umfelds an die Organisation mit Blick auf spezifische Handlungsweisen gestellt werden dürfen, damit die Organisation überhaupt funktioniert? Die Frage lässt sich nur beantworten, wenn über Anreize von Organisationshandeln reflektiert wird.

Die Ökonomisierung der Sozialwissenschaften führte auch zu einer Ökonomisierung der Organisationswissenschaften. Hiergegen richtet sich das neoinstitutionalistische Paradigma in erster Linie. Die Neoinstitutionalisten fordern eine Abkehr von der Vorstellung der rationalen Wahlhandlung (vgl. Walgenbach/Meyer 2008: 116). Ganz konkret wendet sich der NI gegen die Universalismusthese von Rationalität, wonach Wahlhandlungen von Organisationen vom räumlichen und zeitlichen Kontext unabhängig sind. Zugespitzt formuliert bedeutet rationales Handeln im herkömmlichen Sinne, dass Organisationen überall und zu jeder Zeit gleich funktionieren. Die Gründe, die zu einer rationalen Handlung führen, und damit die Handlung selbst sind quasi naturgesetzliche Konstanten. Wird versucht, Organisationshandeln mithilfe des Rationalitätsparadigmas zu erklären, erscheint die Einbeziehung von Interaktionen mit gesellschaftlichen Erwartungen als überflüssig. Der gesellschaftliche Wertekanon und ihm entspringende Erwartungen werden als stabil und somit als etwas angesehen, das keine weitere Wirkung auf das organisationale Handeln entfaltet.[1]

---

1 Eine gute Zusammenfassung zur Ökonomisierung der Sozialwissenschaften findet sich bei Albertshauser (2007) und Kirchgässner (2008); kritisch dazu Beckert (2012: 251ff.).

Das neoinstitutionalistische Paradigma geht demgegenüber von einer multikontextuellen und multikausalen Einbettung von Organisationen in ihr gesellschaftliches Umfeld aus. Neben technischen und ökonomischen Umwelten von Organisationen bestimmen, so die Annahme, auch kulturelle Umwelten das Funktionieren von Organisationen mit (vgl. Senge 2011: 18). Die raum- und zeitgebundenen Handlungen von Organisationen sind nach Abwägung der Folgen des Handelns durch die Organisation selbst innerhalb ihres gesellschaftlichen Umfelds kulturrational. Kulturrationalität bedeutet, dass die Handlungen von Organisationen mit den Erwartungen ihres gesellschaftlichen Umfelds übereinstimmen müssen. Die Erwartungen des gesellschaftlichen Umfelds wiederum sind das Ergebnis der Spielregeln, die sich eine Gesellschaft auferlegt hat. Auf diesen Regeln bauen Ordnungen zwischen Organisationen und ihrem gesellschaftlichen Umfeld auf, und innerhalb dieser Ordnungen entstehen normative und kulturelle Vorstellungen darüber, wie Organisationen zu funktionieren haben.

Das gesellschaftliche Umfeld einer Organisation generiert also aus neoinstitutionalistischer Perspektive von Zeit und Raum abhängige informative und performative Handlungsräume, innerhalb derer sich eine Organisationen legitim bewegen und nach gesellschaftlichen Vorstellungen existieren kann. Diese Handlungsräume basieren auf gesellschaftlichem Wissen und/oder Nichtwissen über die Organisation selbst. Handlungen, die eine Organisation zum Zweck der Aufrechterhaltung eines bestehenden Verhältnisses zu ihrer gesellschaftlichen Umwelt vornimmt, erfolgen also nicht gemäß den Annahmen einer universalen Rationalität. Sie unterliegen vielmehr einer reflektierten, von Zeit und Raum abhängigen Rationalität. Zugespitzt auf den Untersuchungsgegenstand des Verhältnisses von Bundeswehr und Medien, ergibt sich daraus zuallererst die berechtigte Frage nach dem Wesen, der organisatorischen Struktur, ja gar der Existenz der Bundeswehr. Folgte man einem nicht neoinstitutionalistischen Ansatz, so würden diese Kategorien keine Rolle spielen.

Es scheint so, als ob das gesellschaftliche Wissen und/oder Nichtwissen heute in der Bundeswehr keine komplexe, funktional getrennte und administrativ verwaltete Organisation erblickt. Die gesellschaftliche Wahrnehmung bezieht sich einzig auf die operativen Streitkräfte, die – dem vorhandenen gesellschaftlichen Wissen zufolge – oft einem überholten Soldatentum folgen, inzwischen aber in mehrere globale Krisenszenarien verwi-

ckelt sind.[2] Die Rolle der Bundeswehr ist nichts weiter als eine konstruier-
te Wahrnehmung aus gesellschaftlichem Wissen und Nichtwissen. Für die
Praktiker der Bundeswehr, beispielsweise diejenigen, die für Kommunikation und Öffentlichkeitsarbeit verantwortlich sind, ergibt sich daraus die
Notwendigkeit, das gesellschaftliche (Nicht-)Wissen zu dechiffrieren, an-
zuerkennen und zu bedienen. Dasselbe gilt aber auch für eine (historische)
Fallstudie, die sich mit dem Verhältnis von Bundeswehr und Medien beschäftigt. Ob nun militär-, medien- oder organisationshistorisch angelegt,
lassen sich Rückschlüsse auf das Verhältnis von Bundeswehr und Medien
oder auf den Wandel dieser Beziehung nur durch die Betrachtung beider
Seiten gewinnen. Das zeitgemäße gesellschaftliche Wissen über die Bundeswehr weist erstens auf die Rolle der Bundeswehr in der Gesellschaft
und daraus folgend zweitens auf ihre Handlungsweisen selbst hin.

Den räumlichen und vor allem episodischen Kontext zu analysieren, in
dem die gesellschaftlichen Erwartungen und Spielregeln erzeugt werden,
ist das Kerngeschäft von Historikerinnen und Historikern. Mithilfe eines
neoinstitutionellen Ansatzes ist es ihnen möglich, die Wechselbeziehungen
zwischen dem kulturrationalen Handeln einer Organisation und ihrem gesellschaftlichem Umfeld zu analysieren. Organisation und Gesellschaft
werden damit zu zwei miteinander verwobenen, nicht voneinander getrennt zu deutenden Kategorien, die ihrem historischen Kontext gemäß in
sich ständig wandelnden Verhältnissen zueinander stehen. Gesellschaftliches Wissen, die daraus resultierenden Wahrnehmungen und gesellschaftlichen Meinungen können über jene Institutionen analysiert werden, die ihnen zugrunde liegen.

3. Institutionen und institutionelle Dimensionen im Neoinstitutionalismus

Der Neoinstitutionalismus ermöglicht eine makroperspektivische Institu-
tionen- und Kulturanalyse dessen, was an gesellschaftlichen Erwartungen
außerhalb von Organisationen besteht. Er bietet ein Instrumentarium, mit
dessen Hilfe die Wirkung von Institutionen und Kultur auf das Handeln
von Organisationen interpretiert werden kann. Startpunkt der empirischen
Forschung ist die Analyse der institutionellen und kulturellen Umwelt von
Organisationen und ihres historischen Wandlungspotenzials. Institutionen

---

2 Beispielhaft die Spiegel-Umfrage zur Ausweitung des deutschen Engagements in
   Auslandseinsätzen: http://www.spiegel.de/politik/deutschland/umfrage-deutsche-le
   hnen-auslandseinsaetze-der-bundeswehr-ab-a-970463.html, Abruf am 24.09.2014.

werden als „institutionalisierte Regeln, Erwartungen oder Vorstellungssysteme bzw. Interpretationsschemata" operationalisiert und können in „diesem Sinne [...] als verfestigte soziale Erwartungsstrukturen verstanden werden" (Walgenbach/Meyer 2008: 55). Institutionen sind demnach sich wandelnde Spielregeln, die sich eine demokratische Gesellschaft zum Zweck des reibungslosen Zusammenlebens (mit Organisationen) selbst auferlegt.

Was als Institution gilt und wie sich Institutionen zeigen, wurde von William Scott präzisiert. Das von ihm entwickelte Schema hat zum Ziel, die sozialen Erwartungsstrukturen besser analysieren und ihre Auswirkungen auf Organisationen abschätzen zu können. Scott trennt dafür zwischen regulativen, normativen und kulturell-kognitiven Dimensionen von Institutionen, die außerhalb von Organisationen existieren (vgl. Scott 2008: 52).

Erstens sind Institutionen laut Scott regulierend oder treten in regulativen Formen auf, etwa in Gesetzen. Diese liegen den normativen und kulturellen Dimensionen zugrunde bzw. müssen in wechselseitiger Abhängigkeit von ihnen gesehen werden. Die gesetzten Regelsysteme, die sich mit dem Verhalten von Organisationen auseinandersetzen, sind dabei vom gesellschaftlichen Umfeld der Organisation beobacht-, kontrollier- und sanktionierbar. Sowohl Organisationen als auch ihre gesellschaftliche Umwelt können problemlos Kenntnisse über bestehende Vorschriften und Gesetze erlangen. Da ein (Fehl-)Verhalten möglicherweise sanktioniert wird, haben die Akteure ein Interesse daran, sich in Orientierung an den vorgegebenen formalen Institutionen, also regelkonform zu verhalten.

Zweitens sind Institutionen, die der normativen Dimension zugerechnet werden, vorschreibend, bewertend und verpflichtend: Gesellschaftliche und sozioökonomische Werte und Normen bilden eine beobachtbare Einheit, die zeigt, was von einer Organisation gewünscht wird. Äußere Normen definieren also Ziele, die eine Organisation nach Meinung des gesellschaftlichen Umfelds verfolgen sollte. Werden diese gesellschaftlichen Normen und Werte von der Organisation bedient, trägt dies zu einer Stabilisierung der Beziehungen zwischen ihr und dem gesellschaftlichen Umfeld bei (vertiefend dazu Senge 2006; vgl. auch Beschorner/Lindenthal/Behrens 2004). So entsteht für dasjenige Gebilde, das in der historischen Situation als Organisation betrachtete wird, ein historisch-kontextueller Zwang, die „Logik der Angemessenheit" des eigenen Handelns zu befolgen (March/Olsen 1989: 146). Es zeigt sich – so die These der Neoinstitutionalisten –, dass Organisationen symbolisch und/oder intrinsisch motiviert die normativen Vorgaben von außen adaptieren und ihr Handeln danach ausrichten (vgl. DiMaggio/Powell: 158; Minssen 2008).

Drittens sind laut NI die handlungsbeschränkenden Eigenschaften kulturell-kognitiver Dimensionen von Institutionen besonders wirkungsmächtig (vgl. Scott 2008: 55–59). Gemeint sind diejenigen Elemente von Institutionen, welche die Wahrnehmung der Wirklichkeit in einer Gesellschaft bestimmen oder durch die eine gesellschaftliche Wirklichkeit sinnhaft erschlossen wird (Walgenbach/Meyer 2008: 59). Institutionen sind demnach nicht deterministisch. Vielmehr eröffnen sie einen Möglichkeitsraum typischer Handlungsmuster in historischen Kontexten. Mithilfe medialer Unterstützung besitzen sie die Kraft, eine Wirklichkeit zu erzeugen, die mit Vorstellungen darüber verbunden ist, wie die Welt zu funktionieren hat (vgl. Berger/Luckmann 2009: 49 ff.).

Die umrahmenden Wirklichkeiten der Bundeswehr erzeugen Wahrnehmungen und fordern eine Interpretation der Akteure beider Seiten ein, die dann in deren Handeln integriert wird. Um diesen Zusammenhang zu verdeutlichen, werden im Folgenden die Manifestation und Hervorbringung von Erwartungsstrukturen erörtert. Hierzu muss das Konzept des organisationalen Feldes näher beleuchtet werden.

4. *Organisationale Felder als gesellschaftliche Meinung*

Ein organisationales Feld bezeichnet die gesellschaftliche Umwelt von Organisationen, die multidimensionale Institutionen erschafft: „Umwelt ist [...] ein Sammelbegriff für alles, was außerhalb der Organisation angesiedelt ist und von dem [...] angenommen wird, dass es auf Organisation einwirken kann – entweder weil die Umwelt bestimmte Organisationsformen erzwingt [...] oder weil sie bestimmte Organisationsentscheidungen nahe legt [...]" (Hasse 2006: 154). Organisationale Felder verändern sich stets. Sie sind im Fluss und erzeugen aus der Perspektive einer Organisation einen Bezugsrahmen, der sich auf das Organisationsverhalten auswirkt (vgl. Hasse/Krücken 1999: 16). Die Idee der organisationalen Felder ermöglicht eine Operationalisierung, die es der empirische Forschung zum Verhältnis von Bundeswehr und Medien erlaubt, aufzuzeigen, welche Institutionen für die Organisation in ihrem historischen Kontext wahrnehmungsrelevant waren und welche Handlungsforderungen und Durchsetzungsverhältnisse sich innerhalb des Feldes daraus ergeben haben (vgl. Walgenbach/Meyer 2008: 72 f.).

Neben der oben dargelegten Grundfrage nach der gesellschaftlichen Wahrnehmung dessen, was das Wesen der Bundeswehr ist, sind andere Fragen von Bedeutung: Haben sich die historisch gebundenen – und medial transportierten – Erwartungsstrukturen der Gesellschaft auf das Handeln der Bundeswehr ausgewirkt? Welche Gesellschaften beschäftigten sich überhaupt zu welcher Zeit mit dem Handeln und Funktionieren ihrer

Streitkräfte? Welcher Konsens oder Dissens mit ihrem gesellschaftlichen Umfeld hat die Bundeswehr zu welcher Zeit angetrieben? Welche Anforderungen wurden an die Bundeswehr aus welchen Gründen gestellt, welche Rolle wurde ihr historisch beigemessen und wie positionierten sich die Medien dazu? Wurde innerhalb der Bundeswehr diese Rollenzuweisung und damit zumindest indirekt das eigenen Verhältnis zu den Medien thematisiert, und wenn ja, welche Entscheidungen wurden dabei getroffen?

Lange Zeit ging die Forschung davon aus, dass organisationale Felder ausschließlich aus Organisationen bestünden, die in direkten Interessenbeziehungen zueinander stehen, und dass allein diese Beziehungen das organisationale Handeln beeinflussten. Auf die teilweise harsche Kritik, dieses Feldkonzept sei organisationszentriert, unflexibel und teilweise deterministisch, reagieren jüngste Ansätze, indem sie nun relevante Themen der gesellschaftlichen Umwelt von Organisationen einbeziehen (vgl. Walgenbach/Meyer 2008: 34). Laut Andrew Hoffmann wird das so erweiterte Feld dann zur organisationalen Umwelt, „in which competing interests negotiate over issue interpretation" (Hoffmann 1999: 360).

Dieser Feldbegriff macht organisationale Felder zu einem Konglomerat, das stetig neue Logiken, Erwartungen und Diskurse hervorbringt, verhandelt und verändert. Aus dieser Perspektive betrachtet, operieren Organisationen in Feldern, die einem gemeinsamen Sinnsystem unterliegen und aus Themen („Issues") bestehen. Diese Themen bauen, wie dargestellt, auf gesellschaftlichem (Nicht-)Wissen auf und werden von allen beteiligten Akteuren verhandelt. Allerdings können die Issues von der Organisation selbst nur schwer gesteuert werden (vgl. Beschorner/Lindenthal/Behrens 2004: 291).

Organisationen werden von „ihren" Feldern durchdrungen, was allen Akteuren durchaus bewusst ist. Dies führt dazu, dass von außen erwünschtes Handeln reflektiert und im Rahmen des gesetzlich Möglichen übernommen und innerhalb der Organisation implementiert wird. Ebenso kennen Organisationen die entsprechenden Konsequenzen, wenn die Themen nicht übernommen werden oder, vor allem im Fall staatlicher Organisationen, die Adaption sich aufgrund von Lock-in-Effekten verzögert (Beschorner/Lindenthal/Behrens 2004: 290–292; vgl. auch Walgenbach/Meyer 2008: 75). Hier eröffnet der Neoinstitutionalismus eine Makroperspektive, die davon ausgeht, dass Organisationen in „larger systems of relations" eingebettet sind (Scott/Meyer 1991; zur Einbettungshypothese der Theorie mit wirtschaftshistorischem Hintergrund Fligstein 1991). Die Rolle einer Organisation als Mitglied des Feldes ist somit aufgrund der inhärenten Felddynamik in ständiger Bewegung. Doch warum lassen Organisationen diese ständige Rollenveränderung zu oder erwecken zumindest den Eindruck, dies zu tun? Welche Gründe nennt der Neoinstitutionalismus dafür, dass Organisationen sich so verhalten – und damit eben ganz anders, als rationale Handlungstheorien es vorschlagen? Organisation und deren Entscheider sind „keine Trottel", so lautet auch der neoinstitutionalistische Tenor (vgl. Hayagreeva/Greve/Davis 2001). Die Antwort auf die Frage nach dem Handlungsanreiz liegt im Konzept der Legitimität und im Akteursverständnis des neoinstitutionalistischen Ansatzes.

5. Legitimität und Entkopplung:
Warum Organisationen ein Verhältnis zur gesellschaftlichen Umwelt zulassen

Beim Auftreten von Widersprüchen und Konflikten zwischen organisationalem Handeln und den Erwartungen der gesellschaftlichen Umwelt kommt es den Neoinstitutionalisten zufolge zu einer Anpassung der formalen Strukturen und der Organisationspraktiken (vgl. Meyer/Rowan 1977). Ob eine oberflächliche Herbeiführung von Übereinstimmung – im neoinstitutionalistischen Jargon als „Entkopplung" bezeichnet – in der Praxis funktioniert, ist von den Theoretikern von Beginn an kritisch beurteilt worden. Einerseits seien die Organisationsentscheider nicht bereit, etwas zu implementieren, das nicht von Nutzen ist, andererseits ließen sich gesellschaftliche Umwelten nicht lange „an der Nase herumführen" (Hilmer/Donaldson 1997: 67). Sowohl entkoppelte Verhaltensweisen der Organisation als auch solche, die aus voller Überzeugung wahrhaftig und tatsächlich stattfinden, werden im Neoinstitutionalismus mit dem Konzept der Organisationslegitimität begründet. Organisationen benötigen demzufolge mehr als nur materielle Ressourcen und aufgabenbezogene Informationen; erforderlich ist eine grundlegende Akzeptanz und Glaubwürdigkeit des sichtbaren Handelns der Organisation (Meyer/Scott 1983; kritisch zum Legitimitätskonzept im Neoinstitutionalismus vgl. Stryker 2000). Auch für die Forschung zum Verhältnis von Bundeswehr und Medien rücken damit „die institutionelle Konstruktion von Rationalität und Effizienz sowie das Legitimitätspotenzial von Praktiken und Strukturen, die als ‚natürlich', ‚normal' und ‚angemessen' oder mit Sachzwängen begründet in organisationalen Feldern etabliert sind oder in diese eingeführt werden, ins Blickfeld" (Walgenbach/Meyer 2008: 70; vgl. auch Hellmann 2006).

Legitimität wird nicht als spezielle Ressource verstanden, die wie andere Ressourcen einfach eingesetzt werden kann. Sie stellt vielmehr eine notwendige Bedingung dar, in der sich die Übereinstimmung der Organisation mit gesellschaftlich geteilten Werten, normativen Erwartungen und allgemeinen Regeln und Gesetzen widerspiegelt. Die Legitimität ihrer Handlungen ist für das Überleben und Funktionieren einer Organisation von entscheidender Bedeutung (vgl. Walgenbach/Meyer 2008: 12 f.). „Legitimacy is a generalized perception or assumption that the action of an entity are desirable, proper, or appropriate within some socially constructed systems of norms, values, beliefs, and definitions" (Suchman 1995: 604). Folglich werden eine Organisation und ihre Handlungsweisen als legitim betrachtet, wenn ihre Aktivitäten innerhalb gesellschaftlicher Werte, Normen und Vorstellungen wünschenswert und richtig erscheinen. Legitimität wird zugesprochen; sie wird vom gesellschaftlichen Umfeld der Organisation gemäß dessen Überzeugungen verliehen oder aberkannt. Medien, ihre wandelnden Strategien und Formen haben darauf natürlich einen zentralen Einfluss: Sie entziehen oder verleihen Legitimität.

Die hier skizzierte Sichtweise weist auf die Auswirkungen einer Organisationshandlung hin und zeigt, wie sich die Neoinstitutionalisten Entscheidungsprozesse in Organisationen grundsätzlich vorstellen. In unserem Kontext machen diese Annahmen zusammen mit Institutionen und organisationalen Feldern ein Verhältnis zwischen Bundeswehr und Medien erkennbar, das sich analysieren lässt.

6. *Akteure und Macht*

Die Vorstellung eines neoinstitutionalistischen Akteurs ähnelt jener der Organisation selbst: „Der Akteur ist [...] ein agenthafter Akteur, der auf der Basis institutionalisierter oder kultureller Regelungen autorisiert ist, für sich selbst, für andere (Akteure oder Nicht-Akteure) oder für den kulturellen Rahmen zu handeln" (Walgenbach/Meyer 2008: 126). Auf den ersten Blick scheint es, als fügten organisationale Akteure sich in dieser Sicht bereitwillig und passiv in ihre institutionellen Umwelten, als hätten sie keine (Eigen-)Interessen und Machtpotenziale, die ein Organisationshandeln ihrerseits unterstützten (Weber1972: 28 f., 122 f., 541 f.; ebenfalls aus rein neoinstitutionalistischer Sicht im Kontext der Diskussion um strategisches Handeln vgl. Oliver 1991). Es muss jedoch die Tatsache bedacht werden, dass Organisationen im Neoinstitutionalismus offene Systeme sind und ihre Entscheidungsträger durchaus reflektiert im Einklang mit der gesellschaftlichen Umwelt kulturrationale Handlungen vollziehen.

Insbesondere das neuartige Verständnis der Wirkungsmächtigkeiten multidimensionaler Institutionen im Gefolge des Scott'schen Modells hat die Sichtweise auf Akteure, ihr Handeln und Macht verändert. Entscheidungsträger werden innerhalb dieses theoretisch-konzeptionellen Gebäudes nicht als unreflektiert dargestellt, und sie fügen sich auch nicht einfach allen institutionalisierten Erwartungen. Der Unterschied gegenüber herkömmlich rationalen Entscheidern liegt jedoch darin, dass sich neoinstitutionalistische Entscheider zunächst bewusst werden können, in welcher vom gesellschaftlichen Umfeld konstruierten Organisation sie sich befinden. Sie handeln dann durchaus in ihrem eigenen Interesse bzw. im Interesse der Organisation, dieses Interesse ist aber durch eine spezifische historische Situation bestimmt: Die außerhalb der Organisation vorherrschenden Themen sind einzig der Verortung der Organisation in genau diesem historischen Setting geschuldet. Daher sind die Handlungsstrategien der neoinstitutionalistischen Akteure am sozioökonomischen, kulturellen und gesellschaftlichen Alltag ausgerichtet.

Jedes Organisationshandeln wird als ein mögliches – und nicht wie in universalistischen Theorien als allgemeingültiges – Handlungsprinzip betrachtet. Organisatorische Entscheider nehmen die Selbstverständlichkeiten ihres eigenen wie auch des gesellschaftlichen Alltags in bestimmten historischen Situationen unterschiedlich wahr. Sie messen bestimmten Themen unterschiedliche Relevanz bei. Auf der Basis ihres vergangenheitsorientierten Wissens erarbeiten sie Strategien, die für die entsprechenden konstitutiven Ordnungsverhältnisse zwischen Organisation und gesellschaftlicher Umwelt im Sinne der Organisation zielführend sind. Dabei sind ihre Präferenzen nicht stabil, sondern verändern sich vor allem in Krisenzeiten rapide, wenn der institutionelle Kontext und die kulturelle Rahmung dies als wünschenswert erscheinen lassen. Folgerichtig ändern sich dann auch die Machtverhältnisse zwischen Organisation und gesellschaftlichem Umfeld.

Mit Blick auf den Zusammenhang von Bundeswehr und Medien sind es genau diese Ordnungs- und Machtverhältnisse, die mithilfe der genannten Kategorien besser analysiert werden können.

7. Fazit

Eine Frage und ein Kommentar im Kontext des Workshops „Bundeswehr und Medien in der jüngsten Geschichte und heute" haben den vorliegenden Beitrag geleitet. So lautete die allgegenwärtige Frage der Teilnehmerinnen und Teilnehmer: Ist die Bundeswehr eine Organisation? Und ein ehemaliger General kommentierte einen Vortrag, der die Medienberichterstattung über den „Schleifer von Nagold" und das Unglück an der Iller thematisierte und zu dem Schluss kam, beide Ereignisse seien aus heutiger Sicht nicht zu Skandalen stilisiert worden, sinngemäß: „Das war eben damals so, das war in dieser Zeit irgendwie normal."

Mit einem neoinstitutionalistischen Ansatz lässt sich die Frage nach dem Wesen der Bundeswehr, ihrer Einordnung als Organisation und damit dem Verhältnis zu den Medien leichter beantworten. Die Wahrnehmung dessen, ob etwas eine Organisation ist oder was eine Organisation an sich ist, wird sich je nachdem unterscheiden, ob es um die Mitglieder der Organisation selbst oder um das gesellschaftliche (Nicht-)Wissen über die Organisation und ihre Teile geht. Dieser Divergenz müssen sich Wissenschaftlerinnen und Wissenschaftler, aber auch die Praktikerinnen und Praktiker der Bundeswehr bewusst sein, wenn sie sich mit dem Verhältnis zu den Medien befassen oder mit den Medien – und mit den von den Medien gesteuerten Wahrnehmungen – arbeiten. Mithilfe der Analyseinstrumente zu den historisch-kontextualisierten Institutionen und deren Wirkungen lassen sich die gewandelten Verhältnisse zwischen Bundeswehr und Medien besser bestimmen.

Der oben wiedergegebene Kommentar zur zeitgenössischen Medienberichterstattung weist auf mehrerlei hin: Zum einen bestanden und bestehen gesellschaftliche Spielregeln und Erwartungen an die Ausbildungspraktiken der Bundeswehr, die gelautet haben könnten: „Wo gehobelt wird, da fallen Späne." Zum anderen dürften Machtverhältnis zusammen mit den normativen und kulturellen Institutionen, die stärker waren als die regulativ-rechtlichen, für einen Nichtangriffspakt mit der Presse stehen, denn: Ein Skandal wurde aus den Vorkommnissen nicht generiert. Der Neoinstitutionalismus ist, wie hier deutlich wird, prädestiniert dafür, in einer Fallstudie eingesetzt zu werden, damit eine realitätsnahe Betrachtung der (historischen) Wirklichkeit des Verhältnisses zwischen Bundeswehr und Medien gelingt. Dieser Alltag ist immer auch ein gesellschaftlicher Alltag, der durch die Analyseinstrumente des Neoinstitutionalismus greifbarer wird und sowohl das Warum als auch das Wie innerhalb der exemplarischen Frage und des exemplarischen Kommentars besser zu beantworten hilft.

Literatur

Albertshauser, Ulrich (2007): *Kompaktlehrbuch Makroökonomie. Wirtschaftspolitik, moderne Verwaltung.* Bern: Haupt.

Beckert, Jens (2012): Die Sittlichkeit der Wirtschaft. Von Effizienz- und Differenzierungstheorien zu einer Theorie wirtschaftlicher Felder. In: *Berliner Journal für Soziologie* 22 (2), S. 247–266.

Berger, Peter L.; Luckmann, Thomas (2009): *Die gesellschaftliche Konstruktion der Wirklichkeit. Eine Theorie der Wissenssoziologie.* 22. Aufl., Frankfurt a. M.: Fischer.

Beschorner, Thomas; Lindenthal, Alexandra; Behrens, Torsten (2004): Unternehmenskultur II. Zur kulturellen Einbettung von Unternehmen. In: Forschungsgruppe Unternehmen und gesellschaftliche Organisation (FUGO) (Hrsg.): *Perspektiven einer kulturwissenschaftlichen Theorie der Unternehmung*. Marburg: Metropolis, S. 273–309.

DiMaggio, Paul; Powell, Walter: Iron Cage.

Fligstein, Neil (1991): The Structural Transformation of American Industry. An Institutional Account of the Causes of Diversification in the Largest Firms, 1919–1979. In: Powell, Walter; DiMaggio, Paul (Hrsg.): *The New Institutionalism in Organizational Analysis*. Chicago/London: University of Chicago Press, S. 311–336.

Hasse, Raimund (2006): Der Neo-Institutionalismus als makrosoziologische Kulturtheorie. In: Senge, Konstanze; Hellmann, Kai-Uwe (Hrsg.): *Einführung in den Neoinstitutionalismus*. Wiesbaden: VS, S. 150–160.

Hasse, Raimund; Krücken, Georg (1999): *Neo-Institutionalismus*. Bielefeld: Transcript.

Hayagreeva, Rao; Greve, Henrich; Davis, Gerald (2001): Fool's gold. Social proof in the initiation and abandonment of coverage by Wall Street analysts. In: *Administrative Science Quarterly* 46, S. 502–526.

Hellmann, Kai-Uwe (2006): Organisationslegitimität im Neo-Institutionalismus. In: Senge, Konstanze; Hellmann, Kai-Uwe (Hrsg.): *Einführung in den Neoinstitutionalismus*. Wiesbaden: VS, S. 75–89.

Hilmer, Frederick; Donaldson, Lex (1997): *Management Redeement*. New York: Free Press.

Hoffmann, Andrew (1999): Institutional Evolution and Change. Environmentalism and the U.S. Chemical Industry. In: *Academy of Management Journal* 42 (4), S. 351–371.

Kirchgässner, Gebhard (2008): *Homo oeconomicus. Das ökonomische Modell individuellen Verhaltens und seine Anwendung in den Wirtschafts- und Sozialwissenschaften*. 3., erg. u. erw. Aufl., Tübingen: Mohr Siebeck.

March, James; Olsen, Johan (1989): *Rediscovering Institutions. The Organisational Basis of Politics*. New York: Free Press.

Meyer, John; Rowan, Brian (1977): Institutionalized Organizations. Formal Structure as Myth and Ceremony. In: *American Journal of Sociology* 83, S. 340–363.

Meyer, John; Scott, William (1983): Centralisation and the legitimacy problems of local government. In: Meyer, John; Scott, William (Hrsg.): *Organizational Environment. Ritual and Rationality*. Beverly Hills, CA: Sage, S. 199–215.

Minssen, Heiner (2008): Unternehmen. In: Maurer, Andrea (Hrsg.): *Handbuch der Wirtschaftssoziologie*. Wiesbaden: VS, S. 247–265.

Oliver, Christine (1991): Strategic responses to institutional processes. In: *Academy of Management Review* 16, S. 145–179.

Scott, William (2008): *Institutions and Organizations. Ideas and Interests*. 3. Aufl., Thousand Oaks u. a.: Sage.

Scott, William; Meyer, John (1991): The Organisation of Societal Sectors: Propositions and Early Evidence. In: Powell, Walter; DiMaggio, Paul (Hrsg.): *The New Institutionalism in Organizational Analysis*. Chicago/London: University of Chicago Press, S. 108–140.

Senge, Konstanze (2006): Zum Begriff des Neo-Institutionalismus. In: dies.; Hellmann, Kai-Uwe (Hrsg.): *Einführung in den Neoinstitutionalismus*. Wiesbaden: VS, S. 35–48.

Senge, Konstanze (2011): *Das Neue am Neo-Institutionalismus. Der Neo-Institutionalismus im Kontext der Organisationswissenschaft*. Wiesbaden: VS.

Stryker, Robin (2000): Legitimacy processes as institutional politics. Implications for theory and research in the sociology of organizations. In: *Research in the Sociology of Organizations* 17, S. 179–223.

Suchman, Mark C. (1995): Managing legitimacy: Strategic and institutional approaches. In: *Academy of Management Review* 17, S. 571–610.

Walgenbach, Peter; Meyer, Renate (2008): *Neoinstitutionalistische Organisationstheorie*. Stuttgart: Kohlhammer.

Weber, Max (1972): *Wirtschaft und Gesellschaft*. 5. Aufl., Tübingen: Mohr.

Rechenschaft vor ihresgleichen
Der „Staatsbürger in Uniform" als kommunikatives Leitbild in der digitalen Mediengesellschaft

Adrian Teetz

> *„Öffentlichmachen ist nicht identisch mit Transparenz,*
> denn transparent werden Daten nur dem,
> der sie versteht" (Barbara Zehnpfennig 2013).

Weil der „kackbraune Karnevalsverein völlig geschichtsverdrossen am 11.11. den aktuellen Kriegszustand durch ein öffentliches Gelöbnis am Reichstagsgebäude" feiern wolle, griffen unbekannte Aktivisten zum Farbbeutel. Ihr Ziel: der Showroom der Bundeswehr in Berlin-Mitte, wie eine einschlägige Internetplattform dokumentierte.[1] Fassade und Schaufenster des Ladengeschäfts zeigten sich am Morgen des 10. November 2015 rot und blau überzogen. Ein klarer Fall von Sachbeschädigung, routinemäßig ermittelte der Staatsschutz. Doch: „Diesmal ging die Bundeswehr allerdings ziemlich lässig mit der Farbattacke um. Bei Facebook postete sie ein Bild der rot und blau beschmierten Fensterfront. Rechts zu sehen: ein Werbeaufsteller mit dem Slogan ‚Wir kämpfen auch dafür, dass du gegen uns sein kannst'" (Tagesspiegel-Online, 11.11.2015). In den sozialen Netzwerken erhielt das Foto innerhalb weniger Tage fast 50.000 Likes und gut 10.000 Kommentare: zudem wurde es mehr als 5.000 Mal geteilt mit einer Gesamtreichweite von rund drei Millionen Kontakten.[2]

Diese Episode steht symbolisch für einen tief greifenden Wandel der Massenkommunikation. Was unter „Öffentlichkeit" in der deutschen Gesellschaft zu verstehen ist, lässt sich mit der Summe von Reichweiten traditioneller Medien nicht mehr hinreichend beschreiben. Die Medien haben kein Monopol mehr auf massenpublizistische Verbreitung. Bürgerinnen und Bürger können im Internet auf nahezu beliebig viele Informations-

---

1 https://linksunten.indymedia.org/de/node/158555, Abruf am 22.11.2015. Bei der in Rede stehenden Veranstaltung handelte es sich allerdings nicht um ein Gelöbnis, sondern einen Großen Zapfenstreich aus Anlass des 60-jährigen Bestehens der Bundeswehr.
2 Angaben der Online-Redaktion der Bundeswehr, Stand 23.11.2015.

quellen zurückgreifen und erzeugen dynamische, interaktive Öffentlichkeiten in den sozialen Netzwerken. Medien greifen diese Impulse ihrerseits auf und tragen zu deren Verbreitung und Kommentierung bei. Gleichzeitig werden die gesellschaftliche Funktion und die Arbeitsweise der Medien zum Gegenstand kontroverser Debatten. Transferleistungen gegenüber der Öffentlichkeit, die traditionell vor allem die unabhängige Instanz der Medien erbracht hat, werden zunehmend auch den gesellschaftlichen Akteuren selbst abverlangt. Die Interaktion im Netz erzeugt zusätzliche Ansprüche und eröffnet zugleich neue Möglichkeiten, Bürgerinnen und Bürgern Informationsangebote zu unterbreiten: Die Öffentlichkeit in der „digitalen Mediengesellschaft" konstituiert sich neu.

Diese Situation des Wandels wirft für alle Akteure der Öffentlichkeit die Frage auf, wie die neu entstehenden kommunikativen Möglichkeiten verantwortungsvoll zu nutzen sind. Unter den Bedingungen der Presse- und Meinungsfreiheit können Vorschriften und gesetzliche Bestimmungen allein nur eingeschränkt Orientierung bieten. Vielmehr zeigt sich, dass das Verständnis von Öffentlichkeit in Deutschland bislang maßgeblich auch durch einen Kanon von Konventionen und berufsständischen Regelungen geprägt worden ist, die zusammen als eine informelle „Geschäftsordnung" [3] betrachtet werden können.

Die Bestandteile dieser Geschäftsordnung werden im Folgenden zunächst zu einem Gesamtbild zusammengefügt und anschließend vor dem Hintergrund ihres historischen Entstehungszusammenhangs sowie der aktuellen Debatte reflektiert. Dabei zeichnet sich ein normatives Selbstverständnis von Öffentlichkeit ab, das sich auf das Menschenbild der europäischen Aufklärung stützt und zugleich dem Leitbild der „Inneren Führung" in der Bundeswehr entspricht. Ein Verständnis dieser Zusammenhänge erleichtert die Orientierung, wenn abzuwägen ist, wie und zu welchen Zwecken Kommunikationsinstrumente in der digitalen Mediengesellschaft in legitimer Weise eingesetzt werden können. Die folgende Ausarbeitung soll Grundlagen für die Ausbildung des Fachpersonals in der Informationsarbeit legen.

---

3 Der nunmehr eingeführte Begriff wird im Weiteren ohne Anführungszeichen verwendet.

1. Geschäftsordnung der Öffentlichkeit I: Pressefreiheit und gesellschaftliche Funktion der Medien

Fundament der informellen Geschäftsordnung für die Öffentlichkeit in der Bundesrepublik Deutschland ist die Presse- und Meinungsfreiheit. Sie leitet sich völkerrechtlich aus dem Anspruch auf Meinungsfreiheit in der Allgemeinen Erklärung der Menschenrechte der Vereinten Nationen (Art. 19) bzw. der Europäischen Konvention zum Schutz der Menschenrechte (Art. 10) ab und genießt in Deutschland den Schutz der Verfassung (Art. 5 Grundgesetz). Begründet wird die Pressefreiheit unter anderem mit einer gesellschaftlichen Funktion der Medien, „indem sie nicht nur Öffentlichkeit über gesellschaftlich relevante Vorgänge in Politik, Wirtschaft und Kultur herstellen, sondern vor allem auch Kritik- und Kontrollaufgaben wahrnehmen, indem sie auf die Wahrung rechtsstaatlicher Prinzipien bei Gesetzgebung, Gesetzesvollzug und Rechtsprechung achten" (Pürer 2003: 113; vgl. auch Fechner 2013: 8 f.). Dabei wird nach politischen (z. B. Herstellen von Öffentlichkeit, Kritik und Kontrolle, politische Bildung) und gesellschaftlichen Funktionen (z. B. soziale Orientierung) sowie Bedürfnissen[4] des politischen Systems (z. B. Akzeptanz) und des Individuums (z. B. Information und soziale Interaktion) differenziert (vgl. Mast 2012: 26–34). Sehr anschaulich hat das Bundesverfassungsgericht diese gesellschaftlichen Funktionen in einem vielbeachteten Urteil aus den 1960er-Jahren formuliert, wo es heißt:

> „Eine freie, nicht von der öffentlichen Gewalt gelenkte, keiner Zensur unterworfene Presse ist ein Wesenselement des freiheitlichen Staates; insbesondere ist eine freie, regelmäßig erscheinende politische Presse für die moderne Demokratie unentbehrlich. Soll der Bürger politische Entscheidungen treffen, muss er umfassend informiert sein, aber auch die Meinungen kennen und gegeneinander abwägen können, die andere sich gebildet haben. Die Presse hält diese ständige Diskussion in Gang; sie beschafft die Informationen, nimmt selbst dazu Stellung und wirkt damit als orientierende Kraft in der öffentlichen Auseinandersetzung. In ihr artikuliert sich die öffentliche Meinung; die Argumente klären sich in Rede und Gegenrede, gewinnen deutliche Konturen und erleichtern so dem Bürger Urteil und Entscheidung.
> In der repräsentativen Demokratie steht die Presse zugleich als ständiges Verbindungs- und Kontrollorgan zwischen dem Volk und seinen

---

4 Die einschlägige Literatur grenzt die Begriffe „Funktion", „Aufgabe" und „Bedürfnis" nicht scharf voneinander ab.

gewählten Vertretern in Parlament und Regierung. Sie fasst die in der Gesellschaft und ihren Gruppen unaufhörlich sich neu bildenden Meinungen und Forderungen kritisch zusammen, stellt sie zur Erörterung und trägt sie an die politisch handelnden Staatsorgane heran, die auf diese Weise ihre Entscheidungen auch in Einzelfragen der Tagespolitik ständig am Maßstab der im Volk tatsächlich vertretenen Auffassungen messen können" (BVerfGE 20/162, 1966; zit. auch bei Krüger 2016: 131).

Dem Rechtsstreit zugrunde lag die sogenannte „Spiegel-Affäre" aus dem Jahr 1962, in der ein kritischer Bericht des gleichnamigen Magazins zur Verteidigungsbereitschaft eine intensive Strafverfolgung mit dem Vorwurf des Geheimnisverrats nach sich gezogen hatte.[5] Der Publizistikwissenschaftler Horst Pöttker betrachtet die Affäre nachgerade als „Meilenstein für die Pressefreiheit" (Pöttker 2012).

Die Pressefreiheit räumt den Medien umfängliche Freiheiten einschließlich eines Zeugnisverweigerungsrechts in Strafprozessen zum Zweck des Informantenschutzes ein. Sie findet aber ihre Grenzen in der Abwägung gegenüber anderen Grundrechten, wie zum Beispiel dem allgemeinen Persönlichkeitsrecht (vgl. Fechner 2013: 71 ff.). Unter diesen Bedingungen haben sich Verlagshäuser und Journalisten[6] mit dem „Pressekodex" freiwillig ein berufsständisches Regelwerk auferlegt:

---

5 Am 26. Oktober 1962 hatte das Bundeskriminalamt auf Strafantrag des Bundesverteidigungsministeriums hin die Büroräume des Nachrichtenmagazins in Hamburg durchsucht, Unterlagen beschlagnahmt und den Herausgeber Rudolf Augstein sowie weitere Mitarbeiter festgenommen. Anlass war ein kurz zuvor erschienener Artikel mit dem Titel „Bedingt abwehrbereit". Er berichtete vordergründig von den Ergebnissen eines NATO-Manövers, setzte sich im Kern aber kritisch mit der politischen Absicht des Ministers auseinander, zulasten der Personalstärke die atomare Bewaffnung auszubauen: „Mit Raketen an Stelle von Brigaden und mit Atom-Granatwerfern an Stelle von Soldaten ist eine Vorwärtsverteidigung der Bundeswehr nicht möglich, eine wirksame Abschreckung bleibt fraglich" (*Der Spiegel* 53/1962). Die Strafverfolgung, die zeitweilig den Redaktionsbetrieb lahmzulegen drohte, führte zu einer Welle der Solidarisierung durch andere Medien sowie zum politischen und öffentlichen Eklat. Verteidigungsminister Franz-Josef Strauß wurde in der öffentlichen Debatte als Initiator hinter den Ereignissen vermutet. Die Tragweite seiner Rolle ist umstritten, in jedem Fall aber hatte er sich über einen Bundeswehr-Attaché in die rechtswidrige Festnahme eines Journalisten im Ausland eingeschaltet und sich später im Bundestag in Widersprüche verwickelt, bevor er am 3. November 1962 zurücktrat (vgl. Hoffmann-Riem 2012: 134).

6 Verleger: Bundesverband Deutscher Zeitungsverleger (BDZV), Verband Deutscher Zeitschriftenverleger (VDZ); Journalisten: Deutscher Journalisten-Verband (DJV),

„Verleger, Herausgeber und Journalisten müssen sich bei ihrer Arbeit der Verantwortung gegenüber der Öffentlichkeit und ihrer Verpflichtung für das Ansehen der Presse bewusst sein. Sie nehmen ihre publizistische Aufgabe fair, nach bestem Wissen und Gewissen, unbeeinflusst von persönlichen Interessen und sachfremden Beweggründen wahr" (Pressekodex 2015: 2).

Diese „publizistischen Grundsätze [...] konkretisieren die Berufsethik der Presse" auf 16 Ziffern von der „Wahrhaftigkeit und Achtung der Menschenwürde" über „Sorgfalt", „Trennung von Werbung und Redaktion" und „Schutz der Persönlichkeit" bis zur Unschuldsvermutung in der Justizberichterstattung. Der Presserat als entsprechendes Organ der Selbstverwaltung nimmt Beschwerden entgegen und verfügt bei Verstößen über einen Sanktionskatalog, zum Beispiel durch Aussprechen einer Rüge.

Ein Sonderfall sind die öffentlich-rechtlichen Rundfunkanstalten. Um sie vor staatlicher Einflussnahme zu schützen und trotz der begrenzten Anzahl der Anbieter die programmliche Pluralität zu gewährleisten, wird ihr sogenannter Programmauftrag ausdrücklich aus der gesellschaftlichen Funktion abgeleitet:

„Auftrag [...] ist, durch die Herstellung und Verbreitung ihrer Angebote als Medium und Faktor des Prozesses freier individueller und öffentlicher Meinungsbildung zu wirken und dadurch die demokratischen, sozialen und kulturellen Bedürfnisse der Gesellschaft zu erfüllen. Die öffentlich-rechtlichen Rundfunkanstalten haben in ihren Angeboten einen umfassenden Überblick über das internationale, europäische, nationale und regionale Geschehen in allen wesentlichen Lebensbereichen zu geben. Sie sollen hierdurch die internationale Verständigung, die europäische Integration und den gesellschaftlichen Zusammenhalt in Bund und Ländern fördern. Ihre Angebote haben der Bildung, Information, Beratung und Unterhaltung zu dienen. Sie haben Beiträge insbesondere zur Kultur anzubieten" (Rundfunkstaatsvertrag 2013: § 11).

Die Erfüllung des Programmauftrags in den staatlich gegründeten und „staatsfern", das heißt ohne unmittelbaren staatlichen Einfluss betriebenen Rundfunkanstalten wird durch gesellschaftlich besetzte Aufsichtsgremien

---

Deutsche Journalistinnen- und Journalisten-Union (DJU) in der Dienstleistungsgewerkschaft Verdi.

überwacht, die allerdings nicht direkt in das Programm eingreifen dürfen.[7] Bei den staatlichen Landesmedienanstalten als Aufsicht über die privaten Radio- und Fernsehanbieter sind Programmbeiräte mit vergleichbaren Aufgaben eingerichtet. Diese Gremien gehen gegebenenfalls „Programmbeschwerden" nach, die alle Bürgerinnen und Bürger formlos einreichen können. Über die Inhalte hinaus definiert der Staatsvertrag auch qualitative Anforderungen an das Programm: „Die öffentlich-rechtlichen Rundfunkanstalten haben bei der Erfüllung ihres Auftrags die Grundsätze der Objektivität und Unparteilichkeit der Berichterstattung, die Meinungsvielfalt sowie die Ausgewogenheit ihrer Angebote zu berücksichtigen" (ebd.).

2. Geschäftsordnung II: Kommunikationskodex und regierungsamtliche Öffentlichkeitsarbeit

Andere Akteure der Öffentlichkeit integrieren sich mit eigenen Regeln in die Geschäftsordnung. Analog zum Presserat haben die führenden Berufsverbände[8] der professionellen Informationsanbieter den Deutschen Rat für Public Relations eingerichtet und einen „Kommunikationskodex" beschlossen:

> „Die Angehörigen des Berufsfelds Public Relations erfüllen eine wichtige gesellschaftliche Aufgabe[9], da sie der Gesellschaft (und den Medien) kontinuierlich Informationen der von ihnen vertretenen Organisationen übermitteln und mit den gesellschaftlichen Gruppen im kommunikativen Austausch stehen. Um der Verantwortung dieser Aufgabe gerecht zu werden, liegt es im Interesse aller PR- und Kommunikationsfachleute, die Grenzen einer verantwortungsvollen Interessenvertretung zu definieren, die Einhaltung der vereinbarten Normen zu überwachen und Verstöße öffentlich zu machen" (Kommunikationskodex 2012: o. S.).

---

7 Konstituierung und Aufgaben der Rundfunkräte werden wiederum durch Gesetze und Staatsverträge einzelner Bundesländer, zum Beispiel für die jeweiligen Sendegebiete der unterschiedlichen Anstalten, geregelt (siehe ausführlich Fechner 2013: 319–327; vgl. auch Thomas/Radoslavov 2014).

8 Deutsche Public Relations Gesellschaft e. V. (DPRG), Gesellschaft Public Relations Agenturen e. V. (GPRA), Bundesverband deutscher Pressesprecher (BdP) und die Deutsche Gesellschaft für Politikberatung (Degepol) (http://drpr-online.de/kodizes /pr-kodizes/).

9 Zu diesem Gesichtspunkt vgl. die in Kap. 4 ausgeführte Kontroverse.

Auch dieses Regelwerk definiert normative Ansprüche an die Praxis, von Transparenz („Absender [...] klar erkennbar") über Fairness („respektieren die [...] Freiheit und Unabhängigkeit der Medien und beeinträchtigen diese nicht durch unlautere Mittel [sic!]") bis hin zur „Wahrhaftigkeit" der verbreiteten Informationen.

Verbindlicher sind die Anforderungen an Institutionen der öffentlichen Hand. Die Pressegesetze[10] der deutschen Bundesländer[11] verpflichten die Behörden, der Presse „zur Erfüllung ihrer öffentlichen Aufgabe Auskünfte zu erteilen" (beispielhaft: Berliner Pressegesetz § 4), soweit nicht konkurrierende Vorschriften oder Interessen (z. B. schwebende Verfahren, Geheimhaltung) dem entgegenstehen.[12] Die Information der Medien oder auch unmittelbar der Bürgerinnen und Bürger ist dabei nicht nur reaktiv angelegt. Jede ausführende Gewalt setzt eigene inhaltliche Akzente und unterschiedliche Instrumente von Presseinformationen über Informationsbroschüren und Publikumsveranstaltungen bis hin zu Social Media ein. Je nach Betonung der politischen oder administrativen Ebene wird dieser Vorgang Regierungs- oder Verwaltungskommunikation genannt. Hier erscheint der Begriff „regierungsamtliche Öffentlichkeitsarbeit" geeignet, mit dem die Kommunikationswissenschaftler Niklas Kocks und Juliana Raupp „grundsätzlich [...] die öffentlich finanzierte Kommunikation von

---

10 „Presse" beschreibt ursprünglich nur gedruckte Medien, ist hier aber als Sammelbegriff für alle Medienarten wie Radio, TV etc. zu verstehen. Wer wiederum Informationsansprüche nach den Pressegesetzen geltend machen kann, ist angesichts der Zulassungsfreiheit der Presse bzw. der nicht geschützten Berufsbezeichnung „Journalist" gelegentlich strittig. Zum Beispiel knüpft der Deutsche Bundestag seit 2014 eine Jahresakkreditierung an den „Nachweis einer hauptberuflichen journalistischen Tätigkeit zur Parlamentsberichterstattung. Dies geschieht durch Vorlage eines von anerkannten Journalisten-Organisationen vergebenen Presseausweises beziehungsweise einer redaktionellen Bestätigung sowie entsprechender Arbeitsnachweise. [...] Medienvertreter, die nicht regelmäßig über den Bundestag berichten, können mit ihrem Presseausweis oder einer redaktionellen Bestätigung jederzeit eine befristete Akkreditierung für einzelne redaktionelle Vorhaben mit politisch-parlamentarischem Bezug erhalten" (https://netzpolitik.org/2 014/bundestag-erklaert-kriterien-fuer-akkreditierung-von-bloggern-und-journaliste n/).

11 Die Pressegesetze stimmen in ihrem Regelungsgehalt sinngemäß überein, unterscheiden sich aber im Wortlaut und in einigen Einzelheiten.

12 In einem Urteil von 2013 hat das Bundesverwaltungsgericht zwar eine Gültigkeit der Landespressegesetze für Bundesbehörden negiert (BVerwG 6 A 2.12 v. 20.02.2013), was sich aber jenseits des konkreten Streitfalls bislang offenbar nicht auf die alltägliche Zusammenarbeit ausgewirkt hat.

gewählten Amtsträgern und staatlichen Organen aus ihrer Funktion heraus" bezeichnen (Kocks/Raupp 2014: 272).

Der Hinweis auf die öffentliche Finanzierung deutet zugleich an, dass Ziele und Methoden dieser Kommunikationsaktivitäten nicht beliebig gewählt werden können. Seit den 1960er-Jahren sind Form und Inhalt der regierungsamtlichen Kommunikation Gegenstand sowohl politischer Debatten als auch juristischer Auseinandersetzungen. Als Wegmarke gilt dabei bis heute ein Urteil des Bundesverfassungsgerichts, das die damalige Opposition 1977 nachträglich gegen eine öffentlich finanzierte Anzeigenkampagne der Bundesregierung aus der Wahlkampfzeit erstritten hatte. In der Urteilsbegründung setzte sich das Gericht damit auseinander, für welche Zwecke öffentlich finanzierte Kommunikationsmaßnahmen eingesetzt werden dürften:

> „In den Rahmen zulässiger Öffentlichkeitsarbeit fällt, dass[13] Regierung und gesetzgebende Körperschaften [...] der Öffentlichkeit ihre Politik, ihre Maßnahmen und Vorhaben sowie die künftig zu lösenden Fragen darlegen und erläutern. Eine verantwortliche Teilhabe der Bürger an der politischen Willensbildung des Volkes setzt voraus, dass der Einzelne von den zu entscheidenden Sachfragen, von den [...] getroffenen Entscheidungen, Maßnahmen und Lösungsvorschlägen genügend weiß, um sie beurteilen, billigen oder verwerfen zu können. [...]
> Jede verantwortliche Politik kann zu unpopulären Maßnahmen gezwungen sein. Insbesondere können im Bereich der staatlichen Wirtschaftspolitik und Sozialpolitik Maßnahmen zu Lasten der Bürger oder einzelner Gruppen von ihnen im Gesamtinteresse geboten sein, ohne dass deren Notwendigkeit [...] unmittelbar einsichtig ist. Auch hier ist es Aufgabe staatlicher Öffentlichkeitsarbeit, die Zusammenhänge offenzulegen, Verständnis für erforderliche Maßnahmen zu wecken oder um ein konjunkturgerechtes Verhalten zu werben" (BVerfGE 44/125, 1977).

Das Gericht stellt die „verantwortliche Teilhabe" des Individuums in den Mittelpunkt. Regierungsamtliche Öffentlichkeitsarbeit soll sich demnach auf die Informationen fokussieren, die der Partizipation dienen. Auf diese „hochgradig formalisiert[e]" (Kocks/Raupp 2014: 277) öffentliche Aufgabe kommen nach Auffassung von Kommunikationswissenschaftlern angesichts des gesellschaftlichen und medialen Wandels neue Anforderungen zu: Möglicherweise können durch die Nutzung digitaler Kommunikati-

---

13 Original in alter Rechtschreibung, hier im ges. Zitat angepasst.

onsmittel die Transparenz und die Dialogfähigkeit („Responsivität") im Sinne der gesellschaftlichen Teilhabe erhöht werden. Um eine Weiterentwicklung der „Öffentlichkeitsarbeit der Staatsorgane über die bloße Informationsverbreitung hinaus" bahnt sich daher eine kontrovers geführte wissenschaftliche und politische Debatte an (Kocks/Raupp 2014: 281).

3. *Geschäftsordnung III: Informationsarbeit der Bundeswehr und Innere Führung*

Die Bundeswehr bringt sich mit eigenen Regeln in die Geschäftsordnung der Öffentlichkeit ein. Eine „Zentrale Dienstvorschrift" zur „Informationsarbeit" legt fest, dass „die Öffentlichkeit mittel- und unmittelbar sachlich, wahrheitsgetreu, ausgewogen, differenziert, nachvollziehbar, reaktionsschnell, offen und somit transparent informiert" wird. Die Bundeswehr pflege „grundsätzlich einen offenen Umgang mit der Öffentlichkeit. Als Einrichtung der staatlichen Exekutive achtet sie die Pressefreiheit, unterstützt die Arbeit der Medien und stellt sich auch kritischer Berichterstattung" (ZDv A 600-1: 103 f.). Die Streitkräfte verpflichten sich dabei selbst zu einer aktiven Informationspolitik, auch bei kritischen oder kontroversen Sachverhalten: „Informationen aus Sorge vor Kritik oder negativer Berichterstattung über die Bundeswehr zurück zu halten, ist für ihr Ansehen kontraproduktiv und mit den Grundsätzen der InfoA[rbeit] nicht vereinbar" (ZDv A 600-1: 105). Zugleich ist dieser Grundsatz gegen konkurrierende Interessen wie etwa Persönlichkeitsrechte, Datenschutz und militärische Sicherheit[14] abzuwägen.

Eine wichtige ideelle Grundlage der Informationsarbeit ist das Prinzip der „Inneren Führung", mit dem angesichts der vorangegangenen Erfahrungen aus der Zeit des Nationalsozialismus das Verhältnis von Staat und Streitkräften bei Gründung der Bundeswehr neu bestimmt worden war: „Durch die Innere Führung werden die Werte und Normen des Grundgesetzes in der Bundeswehr verwirklicht. Sie bildet die Prinzipien von Freiheit, Demokratie und Rechtsstaatlichkeit in den Streitkräften ab. Ihr Leitbild ist der ,Staatsbürger in Uniform'" (ZDv A 2600/1: 4). Die Innere Führung bezieht Positionen, die auch für die Kommunikation der Bundeswehr

---

14 Auch zu diesem Gesichtspunkt gibt es Vorschriften, die aber der Geheimhaltung unterliegen und deshalb an dieser Stelle nicht zitiert werden – was das beschriebene Spannungsfeld anschaulich illustriert.

als normative Grundlage betrachtet werden können und deshalb an dieser Stelle ausführlich zitiert werden:

> „In der Bundesrepublik Deutschland besteht eine freiheitliche und pluralistische Gesellschaft, die von vielfältigen Überzeugungen, Lebensentwürfen, religiösen und weltanschaulichen Bekenntnissen, Meinungen und Interessen gekennzeichnet ist. [...]
> Die Menschen in der Bundeswehr sind Teil der Gesellschaft mit ihrer Vielfalt, aber auch mit ihren Interessengegensätzen und Konflikten. Damit steht auch die Bundeswehr selbst im Widerstreit der Meinungen und im Spannungsfeld unterschiedlicher Generationen, Kulturen und Herkünfte. Der Inneren Führung entspricht es, dass die Angehörigen der Bundeswehr einander als Mitglieder einer freiheitlichen und pluralistischen Gesellschaft anerkennen und sich mit den gesellschaftlichen Entwicklungen auseinandersetzen. [...] Die Ziele der Inneren Führung bestehen darin,
>
> • die Frage nach der Sinnhaftigkeit des Dienens zu beantworten, d. h. ethische, rechtliche, politische und gesellschaftliche Begründungen für soldatisches Handeln zu vermitteln und dabei den Sinn des militärischen Auftrages, insbesondere bei Auslandseinsätzen, einsichtig und verständlich zu machen (Legitimation);
> • die Einbindung der Bundeswehr in Staat und Gesellschaft zu erhalten und zu fördern, Verständnis für den Auftrag der Bundeswehr im Rahmen der deutschen Sicherheits- und Verteidigungspolitik bei den Bürgerinnen und Bürgern zu gewinnen sowie die Soldatinnen und Soldaten aktiv in die durch ständigen Wandel geprägten Streitkräfte einzubeziehen (Integration) [...]" (ZDv A 2600/1: 7–9).

Die Grundsätze der Inneren Führung sowie der Informationsarbeit gelten gleichermaßen für unterschiedliche Kommunikationsaktivitäten wie die Presse- und Öffentlichkeitsarbeit sowie die sicherheits- und verteidigungspolitische Kommunikation – also beispielsweise auch für Schulvorträge von Jugendoffizieren oder sicherheitspolitische Seminare, die die Bundeswehr für Hochschulen anbietet. Zudem beachtet die Bundeswehr in der politischen Bildung den sogenannten „Beutelsbacher Konsens"[15], auf den

---

15 Die folgende Verdichtung zu Schlagworten wie Ge- und Verboten ist in der einschlägigen Literatur nicht konsistent, sie folgt hier dem Wortlaut in der Bundeswehr-Dienstvorschrift (ZDv A 2620/1: 9). Im Original sind die Bestandteile jeweils ausformuliert (http://www.bpb.de/die-bpb/51310/beutelsbacher-konsens), vgl. hierzu auch Detjen 2013: 187–189.

sich wesentliche Akteure der deutschen Politikdidaktik 1976 verständigt haben. Er umfasst

- ein „Überwältigungsverbot": Bildungsteilnehmer dürfen durch die Didaktik nicht an der Ausbildung ihres selbstständigen Urteils gehindert bzw. nicht indoktriniert werden;
- ein „Gebot der Kontroversität": Umstrittene Sachverhalte müssen auch als kontrovers dargestellt und die konkurrierenden Position deutlich gemacht werden;
- das „Gebot der Berücksichtigung individueller Interessenlagen": Im Original-Wortlaut heißt es dazu „Der Schüler muss in die Lage versetzt werden, eine politische Situation und seine eigene Interessenlage zu analysieren, sowie nach Mitteln und Wegen zu suchen, die vorgefundene politische Lage im Sinne seiner Interessen zu beeinflussen."

Dabei ist allerdings zu unterscheiden zwischen politischer Bildung innerhalb der Bundeswehr und etwa den Schulbesuchen von Jugendoffizieren als sicherheitspolitische Referenten, die nach Auffassung von Pädagogen „nicht als interessensfreier Bildungsauftrag", sondern als „Informationsarbeit [...] im Sinne der Interessenlage der Bundesregierung" (Lange 2014: 3) zu betrachten sind. So gesehen kann ein Jugendoffizier keinen neutralen Standpunkt einnehmen, sich aber auf den Beutelsbacher Konsens „sinnvoll beziehen" (Lange 2014: 2), für dessen Anwendung indes grundsätzlich die Schule verantwortlich ist.

4. Ambivalenz: Widersprüchlichkeit der Geschäftsordnung

Die nunmehr aus ihren Bestandteilen aufgezeigte Geschäftsordnung beschreibt den gesellschaftlichen, politischen und rechtlichen Rahmen der Informationsarbeit. Sie erweist sich, wie schon dargelegt wurde, als komplex und keinesfalls widerspruchsfrei. Deutlich wird das beispielsweise im Programmauftrag der Rundfunkanstalten, die einerseits „Grundsätze der Objektivität" beachten, andererseits „die europäische Integration [...] fördern" sollen. Regierungsamtliche Öffentlichkeit soll nach höchstrichterlichem Beschluss dem Einzelnen nur die Informationen zur Verfügung stellen, die er für seine eigene Meinungsbildung benötigt, dabei aber „Verständnis für erforderliche Maßnahmen [...] wecken".

Eine solche Ambivalenz ist offenbar unvermeidlich in einer demokratischen Gesellschaft, die einerseits auf pluralistischer Meinungsvielfalt, andererseits auf demokratisch legitimiertem Handeln der Exekutive und verfassungsrechtlich verankerten Grundwerten beruht. Die öffentliche Hand darf nicht für einzelne politische Positionen werben, wohl aber grundsätzlich um Akzeptanz für den Staat (vgl. Kocks/Raupp: 275). Zudem sind die meisten verwendeten Begriffe auslegungsbedürftig. Über journalistische *Sorgfalt* lässt sich im Konkreten ebenso diskutieren wie über die *Wahrhaftigkeit verbreiteter Informationen* der PR-Branche oder die *Ausgewogenheit* von Berichten des öffentlich-rechtlichen Rundfunks bzw. von Stellungnahmen der Bundeswehr-Informationsarbeit.

Journalisten erheben zwar selbst den Anspruch, „wahrheitsgetreu" zu berichten (Pressekodex 2015, Ziffer 2). Was jedoch als Wahrheit gelten kann, scheidet die Geister. Forderungen nach „Objektivität" journalistischer Berichterstattung stehen dabei vor einem grundsätzlichen Dilemma des Konstruktivismus: Wenn man davon ausgeht, dass das Bild der Wirklichkeit von der individuellen Wahrnehmung des Beobachters geprägt wird, kann kein Journalist eine „irgendwie gültige Konstruktion von einer ‚Realität an sich' geben" (Schröter 2012: 156).

Nicht minder kontrovers sind die berufsständischen Regelwerke der kommunikativen Dienstleister und Interessenvertreter angelegt. Eines der ersten bekannten Beispiele dafür war 1906 die „Declaration of Principles", die der ehemalige Journalist Ivy Lee für seine Tätigkeit als „Public Advisor" verkündete: Sein Pressebüro sei keine Werbeagentur, sondern habe die Aufgabe, im Namen seiner Auftraggeber die Presse mit korrekten[16] und vollständigen Informationen von öffentlicher Relevanz zu versorgen (Sinngemäß wiedergegeben nach Originalzitat in Kunczik 2002: 152). Lee gilt als eine der Gründerfiguren moderner Public Relations.[17] Allerdings scheint die Glaubwürdigkeit seiner Prinzipien durch eine manipulative Arbeitsweise[18] beeinträchtigt worden zu sein, sodass der Journalist Upton

---

16 Im Original „accurate".

17 Albert Oeckl, Mitbegründer und später Ehrenpräsident der DPRG, bezeichnete die Proklamation Lees als „Geburtsstunde der Public Relations" (zit. nach Kunczik 2002: 152). Lee war zwischen 1929 und 1934 auch für das (wegen seiner Verstrickung in nationalsozialistische Verbrechen nach 1945 aufgelöste) Unternehmen IG Farben als Berater tätig gewesen (Kunczik 2022: 158), in dessen Presseabteilung später auch Oeckl von 1936 bis 1941 gearbeitet hatte (Heinelt 2003: 90–99).

18 „Lee didn't practice what he preached" (Fellow 2013: 202f). Ihm wurde unter anderem vorgeworfen, nach der blutigen Niederschlagung eines Bergarbeiterstreiks durch die Nationalgarde, bei der auch Frauen und Kinder streikender Arbeiter getötet worden waren („Ludlow-Massacre", Colorado/USA 1914), verdeckt gearbeitet, irreführende Meldungen über die Todesumstände der Opfer verbreitet und versucht zu haben, die Gewerkschaft zu diskreditieren.

Sinclair ihm den Spitznamen „Poison Ivy" (Giftefeu) anheftete (Sinclair 2002: 317).

Am Beispiel der „Sieben Selbstverpflichtungen" für Mitglieder der Deutschen Public Relations Gesellschaft (DPRG) hat der Kommunikationswissenschaftler Klaus Merten das Spannungsfeld streitbar zugespitzt. Er bezieht sich beispielsweise auf den Wortlaut der ersten Ziffer des DPRG-Papiers: „Mit meiner Arbeit diene ich der Öffentlichkeit. Ich bin mir bewusst, dass ich nichts unternehmen darf, was die Öffentlichkeit zu irrigen Schlüssen und falschem Verhalten veranlasst. Ich habe wahrhaftig zu sein" (DPRG 1991;). Schon diese Aussage bedeute, so Merten, „nichts anderes als die Manipulation [...] der Wahrnehmung relevanter Zielgruppen im Sinn des Auftraggebers", denn „PR-Praktizierende *dienen* niemals der Öffentlichkeit, sondern allenfalls ihrem Auftraggeber" (Merten 2009: 32, Hervorhebung im Original).

Zuvor hatte Merten 2008 eine Definition von Public Relations entworfen, nach der die Aufgabe von PR-Experten nicht in der „strikt wahrheitsbezogenen Darstellung von Aussagen" liege, sondern letztlich in einer „bedingt geduldeten Täuschung" (Merten 2008: 57). Diese Frage ist ungebrochen Gegenstand von Meinungsverschiedenheiten.[19] Zu den Wechselwirkungen zwischen Massenkommunikation und Gesellschaft bestehen dabei im Wesentlichen drei unterschiedliche Deutungen: Überwiegt der Einfluss der Public Relations auf das Mediensystem (Determination), beeinflussen beide Seiten einander gleichmäßig (Intereffikation), oder passen sich die gesellschaftlichen Akteure der medialen Funktionslogik an (Medialisierung) (für einen Überblick siehe Schweiger 2013)?

Die Kommunikationswissenschaftlerin Kerstin Thummes geht noch einen Schritt weiter und betrachtet Täuschungen als etablierte Grundlage der Zusammenarbeit zwischen PR und Journalismus. Vergleichbar der gesellschaftlichen Funktion von „Höflichkeitslügen" stellten beide Seiten dadurch die „Anschlussfähigkeit" ihrer Kommunikationsbeziehungen sicher. Demnach können Journalisten die Verlautbarungen der PR leichter als Quelle akzeptieren, wenn sich diese durch die Art ihrer Aufarbeitung –

---

19 Die pointierte Sichtweise Mertens hat kontroverse Reaktionen hervorgerufen (für Erwiderungen aus berufsständischer Sicht siehe http://www.pr-journal.de/redakti on-aktuell/branche/6408-avenarius bzw. http://drpr-online.de/verlautbarung/, für eine Darstellung aus journalistischer Perspektive http://www.spiegel.de/wirtschaft/public-relations-lizenz-zum-taeuschen-a-584750.html). Seither hat sich der Ton der Debatte in gelegentlichen Beiträgen verschärft (ein Überblick unter: http://prreport.de/home/aktuell/news-public/article/2274-scharfe-ruegen-fuer-den-pr-rat/) (Abruf jeweils im November 2015).

zum Beispiel orientiert an journalistischen Formaten – auf Gesichtspunkte gesellschaftlicher Relevanz berufen. „Das Risiko, dass solche Kooperationen aufgedeckt werden und die Reputation beider Parteien Schaden nimmt, ist sehr gering, weil Uneingeweihte kaum Einblick in die Strukturen gewinnen können" (Thummes 2013: 197f).

Diese Situation hat sich in der digitalen Mediengesellschaft mit der Vielfalt frei zugänglicher Informationsquellen und der Möglichkeit zum Nachrichtentransfer in Echtzeit sinnfällig verändert. Denn in den sozialen Medien treten die zuvor voneinander abgegrenzten Sphären „persönliche Öffentlichkeit" und Medienöffentlichkeit in einen wechselseitigen Austausch (Schmidt 2013: 55). Der Medienwissenschaftler Bernhard Pörksen hat dafür die Metapher geprägt, dass „eine fünfte Gewalt in Gestalt des Publikums" die sogenannte vierte Gewalt der Medien ergänze, und vermutet, dass sich „das Beziehungsgefüge zwischen den Medien und ihrem Publikum insgesamt verändern" werde (Pörksen 2014: o. S.; ausführlich auch Pörksen 2015).

5. Aktueller Diskurs: Funktion und Selbstverständnis des Journalismus

Tatsächlich wird über Inhalte, Regeln und Arbeitsweisen von Medien gestritten, seit es unabhängige Massenkommunikation gibt. Der Verschwörung wurden Publizisten schon von Gegnern der Aufklärung in den deutschen Territorien des ausgehenden 18. Jahrhunderts verdächtigt, wobei die Argumentation einem Zirkelschluss folgt:

„Sämtliche gelehrte und aufklärerische Zeitungen und Journale würden dem Plan der Illuminaten folgen, nämlich wohlgesonnene Autoren zu gewinnen […] und unliebsame Autoren […] ‚mundtot' zu machen. Quasi der gesamte Printmarkt sei somit systematisch manipuliert und der Beweis sei […] offensichtlich, denn jedermann könne ja klar sehen, was in den Journalen und Zeitungen geschrieben stehe" (Seidler 2016: 156).

Die Kritik an der vermeintlich parteilichen Berichterstattung von Medien kommt dabei von vornherein sowohl von hoheitlicher und industrieller Seite (vgl. Schönhagen 2008) als auch entgegengesetzt aus der Bürgerrechts- und Gewerkschaftsbewegung (beispielhaft: Sinclair 1920). In der bundesdeutschen Nachkriegsgesellschaft spielten die Medien indes lange Zeit eine unangefochtene Rolle – auf der Grundlage der beschriebenen Geschäftsordnung und angesichts der Erfahrungen mit der früheren staatlichen Vereinnahmung durch den Nationalsozialismus und jener in der

DDR. Seit Beginn der 2010er-Jahre hat sich jedoch erneut eine Debatte um die Wahrheitstreue von Medienberichten schrittweise zugespitzt. So hat für 2014 die Sprachkritische Aktion den von Protestbewegungen am Rande des extremistischen Spektrums[20] ventilierten Kampfbegriff „Lügenpresse" zum Unwort des Jahres gekürt. Abseits solcher Exzesse ist ein öffentlicher Diskurs entstanden, in dem mit ungewohnter Tragweite und großer Nachhaltigkeit über die gesellschaftliche Funktion der Medien in Deutschland gestritten wird.[21] Hinzu kommt, dass ein Teil der Medien unter den Bedingungen der digitalen Kommunikation wirtschaftlich unter Druck geraten ist und nach neuen Erlösmodellen sucht, die sich wiederum auf Inhalt und Formate der Berichterstattung auswirken (vgl. ausführlich hierzu Schulz 2015).

Angesichts der beliebigen Vielzahl subjektiver Wahrnehmungen in einer pluralistischen Gesellschaft wird über die Abbildung von Realität voraussichtlich niemals vollständige Übereinkunft zu erzielen sein. Aber es besteht ein hohes gesellschaftliches Interesse an funktionalen und transparenten Plattformen der Verständigung auf der Grundlage stabiler Verhaltenskonventionen und gesicherter Finanzierung.

Vor diesem Hintergrund sucht der Journalismus offenbar nach einer neuen professionellen Rolle, wie etwa die „Journalistin des Jahres 2015", Anja Reschke, in ihrer Rede zur Preisverleihung reflektierte: „Aber wir können das nicht mehr machen mit der alten elitären Rolle und behaup-

---

20 Aus der Begründung der Jury: „Mit dem Ausdruck ‚Lügenpresse' aber werden Medien pauschal diffamiert, weil sich die große Mehrheit ihrer Vertreter bemüht, der gezielt geschürten Angst vor einer vermeintlichen ‚Islamisierung des Abendlandes' eine sachliche Darstellung gesellschaftspolitischer Themen und differenzierte Sichtweisen entgegenzusetzen. Eine solche pauschale Verurteilung verhindert fundierte Medienkritik und leistet somit einen Beitrag zur Gefährdung der für die Demokratie so wichtigen Pressefreiheit, deren akute Bedrohung durch Extremismus gerade in diesen Tagen unübersehbar geworden ist" (http://www.unwo rtdesjahres.net/fileadmin/unwort/download/pressemitteilung_unwort2014.pdf).

21 Vgl. dazu beispielhaft Pörksen (2014, 2015) sowie Krüger (2016) und APuZ (2016). Blickwinkel und Tenor insbesondere der aktuellen Berichterstattung sind seither regelmäßig Gegenstand kontroverser Diskussionen in Leserforen, Blogs und sozialen Netzen. Im Mittelpunkt stehen Zweifel, ob sich die Meinungsvielfalt in den Medien hinreichend widerspiegle. Auch die Kommunikations- und Medienwissenschaften widmen sich verstärkt der Funktionalität und den normativen Grundlagen von Medien, zum Beispiel durch empirische Untersuchungen informeller Verflechtungen zwischen Journalisten und Eliten (vgl. Krüger 2013) oder möglicher Korrelationen zwischen dem Anzeigenaufkommen von Unternehmen und deren Darstellung in den betreffenden Medien (vgl. Hagen/Flämig/In der Au 2014).

ten, wir wissen, was ist. [...] Wir versuchen, herauszufinden, was ist, und wir versuchen, weiter diese Gesellschaft kritisch zu begleiten. Aber nicht so zu tun, als wüssten wir alles besser" (Reschke 2016: o. S.). Auch traditionelle berufsständische Kriterien der Nachrichtenauswahl werden in einer Debatte um „Constructive News" erörtert (vgl. Haagerup 2015).

Spiegelbildlich stehen auch die Regeln der regierungsamtlichen Öffentlichkeitsarbeit zur Diskussion. So werden die bislang juristisch, etwa durch die Rechtsprechung definierten Maßgaben nach Auffassung von Kocks und Raupp den Bedürfnissen der digitalen Mediengesellschaft nicht mehr gerecht:

> „Auch im Zuge der Diskussion um den Vertrauensverlust in politische Institutionen werden neue Anforderungen [...] gestellt, die über die Bereitstellung von Informationen hinausgehen. Nun sollen Akteure die Öffentlichkeit über ihr Handeln nicht nur informieren, sondern sich auch jenseits von Wahlen und parlamentarischer Arena responsiv [das heißt interaktionswillig und -fähig, Anm. d. Verf.] gegenüber gesellschaftlichen Anliegen zeigen" (Kocks/Raupp: 279).

Wie zu diesem Zweck die normativen Rahmenbedingungen regierungsamtlicher Öffentlichkeit weiterentwickelt werden könnten, darüber fordern sie eine interdisziplinäre Debatte ein.

6. *Menschenbilder der Kommunikation: Massenparadigma versus bürgerliche Öffentlichkeit*

Wenn sich die Geschäftsordnung der digitalen Mediengesellschaft neu konstituiert, entsteht für Kommunikationsprofis Bedarf nach Orientierung. Will man die kommunikative Geschäftsordnung der demokratischen Gesellschaft auslegen, ist es hilfreich, einen Blick auf ihren Entstehungshintergrund, die europäische Aufklärung, zu werfen. Dies soll im Folgenden am Beispiel einiger Schlaglichter geschehen. Erhellend ist hier ein bekanntes Zitat des preußischen Innenministers Gustav von Rochow (1792–1847):

> „Es ziemt dem Untertanen, seinem Könige und Landesherrn schuldigen Gehorsam zu leisten und sich bei Befolgung der an ihn ergehenden Befehle mit der Verantwortlichkeit zu beruhigen, welche die von Gott eingesetzte Obrigkeit dafür übernimmt; aber es ziemt ihm nicht, die Handlungen des Staatsoberhauptes an den Maßstab seiner beschränkten Einsicht anzulegen und sich in dünkelhaftem Übermute

ein öffentliches Urteil über die Rechtmäßigkeit derselben anzumaßen" (Urban 2007: 485).

Rochow reagierte damit auf die Bewegung der sogenannten „Göttinger Sieben", einer Gruppe von Universitätsprofessoren, die 1837 gegen die Aufhebung der vergleichsweise freiheitlichen Landesverfassung im Königreich Hannover durch Ernst August I. öffentlich protestiert hatten. Es verrät einiges über das obrigkeitliche Menschenbild in den Territorien des „Deutschen Bundes" vor der Märzrevolution von 1848: *Der* Untertan ist ein Geschöpf im Kollektivsingular, als Individuum also ohne Bedeutung. Er verfügt demnach lediglich über „beschränkte Einsicht" und ist unfähig, sich ein eigenes Urteil über die Verfügungen seiner Obrigkeit zu bilden.

Die Kritik Rochows am „öffentlichen Urteil" macht deutlich, unter welchem Druck die Obrigkeiten und Eliten des 19. Jahrhunderts standen. Seit dem 15. Jahrhundert hatten technologische Neuerungen, die eng mit dem Namen Johannes Gutenbergs verbunden sind,[22] schrittweise zu einem Anwachsen von Druckerzeugnissen und damit zu einer Ausbreitung vielfältiger geistiger Strömungen geführt. Die so entstandene Presselandschaft des 19. Jahrhunderts ventilierte den Geist der Aufklärung und die Ideen der Französischen Revolution. Die Debattenkultur bürgerlicher Salons dehnte sich auf die Massenpublizistik aus und traf in den deutschen Territorien auf eine inzwischen größtenteils alphabetisierte Bevölkerung.

Mit den traditionellen Mitteln der Zensur war diese entstehende Form von Öffentlichkeit nicht mehr zu beherrschen (vgl. Stöber 2014: 319ff.; Schönhagen 2008). Auch Versuche der Unterwanderung durch „Verschwörungstheorien" konnten deren kommunikative Dynamik nicht einhegen (vgl. Seidler 2016). In dieser Situation kristallisierten sich unterschiedliche Menschenbilder heraus, die wesentlichen Einfluss auf die Einstellungen der politischen Akteure gegenüber der Öffentlichkeit nahmen: hier das Bild vom selbstbestimmten Individuum, das in freier Erörterung einer „bürgerlichen Öffentlichkeit" (Habermas 1962) den demokratischen Willen herausbildet, dort das Paradigma einer orientierungslosen „Masse", zu der sich die Einzelnen versammeln, die durch das freie Kursieren unterschiedlicher Auffassungen aus ihrer vertrauten Ordnung herausgerissen würden. Beide Standpunkte sollen im Folgenden kurz einander gegenübergestellt werden.

Eine geistige Grundlage des „Massenparadigmas" (Bussemer 2008: 63 ff.) legte 1895 der französische Arzt Gustave Le Bon, ein späterer Berater des

---

22 Der historische Anteil der Gutenberg'schen Neuerungen an dieser Entwicklung ist umstritten (vgl. Stöber 2014: 18 ff.).

französischen Generalstabs im Ersten Weltkrieg. Er systematisierte seine Beobachtungen aus dem nachrevolutionären Frankreich und leitete daraus praktische Ratschläge für die Politik ab. So schreibt Le Bon in seinem Hauptwerk *Psychologie der Massen*:

„Die Massenpsychologie zeigt, wie außerordentlich wenig Einfluss Gesetze und Einrichtungen auf die ursprüngliche Natur der Massen haben und wie unfähig diese sind, Meinungen zu haben außer jenen, die ihnen eingeflößt wurden […]. Die Masse ist unfähig, das Persönliche von dem Sachlichen zu unterscheiden. Sie nimmt die Bilder, die in ihrem Bewusstsein auftauchen und sehr oft nur eine entfernte Ähnlichkeit mit der beobachteten Tatsache haben, für Wirklichkeit" (Le Bon 1932: 7, 26).

Der Wiener Psychoanalytiker Sigmund Freud griff die Ansätze Gustave Le Bons auf und erweiterte sie um die Motivforschung. In seinem Werk *Massenpsychologie und Ich-Analyse* kam Freud zu dem Schluss:

„Der unheimliche, zwanghafte Charakter der Massenbildung […] kann also wohl mit Recht auf ihre Abkunft von der Urhorde zurückgeführt werden. Der Führer der Masse ist noch immer der gefürchtete Urvater, die Masse will immer noch von unbeschränkter Gewalt beherrscht werden, sie ist im höchsten Grade autoritätssüchtig, hat nach Le Bons Ausdruck den Durst nach Unterwerfung" (Freud 1923: 95).

Spätere Kritiker sahen in der Massenpsychologie den Ausdruck eines antiaufklärerischen „Ressentiments" und interessengeleiteter Wissenschaft: „Nie hat ein Massenpsychologe in Frage gestellt, ob er nicht auch selbst Massenmensch sei" (Mitscherlich 1972: 44; vgl. auch Hofstätter[23]1957: 7).

Dem „Massenparadigma" gegenüber steht der Idealtypus einer „bürgerlichen Öffentlichkeit", wie ihn der Philosoph und Sozialwissenschaftler Jürgen Habermas in den 1960er-Jahren aus einer historischen Analyse der Aufklärung in Mitteleuropa abgeleitet hat. In ihrem Mittelpunkt steht das selbstbestimmte und urteilsfähige Individuum. Vereinfachend zusammengefasst, beschreibt diese ideale Öffentlichkeit eine herrschaftsfreie Sphäre,

---

23 Hofstätter, Psychologieprofessor in Hamburg und Verfasser einer auflagenstarken *Kritik der Massenpsychologie*, wurde in den 1960er-Jahren Gegenstand einer kritischen Debatte um seine Vergangenheit in der nationalsozialistischen Rassenlehre (siehe Zum Fall Hofstätter. Eine Stellungnahme von Karl Marx, dem Herausgeber der ‚Allgemeinen Wochenzeitung der Juden in Deutschland', in: *Die Zeit*, 13.09.1963).

in der alle Bürgerinnen und Bürger frei zugänglich Informationen und Meinungen austauschen können:

> „Das räsonierende Publikum der ‚Menschen' konstituiert sich zu dem der ‚Bürger', wo es sich über Angelegenheiten des ‚gemeinen Wesens' verständigt. Diese politisch fungierende Öffentlichkeit wird unter der ‚republikanischen Verfassung' zum Organisationsprinzip des liberalen Rechtsstaates" (Habermas 1962: 121).

Allerdings setzt dies voraus, dass die Akteure argumentieren und untereinander auf Verständigung bzw. Einverständnis abzielen. Unter anderem wegen dieses normativen Anspruchs ist das Konzept der bürgerlichen Öffentlichkeit bis heute Gegenstand wissenschaftlicher Kontroversen, übt ungebrochen Einfluss auf die gesellschafts- und medienpolitische Debatte in der Bundesrepublik aus und hat deren Begriffe mitgeprägt (vgl. Hachmeister 2008: 143 f.; Greve 2008: 25–30). Auch die hier zitierten Urteile des Bundesverfassungsgerichts stützen sich in ihrer Argumentation erkennbar auf das Konzept von Habermas.

7. Massenpsychologie und Demokratie: Informieren versus beeinflussen

Die Gegenüberstellung der Menschenbilder macht das Spannungsfeld innerhalb der kommunikativen Geschäftsordnung deutlich. Hat man Zweifel an der Urteilsfähigkeit der zur Gesellschaft versammelten Menschen, liegt es nahe, die „Massen" kommunikativ zu beeinflussen. Als die Zensur nicht mehr wirkte, eröffnete die Massenpsychologie den traditionellen Eliten neue Handlungsmöglichkeiten. Experimentierfeld dieser neuen „Herrschaftstechnik" (Bussemer 2008: 26) war der Erste Weltkrieg. Die Konfliktparteien erprobten auf unterschiedliche Weise „eine auf konkrete Effekte gerichtete kommunikative Technik" mit „Ausrichtung auf kurzfristige und klar definierte Ziele", die „moderne Propaganda" (Bussemer 2008: 29).[24]

---

24 Die Genese und Vielgestalt des Propagandabegriffs stehen hier nicht im Mittelpunkt und können deshalb nicht erschöpfend rekapituliert werden. Stattdessen sei hier auf die umfassende ideengeschichtliche Analyse Thymian Bussemers (2008) von der Weltkriegspropaganda über die Ausprägungen des Nationalsozialismus und des Marxismus-Leninismus bis hin zum „Kalten Krieg" zwischen den internationalen Machtblöcken verwiesen. Konkurrierende Propagandamodelle, die eine elitenabhängige Dysfunktionalität des Mediensystems beschreiben (z. B. von Noam Chomsky), stehen bei Bussemer nicht im Mittelpunkt. Ein Überblick und eine kritische Würdigung hierzu finden sich bei Krüger (2013: 47–71). Ein-

Als deren übergreifende Merkmale beschreibt Bussemer die Gegenüberstellung „von überhöhendem Selbst- und denunzierendem Fremdbild", dass sie die Wirkung über die Wahrheit stelle und versuche, ihre Botschaften als selbstverständliche Schlussfolgerungen erscheinen zu lassen. Propaganda will demnach „nicht mit konkurrierenden Botschaften in einen Diskurs [...] eingehen, sondern den Menschen ihre Handlungsprogramme aufzwingen" (Bussemer 2008: 33 f.).

In der Ausnahmesituation des Krieges experimentierten auch demokratisch regierte Nationen wie die Vereinigten Staaten mit kommunikativer Beeinflussung. Präsident Woodrow Wilson berief das „Committee on Public Information" (CPI) ein, in dem Verwaltungs- und Kommunikationsexperten zusammenarbeiteten, um die Bevölkerung von der Notwendigkeit des Kriegseintritts zu überzeugen. Das CPI setzte „persuasive", das heißt dem Wortsinn nach überredende Kommunikationsinstrumente wie die Emotionalisierung von Informationen derart effektvoll ein, dass die politische Sphäre der USA aufschrak und das Komitee nach Kriegsende eiligst abwickelte (Bussemer 2008: 77).

Ein Mitglied des CPI war Edward Bernays, der Neffe des bereits erwähnten Massenpsychologieforschers Sigmund Freud. Er griff Erkenntnisse seines Onkels auf, übertrug sie in die Praxis der Massenkommunikation und erreichte später in den USA mit Kampagnen unter anderem für die Lebensmittel- und Zigarettenindustrie großen wirtschaftlichen Erfolg. Im Berufsstand der „Public Relations" gilt Bernays, nebst dem bereits erwähnten Ivy Lee, als Symbolfigur[25].

---

schlägige Aktivitäten der „Psychologischen Verteidigung" (PSV) der Bundeswehr wurden nach 1990 eingestellt, die damalige PSV-Akademie in Waldbröl wurde aufgelöst und zunächst in derselben Immobilie als neue Ausbildungseinrichtung gemäß den Richtlinien der Informationsarbeit (s. o.) die Akademie für Information und Kommunikation (AIK) aufgestellt (vgl. Drews 2006: 166 ff.). Die später nach Strausberg verlegte AIK ist 2015 als Bereich Akademie im Zentrum Informationsarbeit Bundeswehr (ZInfoABw) aufgegangen. Ein „Einwirken" mit kommunikativen Mitteln ausschließlich auf „freigegebene Zielgruppen" in den Einsatzgebieten außerhalb der Bundesrepublik Deutschland zur Unterstützung der militärischen Operationsführung gehört heute zu den Aufgaben des Zentrums Operative Kommunikation (ZOpKom) in Mayen (vgl. Selbstdarstellung des ZOpKom auf der Website www.kommando.streitkraeftebasis.de, Zugriff: 22.11.2015).

25 Vgl. Kunczik (2002: 132–150). Der Vorsitzende des Deutschen Rates für Public Relations (vgl. Anm. 7), Günter Bentele, bezeichnet Bernays als „founding father" und zieht ihn als Referenz für den „deutschen PR-Nestor" Albert Oeckl heran (siehe Mattke 2006: 5). Tatsächlich bezogen sich führende Persönlichkeiten des PR-Berufsstandes in Deutschland, so die aufeinanderfolgenden Präsidenten der Deutschen Public Relations Gesellschaft (DPRG) Carl Hundhausen (Krupp AG,

In seinem 1928 erschienenen Buch *Propaganda* erklärte Bernays Manipulation zu einem konstitutiven Bestandteil demokratischer Gesellschaften und lenkte das Augenmerk von der Legitimität der Methoden auf die Motive dessen, der sie anwendet (Bernays 2008: 19). Auf diese Weise gerechtfertigt, sollte Beeinflussung durch Kommunikation als Mittel nun gleichermaßen in den Dienst der Demokratie wie des wirtschaftlichen Wachstums gestellt werden können:[26] „Die bewusste und zielgerichtete Manipulation der Verhaltensweisen und Einstellungen der Massen ist ein wesentlicher Bestandteil demokratischer Gesellschaften" (Bernays 2008: 19), und an anderer Stelle heißt es: „Ein seriöser und talentierter Politiker ist dank des Instrumentariums der Propaganda glücklicherweise in der Lage, den Volkswillen zu formen und zu kanalisieren" (ebd.: 83). Mit der Begründung,

---

1958–1961) und Albert Oeckl (BASF, 1961–1967), in ihren theoretischen Abhandlungen umfänglich auf Bernays (Mattke 2006: 250). Ob und inwieweit geistige Verbindungen zwischen Bernays Propagandatheorie und der nationalsozialistischen Propaganda bestanden haben und wie das für das Berufsverständnis der Public Relations in der Gegenwart zu deuten ist, bleibt in der akademischen PR-Betrachtung eine umstrittene Frage. Michael Kunczik kommt nach einem strukturellen Vergleich zu dem Ergebnis, dass „Faschismusvorwürfe" gegen Bernays unbegründet seien, erkennt infolge der „gemeinsamen theoretischen Grundlage der Massenpsychologie aber durchaus Ähnlichkeiten zwischen der PR-Praxis von Bernays und den Propagandaprinzipien der Nationalsozialisten" (Kunczik 2002: 148–150). Christian Mattke hat in einer Werkbiografie über Albert Oeckl herausgearbeitet, dass der PR-Protagonist der frühen Bundesrepublik „in eigenen Publikationen immer wieder die Grundelemente Bernayschen PR-Verständnisses" aufgegriffen habe (Mattke 2005: 250). Mit Blick auf Oeckls vorangegangene Tätigkeit im Nationalsozialismus, unter anderem in einer Außenstelle des Reichspropagandaministeriums und für die IG Farben, attestiert er wiederum, dass „Systemwechsel allein es nicht vermögen, vorhandenes berufliches Selbstverständnis einzubüßen", das „auf lange Berufserfahrung unter demokratischen Verhältnissen in der Weimarer Republik" zurückzuführen sei (Mattke 2005: 310). Eine entgegengesetzte Schlussfolgerung zieht Peer Heinelt in einer vergleichenden Analyse der von Bernays beeinflussten „PR-Päpste" (Heinelt 2003: 206) der frühen Bundesrepublik, Carl Hundhausen, Albert Oeckl und Franz Ronneberger. Er verweist auf die Kontinuität eines „vom Nationalsozialismus geprägten politischen und wissenschaftlichen Denkens" in den späteren PR-Theorien der genannten (ebd.: 211). Diese Kontroverse wird bislang nur verhalten geführt, wäre jedoch einer wissenschaftlichen Vertiefung würdig.

26 Die Motive können dabei im Übrigen sehr unterschiedlich sein: „Die Sprache […] dient also nicht in erster Linie der sprachlichen Formulierung wahrer Aussagen, sondern der Beeinflussung des Bewusstseins der Menschen […] und zwar mit dem Ziel, diese zu einer bestimmten Verhaltensweise zu veranlassen" (Klaus 1971: 193), nahm auch einer der führenden marxistisch-leninistischen Propagandatheoretiker der DDR, Georg Klaus, für sich in Anspruch.

Manipulation sei auch in demokratischen Gesellschaften allgegenwärtig und nicht zu vermeiden, verlagerte Bernays den Maßstab von Form und Inhalt der Kommunikation auf die Absichten des Akteurs. Scheint es damit möglich, manipulative Informationspolitik und Demokratie in Einklang zu bringen, wird doch ausgeblendet, dass die Entscheidungsfreiheit des Individuums in der Demokratie auf die Verlässlichkeit und transparente Aufbereitung von Informationen gründet.

Für die Privatwirtschaft, die nicht auf demokratische Legitimierung angewiesen ist, ist das offenbar unproblematisch. In einem der führenden Lehrbücher für „Unternehmens- und Marketingkommunikation" heißt es beispielsweise: „Kommunikation bedeutet die Übermittlung von Informationen zum Zwecke der Steuerung von Meinungen, Einstellungen, Erwartungen und Verhaltensweisen bestimmter Adressaten gemäß spezifischer Zielsetzungen" (Bruhn 2005: 3). Nimmt man diese Definition beim Wort, schimmert das Menschenbild des Massenparadigmas durch: Ein Akteur hält sich für berechtigt und in der Lage, die Adressaten seiner Informationsübermittlung zu „steuern".

Einen Mittelweg nimmt die Idee des „libertinären Paternalismus" aus den USA für sich in Anspruch: Sie setzt einerseits die Entscheidungsfreiheit des Individuums voraus, sieht es aber als legitim an, „das Verhalten der Menschen zu beeinflussen, um ihr Leben länger, gesünder und besser zu machen" (Thaler/Sunstein 2011: 5). Mit ihrer Methode des „Nudging" – auf Deutsch etwa „Anstupsen" – sollen Entscheidungsprozesse der Menschen vorhergesehen und ihnen dann ein „Stups in die richtige Richtung" gegeben werden – allerdings ohne Entscheidungsoptionen auszuschließen oder wirtschaftliche Bedingungen stark zu verändern: „Das Obst in der Kantine auf Augenhöhe zu drapieren, zählt als Nudge. Junkfood aus dem Angebot zu nehmen, hingegen nicht" (Thaler/Sunstein 2011: 6). Die interessante Frage bleibt auch hier, wer auf welche Weise über die „richtige Richtung" entscheidet und inwieweit dem Individuum das Arrangement von Anreizen transparent wird, das Einfluss auf seine Entscheidungen ausüben soll (vgl. Hübl 2016: 346).

Wie man es auch dreht und wendet: Respekt vor dem selbstbestimmten Individuum und dessen systematische Beeinflussung oder Manipulation sind nicht ohne Weiteres zu vereinbaren. Vor diesem Hintergrund wird nachvollziehbar, warum die Rechtsprechung zur regierungsamtlichen Öffentlichkeitsarbeit in Deutschland das autonome Urteilsvermögen des Staatsbürgers in den Mittelpunkt ihrer Erwägungen stellt und kommunikative Beeinflussung lediglich zulässt, um eine Akzeptanz der freiheitlich-demokratischen Grundordnung an sich, nicht aber einzelner politischer Ziele zu fördern.

8. *Informationsarbeit der Staatsbürger in Uniform: Rechenschaft vor ihresgleichen*

In den vorangegangenen Kapiteln wurde der Versuch unternommen, die rechtlichen, politischen und gesellschaftlichen Rahmenbedingungen der Öffentlichkeit in Deutschland als eine informelle Geschäftsordnung herauszuarbeiten. Dabei wurden die ihr innewohnenden Widersprüchlichkeiten deutlich. Insbesondere bestehen Spannungsfelder zwischen

- dem normativ gebotenen Streben nach Wahrheitstreue oder gar Objektivität in der Aufbereitung von Informationen,
- der gleichzeitigen Bindung an verfassungsrechtliche Grundwerte, Staatsziele oder demokratisch legitimierte Programme der Exekutive, die nicht (mehr) zur Diskussion gestellt werden, und schließlich
- dem konstruktivistischen Problem der Definition von Wahrheit, die stark von der subjektiven Wahrnehmung des Individuums geprägt wird.

Zum anderen unterliegt die Geschäftsordnung einem dynamischen Wandel durch neue Technologien, die sich sowohl auf das Kommunikationsverhalten der Gesellschaft als auch auf die Geschäftsmodelle professioneller Akteure der Massenkommunikation auswirken.

Dies alles stellt das Funktionspersonal der Informationsarbeit[27] der Bundeswehr in besonderem Maße vor die Herausforderung, laufend unter widersprüchlichen Bedingungen Entscheidungen abzuwägen. Wer professionell an der Massenkommunikation teilnimmt, erwirbt Einfluss- und Gestaltungsmöglichkeiten, zeichnet aber im gleichen Maße verantwortlich für die Wahl seiner Mittel und die Folgen seines Handelns. Die Informationsarbeit unterliegt strengen Normen des Respekts vor der demokratischen Öffentlichkeit und der Pressefreiheit. Diese stehen wiederum in einem spannungsreichen Verhältnis zur Aufgabe der kommunikativen Interessenvertretung und den Regeln militärischer Geheimhaltung und Sicherheit.

In der aktiven Informationsarbeit der Bundeswehr etwa muss ein Presseoffizier seinen Standpunkt möglicherweise zuspitzen, um in der „digitalen Mediengesellschaft" Gehör zu finden, dabei aber zugleich „sachlich, wahrheitsgetreu und ausgewogen" bleiben. Wenn ein Jugendoffizier als Referent für Sicherheitspolitik an Schulen die Aufmerksamkeit einer Gruppe von Schülern erringen will, kommt er nicht umhin, komplexe und abstrak-

---

27 Begriffsdefinition vgl. Kap. 3.

te Sachverhalte auf die Lebenswirklichkeit von Jugendlichen herunterzubrechen. Seine Darstellung soll die Schüler aber nicht überwältigen. In der reaktiven Informationsarbeit wird ein Presseoffizier vielleicht mit Kritik konfrontiert, die auf der Veröffentlichung vertraulicher Interna beruht. Er muss dann aushalten, nach innen gerichtet die Regeln militärischer Geheimhaltung zu verfolgen, gleichzeitig aber die Freiheit der Presse zu respektieren, die über sensible Sachverhalte berichtet.

Das sind anspruchsvolle Aufgaben für das Personal der Informationsarbeit, die ein hohes Maß an „Ambiguitätstoleranz" (vgl. Bulmahn/Bulmahn 2013: 610f) verlangen – also der Fähigkeit, Widersprüche positiv zu verarbeiten. Es ist dabei zunächst einmal wichtig, sich möglicher Zielkonflikte bewusst zu sein, die der Aufgabe potenziell innewohnen. Dann kann zwischen womöglich konfligierenden Zielen abgewogen werden, um angemessene Mittel der Kommunikation abzuleiten. Das Selbstverständnis der Inneren Führung bietet dabei eine Richtschnur: Staatsbürger in Uniform (Zivilangestellte und -beamte auch ohne) legen in der bürgerlichen Öffentlichkeit Rechenschaft vor ihresgleichen ab.

Auch bei der Wahl ihrer Kommunikationsinstrumente und der Formulierung ihrer Botschaften können sich Soldaten und zivile Bundeswehrangehörige davon leiten lassen, was sie als Staatsbürgerinnen und Staatsbürger von außen betrachtet selbst erwarten würden. Wer sich nicht anmaßt, anderen seinen Willen aufzuzwingen, kann auf verzerrende Darstellungen verzichten. Kritik erscheint von dieser Warte nicht als „unziemliche Anmaßung", sondern als Ausdruck staatsbürgerlicher Teilhabe und Einladung zum Diskurs – soweit sie sich selbst in Form und Ausdruck an die kommunikativen Verhaltenskonventionen der öffentlichen Geschäftsordnung hält. Die oben ausführlich zitierten Passagen aus den einschlägigen Dienstvorschriften dienen dazu gleichermaßen als Orientierung wie als Argumentationshilfe. Die professionelle Herausforderung kann sich dann darauf richten,

- kommunikative Bedürfnisse und Interessen der Kommunikationspartner (aus deren Lebenssituation oder einem professionellen Zusammenhang wie der Zusammenarbeit mit Medien) realistisch aufzufassen,
- eigene Standpunkte klar, pointiert und mit einer dem Sachverhalt angemessenen Ausdrucksweise zu artikulieren,
- Akzente zu setzen und Darstellungsformen zu wählen, die für die kommunikative Situation (z. B. die mediale Agenda) möglichst relevant sind, und
- im Diskurs nachvollziehbar zu argumentieren.

Wem es auf diese Weise gelingt, mit der eigenen Position im öffentlichen Diskurs sichtbar und relevant zu sein, hat bereits wesentliche Ziele regierungsamtlicher Kommunikation erreicht.

Literatur

APuZ (2016): Pressefreiheit. Aus Politik und Zeitgeschichte, Heft 30–32/2016.

Bernays, Edward (2007, Original 1928): *Propaganda. Die Kunst der Public Relations*, Freiburg: Orange-Press.

Brechtken, Magnus (2007): Ein überflüssiges Experiment? Joseph Goebbels und die Propaganda im Gefüge des Nationalsozialismus, in: Studt, Christoph (Hrsg.): *,Diener des Staates' oder ,Widerstand zwischen den Zeilen'? Die Rolle der Presse im ,Dritten Reich'*. Berlin: Lit.

Bruhn, Manfred (2005): *Unternehmens- und Marketingkommunikation. Handbuch für ein integriertes Kommunikationsmanagement*, München: Vahlen.

Bulmahn, Thomas / Bulmahn, Nadja (2013): Interessen- und Einstellungsinventare. In: Sarges, Werner (Hrsg.): *Management-Diagnostik*. 4. Aufl., Göttingen: Hogrefe, S. 608–615.

Bundestag (2013): *Dreizehnter Zwischenbericht der Enquete-Kommission „Internet und digitale Gesellschaft" (Kultur, Medien, Öffentlichkeit)*. Deutscher Bundestag, Drucksache 17/12542.

Bundeszentrale für Politische Bildung (Hrsg.) (2010): *Massenmedien. Informationen zur politischen Bildung* Nr. 309, Bonn: Bundeszentrale für Politische Bildung.

Bussemer, Thymian (2008): *Propaganda. Konzepte und Theorien*. 2. Aufl., Wiesbaden: VS.

BVerfGE 20/162 (1966): Bundesverfassungsgerichtsentscheid 20/162 vom 5. August 1966.

BVerfGE 44/125 (1977): Bundesverfassungsgerichtsentscheid 44/125 vom 2. März 1977.

Detjen, Joachim (2013): *Politische Bildung. Geschichte und Gegenwart in Deutschland*. 2. Aufl., München: Oldenbourg.

Dörfler-Dierken, Angelika (2016): Innere Führung – Innere Lage. In: dies.; Kümmel, Gerhard (Hrsg.): *Am Puls der Bundeswehr. Militärsoziologie in Deutschland zwischen Wissenschaft, Politik, Bundeswehr und Gesellschaft*. Wiesbaden: VS, S. 257–271.

Drews, Dirk (2006): *Die Psychologische Kampfführung/Psychologische Verteidigung der Bundeswehr – eine erziehungswissenschaftliche und publizistikwissenschaftliche Untersuchung*. Diss., Univ. Mainz.

Fechner, Frank (2013): *Medienrecht. Lehrbuch des gesamten Medienrechts unter besonderer Berücksichtigung von Presse, Rundfunk und Multimedia*.13. Aufl., Tübingen: Mohr-Siebeck.

Fellow, Anthony R. (2013): *American Media History*. 3. Aufl., Boston: Wadsworth.

Generalinspekteur der Bundeswehr (1994): *Weisung des Generalinspekteurs der Bundeswehr zur Intensivierung der historischen Bildung in den Streitkräften.* 2. März 1994.

Greve, Jens (2008): *Jürgen Habermas. Eine Einführung.* Konstanz: UVK.

Haagerup, Ulrik (2015): *Constructive News. Warum ‚bad news' die Medien zerstören und wie Journalisten mit einem völlig neuen Ansatz wieder Menschen berühren.* Eugendorf: Oberauer.

Habermas, Jürgen (1962): *Strukturwandel der Öffentlichkeit. Untersuchungen zu einer Kategorie der bürgerlichen Gesellschaft.* Neuwied/Berlin: Luchterhand.

Hachmeister, Lutz (2008): *Grundlagen der Medienpolitik. Ein Handbuch.* Bonn: Bundeszentrale für politische Bildung.

Hagen, Lutz M.; Flämig, Anne; In der Au, Anne-Marie (2014): Synchronisation von Nachricht und Werbung. Wie das Anzeigenaufkommen von Unternehmen mit ihrer Darstellung im Spiegel und im Focus korreliert. In: *Publizistik* 59 (4), S. 367–386.

Heinelt, Peer (2003): *‚PR-Päpste'. Die kontinuierlichen Karrieren von Carl Hundhausen, Albert Oeckl und Franz Ronneberger.* Berlin: Dietz.

Hoffmann-Riem, Wolfgang (2013): Die Spiegel-Affäre 1962 – ein Versagen der Justiz? In: Doerry, Martin; Janssen, Hauke (Hrsg.): *Die Spiegel-Affäre. Ein Skandal und seine Folgen.* München: DVA, S. 130–149.

Hofstätter, Peter R. (1957): *Gruppendynamik. Kritik der Massenpsychologie.* Hamburg: Rowohlt.

Hübl, Philipp (2015): *Der Untergrund des Denkens. Eine Philosophie des Unbewussten.* Reinbek b. Hamburg: Rowohlt.

Klaus, Georg (1971): *Sprache der Politik.* Berlin (Ost): Verlag der Wissenschaften.

Kocks, Jan Niklas; Raupp, Juliana (2014): Rechtlich-normative Rahmenbedingungen der Regierungskommunikation – ein Thema für die Publizistik und Kommunikationswissenschaft. In: *Publizistik*, Heft 3; S. 269–284.

Krüger, Uwe (2013): *Meinungsmacht. Der Einfluss von Eliten auf Leitmedien und Alpha-Journalisten – eine kritische Netzwerkanalyse*: Köln: Halem.

Krüger, Uwe (2016): *Mainstream. Warum wir den Medien nicht mehr trauen.* München Beck.

Kunczik, Michael (2002): *Public Relations. Konzepte und Theorien.* 4. Aufl., Köln: Böhlau/UTB.

Lange, Dirk (2014): *Politische Bildung oder politische Öffentlichkeitsarbeit? Das Konzept der Bundeswehr unter der kritischen Lupe der Pädagogik.* Vortrag auf der Tagung „Der Soldat am Lehrerpult? – Bundeswehr in der Schule" der Evangelischen Akademie der Nordkirche am 15. September 2014 in Hamburg.

Le Bon, Gustave (1932, Original 1895): *Psychologie der Massen.* Leipzig: Kröner.

Lies, Jan (Hrsg.) (2008): *Public Relations. Ein Handbuch.* Konstanz: UVK/UTB.

Mast, Claudia (Hrsg.) (2012): *ABC des Journalismus. Ein Handbuch.* 12., völlig neu überarbeitete Auflage, Konstanz/München: UVK.

Mattke, Christian (2006): *Albert Oeckl – sein Leben und Wirken für die deutsche Öffentlichkeitsarbeit.* Wiesbaden: VS.

Merten, Klaus (2009): Ethik der PR oder für PR? Zur Kommunikation einer Ethik der Kommunikation. In: Tropp, Jörg; Schmidt, Siegfried J. (Hrsg.): *Die Moral der Unternehmenskommunikation. Lohnt es sich, gut zu sein?* Köln: Halem.

Mitscherlich, Alexander (1972): *Massenpsychologie ohne Ressentiment.* Frankfurt: Suhrkamp.

Pörksen, Bernhard (2014): Volle Ladung Hass – Medienverdrossenheit ist in Mode. Medien gelten als Kriegstreiber, Propagandamaschinen und Skandalprofiteure, Journalisten als korrupt. Eine Widerrede aus gegebenem Anlass. In: *Die Zeit* 44/2014 vom 23.10.2014.

Pörksen, Bernhard (2015): Fünfte Gewalt. In: *Cicero. Magazin für politische Kultur*, Heft 1/2015, S. 40–47.

Pöttker, Horst (2012): Meilenstein der Pressefreiheit – 50 Jahre „Spiegel"-Affäre. In: *Aus Politik und Zeitgeschichte*, 29–31/2012, S. 39–46.

Pressekodex (2015): *Publizistische Grundsätze (Pressekodex). Richtlinien für die publizistische Arbeit nach den Empfehlungen des Deutschen Presserats, Beschwerdeordnung.* Fassung vom 11. März 2015, Berlin.

Pürer, Heinz (2003): *Publizistik und Kommunikationswissenschaft. Ein Handbuch.* Konstanz: UVK/UTB.

Reeb, Hans-Joachim (2015): 60 Jahre Innere Führung: Das Wesensmerkmal der Bundeswehr im Lauf der Geschichte. In: *if. Zeitschrift für Innere Führung* 59 (4), S. 23–30.

Reschke, Anja (2016): *Aber was heißt denn: Sagen was ist?* Rede anlässlich der Preisverleihung zur Journalistin des Jahres, Berlin 15.02.2016. Online Verfügbar unter: http://uebermedien.de/1995/aber-heisst-denn-das-sagen-ist/.

Rundfunkstaatsvertrag (2013): *Staatsvertrag für Rundfunk und Telemedien.* Fassung vom 01.01.2013.

Schmidt, Jan-Hinrik (2013): *Social Media. Medienwissen kompakt.* Wiesbaden: VS.

Schröter, Detlef (2012): Mitteilungs-Adäquanz. Studien zum Fundament eines realitätsgerechten journalistischen Handelns. In: Wagner, Hans (Hrsg.): *Objektivität im Journalismus.* Baden-Baden: Nomos.

Schulz, Stefan (2015): *Was Facebook will? Die De-Institutionalisierung des Journalismus.* Vorlesung im Rahmen der Veranstaltungsreihe „Futur 3" der Kunstsammlung Nordrhein-Westfalen, Düsseldorf, 13.05.2015. Online verfügbar unter: http://sozialtheoristen.de/2015/05/13/was-facebook-will-die-de-institutionalisierung-des-journalismus/.

Schweiger, Wolfgang (2013): *Determination, Intereffikation, Medialisierung. Theorien zur Beziehung zwischen PR und Journalismus.* Baden-Baden: Nomos.

Seidler, John David (2016): *Die Verschwörungstheorie der Massenmedien. Eine Kulturgeschichte vom Buchhändler-Komplott bis zur Lügenpresse.* Bielefeld: Transcript.

Sinclair, Upton (2003, Original 1920): *The Brass Check. A Study of American Journalism.* Illinois: University Press.

Stöber, Rudolf (2005): *Deutsche Pressegeschichte. Von den Anfängen bis zur Gegenwart.* 2. Aufl., Konstanz: UVK/UTB.

Thaler, Richard H.; Sunstein, Cass R. (2011): *Nudge. Wie man kluge Entscheidungen anstößt.* 2. Aufl., Berlin: Ullstein.

Thomas, Barbara; Radoslavov, Stoyan (2014):Unabhängigkeit und Staatsferne – nur ein Mythos? In: Bundeszentrale für Politische Bildung: *Dossier Medienpolitik.* Online verfügbar unter: http://www.bpb.de/gesellschaft/medien/medienpolitik/172 237/unabhaengigkeit-und-staatsferne-ein-mythos?p=all.

Thummes, Kerstin (2013): *Täuschung in der strategischen Kommunikation. Eine kommunikationswissenschaftliche Analyse.* Wiesbaden: VS.

Urban, Eberhard (Hrsg.) (2007): *Der neue Büchmann. Geflügelte Worte.* München: Bassermann.

ZDv A 600-1: *Zentrale Dienstvorschrift Informationsarbeit der Bundeswehr.* Fassung vom 25.04.2014.

ZDv A 2600/1: *Zentrale Dienstvorschrift Innere Führung. Selbstverständnis und Führungskultur.* Fassung vom 28.01.2008.

ZDv A2620/1: *Zentrale Dienstvorschrift Politische Bildung in der Bundeswehr.* Fassung vom 28.11.2007.

Zehnpfennig, Barbara (2013): Strukturlose Öffentlichkeit. Warum mehr Transparenz per Internet zu weniger Demokratie führen kann. In: *Frankfurter Allgemeine Zeitung,* 20.01.2013.

Die öffentliche Wahrnehmung und Bewertung der Bundeswehr

Meike Wanner

1. Einleitung

In den letzten Jahren wurden im Rahmen des Neuausrichtungsprozesses der Bundeswehr strategische Grundsatzentscheidungen gefällt, die sich auch auf die öffentliche Wahrnehmung und Bewertung der Streitkräfte auswirken können. Am 1. Juli 2011 wurde die Pflicht zur Ableistung des Grundwehrdienstes ausgesetzt. Im Rahmen der Strukturreform wurde zudem die Verringerung der Truppenstärke sowie die Schließung oder die Zusammenlegung von Bundeswehrstandorten beschlossen (vgl. Bundesministerium der Verteidigung 2013). Die Bundeswehr wird sich in den kommenden Jahren verkleinern, und sie wird an weniger Standorten in Deutschland präsent sein. Die Streitkräfte ziehen sich aus der Öffentlichkeit zurück. „Es hat fast den Eindruck, die Bundeswehr sei aus der Fläche und der Gesellschaft verschwunden, wurde gewissermaßen externalisiert." (Franke 2012) Als Folge der beschriebenen Veränderungen ist zu erwarten, dass persönliche Begegnungen im Alltag – und damit Erfahrungsmöglichkeiten zwischen den Bürgern und den Streitkräften – sukzessive abnehmen (vgl. Theiler 2009: 28). Gleichzeitig schaffen Massenmedien durch die Bereitstellung und Vermittlung von Informationen die Voraussetzungen, dass die Bürgerinnen und Bürger sich demokratisch in ihrem Staat beteiligen können. Der Großteil des politischen Wissens der meisten Bürger beruht auf Sekundärinformationen (vgl. Bonfadelli 1994: 17). Es ist anzunehmen, dass die Bedeutung der Medien als Mittler zwischen Bundeswehr und Gesellschaft zunehmen wird. Das, was die Bürgerinnen und Bürger in Deutschland von der Bundeswehr wissen, was sie von ihren Aufgaben halten und ob sie die Auslandseinsätze unterstützen oder nicht, wird in Zukunft in zunehmendem Maße von der Medienberichterstattung abhängen (vgl. Bulmahn/Wanner 2013: 15).

In diesem Zusammenhang stellt sich die Frage, wie die Bundeswehr in den Medien dargestellt wird und wie sich diese Medienbilder auf die gesellschaftliche Bewertung der Streitkräfte auswirken. Soldatinnen und Soldaten bezweifeln vielfach, dass die Medienberichterstattung über die Bundeswehr und deren Aufgaben objektiv ist, und befürchten, dass dadurch die Einstellung der Bevölkerung zu den Streitkräften negativ beeinflusst werden könnte (vgl. Würich/Scheffer 2014; Stoltenow 2011; Exner/Hollstein/Meyer 2013). Zudem existiert innerhalb der Bundeswehr die Wahrnehmung, dass sich die Bevölkerung nicht für die Streitkräfte und ihre Aufgaben interessiert und die Soldatinnen und Soldaten für den geleisteten Dienst keine Wertschätzung erfahren (vgl. Köhler 2005; Neitzel 2013).

Der vorliegende Beitrag betrachtet zunächst unterschiedliche Perspektiven zum Verhältnis von Bundeswehr, Gesellschaft und Medien, um thematisch auf den Untersuchungsgegenstand hinzuführen. Im darauffolgenden Abschnitt werden empirische Forschungsergebnisse zu der medialen Darstellung sowie der daraus resultierenden medial vermittelten Wahrnehmung und Bewertung der Bundeswehr dargestellt und analysiert. Geklärt werden soll, ob die zunehmend medial vermittelte Wahrnehmung der Bundeswehr negative Auswirkungen auf die Einstellungen der Bürger zu den Streitkräften hat und welche Konsequenzen sich daraus für die zukünftige Ausgestaltung der Öffentlichkeitsarbeit der Bundeswehr ergeben. Abschließend werden die gewonnenen Erkenntnisse in einem Fazit diskutiert und zur Beantwortung der forschungsleitenden Fragestellungen herangezogen.

2. Das Verhältnis von Bundeswehr und Gesellschaft und die Bedeutung der Vermittlerinstanz Medien

Das gesellschaftliche Interesse an der Bundeswehr und ihren Aufgabenbereichen wird seit geraumer Zeit in Politik, Wissenschaft und nicht zuletzt in den Streitkräften selbst debattiert. Es lassen sich zwei unterschiedliche, in Teilen entgegengesetzte Sichtweisen auf die Integration der Bundeswehr in die Gesellschaft und auf die gesellschaftliche Unterstützung der Streitkräfte und ihrer Aufgabenbereiche feststellen (vgl. Biehl 2014: 174).

Der ehemalige Bundespräsident Horst Köhler attestierte den Bürgern ein „freundliches Desinteresse" an der Bundeswehr und mahnte stärkere Unterstützung an. „Die Deutschen vertrauen der Bundeswehr, mit Recht, aber ein wirkliches Interesse an ihr oder gar Stolz auf sie sind eher selten. Noch seltener sind anscheinend der Wunsch und das Bemühen, den außen- und sicherheitspolitischen Wandel zu verstehen und zu bewerten, der da auf die Bundeswehr einwirkt." (Köhler 2005) Diese Einschätzung teilen auch viele Soldatinnen und Soldaten, die die fehlende Unterstützung und das fehlende Wissen der Gesellschaft bemängeln.[1] Hauptbootsmann Christian G. merkt zum Verhältnis von Bundeswehr und Gesellschaft Folgendes an: „Ich glaube, die Gesellschaft hat den Kontakt zur Bundeswehr längst verloren. Viele denken einfach: Was wollen wir denn am Hindukusch oder am Horn von Afrika?" (Würich/Scheffer 2014: 56) Und Major i. G. Sascha Repoki betont: „Für die Soldaten wäre es aber wichtig, dass die Öffentlichkeit weiß, worum es in den Auslandseinsätzen geht. Denn nur dann können wir Soldaten sicher sein, dass es gesellschaftliche Rückendeckung für uns gibt." (ebd.: 116)

Demgegenüber ging der ehemalige Verteidigungsminister Thomas de Maizière, indem er sich auf diverse empirische Untersuchungen bezog, davon aus, dass es durchaus ein „freundliches Interesse" der Bevölkerung an der Bundeswehr gebe und dass die Forderungen und Ansprüche der Soldaten etwas überzogen seien (vgl. de Maizière 2013). Auch diese Position wird innerhalb der Bundeswehr, zumindest teilweise, unterstützt. Oberstleutnant a. D. Bertram Hacker: „Ich bin mit meiner Meinung vielleicht ein Außenseiter in der Bundeswehr. Aber ich denke, manche Soldaten erwarten zu viel von der Gesellschaft. [...] Soldat wird nun eben als Beruf gesehen, so wie Metzger oder Dachdecker. [...] Es gibt natürlich immer Verbesserungsbedarf beim Verständnis füreinander. Aber kein Soldat wird beschimpft, weil er in den Auslandseinsatz gegangen ist." (Würich/Scheffer 2014: 22) Und Stabsfeldwebel Thorsten Hentschel ergänzt: „Grundsätzlich glaube ich, dass die Masse hinter uns steht, auch wenn sie vielleicht nicht versteht, warum wir in die Einsätze geschickt werden." (ebd.: 44)

Im Sinne der Nachrichtenproduktion sind für die Medien insbesondere die Themen interessant, die eine gewisse Anschlussfähigkeit und ein erhöhtes Aufmerksamkeitspotenzial bzw. einen erhöhten Nachrichtenwert aufweisen (vgl. Pankonin 2011: 231). Die Aufmerksamkeit der Medienrezipienten stellt ein knappes Gut dar, was erfordert, dass Nachrichten selektiert werden. Die Journalisten werden zu Schleusenwärtern („Gatekeeper"), die bestimmen, was veröffentlicht wird und was nicht (vgl. Lippmann 1922: 338 ff.; Schulz 1976: 15 ff.; Kepplinger 2011: 61 ff.; Kepplinger 1998: 19 ff.). Bundeswehrangehörige bezweifeln vielfach eine objektive Medienberichterstattung über die Bundeswehr und ihre Aufgaben und vermuten, dass dadurch die Einstellung der Bevölkerung zu den Streitkräften

---

1 Im Interviewband *Operation Heimkehr* berichten Bundeswehrsoldaten über ihre Erfahrungen im Einsatz, ihre Heimkehr nach Deutschland und ihre Sichtweise gesellschaftlicher Anteilnahme und Anerkennung für ihren Einsatz. Die folgenden Zitate der Soldaten sind diesem Band entnommen (vgl. Würich/Scheffer 2014).

negativ beeinflusst werden könnte. Stabsunteroffizier Sandra Grübel merkt zur Rezeption von Medienberichten über die Auslandseinsätze der Bundeswehr an: „Die meisten informieren sich gar nicht richtig. Die nehmen nur wahr, was ihnen bei RTL2 [...] vor die Nase gesetzt wird, und übernehmen die vorgefertigte Meinung." (Würich/Scheffer 2014: 54) Stabsunteroffizier Fanny Kohlert betont: „Umso enttäuschender ist es, wenn man dann wieder diese Negativschlagzeilen über die Bundeswehr sieht. Die Medien berichten immer nur über die Schattenseiten der Einsätze." (ebd.: 76) Und Hauptfeldwebel André D. ergänzt: „Kürzlich gab es wieder einen Bericht darüber, dass im Einsatz sehr viel getrunken wird. Das ist dann das Bild, das sich festsetzt [...]." (ebd.: 66)

Die Bundeswehr zeichnet sich in ihrer Organisation durch eine starke Gliederung, eine hierarchisch aufgebaute Kommandostruktur und einen hohen Formalisierungsgrad aus (vgl. Apelt 2012: 135 f.). Zudem stellt Informationskontrolle im militärischen Selbstverständnis eine zentrale Aufgabe dar (vgl. Virchow 2012: 210). Die Medien fühlen sich hingegen in ihrem Selbstverständnis dem Grundsatz der Meinungs- und Pressefreiheit verpflichtet und sehen sich als unabhängige Chronisten politischer und gesellschaftlicher Vorgänge (vgl. Virchow 2010: 115). Unter diesen grundlegenden Prägungen treten Medien und Militär als eigenständige Akteure mit unterschiedlichen Interessen auf, deren Verhältnis durch ein gegenseitiges Misstrauen geprägt ist. Während die einen negative Medienberichte und deren Folgen fürchten, vermuten die anderen Geheimhaltungstaktiken und Vertuschungsversuche. „Mit Mahlzeiten werden Reporter in Afghanistan von deutschen Presse-Offizieren gut versorgt. Mit Antworten nicht." (Rados 2011)

Es ist daher eine fundamentale Frage, ob und inwiefern die zunehmende Vermittler- und Darstellungsfunktion der Medien auf die gesellschaftliche Wahrnehmung und Bewertung der Bundeswehr ausstrahlt. Generell wird vermutet, dass, begünstigt durch die Prozesse der Neuausrichtung, eine auf persönlichen Erfahrungen gegründete Wahrnehmung der Bundeswehr zurückgeht und gleichzeitig die Bedeutung der medial vermittelten Wahrnehmung der Streitkräfte zunimmt. Dabei dürften vorwiegend Ereignisse in den Medien thematisiert werden, die einen hohen Nachrichtenwert aufweisen. Eine, so die Annahme, häufig kritische Kontextualisierung der Bundeswehrbeiträge führt dazu, dass die Bewertung der medial dargestellten Bundeswehr durch die Bevölkerung insgesamt eher negativ ausfällt. Zur Klärung dieser Fragestellungen werden nachfolgend die Ergebnisse empirischer Untersuchungen herangezogen.

3. Empirische Befunde zur medial vermittelten Darstellung und Wahrnehmung der Bundeswehr

Die Ergebnisse der jährlich durchgeführten Bevölkerungsumfragen des Zentrums für Militärgeschichte und Sozialwissenschaften der Bundeswehr (ZMSBw)[2] weisen beständig darauf hin, dass die Bevölkerungsmehrheit grundsätzlich eine positive Einstellung zur Bundeswehr vertritt, dass die Bürger mit der Bundeswehr vornehmlich positive Gefühle, insbesondere Vertrauen, Hochachtung und Stolz, verbinden und dass sie die Bundeswehr als wichtig für Deutschland erachten (vgl. Bulmahn/Wanner 2013: 39 ff.).[3]

Tabelle 1: Wahrnehmungsmöglichkeiten der Bundeswehr

Frage: „Haben Sie die Bundeswehr in den letzten 12 Monaten bei den folgenden Gelegenheiten wahrgenommen?" (Anteil „Ja" in Prozent)		
	2012	2013
Mediale Wahrnehmung insgesamt[1]	86	89
Persönliche Wahrnehmung insgesamt[2]	53	50
Bei allen genannten Gelegenheiten[3]	91	92
Bei Sendungen im Fernsehen	72	78
Bei Berichten in Zeitungen und Zeitschriften	64	67
Bei Sendungen im Radio	39	40
Bei Beiträgen im Internet	23	26

Anmerkungen: 1) Gesamtbetrachtung der vier Gelegenheiten, die Bundeswehr in den Medien wahrzunehmen: im Fernsehen, in Zeitungen und Zeitschriften, im Radio oder im Internet; 2) Gesamtbetrachtung der drei Gelegenheiten, die Bundeswehr persönlich wahrzunehmen: im Alltag, bei öffentlichen Veranstaltungen oder bei Gesprächen; 3) Gesamtbetrachtung der sieben Gelegenheiten, die Bundeswehr medial oder persönlich wahrzunehmen.

Datenbasis: Bevölkerungsumfragen 2012 und 2013 des Zentrums für Militärgeschichte und Sozialwissenschaften der Bundeswehr.

---

2 Seit Januar 2013 bildet das ehemalige Sozialwissenschaftliche Institut der Bundeswehr (SOWI) gemeinsam mit dem ehemaligen Militärgeschichtlichen Forschungsamt (MGFA) das Zentrum für Militärgeschichte und Sozialwissenschaften der Bundeswehr (ZMSBw) mit Sitz in Potsdam.

3 Der genaue Wortlaut der Fragen, die im Text Erwähnung finden, sowie Angaben zur Methodik der Bevölkerungsbefragung aus dem Jahr 2013 befinden sich im Anhang.

Hinsichtlich der Wahrnehmung der Streitkräfte zeigt sich, dass die mediale Wahrnehmung im Vergleich zur persönlichen Wahrnehmung deutlich dominiert, denn neun von zehn Bürgern geben an, dass sie die Bundeswehr medial wahrgenommen haben. Nur jeder Zweite berichtet auch von genutzten persönlichen Wahrnehmungsmöglichkeiten (vgl. Tabelle 1).

Der Zeitvergleich mit den Ergebnissen aus dem Vorjahr verdeutlicht die Zunahme der medialen Wahrnehmung und den Rückgang persönlicher Wahrnehmungsmöglichkeiten.[4] Diese Ergebnisse führen zu der Annahme, dass das, was die Bevölkerung von der Bundeswehr weiß, was sie von ihren Aufgaben hält und ob sie die Auslandseinsätze unterstützt oder nicht, in Zukunft in zunehmendem Maße von der Berichterstattung der Medien abhängig sein wird (vgl. Bulmahn/Wanner 2013: 15). Dabei wird, was die medialen Gelegenheiten betrifft, die Bundeswehr am häufigsten im Fernsehen (78 Prozent) und in Zeitungen und Zeitschriften (67 Prozent) wahrgenommen. Beim Radio (40 Prozent) und Internet (26 Prozent) fallen die Resonanzwerte hingegen geringer aus. Dies ist unter anderem auf die Tagesreichweiten der unterschiedlichen Medien zurückzuführen[5] (vgl. Eimeren van/Ridder 2011: 8) und deren Potenzial, Personen zu erreichen, die sich nicht sonderlich für die Bundeswehr bzw. Sicherheits- und Verteidigungspolitik interessieren. Dass die Resonanzwerte für das Internet am geringsten ausfallen, erscheint insofern plausibel, als sich die Medienrezipienten im Internet aktiv Inhalten zuwenden, was ein gewisses Interesse an den Streitkräften bzw. an der Sicherheits- und Verteidigungspolitik voraussetzt. Andererseits sind auch das unterschiedliche Mediennutzungsverhalten und soziodemografische Merkmale der Befragten für die unterschiedlich starke Rezeption von Bundeswehrbeiträgen in den unterschiedlichen Medien verantwortlich. Deutlich wird zum Beispiel, dass bei Berichten im Internet vor allem die Jüngeren auf die Bundeswehr aufmerksam gewor-

---

4 Ob der sich im Jahresvergleich andeutende Rückgang der persönlichen Wahrnehmung der Bundeswehr bereits Ausdruck möglicher Auswirkungen der Veränderungen des Neuausrichtungsprozesses sind und ob sich diese Entwicklung in den kommenden Jahren als Trend weiter fortsetzen wird, ist in künftigen Erhebungen weiter zu beobachten.

5 ARD/ZDF-Langzeitstudie Massenkommunikation (Tagesreichweiten in Prozent): Fernsehen (86 Prozent), Radio (79 Prozent), Tageszeitungen (44 Prozent) und Internet (43 Prozent). Der Zeitvergleich mit 2005 verdeutlicht, dass die Tagesreichweiten von Fernsehen, Radio und Tageszeitungen rückläufig sind (–3 bis –7 Prozentpunkte), während die Tagesreichweite des Internets deutlich ansteigt (+15 Prozentpunkte) (vgl. Eimeren van/Ridder 2011: 8).

den sind.[6] Außerdem zeigt sich, dass Personen mit einem höheren Bildungsniveau die Bundeswehr medial signifikant häufiger wahrnehmen als Personen mit einem niedrigeren Bildungsniveau. Das kann unter anderem dadurch erklärt werden, dass die Bundeswehr in den Medien häufig im Kontext komplexer sicherheits- und verteidigungspolitischer Fragestellungen thematisiert wird, die sich Außenstehenden nicht ohne Weiteres erschließen (vgl. Wagner/Biehl 2013: 25). Als ersten Befund lässt sich zusammenfassen, dass die Bundeswehr zunehmend medial vermittelt wahrgenommen wird und dass die Art und Intensität der Wahrnehmung von unterschiedlichen Faktoren, insbesondere dem Alter und dem Bildungsniveau der Rezipienten, abhängig ist.

Um sich der Frage zu widmen, wie die Bundeswehr medial dargestellt wird, wurden die Ergebnisse durchgeführter Medienanalysen betrachtet. Diese zeigen auf, dass die Beiträge in den betrachteten Medien überwiegend neutral formuliert sind (80 Prozent), nur gelegentlich wurde eindeutig negativ kommentiert (13 Prozent) und noch seltener positiv (7 Prozent) (vgl. Medien Tenor 2003a: 28 f.). Allerdings wird auch deutlich, dass Negativereignisse, die einen hohen Nachrichtenwert aufweisen, den primären Anlass für die Berichterstattung darstellen und bei der Themenauswahl die Auslandseinsätze im Mittelpunkt des Medieninteresses stehen (vgl. Medien Tenor 2003b: 80 f.; Medien Tenor 2002: 26 f.). Dies bestätigen auch die Ergebnisse einer weiteren Medienanalyse („InfoMonitor"), die die Berichterstattung der Hauptnachrichten im Auftrag der ARD/ZDF-Medienkommission dokumentiert und analysiert (vgl. Tabelle 2).[7]

---

6 Bei den unter 30-Jährigen liegt der Anteil bei 42 Prozent, bei den 30- bis unter 50-Jährigen sind es 33 Prozent, bei den 50- bis unter 70-Jährigen sind es 19 Prozent und bei den Befragten im Alter von 70 und mehr Jahren sind es nur noch 11 Prozent, die durch Berichte im Internet auf die Bundeswehr aufmerksam wurden.

7 Datenbasis: „Tagesschau" (ARD, 20:00 Uhr), „heute" (ZDF, 19:00 Uhr), „RTL aktuell" (RTL, 18:45 Uhr) und „Sat 1 Nachrichten" (Sat 1, 20:00 Uhr) sowie die beiden öffentlich-rechtlichen Nachrichtenmagazine „Tagesthemen" (ARD, 22:15 Uhr) und „heute-journal" (ZDF, 21:45 Uhr) an allen Tagen des Jahres. Diese Sendungen gelten unter allen Nachrichtenangeboten als die meistgesehenen Sendungen in der Hauptsendezeit. Eine Fragestellung des InfoMonitors lautet: Welche Informationsanlässe bestimmen die Berichterstattung des entsprechenden Jahres? (vgl. Krüger 2006–2013).

*Tabelle 2: Medienberichterstattung über den Afghanistaneinsatz der Bundes-
wehr im Zeitverlauf*

Top-Themen: Bundeswehreinsatz in Afghanistan[1]									
	2005	2006	2007	2008	2009	2010	2011	2012	2013
Rang	–	–	3	9	2	2	10	13	–
Sendedauer in Min.	–	–	910	341	1.188	1.125	426	320	–

Anmerkungen: 1) Das Item wurde im Zeitverlauf unterschiedlich benannt: „Lage
in Afghanistan", „Afghanistan", „Lage in Afghanistan/Bundeswehreinsatz"; von 2005
bis 2010 wurden jeweils die 10 Top-Themen und ab 2011 die 20 Top-Themen ausgewiesen.

Datenbasis: InfoMonitor 2006 bis 2014.

Die Betrachtung der Medienberichterstattung über den Afghanistaneinsatz
der Bundeswehr (ISAF) im Zeitverlauf deutet darauf hin, dass die Berichterstattung über die Bundeswehr infolge der Fixierung auf tagesaktuelle
und außergewöhnliche bzw. konfliktträchtige Ereignisse starken Schwankungen unterliegt (vgl. Bulmahn 2008: 104). Die Berichterstattung über
den Afghanistaneinsatz der Bundeswehr nimmt zwischenzeitlich deutlich
zu, was den Anschlägen, Gefechten und Todesfällen deutscher Soldaten
oder afghanischer Zivilisten geschuldet ist.[8] Dies zeigt sich insbesondere
für die Jahre 2007, 2009 und 2010. Im Jahr 2007 wurden drei deutsche Soldaten bei einem Selbstmordanschlag auf einem Markt in Kunduz getötet
(vgl. Frankfurter Allgemeine Online 2007). Im Jahr 2009 erregte der von
einem deutschen Oberst angeforderte Luftangriff auf zwei entführte Tanklaster bei Kunduz, bei dem mehr als 90 Menschen, darunter auch viele Zivilisten, zu Tode kamen, große Aufmerksamkeit in den Medien (vgl. Zeit
Online 2009; Gebauer 2009). Das Jahr 2010 wurde von einer Reihe von
Gefechten und Anschlägen geprägt, in deren Verlauf acht deutsche Soldaten getötet wurden (vgl. Zeit Online 2010; Gebauer/Najafizada 2010). In
den Folgejahren der genannten Ereignisse ist jeweils ein deutlicher Rückgang der Berichterstattung zu erkennen. Im Jahr 2013, ein Jahr vor dem offiziellen Ende des ISAF-Mandats, taucht der Afghanistaneinsatz der Bun-

---

8 Bei der Interpretation der Ergebnisse des InfoMonitors ist zu bedenken, dass es
sich dabei um hochaggregierte Jahresdaten handelt. Damit ist ein eindeutiger
Rückschluss auf bestimmte Ereignisse, die die Ursache für die Schwankungen in
der Intensität der Berichterstattung über den Afghanistaneinsatz der Bundeswehr
sein könnten, schlichtweg nicht möglich.

deswehr nicht mehr unter den 20 Top-Themen des InfoMonitors auf (vgl. Krüger 2014: 80).

Die Ergebnisse der betrachteten Medienanalysen legen die Vermutung nahe, dass aufgrund der häufig negativen Kontextualisierung der Medienberichte über die Bundeswehr auch die gesellschaftliche Wahrnehmung und Bewertung der Streitkräfte in den Medien eher negativ ausfällt. Empirische Analysen der Bevölkerungsumfrage 2013 zeigen diesbezüglich jedoch einen interessanten Befund (vgl. Tabelle 3).

Tabelle 3: Bewertung der medial vermittelten Wahrnehmung der Bundeswehr

Frage: „Und wie haben Sie die Bundeswehr bei dieser Gelegenheit wahrgenommen? War das positiv, teils/teils oder negativ?" (Angaben in Prozent)[1]			
	Positiv	Teils/teils	Negativ
Medial vermittelte Wahrnehmung			
Bei Sendungen im Fernsehen	41	46	14
Bei Sendungen im Radio	40	47	14
Bei Berichten in Zeitungen und Zeitschriften	36	52	13
Bei Beiträgen im Internet	36	49	15
Mittelwerte			
Informationsarme Medien[2]	41	47	14
Informationsreiche Medien[3]	36	51	14
Medial vermittelte Wahrnehmung insgesamt[4]	38	49	14

Anmerkungen: Einzelne Prozentangaben ergeben mitunter in der Summe nicht 100 Prozent, da sie gerundet wurden; 1) Frage wurde nur den Personen gestellt, die die Bundeswehr bei der jeweiligen Gelegenheit wahrgenommen haben; 2) Durchschnittswert der informationsarmen Medien Fernsehen und Radio; 3) Durchschnittswert der informationsreichen Medien Zeitungen und Internet; 4) Durchschnittswert aller Gelegenheiten, die Bundeswehr medial wahrzunehmen.

Datenbasis: Bevölkerungsumfrage 2013 des Zentrums für Militärgeschichte und Sozialwissenschaften der Bundeswehr.

Obwohl die Bundeswehr immer häufiger medial wahrgenommen wird und die Medien oftmals aufgrund negativer Ereignisse über die Bundeswehr berichten, werden die Streitkräfte vornehmlich neutral oder positiv wahrgenommen. Nur etwa jeder Zehnte berichtet von einem negativen Eindruck, den die Medienberichterstattung über die Bundeswehr bei ihm hinterlässt. Die Befürchtungen der Soldatinnen und Soldaten, dass die Medienberichterstattung eine negative Einstellung zur Bundeswehr fördert, lassen sich durch die vorliegenden Ergebnisse nicht bestätigen. Einer offenen Nachfrage im Rahmen der Bevölkerungsumfrage des ZMSBw zufolge sieht die Bevölkerung die Medienberichterstattung über die Bundeswehr sogar als eine Möglichkeit an, die öffentliche Wertschätzung der Soldatinnen und Soldaten der Bundeswehr in Deutschland zu erhöhen. Jeder Dritte (33 Prozent) ist der Ansicht, dass mehr Medienberichterstattung über die Bundeswehr dazu beitragen könnte, die gesellschaftliche Wertschätzung der Soldaten zu erhöhen. Etwa jeder Vierte (23 Prozent) ist der Ansicht, dass die Bundeswehr in der Öffentlichkeit präsenter sein sollte, und jeder Fünfte (19 Prozent) spricht sich für eine Intensivierung der Öffentlichkeitsarbeit der Bundeswehr aus (vgl. Bulmahn/Wanner 2013: 48).

Diese Erkenntnisse sollten die Bundeswehr zu einer offensiveren und aktiveren Rolle im Prozess der Nachrichtenproduktion ermutigen. „Die Lehre aus diesem Befund kann für die Streitkräfte nur lauten, den Bürgern möglichst viele Informationen, Nachrichten und Kontaktmöglichkeiten zu bieten und diese nicht zuvor nach vermuteter Wirkung zu selektieren." (Biehl 2012: 63) Diese Forderung impliziert, dass auch (scheinbar) kritische Medienbeiträge zielführender sind als keine mediale Präsenz der Bundeswehr. Für die Informationsarbeit der Bundeswehr ergibt sich dadurch die Notwendigkeit und Herausforderung, aktiver mit der Bevölkerung zu kommunizieren, die sicherheits- und verteidigungspolitischen Entscheidungen der Bundesregierung im kritischen Dialog mit der interessierten Öffentlichkeit zu erläutern und den Bürgern den Auftrag und die Aufgaben der Bundeswehr näherzubringen (vgl. Jacobs 2013: 317). „Den größtmöglichen Schutz vor einer negativen Beeinflussung der Bevölkerungsmeinung liefert [...] ein größtmögliches Wissen über Ziele und Risiken des Einsatzes von Streitkräften." (Buch 2011: 256)

Eine offensivere Kommunikationsstrategie der Bundeswehr stellt zudem eine wesentliche Maßnahme dar, um der bundeswehrinternen Wahrnehmung mangelnder gesellschaftlicher Anerkennung entgegenzuwirken und Informationsdefizite in der Bevölkerung zu reduzieren mit dem Ziel, dadurch eine Grundlage für ein ehrliches Interesse und Empathie seitens der Bevölkerung für die Streitkräfte zu schaffen. Zur zukünftigen Ausgestaltung der Öffentlichkeitsarbeit der Bundeswehr wird auch innerhalb der Truppe Stellung bezogen. Der ehemalige Generalleutnant Roland Kather merkt hierzu an: „Die Bundeswehr hat da noch Verbesserungsbedarf, auch wenn mittlerweile einiges getan wurde. Sie darf nicht so tun, als wäre alles Militärische geheim." (Würich/Scheffer 2014: 72) Stabsfeldwebel Severin Jaacks betont: „Ich denke, wir Soldaten müssen selbst die Öffentlichkeit suchen und unser Inneres nach außen kehren, um Verständnis für uns zu wecken. Oft wird das so dargestellt, als würden wir der Anerkennung der Bevölkerung hinterherrennen. Aber darum geht es uns gar nicht. Ich will keinen Orden und will auch nicht bejubelt werden. Die Bevölkerung soll aber wissen, warum ich da unten bin, und sie soll einigermaßen damit im Einklang sein." (ebd.: 30) Und Major Udo F. bemerkt: „Ich wünsche mir mehr Interesse für die Sache, eine sicherheitspolitische Debatte über Einsätze und die Bundeswehr in Deutschland. Vom Bundestag bis in die Gesellschaft." (ebd.: 74)

4. Fazit

Den Ausgangspunkt der vorliegenden Untersuchung stellt eine Entwicklung dar, die sich aus dem Neuausrichtungsprozess der Bundeswehr ergibt, nämlich dass potenzielle alltägliche Begegnungs- und Erfahrungsmöglichkeiten zwischen Streitkräften und Bürgern sukzessive schwinden. Dies führt dazu, dass die Bedeutung der Medien als Vermittlungsinstanz zwischen Bundeswehr und Gesellschaft steigt. Was die Bevölkerung von der Bundeswehr weiß, was sie von ihren Aufgaben hält und ob sie die Auslandseinsätze unterstützt oder nicht, wird in Zukunft in zunehmendem Maße von der Berichterstattung der Medien abhängen.

Es konnte aufzeigt werden, dass die Berichterstattung über die Bundeswehr zwar zumeist objektiv ist, die Anlässe der Berichterstattung aber vorwiegend tagesaktuelle, außergewöhnliche und konfliktträchtige Ereignisse mit einem hohen Nachrichtenwert sind. Die insbesondere aus Bundeswehrkreisen formulierte Annahme, dass daraus auch eine eher negative gesellschaftliche Wahrnehmung der Bundeswehr resultiert, konnten die vorliegenden Analysen nicht bestätigen. Obwohl die Bundeswehr häufig im Kontext kritischer Ereignisse in den Medien thematisiert wird, vertritt der Großteil der Bevölkerung eine neutrale oder positive Haltung zu den Streitkräften. Sowohl die mediale Wahrnehmung als auch die daraus resultierende Bewertung der Streitkräfte scheint zusätzlich von weiteren Faktoren beeinflusst zu sein. Es kann vermutet werden, dass bereits bestehende Voreinstellungen zur Bundeswehr einen Einfluss darauf ausüben, wie die betreffende Person Medienberichte über die Streitkräfte wahrnimmt und bewertet. Zusätzlich weisen empirische Analysen darauf hin, dass soziodemografische Merkmale der Bürger beeinflussen, ob und wie die Bundeswehr medial wahrgenommen wird.

Kehren wir zu der eingangs formulierten Frage zurück, welche Konsequenzen sich aus der zunehmend medial vermittelten Wahrnehmung der Bundeswehr für das Verhältnis von Streitkräften und Gesellschaft und für die Ausgestaltung und Weiterentwicklung der Öffentlichkeitsarbeit der Bundeswehr ergeben, so ist zunächst anzumerken, dass die dargestellten Befunde die Bundeswehr zu einer offensiveren und aktiveren Rolle im Prozess der Nachrichtenproduktion ermutigen sollten (vgl. Biehl 2012: 63 f.). Die beschriebene Entwicklung stellt die Streitkräfte vor die Notwendigkeit und Herausforderung, von sich aus mit der Bevölkerung zu kommunizieren. Der Bedeutungszuwachs der Medien erfordert eine zunehmende Professionalisierung („Mediatisierung") der Medien- und Öffentlichkeitsarbeit der Bundeswehr. Diese sollte sich sowohl in der Ausbildung des Fachpersonals als auch in Informations- und Dialogangeboten für externe Medienakteure widerspiegeln, um das gesellschaftliche Verständnis für die Bundeswehr und ihre Aufgaben zu erhöhen (vgl. Theiler 2009: 29; Stoltenow 2013: 106).[9] Bei der inhaltlichen Ausgestaltung der Informations- und Dialogangebote der Bundeswehr stellen Ehrlichkeit und Authentizität die obersten Gebote dar. „Denn eine geschönte Informationspolitik seitens der Regierung und des Verteidigungsministeriums führt unweigerlich zu Berichten, die versuchen, diese zu widerlegen." (Buch/Tettweiler 2010: 75)

Literatur

Apelt, Maja (2012): Das Militär als Organisation. In: Apelt, Maja; Tacke, Veronika (Hrsg.) (2012): *Handbuch Organisationstypen*. Wiesbaden: Springer VS, S. 133–148.

Biehl, Heiko (2012): Aus den Augen, aus dem Sinn? Überlegungen zur gesellschaftlichen Integration der Bundeswehr nach der Aussetzung der Wehrpflicht. In: Hartmann, Uwe; von Rosen, Claus; Walther, Christian (Hrsg.): *Jahrbuch Innere Führung 2012. Der Soldatenberuf im Spagat zwischen gesellschaftlicher Integration und sui generis-Ansprüchen. Gedanken zur Weiterentwicklung der Inneren Führung.* Berlin: Miles, S. 53–72.

Biehl, Heiko (2014): Zur gesellschaftlichen Anerkennung der Bundeswehr. Kenntnisse und Befunde der Sozialwissenschaften. In: Würich, Sabine; Scheffer, Ulrike: *Operation Heimkehr. Bundeswehrsoldaten über ihr Leben nach dem Auslandseinsatz.* Berlin: Christoph Links, S. 174–178.

Bonfadelli, Heinz (1994): Medienvermittelte Information als Problem. In: Hömberg, Walter; Pürer, Heinz; Saxer, Ulrich (Hrsg.): *Die Wissenskluftperspektive. Massenmedien und gesellschaftliche Information.* Konstanz: Ölschläger, S. 17–60.

---

9 Wünschenswert wäre es, den Aspekt der medialen Wahrnehmung und Bewertung der Bundeswehr in kommende Befragungen erneut zu integrieren, um Entwicklungen im Zeitverlauf betrachten zu können. Zudem sollten zukünftige Befragungen um weitere Fragestellungen, beispielsweise zum generellen Mediennutzungsverhalten oder zum persönlichen Interesse der Bürgerinnen und Bürger an Sicherheits- und Verteidigungspolitik, erweitert werden, um eine Basis für umfassendere statistische Analysen zu schaffen.

Buch, Detlef (2011): Was die Bevölkerungsmeinung wirklich prägt – Die Ausgangspunkte erfolgreicher sicherheitspolitischer Kommunikation. In: Zowislo-Grünewald, Natascha; Schulz, Jürgen; Buch, Detlef (Hrsg.): *Den Krieg erklären. Sicherheitspolitik als Problem der Kommunikation.* Frankfurt a. M.: Peter Lang, S. 245–257.

Buch, Detlef; Tettweiler, Falk (2010): Sinkende Zustimmung der Deutschen zum Afghanistaneinsatz. Eine authentische Medienstrategie als Schlüssel zum Erfolg. In: *Europäische Sicherheit: Politik, Streitkräfte, Wirtschaft, Technik*, Heft 9, S. 73–75.

Bulmahn, Thomas (2008): Wahrnehmung und Akzeptanz der Bundeswehr. In: Bulmahn, Thomas; Fiebig, Rüdiger; Sender, Wolfgang: *Sicherheits- und verteidigungspolitisches Meinungsklima in der Bundesrepublik Deutschland. Ergebnisse der Bevölkerungsbefragung 2006 des Sozialwissenschaftlichen Instituts der Bundeswehr.* Forschungsbericht 84. Strausberg, S. 97–110.

Bulmahn, Thomas; Wanner, Meike (2013): *Ergebnisse der Bevölkerungsumfrage 2013 zum Image der Bundeswehr sowie zur Wahrnehmung und Bewertung des Claims „Wir. Dienen. Deutschland.".* Forschungsbericht. Potsdam.

Bundesministerium der Verteidigung (2013): *Die Neuausrichtung der Bundeswehr. Nationale Interessen wahren – Internationale Verantwortung übernehmen – Sicherheit gemeinsam gestalten.* Zweite, vollständig aktualisierte Auflage. Online verfügbar unter: http://www.bmvg.de/resource/resource/MzEzNTM4MmUzMzMyMmUz MTM1MzMyZTM2MzIzMDMwMzAzMDMwMzAzMDY4NjY2NjM2NmM2M jc5NjQyMDIwMjAyMDIw/Die%20Neuausrichtung%20der%20Bundeswehr_M ärz%202013_final_Internet.pdf, Abruf am 06.05.2014.

De Maizière, Thomas (2013): „Giert nicht nach Anerkennung!" Thomas de Maizière im Gespräch. In: *Frankfurter Allgemeine Online*, 24.02.2013. Online verfügbar unter: http://www.faz.net/aktuell/politik/inland/thomas-de-maiziere-im-gesp raech-giert-nicht-nach-anerkennung-12092201.html?printPagedArticle=true, Abruf am 06.03.2014.

Eimeren van, Birgit; Ridder, Christa-Maria (2011): Trends in der Nutzung und Bewertung der Medien 1970 bis 2010. Ergebnisse der ARD/ZDF-Langzeitstudie Massenkommunikation. In: *Media Perspektiven*, 1/2011, S. 2–15. Online verfügbar unter: http://www.media-perspektiven.de/uploads/tx_mppublications/01-20 11_Eimeren_Ridder.pdf, Abruf am 04.02.2014.

Exner, Ulrich; Hollstein, Miriam; Meyer, Simone (2013): Die Bundeswehr, Deutschlands ungeliebte Armee. In: *Die Welt Online*, 16.06.2013. Online verfügbar unter: http://www.welt.de/politik/ausland/article117156165/Die-Bundeswehr-Deut schlands-ungeliebte-Armee.html, Abruf am 03.03.2014.

Franke, Jürgen (2012): Gesellschaftliche Integration der neuen Bundeswehr. In: *Reader Sicherheitspolitik*, 5/2012. Online verfügbar unter: http://www.readersipo. de/portal/a/sipo/!ut/p/c4/JYzBDoIwEES_qC0NkBhvIh48eDEmihezwNJshLYpiy TEj7fITDKX9zLqqWItfMgAk7PQq4eqGtrXs6znFl8jeSc5gB07F4a_IzNhccIgYO oiMSK6PRpi2riA94KewS7qvr63KBtnkddltExxTQB2QXoXuF_JFEIkklpVJbosdK rTZIv-7m6XU3bM86Q8F1flh-HwAwQGovg!/, Abruf am 12.02.2014.

Frankfurter Allgemeine Online (2007): Trauer um deutsche Soldaten. Bundesregierung bekräftigt Engagement in Afghanistan. In: *Frankfurter Allgemeine Online*, 20.05.2007. Online verfügbar unter: http://www.faz.net/aktuell/politik/ausland/t rauer-um-deutsche-soldaten-bundesregierung-bekraeftigt-engagement-in-afghani stan-1438570.html?printPagedArticle=true#pageIndex_2, Abruf am 10.04.2014.

Gebauer, Matthias (2009): Luftangriff auf Tanklaster: Protokoll der Alptraumnacht von Kunduz. In: *Spiegel Online*, 26.11.2009. Online verfügbar unter: http://www. spiegel.de/politik/ausland/luftangriff-auf-tanklaster-protokoll-der-alptraumnacht -von-kunduz-a-663681.html, Abruf am 05.03.2014.

Gebauer, Matthias; Najafizada, Shoib (2010): Einsatz in Kunduz: Bundeswehr liefert sich Feuergefecht mit Taliban. In: *Spiegel Online*, 25.05.2010. Online verfügbar unter: http://www.spiegel.de/politik/ausland/einsatz-in-kunduz-bundeswehr-liefert-sich-feuergefecht-mit-taliban-a-696599.html, Abruf am 16.04.2014.

Jacobs, Jörg (2013): Öffentliche Meinung, Bundeswehr und Informationsarbeit. In: Wiesner, Ina (Hrsg.): *Deutsche Verteidigungspolitik* (Schriften der Akademie der Bundeswehr für Information und Kommunikation, Bd. 29). Baden-Baden: Nomos, S. 307–318.

Kepplinger, Hans Mathias (1998): Der Nachrichtenwert der Nachrichtenfaktoren. In: Holtz-Bacha, Christina; Scherer, Helmut; Waldmann, Norbert (Hrsg.): *Wie die Medien die Welt erschaffen und wie die Menschen darin leben*. Opladen: Westdeutscher Verlag, S. 19–38.

Kepplinger, Hans Mathias (2011): *Journalismus als Beruf*. Wiesbaden: VS.

Köhler, Horst (2005): *Einsatz für Freiheit und Sicherheit*. Rede von Bundespräsident Horst Köhler bei der Kommandeurtagung der Bundeswehr am 10. Oktober 2005 in Bonn. Online verfügbar unter: http://www.bundespraesident.de/Shared Docs/Reden/DE/Horst-Koehler/Reden/2005/10/20051010_Rede.html, Abruf am 04.03.2014.

Krüger, Udo Michael (2006): InfoMonitor 2005: Fernsehnachrichten bei ARD, ZDF, RTL und Sat 1. Jahresbilanz 2005 des InfoMonitors. In: *Media Perspektiven*, 2/2006, S. 50–74.

Krüger, Udo Michael (2007): InfoMonitor 2006: Fernsehnachrichten bei ARD, ZDF, RTL und Sat 1. Strukturen, Themen und Politikerpräsenz. In: *Media Perspektiven*, 2/2007, S. 58–82.

Krüger, Udo Michael (2008): InfoMonitor 2007: Fernsehnachrichten bei ARD, ZDF, RTL und Sat 1. Ergebnisse der kontinuierlichen Analyse der Fernsehnachrichten. In: *Media Perspektiven*, 2/2008, S. 58–83.

Krüger, Udo Michael (2009): InfoMonitor 2008: Fernsehnachrichten bei ARD, ZDF, RTL und Sat 1. Themen, Ereignisse und Akteure in der Nachrichtenberichterstattung. In: *Media Perspektiven*, 2/2009, S. 73–94.

Krüger, Udo Michael (2010): InfoMonitor 2009: Fernsehnachrichten bei ARD, ZDF, RTL und Sat 1. Themen, Ereignisse und Akteure. In: *Media Perspektiven*, 2/2010, S. 50–72.

Krüger, Udo Michael (2011): InfoMonitor 2010: Fernsehnachrichten bei ARD, ZDF, RTL und Sat 1. Themen, Ereignisse und Akteure. In: *Media Perspektiven*, 2/2011, S. 91–114.

Krüger, Udo Michael (2012): InfoMonitor 2011: Fernsehnachrichten bei ARD, ZDF, RTL und Sat 1. Themen, Ereignisse und Akteure. In: *Media Perspektiven*, 2/2012, S. 78–106.

Krüger, Udo Michael (2013): InfoMonitor 2012: Fernsehnachrichten bei ARD, ZDF, RTL und Sat 1. Ereignisse, Themen und Akteure. In: *Media Perspektiven*, 2/2013, S. 62–92.

Krüger, Udo Michael (2014): InfoMonitor 2013: Fernsehnachrichten bei ARD, ZDF, RTL und Sat 1. Ereignisse, Themen und Akteure. In: *Media Perspektiven*, 2/2014, S. 62–93.

Lippmann, Walter (1922): *Public Opinion*. New York: Harcourt, Brace and Company.

Medien Tenor (2002): *Ohne Glanz und Gloria. Das Medienbild der Bundeswehr und des Verteidigungsministers Januar 2001 bis Juni 2002*. Forschungsbericht Nr. 124, 15.09.2002, S. 26–27.

Medien Tenor (2003a): *Sorgen um die Truppe. Das Medienbild der Bundeswehr im Vergleich mit der englischen & amerikanischen Armee 01/02–01/2003*. Forschungsbericht Nr. 129, 15.02.2003, S. 28–29.

Medien Tenor (2003b): *Ham' Se jedient? Das Bundeswehr-Bild im Wandel. Darstellung der Bundeswehr in deutschen Meinungsführermedien Januar 2001 bis Juli 2003*. Forschungsbericht Nr. 139, 12/2013, S. 80–81.

Neitzel, Sönke (2013): Ungeliebte Krieger. In: *Loyal. Magazin für Sicherheitspolitik*, Nr. 11, S. 6–12.

Pankonin, Tim David (2011): *Verankerung sicherheitspolitischen Handelns in der Bevölkerung. Empirische Ergebnisse und kommunikative Optionen*. Frankfurt a. M.: Peter Lang, S. 217–244.

Rados, Antonia (2011): Die große Schweigerin. Gastbeitrag zur Öffentlichkeitsarbeit der Bundeswehr. In: *Frankfurter Rundschau Online*, 26.01.2011. Online verfügbar unter: http://www.fr-online.de/meinung/gastbeitrag-zur-oeffentlichkeitsa rbeit-der-bundeswehr-die-grosse-schweigerin-,1472602,7126220.html, Abruf am 24.05.2014.

Schulz, Winfried (1976): *Die Konstruktion von Realität in den Nachrichtenmedien. Analyse der aktuellen Berichterstattung*. Freiburg: Karl Alber.

Stoltenow, Sascha (2011): Unsere fremde Legion. In: *The European. Das Debatten-Magazin*, 20.05.2011. Online verfügbar unter: http://www.theeuropean.de/stolte now/5823-bundeswehr-in-der-mediengesellschaft, Abruf am 24.05.2014.

Theiler, Olaf (2009): Die Eigendarstellung staatlicher Sicherheitsakteure in den Medien. Das Beispiel der Bundeswehr. In: Jäger, Thomas; Viehrig, Henrike (Hrsg.): *Sicherheit und Medien*. Wiesbaden: VS, S. 25–34.

Virchow, Fabian (2010): Militär und Medien. In: Apelt, Maja (Hrsg.): *Forschungsthema: Militär. Militärische Organisationen im Spannungsfeld von Krieg, Gesellschaft und soldatischen Subjekten*. Wiesbaden: VS, S. 107–135.

Virchow, Fabian (2012): Militär und Medien. In: Leonhard, Nina; Werkner, Ines-Jacqueline (Hrsg.): *Militärsoziologie – Eine Einführung*. 2., akt. u. erg. Aufl., Wiesbaden: VS, S. 200–219.

Wagner, Armin; Biehl, Heiko (2013): Bundeswehr und Gesellschaft. In: *Aus Politik und Zeitgeschichte* 63, 44/2013. Online verfügbar unter: http://www.bpb.de/syste m/files/dokument_pdf/APuZ_2013-44_online.pdf, Abruf am 17.02.2014.

Würich, Sabine; Scheffer, Ulrike (2014): *Operation Heimkehr. Bundeswehrsoldaten über ihr Leben nach dem Auslandseinsatz*. Berlin: Christoph Links.

Zeit Online (2009): Angriff in Afghanistan. Deutscher Offizier ließ auf Tanklastzüge feuern. In: *Zeit Online*, 05.09.2009. Online verfügbar unter: http://www.zeit.d e/online/2009/37/afghanistan-bundeswehr-taliban/komplettansicht, Abruf am 05.03.2014.

Zeit Online (2010): Tödliches Gefecht bei Kundus. Fallschirmjäger klagten über Mängel bei der Ausbildung. In: *Zeit Online*, 06.04.2010. Online verfügbar unter: http://www.zeit.de/politik/deutschland/2010-04/bundeswehr-kundus-ausstattun g, Abruf am 05.03.2014.

Anhang

Methodisches Design der Bevölkerungsumfrage 2013

Die Grundgesamtheit der Befragung bilden die in Privathaushalten lebenden Personen ab 16 Jahren in der Bundesrepublik Deutschland. Aus dieser Grundgesamtheit wurde eine repräsentative Stichprobe von 2.300 Befragten gezogen. Die Interviews wurden telefonisch und computerunterstützt durch Emnitel, Telefongesellschaft für TNS-Emnid, Bielefeld, durchgeführt. Der Befragungszeitraum erstreckte sich vom 30. April bis zum 1. Juni 2013. Der methodische Ansatz der vorliegenden Studie erfolgte nach dem Dual-Frame-Stichprobenansatz, bei dem eine klassische Festnetzstichprobe um eine zweite Stichprobe von Personen, die ausschließlich über Mobiltelefone erreichbar sind („Mobile Onlys"), in einer Relation von 90 : 10 erweitert wird. Die Telefonnummern der Festnetzstichprobe wurden per Random Last Digits („RL(2)-D-Verfahren"), in Anlehnung an das Gabler/Häder-Verfahren, zufällig generiert. Die Auswahlgrundlage bildete das ADM-MasterSample für generierte Telefonnummern. Innerhalb der Haushalte wurden die zu befragenden Personen mittels Geburtstagsschlüssel zufällig ausgewählt. Die Telefonnummern der Mobilfunkstichprobe basieren auf einem Mobilfunknummern-Pool, geschichtet hinsichtlich der verschiedenen Netzbetreiber. Eine Zielpersonenauswahl war bei diesem Verfahren nicht notwendig, da die Kontaktperson mit der zu befragenden Person als identisch anzusehen ist.

Verwendete Variablen und Fragen im Wortlaut

Geschlecht: 1 = männlich; 2 = weiblich

Alter: in Jahren

Bildung:

„Welchen höchsten allgemein bildenden Schulabschluss haben Sie oder streben Sie an?"

1 = Hauptschulabschluss (Volksschulabschluss)

2 = Mittlere Reife, Realschulabschluss, Fachschulreife

3 = Fachhochschulreife, Abschluss einer Fachoberschule

4 = Abitur

5 = Einen anderen Schulabschluss(offene Antwortmöglichkeit).

Recodierung: Die Codes 1 und 2 wurden beibehalten, die Codes 3 und 4 wurden zusammengefasst und Code 5 wurde als „system fehlend" definiert.

1 = Hauptschulabschluss; 2 = Realschulabschluss; 3 = Hochschulreife.

Wahrnehmung der Bundeswehr:

„Haben Sie die Bundeswehr in den letzten 12 Monaten bei den folgenden Gelegenheiten wahrgenommen?"

A = Im Alltag, da wo Sie wohnen, also zum Beispiel auf der Straße oder beim Einkaufen?

B = Bei öffentlichen Veranstaltungen?

C = Bei Gesprächen mit Freunden, Verwandten oder Kollegen?

D = Bei Sendungen im Fernsehen?

E = Bei Sendungen im Radio?

F = Bei Beiträgen im Internet?

G = Bei Berichten in Zeitungen und Zeitschriften?

Antwortskala mit zwei Ausprägungen: 1 = Ja; 2 = Nein

Bewertung der Bundeswehr:

„Und wie haben Sie die Bundeswehr bei diesen Gelegenheiten wahrgenommen? War das positiv, teils/teils oder negativ?"

A = Im Alltag, da wo Sie wohnen, also zum Beispiel auf der Straße oder beim Einkaufen?

B = Bei öffentlichen Veranstaltungen?

C = Bei Gesprächen mit Freunden, Verwandten oder Kollegen?

D = Bei Sendungen im Fernsehen?

E = Bei Sendungen im Radio?

F = Bei Beiträgen im Internet?

G = Bei Berichten in Zeitungen und Zeitschriften?

Antwortskala mit drei Ausprägungen: 1 = Positiv; 2 = Teils/teils; 3 = Negativ

Wertschätzung der Soldatinnen und Soldaten:

„Wie könnte man die Wertschätzung der Soldatinnen und Soldaten der Bundeswehr in Deutschland erhöhen?"

Offene Frage

Last Exit Media? Der Einfluss der Wehrform auf die Beziehungen zwischen Bevölkerung und Streitkräften im europäischen Vergleich

Heiko Biehl

Seit dem Übergang der Bundeswehr zur Freiwilligenarmee wird darüber diskutiert, ob und wie es ihr gelingen kann, weiterhin fest in die Gesellschaft eingebunden zu sein. Mit dem Ende der Wehrpflicht sind persönliche Berührungspunkte und Erfahrungswelten verloren gegangen. An ihre Stelle treten Öffentlichkeitsarbeit, mediale Kommunikation und Berichterstattung. Im Folgenden wird untersucht, welche Konsequenzen sich aus diesen Entwicklungen für die zivil-militärischen Beziehungen ergeben. Dazu werden zunächst die Befürchtungen, die mit dem Ende der Wehrpflicht verbunden sind, skizziert (Abschnitt 1). Anschließend wird empirisch geprüft, welchen Einfluss die Wehrform auf die gesellschaftliche Einbindung von Streitkräften ausübt (Abschnitt 2). Im Fazit werden die Befunde mit Blick auf die gesellschaftliche Stellung der Freiwilligenarmee Bundeswehr und die Möglichkeiten einer aktiven Kommunikations- und Medienpolitik diskutiert (Abschnitt 3).

1. Das Ende der Wehrpflicht und die Zukunft der zivil-militärischen Beziehungen

Nach langem Hin und Her ist die Wehrpflicht auch hierzulande Geschichte. Länger als bei den meisten Partnerstaaten hat sie das Ende des Ost-West-Konflikts um gut zwei Jahrzehnte überlebt. Während die Verbündeten nach und nach ihre Streitkräfte infolge der neuen (Interventions-)Aufgaben zu Freiwilligenarmeen umbauten, hielt die deutsche Politik ungeachtet aller gesellschaftlichen, publizistischen und auch militärischen Kritik lange Zeit an der Wehrpflicht fest (Haltiner 1998). Bereits vor zwei Jahrzehnten mahnte der damalige Bundespräsident Roman Herzog (1995), die Wehrpflicht brauche eine solide sicherheitspolitische Begründung. In seinem Hinweis schwang mit, dass er diese aufgrund der internationalen Einsätze, die an die Stelle der Landes- und Bündnisverteidigung getreten waren, nicht mehr als gegeben ansah. Die Debatte um die Notwendigkeit und Sinnhaftigkeit der Wehrpflicht riss hierzulande nie wirklich ab und verschärfte sich angesichts einer immer kleineren Zahl an Grundwehrdienstleistenden und einer stetig wachsenden Gruppe von jungen Männern, die weder Wehr- noch Zivildienst absolvierten. Die damit einhergehenden Ungerechtigkeiten entzogen der Wehrpflicht nach und nach das legitimatorische Fundament (Steinbach 2011). In der parteipolitischen Debatte standen die kleinen Parteien FDP, Grüne und Linke, die für ein Ende der Wehrpflicht plädierten, den großen Parteien, SPD und Union, die an ihr festhalten wollten, gegenüber. Dass es am Schluss ausgerechnet ein Verteidigungsminister der CSU war, der der Wehrpflicht den Gnadenstoß versetzte, entbehrt nicht einer gewissen Ironie (Meyer 2011).

Das (über-)lange Festhalten an der Wehrpflicht beruhte jedoch weniger auf parteipolitischen Kalkülen als auf Befürchtungen, die mit einer Freiwilligenarmee Bundeswehr einhergingen und weiterhin einhergehen. Es sind im Wesentlichen drei Argumente, die gegen das Ende der Wehrpflicht ins Feld geführt worden sind:

- In personeller Hinsicht besteht die Sorge, dass die Freiwilligenarmee Bundeswehr nicht mehr genügend Personal in ausreichender Qualität rekrutieren kann (Apt 2011). Allein die Wehrpflicht könne garantieren, dass junge Männer aus allen Schichten und Bereichen der Gesellschaft den Weg in die Streitkräfte finden. Dies sei notwendig, um sozial repräsentative und breit qualifizierte Streitkräfte zu unterhalten. Freiwilligenarmeen zögen überwiegend Personen mit geringen Qualifikationen und begrenzten beruflichen Chancen und Alternativen an. In der Folge werde die Bundeswehr zu einem Sammelbecken sozial Schwächerer oder verkomme gar – so das Verdikt von Michael Wolffsohn (2011) – zur Unterschichtenarmee (siehe die Entgegnung von de Maizière 2011).
- Die Befürworter der Wehrpflicht gehen ferner davon aus, dass die personelle Entkopplung der gesellschaftlichen Mitte und Elite von der Bundeswehr die Hürden für deren Einsatz senke (Leander 2004: 580–582). Sobald diejenigen, die über den Einsatz militärischer Mittel als politisch Verantwortliche zu entscheiden haben, keine persönlichen Beziehungen zu den Streitkräften mehr unterhalten, schwänden die Skrupel für deren Einsatz (referiert bei Meyer 2010). Diejenigen, die über einen Einsatz bestimmen, hätten nichts mehr mit denen zu tun, die die Gefahren einer militärischen Mission auf sich nehmen (kritisch für die Vereinigten Staaten Bacevich 2013). Die politische Elite schicke nicht mehr ihre eigenen Söhne (und Töchter) in den Kampf, sondern Profis, die sich bewusst für den Soldatenberuf mit all seinen Gefahren entschieden haben. Die personelle Konzentration der Freiwilligenarmee

Bundeswehr auf sozial schwächere Kreise und ihr Charakter als sicherheitspolitischer Dienstleister führe dazu, dass sich eine Lücke zwischen Streitkräften und Gesellschaft auftue.

- Ihren Befürwortern gilt die Wehrpflicht daher als Garant einer festen Einbindung der Streitkräfte in die Gesellschaft (so noch das Weißbuch 2006: 71). Sie gewährleiste eine enge Beziehung und intensive Verflechtung zwischen den Soldatinnen und Soldaten und der Bevölkerung (grundlegend zur Integration der Bundeswehr: Franke 2012). Aufgrund der Wehrpflicht hätten viele Bürger eigene Erfahrungen in und mit den Streitkräften. Die persönliche Betroffenheit strahle zum einen in das familiäre und soziale Umfeld aus; die Wehrpflichtigen fungierten als Multiplikatoren der Bundeswehr. Zum anderen wirkten die eigenen Erfahrungen nach. Die ehemaligen Wehrpflichtigen behielten ihre Wehrdienstzeit in – zumeist guter – Erinnerung und brächten in der Folge Verständnis für militärische Anliegen und Interessen auf oder unterstützten diese gar aktiv. Die Wehrpflicht wirke als strukturelles Band zwischen Armee und Gesellschaft. Dieser Zusammenhang wird in der Militärsoziologie als Soziale-Integrations-These (Pfaffenzeller 2010: 485) diskutiert und ist auch in der praktischen Politik bekannt. Der damalige Verteidigungsminister Peter Struck bündelte die der Wehrpflicht zugeschriebene gesellschaftlich-integrative Wirkung in einer markanten Formulierung:

> „In der Weimarer Republik war die Reichswehr ein Staat im Staat. Sie hat sich von der übrigen Gesellschaft abgekapselt. Meine Befürchtung ist, dass eine umgekehrte Entwicklung eintreten könnte. Wenn wir keine Wehrpflichtigen aus praktisch allen Schichten mehr haben, könnte sich die Gesellschaft abwenden und die Armee nach dem Motto isolieren: Die Soldaten haben diesen Beruf gewählt, sie sollen ihren Job machen, fertig" (Struck 2003).

Angesichts der erheblichen Wirkung, die der Wehrpflicht auf die Integration von Streitkräften in die Gesellschaft zugeschrieben wird, stellt sich für die militärsoziologische Forschung die Frage, ob diese Annahmen tatsächlich zutreffen und empirisch nachweisbar sind: Garantiert die Wehrpflicht die soziale Einbindung von Streitkräften? Entfernen sich Freiwilligenarmeen zwangsläufig von ihrer zivilen Umwelt und diese sich von ihnen? Inwieweit können die Öffentlichkeits- und Medienarbeit persönliche Erfahrungen ersetzen, die mit dem Ende der Wehrpflicht wegfallen? In diesem Beitrag wird der Einfluss der Wehrform auf die gesellschaftliche Unterstützung für die Streitkräfte auf zwei Ebenen systematisch untersucht (Abschnitt 2). Auf der gesellschaftlichen Makroebene werden die Zusammenhänge von Wehrpflicht- bzw. Freiwilligenarmee und gesellschaftlichem Standing international verglichen. Dabei wird geprüft, ob Wehrpflichtarmeen einen höheren sozialen Rückhalt erfahren als Freiwilligenarmeen. Ergänzend wird auf der Mikroebene analysiert, ob Individuen mit eigenen oder familiären Erfahrungen in den Streitkräften diesen näher und wohlwollender gegenüberstehen als Personen ohne militärischen Bezug. In den entsprechenden Auswertungen wird neben den persönlichen Erfahrungen der Einfluss der medialen Berichterstattung kontrolliert, um den Austausch zwischen Bürgern und Streitkräften in Gänze zu erfassen.

2. Wehrform und zivil-militärische Beziehungen im europäischen Vergleich

2.1 Wehrform und soziales Renommee der Streitkräfte

Bei denjenigen, die das Ende der Wehrpflicht und den Übergang der Bundeswehr zur Freiwilligenarmee mit Sorge betrachten, besteht eine kuriose Gemengelage. Auf der einen Seite sehen sie die gesellschaftliche Position der Streitkräfte geschwächt. Die Bundeswehr stehe bereits gegenwärtig nicht im Mittelpunkt der politischen und sozialen Aufmerksamkeit. Die Distanz der Bürgerinnen und Bürger zu ihren Soldatinnen und Soldaten sei merklich größer als noch zu Zeiten des Kalten Krieges. Ein Großteil der Bevölkerung zeige allenfalls ein freundliches Desinteresse (Köhler 2005) an der Bundeswehr, während substanzielle Unterstützung für die Streitkräfte, echte Anteilnahme am militärischen Geschehen und an soldatischen Anliegen in der bundesdeutschen Gesellschaft kaum noch anzutreffen seien. Die Distanz zwischen der Armee und der Bevölkerung werde nach dem Ende der Wehrpflicht noch zunehmen, da sich die Berührungspunkte zwischen der zivilen und der militärischen Welt weiter reduzierten. Soldatische Erfahrungen in der Bevölkerung gingen zwangsläufig zurück und führten letztes Endes zur weiteren Marginalisierung der Bundeswehr.

Diesem Niedergangszenario steht die vermeintlich bessere Situation in anderen Ländern gegenüber. Dort komme den Streitkräften noch eine ganz andere Rolle zu, als dies hierzulande der Fall sei. Soldatinnen und Soldaten würden andernorts wertgeschätzt, ihre Einsätze mitgetragen, und sie spürten den Rückhalt für ihre Missionen. Solch vorbildhafte Zustände vermuten manche Beobachter zuvorderst bei den angelsächsischen Partnern, den USA und Großbritannien, zuweilen noch in Frankreich (etwa Naumann 2013). Damit sind aber just jene Länder benannt, die bereits vor Jahrzehnten ihre Wehrpflicht abgeschafft haben: Großbritannien 1963, die USA 1973 und Frankreich 2001. Es besteht mithin ein Widerspruch zwischen der sozialintegrativen Wirkung, die der Wehrpflicht zugeschrieben wird, und den Staaten mit Freiwilligenarmeen, bei denen die stärkste Einbindung und Wertschätzung für die Streitkräfte vermutet wird.

Die Frage drängt sich auf, ob und wie die Wehrpflicht zur gesellschaftlichen Einbindung von Streitkräften beiträgt. Dies wird in einem ersten Zugriff länderübergreifend empirisch verglichen. Dazu wird im Folgenden der Anteil der Bürgerinnen und Bürger eines Landes, der als aktiver Soldat oder als Reservist über militärische Erfahrungen verfügt, mit der Zustimmung zu den Streitkräften in diesem Land in Beziehung gesetzt. Sollte die Wehrpflicht entscheidend für den gesellschaftlichen Rückhalt sein, dann ist in Staaten mit größeren Anteilen an aktiven Soldaten und Reservisten ein höherer Zuspruch zu den Streitkräften zu erwarten. Zugespitzt formuliert: Je größer der Anteil der Bürger mit militärischer Erfahrung, desto höher die Zustimmung zur Armee. Datengrundlage für die nachstehenden Auswertungen ist der Anteil der aktiven Soldaten und der Reservisten eines Staates, wie ihn die Military Balance des International Institute for Strategic Studies (2014) ausweist. Die Zustimmungswerte zu den Streitkräften sind den Eurobarometer-Umfragen entnommen. Darin wurde mittels repräsentativer Bevölkerungsbefragungen in allen 28 EU-Staaten, in der Türkei und in Albanien das Vertrauen zur jeweiligen Armee erhoben (Eurobarometer 2014).

Wie Abbildung 1 zeigt, hängt das gesellschaftliche Ansehen der Streitkräfte nur zum geringen Teil davon ab, wie verbreitet militärische Erfahrungen in der Gesamtgesellschaft sind. Es gibt Staaten wie Finnland, die sich durch eine hohe militärische Durchdringung und eine überragende soziale Position der Armee auszeichnen, und Staaten wie Bulgarien, deren Streitkräften bei einem vergleichbaren Anteil aktiver Soldaten und Reservisten ein weitaus geringeres Vertrauen geschenkt wird. Zugleich zeigt sich, dass in Großbritannien mit seiner langen Tradition der Freiwilligenarmee und entsprechend niedrigeren Bevölkerungsanteilen mit militärischer Erfahrung die Streitkräfte hoch angesehen sind, während dies in mehreren osteuropäischen Staaten mit ähnlichen Anteilen militärischen Personals nicht der Fall ist. Entsprechend ist der ausgewiesene Zusammenhang ($r = .05$) nur schwach ausgeprägt und statistisch nicht signifikant. Nimmt man statt des absoluten Wertes für das Vertrauen, das die Institutionen erfahren, deren Rangfolge als Indikator, dann zeigt sich eine noch schwächere und statistisch insignifikante Korrelation ($r = .015$). Die verwendeten Variablen erlauben zwar nur einen ersten, groben Zugriff auf die Forschungsfrage, und in Nachfolgeuntersuchungen werden weitere Größen und Indikatoren zu berücksichtigen sein. Dennoch besteht auf der Makroebene kein (entscheidender) Zusammenhang zwischen der Wehrform eines Staates und dem sozialen Standing einer Streitmacht. Wehrpflicht- und Freiwilligenarmeen sind in der Bevölkerung nahezu gleichermaßen geachtet. Es ist nicht die Wehrform, die das gesellschaftliche Vertrauen in die Streitkräfte determiniert.

Abbildung 1: Zusammenhang von Bevölkerungsanteilen mit militärischer Erfahrung und Vertrauen in die Streitkräfte

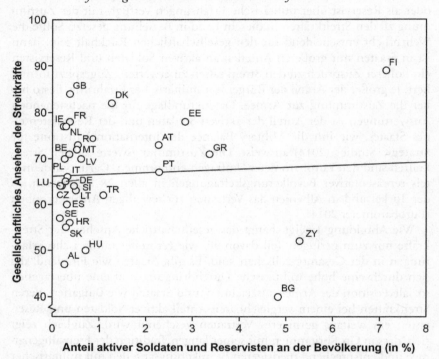

Daten: International Institute for Strategic Studies Military Balance 2014; Eurobarometer 2014.

2.2 Wehrpflicht und Einstellung zu den Streitkräften auf individueller Ebene

In einem zweiten Schritt wird betrachtet, ob diese Feststellung sich auf die ländervergleichende Makrobetrachtung beschränkt oder ob sie ebenso auf der Mikroebene der Individuen Gültigkeit besitzt. Denn schafft die Wehrpflicht eine Bindung zwischen Bevölkerung und Streitkräften, dann sollten Personen mit eigenen Erfahrungen in den Streitkräften eine positivere

Haltung zu diesen aufweisen als Personen, die keine militärische Erfahrung besitzen. Umgekehrt kann aber argumentiert werden, dass die eigenen Erfahrungen in den Streitkräften nicht zwangsläufig positiv gewesen sein müssen. Zwar mag es im zeitlichen Abstand zu Verklärungen kommen, aber gerade Wehrpflichtige sind per Definition gezwungen (worden), in der Armee zu dienen, und verbringen dort zuweilen eine harte und unangenehme Zeit. Entsprechend kritisch könnte ihr Urteil über die Streitkräfte ausfallen.

Zugleich wird nachstehend überprüft, ob sich das Kontaktmuster zwischen Bevölkerung und Armee in Staaten mit und ohne Wehrpflicht unterscheidet. Länder mit Wehrpflichtarmeen sollten mehr persönliche Begegnungen zwischen Bürgern und Soldaten ermöglichen, da sie in der Regel einen höheren Anteil von Soldatinnen und Soldaten aufweisen. Hinzu kommt, dass der personelle Austausch von Wehrpflichtarmeen durch die im Schnitt kürzeren Dienstzeiten weitaus größer ist als der von Freiwilligenarmeen. In der Folge gibt es in Ländern mit Wehrpflichtarmeen einen höheren Anteil von ehemaligen Soldaten in der Bevölkerung, denen eine gewisse Nähe zu den Streitkräften und ihren Angelegenheiten unterstellt werden kann.

Was die Wahrnehmung der Streitkräfte in der Bevölkerung betrifft, ist zwar grundlegend davon auszugehen, dass in allen Ländern mediale Kontakte häufiger sind als persönliche Begegnungen. Jedoch dürfte der Abstand in Ländern mit Freiwilligenarmeen nochmals ausgeprägter sein. Ebenso lässt sich vermuten, dass die Bürgerinnen und Bürger die Streitkräfte anhand der persönlichen Begegnungen positiver beurteilen, als dies bei einer bloß medialen Berichterstattung der Fall ist. Dafür sprechen zwei Umstände: Erstens schafft persönliche Nähe Sympathie. Zweitens sind bekanntlich „bad news" „good news", das heißt, negative Meldungen haben einen höheren Nachrichtenwert, weshalb den Medien gerne unterstellt wird, sie berichteten vorwiegend kritisch. Im Folgenden werden diese Vermutungen empirisch überprüft, wobei von Interesse ist, ob eigene Erfahrungen und vermehrte Kontakte zu den Streitkräften zu einer militäraffinen Haltung führen und ob sich in Ländern mit und ohne Wehrpflicht ähnliche Mechanismen zeigen.

2.3 Länderauswahl und Datenbasis

Die nachfolgend präsentierten Befunde basieren auf Untersuchungen am ehemaligen Sozialwissenschaftlichen Institut der Bundeswehr (SOWI – seit 2013 Zentrum für Militärgeschichte und Sozialwissenschaften der Bundeswehr ZMSBw). Im Rahmen eines umfassenden und langfristigen Projekts zu strategischen Kulturen in Europa wurden im Jahr 2010 Umfragen zu den sicherheitspolitischen Einstellungen in acht europäischen Staaten (Deutschland, Frankreich, Großbritannien, Österreich, Schweden, Spanien, Tschechische Republik, Türkei) durchgeführt. Die Länderauswahl der Studie erlaubt es, Staaten mit unterschiedlichen Wehrformen zu vergleichen und damit den Einfluss der Wehrpflicht auf die Beziehungen von Streitkräften und Gesellschaft besser abzuschätzen. Im Sample lassen sich drei Typen unterscheiden:

Staaten mit Wehrpflichtarmeen (Österreich, Türkei)

In der Türkei ist die Wehrpflicht konstitutiv. Sie wird – angesichts der exponierten geografischen Lage der Türkei und der Unsicherheiten in den Nachbarstaaten (u. a. Syrien, Irak) – von keiner größeren politischen Kraft infrage gestellt. Zugleich sind die türkischen Streitkräfte in die jahrzehntelangen Konflikte mit den kurdischen Bevölkerungsteilen involviert. In der offiziellen Rhetorik firmieren diese zuweilen als Terroristen, und ihnen wird nicht nur polizeilich, sondern auch militärisch begegnet. Somit sieht sich die Türkei weiterhin in einer genuinen Verteidigungsposition. Im Gegensatz zum europäischen Trend hat dies zur Beibehaltung der Wehrpflicht geführt, woran sich in absehbarer Zeit wohl auch nichts ändern wird. In Österreich gab es hingegen erhebliche gesellschaftliche und politische Diskussionen um die Wehrpflicht. Angesichts des Spannungsverhältnisses zwischen andauernder Neutralität und zunehmender internationaler Einsatzverpflichtungen stand die Wehrpflicht zur Disposition. Beschleunigt wurde die Debatte durch die deutsche Entscheidung, die Bundeswehr zu einer Freiwilligenarmee umzubauen. Die Diskussionen mündeten in Österreich in einer Volksabstimmung. In dem Referendum vom 20. Januar 2013 sprach sich eine Mehrheit der Bevölkerung für die Beibehaltung für die Wehrpflicht aus, wodurch deren Existenz zumindest mittelfristig gesichert sein dürfte.

Staaten im Übergang von Wehrpflicht- zu Freiwilligenarmeen (Bundesrepublik Deutschland, Schweden)

Parallel zur Bundesrepublik Deutschland setzte auch Schweden 2010 zwischenzeitlich die Wehrpflicht aus. Dieser Entscheidung ging ein jahrelanger Diskussionsprozess voraus, in dem die Verpflichtung der jungen Bürger ihrem Staat gegenüber gegen die militärischen Anforderungen, die sich mit den internationalen Einsätzen stellen, abgewogen wurde. Im Ergebnis stand damals eine – wenn auch knappe – parlamentarische Entscheidung zur Aussetzung der Wehrpflicht. Sie war Ausdruck des damaligen Umbaus der schwedischen Armee, die sich noch stärker als bislang auf internationale Missionen auszurichten gedachte, wobei mittlerweile unter dem Eindruck der Bedrohungen durch Russland die Entscheidung zur Wiedereinführung der Wehrpflicht im Jahr 2018 getroffen worden ist. Deutschland und Schweden liefern folglich Einblicke in die Realität von Streitkräften und Gesellschaften im Übergang

Staaten mit Freiwilligenarmeen (Frankreich, Großbritannien, Spanien, Tschechische Republik)

Großbritannien ist das einzige in der Umfrage erfasste Land, das bereits zur Zeit des Kalten Krieges die Wehrpflicht abgeschafft hat. Damit gehört es wie die USA, Australien und Neuseeland zur Reihe der angelsächsischen Vorreiter. Die internationalen Umwälzungen der Jahre 1989 bis 1991 und der Wegfall der Bedrohung durch die Streitkräfte des Warschauer Paktes führten dann in mehreren europäischen Staaten zu einer Umorientierung in der Sicherheits- und Verteidigungspolitik. Die Streitkräfte wurden reduziert und von Verteidigungs- auf Kriseninterventionsaufgaben umgestellt; damit einhergehend wurde dann die Wehrpflicht ausgesetzt. 1996 verkündete der französische Staatspräsident Jacques Chirac im „Mutterland der Wehrpflicht" deren Ende – übrigens ohne Rücksprache mit dem deutschen Partner. 2001 leisteten die letzten französischen Wehrpflichtigen ihren Dienst. Dem französischen Beispiel folgten unter anderen Spanien (2002) und die Tschechische Republik (2005). Damit liegen in vier der acht betrachteten Länder jahrelange, zum Teil jahrzehntelange Erfahrungen mit Freiwilligenarmeen vor. Ein Vergleich verspricht somit Hinweise darauf, welche Auswirkungen die Wehrform auf die Haltungen der Bürgerinnen und Bürger hat.

Für die Bevölkerungsumfragen in den acht Ländern wurde ein identischer Fragenkatalog genutzt. Mit der Durchführung der Erhebungen war das Meinungsforschungsinstitut IPSOS beauftragt.[1] Jeweils ca. 1 000 Personen

---

1 Weitere methodische Angaben finden sich in Ipsos (2011) und Biehl et al. (2011).

pro Land wurden im Rahmen einer computergestützten Telefonumfrage (C.A.T.I. = Computer Aided Telephone Interviewing) befragt. Die Grundgesamtheit sind die jeweiligen Bürgerinnen und Bürger ab 16 Jahren. Die Telefoninterviews wurden zwischen dem 6. Oktober und dem 6. Dezember 2010 durchgeführt. Dabei kamen Muttersprachler zum Einsatz, um die Akzeptanz und Qualität der Erhebung zu gewährleisten. Die Teilnahmebereitschaft divergierte zwischen den verschiedenen Staaten, wobei diese in Frankreich mit 22 Prozent am höchsten und in Großbritannien mit 14 Prozent am geringsten war (Werte jeweils bezogen auf die Nettostichprobe). Ein erster Ergebnisbericht wurde 2011 vorgelegt (Biehl et al. 2011).

2.4 Persönliche Erfahrungen, mediale Kontakte, alltägliche Begegnungen und die Haltung zu den Streitkräften

Die Variablen und Indikatoren der internationalen Umfragen ermöglichen es, die hier verfolgten Fragestellungen zu modellieren. So wurde erhoben, welche Kontakte die Befragten zu den Streitkräften ihres Landes haben. Dabei fanden sowohl persönliche Begegnungen und Gespräche als auch die mediale Präsenz Berücksichtigung. Die persönliche Involvierung wurde dadurch erfasst, dass die Befragten angaben, ob sie zum Interviewzeitpunkt Soldat waren, ob sie ehemals Soldat gewesen waren oder ob dies auf einen ihrer engsten Verwandten zutraf. Dadurch wurden gleichermaßen (ehemalige) Soldatinnen und Soldaten und deren soziales Umfeld berücksichtigt. Um die Wirkung dieser Erfahrungen und Kontakte abzuschätzen, wird die generelle Haltung zu den Streitkräften als abhängige Variable betrachtet. Als Kontrollvariablen gehen übliche sozialstrukturelle Merkmale der Befragten (Geschlecht, Alter, Religiosität) in die Berechnungen ein.

Zunächst werden die Kontaktmuster in den Ländern verglichen. Dabei wird zwischen persönlichen Begegnungen, Gesprächen und medialer Berichterstattung unterschieden. Über die acht Länder hinweg zeigen sich Unterschiede, die jedoch nicht der Differenz von Ländern mit und ohne Wehrpflicht folgen.

Tabelle 1: Wahrnehmung der Streitkräfte im europäischen Vergleich (Angaben in Prozent)

Fragetext: „Ich nenne Ihnen jetzt einige Gelegenheiten, bei denen man die STREIT-KRÄFTE im alltäglichen Leben sieht, etwas von ihnen hört oder über sie liest. Bitte sagen Sie mir, wie oft Sie persönlich die STREITKRÄFTE bei diesen Gelegenheiten wahrnehmen." *(Prozentwert für wöchentliche Wahrnehmung)*

	DEU	FRA	GB	AUT	SWE	ESP	CZE	TUR	eta
Präsenz im Alltag									
Im Wohn- und Arbeitsum-feld	14	16	42	18	13	20	16	50	.09
Bei öffentlichen Veranstal-tungen	6	16	23	8	4	15	7	28	.11
Präsenz in Gesprächen									
Bei Gesprächen in der Fami-lie	13	9	36	13	13	16	12	43	.09
Bei Gesprächen mit Freun-den und Kollegen	13	8	36	11	13	15	11	44	.10
Präsenz in Medien									
In Zeitungen und Fernse-hen	44	34	85	34	59	36	53	74	.11
Im Internet	12	6	21	9	18	14	21	32	.11

Die Bezeichnungen LAND, MILITÄR, STREITKRÄFTE dienen in diesen und den nachfolgenden Items als Platzhalter. In den Interviews wurden die jeweiligen Bezeichnungen für die Länder und Streitkräfte verwendet.

In die nachstehende Analyse in Tabelle 4 gehen die Kontakte zu den Streitkräften als additiver Index ein, da eine Faktorenanalyse der in Tabelle 1 ausgewiesenen Items eine einfaktorielle Lösung ergibt. Entsprechend hoch ist die interne Konsistenz des additiven Indizes (Cronbachs Alpha: .77).

Datenbasis: Internationale Befragungen des Sozialwissenschaftlichen Instituts der Bundeswehr 2010.

In allen betrachteten Staaten überwiegt die mediale Präsenz. Alltägliche Begegnungen und die Thematisierung von Streitkräften in persönlichen Gesprächen stehen dahinter zurück. Soldatinnen und Soldaten werden zuvörderst über die Medien wahrgenommen. Die höchste Aufmerksamkeit kommt ihnen dabei in Großbritannien und der Türkei zu, die niedrigste in Frankreich, Österreich und Spanien. In der Türkei und Großbritannien ist das Militär im Alltag am präsentesten und am häufigsten Gesprächsgegenstand. Die anderen Staaten fallen deutlich dahinter zurück, wobei sich die Wahrnehmung für die Bundeswehr im kontinentaleuropäischen Durchschnitt bewegt. Die Wehrform nimmt keinen systematischen Einfluss auf die Wahrnehmung der Streitkräfte. Diese sind in der Türkei, einem Land mit Wehrpflicht, ebenso gegenwärtig wie in Großbritannien, wo es seit Jahrzehnten eine Freiwilligenarmee gibt. Zugleich sind die ausgewiesenen Werte für Österreich, das an der Wehrpflicht festhält, und Frankreich, das diese vor fast zwei Jahrzehnten beendet hat, sehr ähnlich. Deutlicher wird der Einfluss der Wehrform, wenn die persönlichen Erfahrungen in bzw. mit den Streitkräften in den Blick geraten.

Tabelle 2: Erfahrungen in bzw. mit den Streitkräften im europäischen Vergleich (Angaben in Prozent)

Fragetext: „Bitte sagen Sie mir, ob Sie Soldat der STREITKRÄFTE (gleich ob als Grundwehrdienstleistender, Zeit- oder Berufssoldat) sind bzw. waren" – Items: „Ich selbst bin gerade Soldat in den STREITKRÄFTEN"; „Ich selbst war Soldat in den STREITKRÄFTEN", „Einer meiner engsten Verwandten (Eltern, Lebenspartner(in), Geschwister, Kinder) war bzw. ist Soldat in den STREITKRÄFTEN." (*Zustimmung in Prozent*)

	DEU	FRA	GB	AUT	SWE	ESP	CZE	TUR
Bin/war selbst Soldat	16	21	9	30	35	16	29	43
Engster Verwandter war/ist Soldat	39	26	36	38	36	27	46	35
Keine persönliche Erfahrung	45	53	55	31	30	57	25	22

Datenbasis: Internationale Befragungen des Sozialwissenschaftlichen Instituts der Bundeswehr 2010.

Der Grad der eigenen militärischen Erfahrungen hängt merklich von der Wehrform ab. In Staaten, die an der Wehrpflicht festhalten, haben weitaus mehr Bürgerinnen und Bürger persönliche Verbindungen zu den Streitkräften als in Staaten mit einer langen Tradition von Freiwilligenarmeen. So berichten in der Türkei mehr als 40 Prozent der Befragten, dass sie selbst Soldat (gewesen) seien, während dies in Großbritannien bei weniger als 10 Prozent der Fall ist. Spiegelbildlich hat von den Briten mehr als jeder zweite gar keine persönliche Erfahrung in bzw. mit der Armee, während dies nur für ein Fünftel der Türken gilt. Deutschland bewegt sich auf dem Niveau der französischen, spanischen und tschechischen Nachbarn, während in Schweden und Österreich stärkere Bezüge zu den Streitkräften bestehen. Es zeigt sich, dass die Wehrpflicht sehr wohl intensivere persönliche Berührungs- und Erfahrungsmöglichkeiten für die Bürgerinnen und Bürger schafft. Im nächsten Schritt geht es darum, zu prüfen, inwiefern sich diese größeren Möglichkeiten auf die Haltung zur Armee niederschlagen: Ist es die Wehrpflicht, die, wie ihre Anhänger propagieren, gesellschaftliche Unterstützung für die Streitkräfte gewährleistet, oder gelingt dies auch durch persönliche und mediale Kontakte? Um diese Fragen zu klären, wird zunächst die gesellschaftliche Haltung zu den Streitkräften verglichen und anschließend geprüft, welchen Einfluss Erfahrungen und Kontakte darauf ausüben.

Tabelle 3: Einstellungen der Bürger zu ihren Streitkräften (Angaben in Prozent)

Fragetext: „Wie ist Ihre persönliche Einstellung zu den STREITKRÄFTEN? Sagen Sie mir Ihre Meinung bitte mithilfe der folgenden Skala." Antwortkategorein: sehr positiv, eher positiv, teils-teils, eher negativ, sehr negativ.

	DEU	FRA	GB	AUT	SWE	ESP	CZE	TUR
positiv	59	64	78	50	49	63	60	71
teils-teils	32	29	17	31	37	27	32	19
negativ	9	7	5	19	14	10	8	10

Datenbasis: Internationale Befragungen des Sozialwissenschaftlichen Instituts der Bundeswehr 2010. eta = .29.

In allen betrachteten Staaten dominiert eine freundliche Haltung zu den Streitkräften. Dabei lassen sich drei Niveaus erkennen: In Österreich und Schweden, also in zwei Ländern mit langer Wehrpflichttradition, äußert sich die Hälfte der Befragten positiv. In Deutschland, Frankreich, Spanien und der Tschechischen Republik sind es jeweils um die 60 Prozent. In der Türkei und Großbritannien zeigt sich das den Streitkräften gegenüber freundlichste Meinungsbild. So bekunden fast acht von zehn britischen Befragten eine positive Haltung zur Armee. Die Zahl der Kritiker steht in allen Ländern hinter der Zahl der Armee-Unterstützer zurück. Nur in vier (Spanien, Türkei, Schweden, Österreich) der acht betrachteten Staaten sind überhaupt zehn Prozent oder mehr Befragte zu verzeichnen, die eine negative Einstellung zur Armee haben, wobei in Österreich die kritischste Haltung zu finden ist. Wie bereits die Auswertungen der Eurobarometerdaten zeigten (Abbildung 1), ist die Zustimmung, die eine Armee erfährt, nicht in erster Linie von der Existenz der Wehrpflicht abhängig. Die Türkei und Großbritannien, als die beiden Länder mit der freundlichsten Haltung zu den Streitkräften, stehen sich hinsichtlich der Wehrform diametral gegenüber. Kontrolliert man die diversen Einflussgrößen mittels multipler Regressionen (Tabelle 4), zeigt sich ebenfalls, dass die eigene Erfahrung in den bzw. mit den Streitkräften zwar durchaus einen Einfluss auf die Haltung zur Armee ausübt. Entscheidender sind jedoch die Kontakte zu den

Streitkräften in alltäglichen Begegnungen, Gesprächen oder Medienberichten.

Tabelle 4: Erklärungsgrößen der Haltung zu den Streitkräften

	DEU	FRA	GB	AUT	SWE	ESP	CZE	TUR
Persönliche Erfahrung mit Streitkräften	.10**	n. s.	.08*	n. s.	.08*	.11**	n. s.	n. s.
Kontakte zu Streitkräften	.21**	.10**	.30***	.21***	.25***	.18***	.14***	.15***
Geschlecht	.07*	n. s.	.09**	n. s.	n. s.	n. s.	.09*	n. s.
Alter	.11**	.10**	.17***	.18***	n. s.	.12**	.11**	.10**
Religiosität	.09**	.16***	n. s.	.22***	.11***	.18***	n. s.	n. s.
R^2	.09	.05	.14	.15	.09	.11	.04	.03
Fallzahl	925	874	955	941	917	854	907	884

Anmerkungen: Multiple Regression, standardisierte Regressionskoeffizienten beta. Abhängige Variable: Haltung zu den Streitkräften (siehe Tabelle 3). Erklärende Variablen: persönliche Erfahrung mit Streitkräften: additiver Index (siehe Tabelle 2); Kontakte zu Streitkräften: additiver Index (siehe Tabelle 1); Geschlecht: männlich – weiblich; Alter: in Jahren; Religiosität: Skala mit zwei Ausprägungen religiös – nicht religiös/atheistisch aus: „Unabhängig davon, ob Sie zur Kirche gehen oder nicht, würden Sie sagen, dass Sie eine religiöse Person, eine NICHT religiöse Person oder ein überzeugter Atheist sind?". *** Signifikanz ≤ .001, ** Signifikanz ≤ .01, * Signifikanz ≤ .05.

Datenbasis: Internationale Befragungen des Sozialwissenschaftlichen Instituts der Bundeswehr 2010.

Der empirische Vergleich der beiden Größen sowie ausgewählter sozialstruktureller Merkmale (Geschlecht, Alter, Religiosität) belegt die überragende Bedeutung von Begegnungen und medialen Kontakten. Diese weisen in allen Ländern einen signifikanten Effekt auf, der durchgehend stärker ist als derjenige persönlicher Erfahrungen (nur in Spanien zeigen sich vergleichbare Effektstärken). Dies bedeutet, dass nicht vornehmlich die persönlichen Erfahrungen, die jemand als Soldat oder mit Soldaten macht, zu militäraffinen Haltungen führen. Entscheidend sind vielmehr alltägliche und mediale Berührungspunkte mit den Streitkräften. Dort, wo Streitkräfte im Alltag der Bürgerinnen und Bürger präsent sind, wo über sie berichtet wird, wo sie Gegenstand von Gesprächen und Diskussionen sind, erfahren sie einen höheren gesellschaftlichen Zuspruch. Umgekehrt gilt ebenso: Dort, wo sich Streitkräfte von der Öffentlichkeit fernhalten, wo sie sich an dem Huntington'schen Ideal der Separierung von der Gesellschaft orientieren (Huntington 1957), wo sie die Medien meiden, steht es schlechter um ihr öffentliches Image. Es ist folglich nicht die Wehrpflicht, die die Streitkräfte in die Bevölkerung einbindet. Es ist ihre öffentliche Präsenz, ihre Zugänglichkeit und Transparenz, die dazu führt, dass sie von den Bürgerinnen und Bürgern Unterstützung erfahren.

Alle empirischen Analysen zusammengenommen lautet das Fazit deshalb: Der Einfluss der Wehrform ist nachweisbar. Die Wehrpflicht und die damit einhergehenden militärischen Erfahrungen tragen zur gesellschaftlichen Unterstützung der Streitkräfte mit bei. Weitaus wichtiger ist jedoch der Austausch zwischen der zivilen und der militärischen Welt. Wenn Medien, Begegnungen, Veranstaltungen, Sichtbarkeit und Präsenz Kontakte zwischen Soldaten und Bürgern ermöglichen, können Freiwilligenarmeen gleichermaßen sozial angesehen und eingebunden sein wie Wehrpflichtarmeen.

3. Folgerungen für die Öffentlichkeitsarbeit der Freiwilligenarmee Bundeswehr[2]

Befragt man die vorgelegten Befunde auf ihre politische und militärische Relevanz hin, dann ist die Antwort so einfach und eindeutig, wie dies bei sozialwissenschaftlichen Analysen selten der Fall ist: Ist es das Ziel der Streitkräfte, gesellschaftlich angesehen und eingebunden zu sein – und das Selbstverständnis und das Führungskonzept der Bundeswehr, die Innere Führung, sieht genau dies vor –, dann sollte der Erfahrungsaustausch zwischen ziviler und militärischer Sphäre aufrechterhalten und ausgebaut werden. Für die Bundeswehr muss es folglich darum gehen, den Bürgern möglichst viele Informationen, Nachrichten und Kontaktmöglichkeiten zu bieten und diese nicht zuvor nach vermuteter Wirkung zu selektieren. Unter dieser Perspektive ist auch eine (scheinbar) negative Meldung über die Streitkräfte besser als keine. Entscheidend ist, die Aufmerksamkeit der Bevölkerung und die Sichtbarkeit in den Medien zu stärken. Deshalb müssen die Streitkräfte lernen, auch unangenehme Berichte zu schätzen und deren Entstehung zu ermöglichen – frei nach dem Motto: Besser ein kritischer Beitrag als keiner!

Der Blick auf andere Streitkräfte belegt, dass es keineswegs schadet, wenn soldatische Probleme kommuniziert werden und über Schwierigkeiten der Streitkräfte berichtet wird. So hat, entgegen einer landläufigen Meinung, die US-Armee ganz andere Transparenzstandards als die Bundeswehr – bei ungebrochener Akzeptanz und Unterstützung. Ein Blick in die Zeitschrift des US Army War College *Parameters* verrät bereits, wie breit

---

2 Siehe hierzu ausführlicher Biehl (2012).

das dort abgebildete Meinungsspektrum ist, wie kontrovers und öffentlich über sicherheits- und verteidigungspolitische sowie militärische Anliegen – gerade unter Angehörigen der Streitkräfte – diskutiert wird. Eine solche Offenheit in der Austragung von Debatten ist Voraussetzung dafür, dass die Bürgerinnen und Bürger die divergenten Interessenlagen in den Streitkräften verstehen und nachvollziehen können. Allein Transparenz und kontroverse Diskussionen – und nicht die Wiederholung glattgeschliffener offizieller Verlautbarungen – gewährleisten, dass sich die Bevölkerung für verteidigungspolitische Anliegen interessiert.

Darüber hinaus ist es für die Öffentlichkeitsarbeit der Bundeswehr notwendig, neue Erfahrungs- und Begegnungsmöglichkeiten zu schaffen. Der Wegfall der Wehrpflicht wird zwangsläufig dazu führen, dass immer weniger Bürger über eigene Erfahrungen in den Streitkräften verfügen. Entsprechend gilt es, neue Wege zu finden, die Begegnungen zwischen ziviler und militärischer Welt ermöglichen. Die Bundeswehr bemüht sich bereits redlich: Jugendoffiziere und Wehrdienstberater sind vielerorts aktiv – und treffen dabei auf große Resonanz und gelegentlich auf Vorbehalte. Die Bundeswehr ist auf Messen präsent, sie bedient sich der Mittel moderner Werbung und eines zeitgemäßen Marketings (derzeit unter den Claims „Wir. Dienen. Deutschland." sowie „Aktiv. Attraktiv. Anders. – Bundeswehr in Führung"). Es sind Praktika möglich, bei denen Jugendliche unverbindlich Einblicke in die soldatische Welt gewinnen und eigene Erfahrungen sammeln können. Doch diese Bemühungen richten sich stets aus dem militärischen Innen an das zivile Außen. Dabei dürfen zivil-militärische Beziehungen keine Einbahnstraße sein: Die zivile Welt muss auch für Soldatinnen und Soldaten erfahrbar sein. Selbstverständlich engagieren sich diese bereits jetzt in Vereinen, Verbänden, Kirchen und Parteien (Kujat 2011: 7). Die einzelne Soldatin, der einzelne Soldat ist Teil einer Familie und allein dadurch mit diversen schulischen und beruflichen Wirklichkeiten und Kontexten konfrontiert. Nichtsdestoweniger können zusätzliche Kontakte geschaffen werden, um Soldatinnen und Soldaten den Austausch mit der zivilen Welt zu erleichtern und nicht zuletzt den ausscheidenden Soldatinnen und Soldaten den Übergang in die zivile (Berufs-)Welt zu erleichtern.

Die vorstehenden Analysen bringen gute Nachrichten für die Bundeswehr: Auch für Freiwilligenarmeen besteht die Möglichkeit, ein adäquates soziales Renommee zu erlangen und fest in die Gesellschaft eingebunden zu sein. Die Wehrpflicht ist keineswegs die einzige und – wie die Auswertungen belegen – nicht einmal die entscheidende Stellgröße, um Streitkräfte in ihr ziviles Umfeld zu integrieren. Zudem hat es die Bundeswehr zu einem erheblichen Maße selbst in der Hand, ihren gesellschaftlichen Rückhalt zu mobilisieren. Sie muss sich öffnen, sie muss aktiv kommunizieren, sie muss authentische und realistische Einblicke in ihr Binnenleben, ihre Strukturen, Themen und Probleme bieten. Kurz: Sie muss eine aktive und offensive Öffentlichkeits- und Medienarbeit betreiben – dann kann sie die Aufmerksamkeit der Bevölkerung und deren Zuspruch gewinnen. Die vielfältigen Befürchtungen, die zur Verteidigung der Wehrpflicht vorgebracht worden sind, muten überzogen an. Auch die Freiwilligenarmee Bundeswehr kann fest in die bundesdeutsche Gesellschaft integriert sein – ganz so, wie es die Innere Führung vorsieht.

Literatur

Apt, Wenke (2011): Herausforderungen für die Personalgewinnung der Bundeswehr. In: *Aus Politik und Zeitgeschichte* 61 (48), S. 24–31.

Bacevich, Andrew (2013): *Breach of Trust. How Americans Failed Their Soldiers and Their Country*. New York: Metropolitan.

Biehl, Heiko (2012): Aus den Augen, aus dem Sinn? Überlegungen zur gesellschaftlichen Integration der Bundeswehr nach der Aussetzung der Wehrpflicht. In: Hartmann, Uwe; Rosen, Claus von; Walther, Christian (Hrsg.): *Jahrbuch Innere Führung 2012 – Der Soldatenberuf im Spagat zwischen gesellschaftlicher Integration und sui generis-Ansprüchen. Gedanken zur Weiterentwicklung der Inneren Führung.* Berlin: Miles, S. 53–72.

Biehl, Heiko; Giegerich, Bastian; Jonas, Alexandra (2011): Aussetzung der Wehrpflicht. Lehren westlicher Partnerstaaten. In: *Aus Politik und Zeitgeschichte* 61 (48), S. 32–38.

Biehl, Heiko; Fiebig, Rüdiger; Giegerich, Bastian; Jacobs, Jörg; Jonas, Alexandra (2011): *Strategische Kulturen in Europa. Die Bürger Europas und ihre Streitkräfte.* Forschungsbericht 96. Strausberg: Sozialwissenschaftliches Institut der Bundeswehr.

Eurobarometer (2014): *Public Opinion in the European Union*. Brussels: European Commission.

Franke, Jürgen (2012): *Wie integriert ist die Bundeswehr? Eine Untersuchung zur Integrationssituation der Bundeswehr als Verteidigungs- und Einsatzarmee* (Forum Innere Führung 36). Baden-Baden: Nomos.

Haltiner, Karl (1998): The Definite End of Mass Army in Western Europe? In: *Armed Forces and Society* 25 (1), S. 7–36.

Herzog, Roman (1995): *Ansprache von Bundespräsident Roman Herzog anläßlich der Kommandeurtagung der Bundeswehr.* Online verfügbar unter: http://www.bundes praesident.de/SharedDocs/Reden/DE/Roman-Herzog/Reden/1995/11/19951115_ Rede.html.

Huntington, Samuel P. (1957): *The Soldier and the State: The Theory and Politics of Civil-Military Relations.* Cambridge, Mass.: Belknap Press.

Ipsos (2011): *Methodenbericht Internationale Meinungsumfrage 2010 SWInstBw*. Powerpoint-Präsentation, Mölln.

International Institute for Strategic Studies (2014): *The Military Balance 2014*. London: Routledge.

Köhler, Horst (2005): *Einsatz für Frieden und Sicherheit. Rede bei der Kommandeurstagung der Bundeswehr am 10. Oktober 2005 in Bonn*. Berlin: Bundespräsidialamt.

Kujat, Harald (2011): Das Ende der Wehrpflicht. In: *Aus Politik und Zeitgeschichte* 61 (48), S. 3–7.

Leander, Anna (2004): Drafting Community: Understanding the Fate of Conscription. In: *Armed Forces and Society* 30 (4), S. 571–599.

de Maizière, Lothar (2011): Die Bundeswehr ist keine Unterschichtenarmee. In: *Die Welt*, 12.04.2011.

Meyer, Berthold (2010): *Bundeswehr ohne Wehrpflichtige. Was folgt daraus für die Parlamentsarmee im Einsatz?* Frankfurt: HSFK.

Meyer, Berthold (2011): Bundeswehrreform und Parteiendemokratie. In: *Aus Politik und Zeitgeschichte* 61 (48), S. 16–23.

Naumann, Klaus (2013): Soldaten sind Kämpfer. In: *Die Welt*, 02.08.2013, S. 8.

Pfaffenzeller, Stephan (2010): Conscription and Democracy. The Mythology of Civil-Military Relations. In: *Armed Forces & Society* 36 (3), S. 481–504.

Steinbach, Peter (2011): Zur Geschichte der Wehrpflicht. In: *Aus Politik und Zeitgeschichte* 61 (48), S. 8–15.

Struck, Peter (2003): Jedes Land entscheidet souverän. In: *Der Spiegel*, 01.12.2003, S. 52–55.

Weißbuch (2006): *Weißbuch 2006 zur Sicherheitspolitik Deutschlands und zur Zukunft der Bundeswehr*. Berlin: Bundesministerium der Verteidigung.

Wolffsohn, Michael (2011): Das Militär verrostet. In: *Die Welt*, 05.04.2011.

Regierungskommunikation im Geschäftsbereich des Bundesministeriums der Verteidigung

Florian Schaurer

Definition und Anwendung

Obgleich der Begriff Regierungskommunikation seit etwa dreißig Jahren in der Fachliteratur nachweisbar ist, existiert keine allgemein anerkannte und angewandte generische Definition (Heinze 2012: 28ff.), Konzeptionalisierung und Operationalisierung von Regierungskommunikation. Die einschlägige wissenschaftliche Quellenlage ist dementsprechend disparat (Vogel 2010: 60), da mangels semantischer Trennschärfe der untersuchten Termini und damit verbundenen Konzepte (Public Relations, Public Diplomacy, Strategic Communication etc.) eine Vergleichbarkeit der Forschungsergebnisse schwerlich gegeben ist. Offensichtlich tut sich die interdisziplinär angelegte politische Kommunikationsforschung schwer damit, sich auf einen inhaltlichen Basiskonsens zu einigen, insofern die politische Praxis der Regierungskommunikation in Deutschland im Gegensatz zu anderen, insbesondere angelsächsischen Staaten, nicht von einer entsprechenden Strategie- geschweige denn Theoriebildung fundiert und geleitet wird und auf diese zurückwirkt. Die randständige wissenschaftliche Befassung mit der Regierungskommunikation in Deutschland (Heinze 2012: 48) äußert sich nicht zuletzt im Fehlen messbarer Wirk- und Erfolgsparameter.

Nichts desto trotz lässt sich wegen der einschlägigen Urteile und Kommentare vor allem des Bundesverfassungsgerichts in Deutschland eine juristische Auslegungshoheit und damit ein hoher Formalisierungs- und Regulierungsgrad der Regierungskommunikation feststellen (Kocks, Raupp 2014: 277), der eine definitorische Annäherung an ihre konstitutiven Merkmale ermöglicht.

Regierungskommunikation bezeichnet die Strukturen, Akteure, Prozesse, Instrumente und Inhalte integrierter staatlich-öffentlicher Kommunikation durch die Gubernative mit dem Ziel, die Vorbereitung, Um- und Durchsetzung von Regierungshandeln durch Steigerung seiner gesellschaftlichen Akzeptanz zu fördern. Sie verpflichtet sich zu parteipolitischer Neutralität und inhaltlicher Objektivität und Wahrhaftigkeit. Hauptbestandteile der Regierungskommunikation sind Informationspolitik und Öffentlichkeitsarbeit, sie ist also im eigentlichen Sinne ‚Informationskommunikation'. Informationspolitik umfasst die häufig kurzfristige Erklärung, Begründung und Rechtfertigung von Regierungshandeln, wohingegen unter Öffentlichkeitsarbeit die mittel- bis langfristige kommunikative Einordnung, Vermittlung und Steuerung strategischer politischer Inhalte, etwa Regierungsprogramme oder Reformen, verstanden wird. Primäre Adressaten sind die Gesellschaft und die (Massen-)Medien, die zugleich Multiplikatoren und Interpretatoren der Regierungskommunikation sind. Regierungskommunikation hat eine interne und externe, direkte und indirekte, nationale wie internationale, reaktive wie proaktive Dimension. Im Gegensatz zur Öffentlichkeitsarbeit von Parteien und Politikern werden die finanziellen Aufwendungen für die Regierungskommunikation ausschließlich aus Steuermitteln gedeckt. Wesentliche verfassungsrechtliche Aufgabe der Regierungskommunikation ist es, die Partizipation der Bürger an der politischen Willensbildung zu gewährleisten durch die informationelle Herstellung von Transparenz und Responsivität. Regierungskommunikation findet dabei im Spannungsfeld von Regierungs- und Bürgerinteresse, also Erklärung und Rechtfertigung einerseits sowie Austausch und Teilhabe andererseits, statt, woraus sich folgendes Dilemma ergibt:

> „(D)ie Erwartungen an die Regierungskommunikation sind sehr diffus und widersprüchlich, sowohl innerhalb der Ministerien als auch außerhalb. Und das ist ihr Dilemma. [...] Deshalb verwundert es nicht, dass Öffentlichkeitsarbeit zwar einerseits mit überhöhten Erwartungen, andererseits aber mit einer erstaunlich geringen Bedeutungszumessung konfrontiert oder gleich als Propaganda abgetan wird." (Gasde 2006: 414)

Dimensionen sicherheitspolitischer Kommunikation

Die regierungsamtliche Kommunikation des Bundesministeriums der Verteidigung (BMVg) befindet sich grundsätzlich in Einklang mit dem in der Konzeption der Bundeswehr angelegten Modell der öffentlichen Kommunikation der Bundeswehr und wirkt entlang der politischen und gesellschaftlichen Dimension (KdB 2013: 25). Ihr Zweck ist es, die deutsche Sicherheits- und Verteidigungspolitik darzustellen, vorzubereiten und durch Werbung von Zuspruch durchzusetzen sowie die Bundeswehr als verfassungsrechtlich begründete Parlamentsarmee der Zivilmacht Deutschland zu rechtfertigen (Stoltenow 2011: 157). Indem sie über Entscheidungen und Absichten des BMVg sowie über Auftrag, Aufgaben und Einsätze der Bundeswehr informiert, fördert sie außerdem die Einbindung der Bundeswehr in die Gesellschaft (Theiler 2009: 27).

Als Wirkungsraum der Regierungskommunikation im nachgeordneten Bereich des BMVg, also auf der Ebene Bundeswehr, prinzipiell auszunehmen ist zum einen die Personalgewinnung. Analog zur verfassungsrechtlich festgestellten Unvereinbarkeit der Öffentlichkeitsarbeit von Regierung und politischen Parteien, sind die regierungsamtliche und personalwerbliche Kommunikation streng getrennt zu halten. Selbstverständlich hat die Bundeswehr ein existenzielles Interesse an der Nachwuchswerbung und betreibt diese mit großer Anstrengung, jedoch notwendigerweise separat von der eigenen sicherheitspolitischen Kommunikation. Zum anderen ausgenommen als Instrument der Regierungskommunikation ist die Operative Kommunikation, also die zielgerichtete Einwirkung auf das Informationsumfeld als Bestandteil des militärischen Planungs- und Führungsprozesses im Einsatz (KdB 2013: 39). Obwohl beide Aspekte, Personalgewinnung und Operative Kommunikation, Wechselwirkungen und Schnittstellen mit der Informationsarbeit aufweisen, unterscheiden sie sich in Gehalt und Gestalt wesentlich von der politischen Kommunikation im Geschäftsbereich BMVg. Regierungsamtlich sind allein die genuin sicherheits- und verteidigungspolitischen Teilmengen der Informationskommunikation von BMVg und Bundeswehr, nicht die Nachwuchswerbung und militärische Informationsoperationen.

Auf der Regierungsebene zeichnet für die Verteidigungspolitik hauptsächlich das BMVg verantwortlich, wohingegen das Auswärtige Amt federführend in der Ausgestaltung deutscher Sicherheitspolitik und gemäß Organisationserlass des Bundeskanzlers (BKOrgErl 2002) exklusiv zuständig für die gesamte regierungsamtliche Öffentlichkeitsarbeit im Ausland ist, die im Gegensatz zur Inlandsregierungskommunikation sehr wohl werblicher Art sein darf (z. B. „Invest in Germany – Land of Ideas"). Die rein militärische Einsatzkommunikation obliegt indes weiterhin dem BMVg und funktional der Bundeswehr. Die sicherheits- und verteidigungspolitikfeldspezifische Kommunikation ist damit auf eine ständige Abstimmung beider Häuser zur Wahrung der Widerspruchsfreiheit der gesendeten Botschaften angewiesen. Das Presse- und Informationsamt der Bundesregierung (BPA) ist wiederum Hauptakteur der ressortübergreifenden Regierungskommunikation (BKOrgErl 1977) und nimmt sicherheits- und verteidigungspolitische Themen von überragender Bedeutung in Abstimmung mit dem Bundeskanzleramt und den Ministerien auf. Obgleich das Bundespresseamt dabei gegenüber den Ministerien kein Weisungsrecht besitzt, arbeiten diese dem BPA aus eigenem Interesse zu. Hierfür wird von Seiten des BMVg ein militärisch besetzter Dienstposten im BPA unterhalten. Während das BPA ausschließlich Politik vermittelt, stellt das BMVg in erster Linie Politik her.

Eine strukturelle Besonderheit des Verteidigungsressorts liegt in der bei anderen Ministerien so nicht gegebenen Zweiteilung in oberste Bundesbehörde, das BMVg, deren Leitung der Bundesregierung angehört (Art. 62 GG), und einen nachgeordneten Bereich, die Bundeswehr, bestehend aus derzeit acht militärischen und zivilen Organisationsbereichen, die wiederum erst Daseinsberechtigung der sie verwaltenden Behörde, selbst aber nicht Teil der Regierung und somit genau genommen eher Gegenstand als Akteur der Regierungskommunikation ist. Für die Regierungskommunikation hat das so beschaffene ,Tandem' aus Bundesministerin als ziviler Inhaberin der Befehls- und Kommandogewalt (Art. 65 GG) einerseits und Streitkräften andererseits damit grundsätzliche Bedeutung, etwa im Hinblick auf Zuständigkeiten, Inhalte und Instrumente der Informationsarbeit. In § 25 der Gemeinsamen Geschäftsordnung der Bundesministerien werden die Zuständigkeiten der ressortübergreifenden Informationskommunikation dem BPA und für das jeweilige Politikfeld den Ministerien zugewiesen. In Kapitel 5.5 der Geschäftsordnung des BMVg wird der unmittelbar der Ministerin unterstellte Presse- und Informationsstab mit der Federführung der Regierungskommunikation im Geschäftsbereich BMVg betraut.

Gesonderte Erwähnung verdient in diesem Zusammenhang die Bundespressekonferenz, die als – in dieser Form weltweit einmaliger – Zusammenschluss hauptberuflicher Journalisten den Regierungs- und Ministeriumssprechern eine regelmäßige Bühne bietet, zugleich aber ihren Mitgliedern das Haus- und Fragerecht vorbehält. Die Bundespressekonferenz ist damit nicht nur ein wichtiger Verlautbarungskanal der Regierungskommunikation, sondern mehr noch ein Ort permanenter journalistischer Regierungs(kommunikations)befragung und -kritik.

Über die Ausgestaltung der rein regierungsamtlichen Kommunikation im Politikfeld Sicherheits- und Verteidigungspolitik liegen bislang keine substanziellen Untersuchungen vor. Die kürzlich erlassene Zentrale Dienstvorschrift A-600/1 ,Informationsarbeit' (BMVg ZDv A-600/1 2014) sowie die Vorläufigen konzeptionellen Grundlagen der Informationsarbeit im Geschäftsbereich BMVg (BMVg Vorl konz Gdlg InfoA GB BMVg 2014) bieten für BMVg und Bundeswehr indes einen praxisorientierten Rahmen der Regierungskommunikation.

„In der politischen Kommunikationsdimension veröffentlicht die InfoA [Informationsarbeit, F. S.] dem Regierungsstandpunkt entspre-

chende Inhalte zu Auftrag und Aufgaben der Bundeswehr (regierungsamtliche Kommunikation) sowie die politischen und militärischen
Zielsetzungen der Einsätze. Diese Informationen dienen in der gesellschaftlichen Kommunikationsdimension als Grundlage, eine Debatte
über Sicherheitspolitik und Bundeswehr in der deutschen Öffentlichkeit zu führen und zu intensivieren." (BMVg Vorl konz Gdlg InfoA GB
BMVg 2014: 3)

Die hier vorgenommene strikte konzeptionelle Trennung in eine politische
und eine gesellschaftliche Dimension greift analytisch zu kurz, insofern
selbstverständlich jedwede externe politische Kommunikation in der Praxis
zugleich gesellschaftlicher Art ist. Externe und interne Funktion der Regierungskommunikation unterscheiden sich in ihren Adressaten und damit
durchaus auch in ihren inhaltlichen Schwerpunkten. Externe Regierungskommunikation beschreibt die mittel- bis langfristig angelegte Sicherheits-
und Verteidigungspolitik Deutschlands und die Bundeswehr als Instrument politischer Zielerfüllung. Sie erklärt und vertritt den Regierungsstandpunkt gegenüber der Gesellschaft als Ganzes (BMVg Vorl konz Gdlg
InfoA GB BMVg 2014: 21).

Bundeswehrintern wiederum dient die erfolgreiche Ressortkommunika-
tion des BMVg – neben der Unterrichtung der Truppe – der strategischen
Profilierung des eigenen Politikfeldes und damit der Hebung des ‚politischen Gewichts‘ des jeweiligen Ministers innerhalb des Kabinetts und gegenüber dem Koalitionspartner. Neben der verfassungsrechtlichen Aufklä-
rungsfunktion hat Regierungskommunikation also eine implizite Herr-
schaftsdimension. Da bisher alle deutsche Bundesregierungen Koalitions-
regierungen waren, sind der parteipolitischen Profilierung eines Koaliti-
onspartners gegenüber dem anderen derweil gewisse systemimmanente
Grenzen gesetzt.

Ferner, und hier ist das Ressort Verteidigung abermals ein Sonderfall,
richtet sich die Regierungskommunikation auch an Bündnispartner, allen
voran in NATO und EU. Deutsche Sicherheitspolitik ist multilateral angelegt, ein Abgleich von Absichten und Entscheidungen ist hier nicht bloßes
nationalstaatliches Erklärstück, sondern Praxisform und Grundpfeiler der
Bündniszusammenarbeit und gemeinsamen Interessenwahrung. Darüber
hinaus umfasst und vernetzt deutsche Sicherheitspolitik verschiedene Ak-
teursebenen und damit inhaltliche Teilmengen, etwa politische, diplomati-
sche, wirtschaftliche, kulturelle, zivile, militärische, nationale wie internationale. Gerade aus den überstaatlichen Verflechtungen im Bereich der Au-
ßen-, Sicherheits- und Verteidigungspolitik, die die nationalstaatliche Ent-
scheidungsmacht begrenzen, ergeben sich praktische Beschränkungen für

die sicherheitspolitische Informationshoheit einzelner, selbst prominenter Akteure, also auch und nicht zuletzt für BMVg und Bundeswehr.

Die ‚Innere Führung' als Führungsphilosophie der Bundeswehr bekräftigt das Anrecht der Bürger, auch jener in Uniform, auf eine wahrheitsgemäße und vollständige Information „über sicherheitspolitische Vorgaben, Entscheidungen und Absichten des Bundesministeriums der Verteidigung sowie über Auftrag, Aufgaben und Einsätze der Bundeswehr" (BMVg 2008: 20). Als interne Regierungskommunikation der Bundeswehr, also die politischen Anteile der auf verschiedenen Plattformen und Medien ausgebrachten Mitarbeiterkommunikation betreffend, ist es ein Ziel der Inneren Führung, „die Frage nach der Sinnhaftigkeit des Dienens zu beantworten, d.h. ethische, rechtliche, politische und gesellschaftliche Begründungen für soldatisches Handeln zu vermitteln und dabei den Sinn des militärischen Auftrages, insbesondere bei Auslandseinsätzen, einsichtig und verständlich zu machen" (ebd. 8). Sie hat also für das Selbstverständnis der Soldaten der Bundeswehr, die sich dem „Vorrang des demokratisch legitimierten politischen Willens" (ebd. 6) fügen, integrativen und legitimatorischen Wert und ist damit eine weitere Grundlage regierungsamtlicher Kommunikation im Politikfeld Sicherheit und Verteidigung.

Aufgaben und Zuständigkeiten

Aus Art. 5 GG (Meinungs- und Pressefreiheit) in Verbindung mit Art. 20 GG (Demokratieprinzip) und Art. 65 GG (Ressortprinzip) lässt sich ein solider verfassungsrechtlicher Auftrag zur regierungsamtlichen Kommunikation des BMVg ableiten. Regierungskommunikation findet dabei im Spannungsfeld von Kanzler-, Kabinetts- und Ressortprinzip statt (Mertes 2007: 17). Zwar führen die Bundesminister ihre Ressorts selbständig und eigenverantwortlich, haben jedoch als Angehörige der Regierung diese nach außen mit einer Stimme entlang der Richtlinienkompetenz der Kanzlerin zu vertreten. In verwandten Politikfeldern, etwa der Außen-, Sicherheits-, Verteidigungs- und Entwicklungspolitik empfiehlt es sich daher, die Setzung konzertierter Leitbotschaften zu stärken (Heinze 2012: 216), wie etwa die Regierungskommunikation am Beispiel des deutschen Engagements unter dem Anspruch des ‚Vernetzten Ansatzes' in Afghanistan zeigt. Freilich liegen die Regierungs- und die bloße Verwaltungstätigkeit bei den Ressorts mitunter nahe beieinander und sind kommunikativ schwierig voneinander abzugrenzen (Vogel 2010: 34).

Die verfassungsgerichtlich auferlegte Informationspflicht der Bundesregierung gegenüber dem Souverän liegt in deren ureigenem Interesse, insofern die Regierung durch den Tausch von Information gegen Öffentlichkeit Aufmerksamkeit generiert und so ihre Entscheidungen erst wirksam öffentlich rechtfertigen (Vogel 2010: 60) und schließlich legitimieren (Sarcinelli 2005: 77) kann. Legitimation durch Kommunikation verweist in der Demokratie auf die grundsätzliche und fortwährende Zustimmungsbedürftigkeit von Politik. Sie wird zuvorderst in verschiedenen Urteilen des Bundesverfassungsgerichtes bestätigt und konkretisiert.

„Öffentlichkeitsarbeit von Regierung und gesetzgebenden Körperschaften ist in Grenzen nicht nur verfassungsrechtlich zulässig, sondern auch notwendig. Die Demokratie des Grundgesetzes bedarf - unbeschadet sachlicher Differenzen in Einzelfragen - eines weitgehenden Einverständnisses der Bürger mit der vom Grundgesetz geschaffenen Staatsordnung. Dieser Grundkonsens wird von dem Bewusstsein der Bürger getragen, dass der vom Grundgesetz verfasste Staat dem einzelnen im Gegensatz zu totalitär verfassten Staaten einen weiten Freiheitsraum zur Entfaltung im privaten wie im öffentlichen Bereich offenhält und gewährleistet. Diesen Grundkonsens lebendig zu erhalten, ist Aufgabe staatlicher Öffentlichkeitsarbeit." (BVerfGE 44, 125 (1977))

Dabei gilt es zu beachten, dass der Prozess der politischen Meinungs- und Willensbildung nicht vom Staate her, sondern vom Souverän, dem deutschen Volk, ausgeht, die Regierungskommunikation also nicht gleichbedeutend mit der „staatsfreien" Bürgerpartizipation ist (Vgl. BVerfGE 20, 56 (1966)). Regierungskommunikation bietet die informationelle Grundversorgung über die Entscheidungen und Absichten der Staatsführung, sie ist idealiter ein parteipolitisch neutrales Informationsangebot zur Unterstützung des politischen Meinungs- und Willensbildungsprozesses, ersetzt diesen jedoch nicht, was schließlich ihre Einflussmöglichkeiten beschneidet. Auswahl und Wirkung der Information obliegen in der freiheitlich demokratischen Grundordnung dem Empfänger, nicht dem Sender (Stoltenow 2011: 162).

Regierungskommunikation hat sich laut BVerfGE 44, 125 (1977) ausschließlich auf einen rein „sachlich informativen, auf die Organtätigkeit der Regierung bezogenen Inhalt" zu beschränken. Trotz der großen medialen Bedeutung von Personalisierung für die regierungsamtliche Informationsarbeit, ist es den Ministern strikt untersagt, mit ihrem Staatsamt und damit Sichtbarkeitsvorteil die eigene politische Partei zu bewerben.

Das Bundesverfassungsgericht verortet die regierungsamtliche Öffentlichkeitsarbeit als „Unterrichtung der Öffentlichkeit über Politik, Maßnahmen und Vorhaben der Regierung sowie über die nach ihrer Auffassung künftig zu lösenden Fragen" (BVerfGE 44, 125 (1977)). Diese Unterrichtung wendet sich in hohem Maße auch und gerade an die parlamentarische Öffentlichkeit mittels Regierungsbefragungen, aktuellen Stunden und der ressourcenintensiven Beantwortung von Kleinen und Großen Anfragen (zuletzt circa 3.000 Anfragen pro Legislaturperiode). In Zeiten einer Großen Koalition ist die oppositionelle Anfrage bevorzugtes Mittel, die Regierung zu öffentlicher Stellungnahme, Rechtfertigung und Selbsterklärung anzuhalten und damit zu kontrollieren. Dies umso mehr angesichts eines deutlich messbaren Aufmerksamkeitsvorteils für Regierungsnachrichten, der in den im Vergleich zur Opposition größeren zur Verfügung stehenden Ressourcen wie auch im personalisierten ‚Kanzler- und Ministerbonus‘ begründet ist (Pfetsch 1998: 242). Daraus wiederum folgt eine quasi-institutionalisierte, bei weitem nicht nur anlassbezogene Kritik der Opposition an jedweder Kommunikation der Regierung mit dem Verweis auf mangelnde ‚Chancengleichheit‘.

Auf Basis des zuvor genannten Urteils legt die Bundesregierung vierteljährlich ihre Ausgaben für regierungsamtliche Öffentlichkeitsarbeit aufgeschlüsselt nach Ressort offen und macht ihre diesbezüglichen Aktivitäten somit transparent und überprüfbar. Beim Blick in die Einzelhaushalte fällt auf, dass nicht nur die für die Öffentlichkeitsarbeit budgetierten Summen der einzelnen Häuser stark divergieren, sondern auch die Ausgestaltung und Positionierung der entsprechenden Titel, eine direkte Vergleichbarkeit der reinen Regierungskommunikation zweier oder mehrerer Bundesministerien also nur bedingt gegeben ist. Während das BPA beispielsweise mehr Mittel für das eigene Personal als für seine eigentliche Aufgabe veranschlagt (Mertes 2007: 29), wendet das BMVg im aktuellen Einzelplan 14 des Bundeshaushaltes circa 2,8 Millionen Euro für die Öffentlichkeitsarbeit auf, liefert jedoch keine detaillierte Aufschlüsselung des Titels. Einzig bei BMVg und Bundeswehr firmiert dabei die Öffentlichkeitsarbeit als ‚Informationsarbeit‘, ein Sammelbegriff, der bereits 2002 vom Bundesverfassungsgericht in anderem Kontext gebraucht wird (BVerfGE 105, 252).

Bundeswehr und Gesellschaft

Obgleich die Staatsaufgabe (Landes-)Verteidigung im öffentlichen Bewusstsein solide verankert und unwidersprochen ist, besteht ein breiter gesellschaftlicher Konsens darin, die zur Gewährleistung jener Verteidigung gegebenenfalls erforderlichen militärischen Mittel nur äußerst restriktiv zur Anwendung zu bringen. Tatsächlich wird die Forderung nach militärischer Zurückhaltung bei gleichzeitiger Forderung nach Einsatzbereitschaft, also Verlässlichkeit, trotz oder gerade wegen der gestiegenen Ein-

satzhäufigkeit der Bundeswehr – oder deren weithin so empfundenen Er-
folglosigkeit – in den vergangenen zehn Jahren deutlich vernehmbarer
(Körber Stiftung 2014: 3). Insgesamt sind ihre Einsätze (sofern nicht rein
humanitärer Art) wesentlich unbeliebter als die Bundeswehr selbst, die
sich gesamtgesellschaftlich einer „Akzeptanz ohne Verbindlichkeit" (von
Bredow 2008: 84) ausgesetzt sieht. „Wenn die vom Bundestag erteilten
Mandate dem Mehrheitswillen der Wähler [aber, F. S.] nicht entsprechen,
liegt der Konflikt ursächlich nicht im Unverständnis der Bürger über das
Tun der Soldaten, sondern im fehlenden Konsens zwischen Politik und
Bürgern." (Wagner, Biehl 2013: 26) Regierungskommunikation steht damit
vor der Herausforderung, weniger die militärischen Instrumente und Maßnahmen als vielmehr die politischen Ziele, Optionen und Bedeutungszu-
sammenhänge von Sicherheits- und Verteidigungspolitik zu klären und zu
erklären. Eine Verantwortung, die weit über den Geschäfts- und Zuständigkeitsbereich BMVg hinausweist.

Die Einschätzung des vormaligen Bundespräsidenten Horst Köhler
2005, wonach die übergroße Mehrheit der deutschen Bevölkerung der
Bundeswehr mit einem „freundlichen Desinteresse" begegne, bleibt weiterhin gültig. „Das Interesse an sicherheitspolitischen Themen ist in Deutschland traditionell gering." (BMVg Vorl konz Gdlg InfoA GB BMVg 2014: 6)
Sicherheitspolitische Themen betreffen nur wenige Bürger direkt und unmittelbar, mit Ausnahmen einer ereignisorientierten punktuellen Häufung
der Berichterstattung – zumeist bei Krisen und Skandalen – liegt die Bundeswehr zunehmend unterhalb der Wahrnehmungsschwelle der Bürger
(Theiler 2009: 31). Dass die Sicherheit Deutschlands in den Worten des
ehemaligen Verteidigungsministers Peter Struck von 2004 „am Hindukusch verteidigt" werde, ist der deutschen Öffentlichkeit in der Breite
nicht plausibel zu machen. Trotzdem bleibt die öffentliche Unterstützung
äußerst wichtig für eine Bundeswehr im Einsatz, das heißt nicht notwendigerweise eine gesellschaftliche Zustimmung zum konkreten Einsatz, wohl
aber eine allgemeine Anerkennung und Wertschätzung für den Dienst der
Soldaten, die selbst Teil der Gesellschaft sind, in deren Namen und zu deren Sicherheit sie wirken. Auch Soldaten sind Publikum einer Regierungskommunikation, die zu gleichen Teilen die Organisation Bundeswehr sowie ihren Auftrag und ihre Aufgaben zum Gegenstand hat.

Interessanterweise scheint die ausgeprägte Ablehnung von Einsätzen
mit der ihnen entgegengebrachten stark erhöhten medialen Aufmerksamkeit zu korrelieren, was den Befund unterstreicht, wonach selbst politisch
interessierte Informationsempfänger negative Berichterstattung zu strategischen Themen signifikant in ihrer Auswahl und Wahrnehmung bevorzu-
gen (Trussler, Soroka 2014: 361). Mit anderen Worten: die Nichtidentifika-

tion mit Regierungsentscheidungen und –handeln erzeugt höhere Aufmerksamkeit für die entsprechende Informationsarbeit als die Zustimmung.

Weite Teile der Gesellschaft sind einzig punktuell und anlassbezogen an der Bundeswehr interessiert, ein solides themenspezifisches Vorinteresse und Vorwissen oder gar eine konstante und ‚geneigte' Empfängerschaft sicherheitspolitischer Meldungen ist trotz einer durchaus vorhandenen, aber schwachen ‚strategic community' nicht gegeben. Die Bundesregierung muss mit jeder selbstgesetzten regierungsamtlichen Botschaft neu und aktiv um die Aufmerksamkeit des Publikums werben, weshalb sie gut daran tut, nur wenige Botschaften, diese aber nachdrücklich und nachhaltig zu setzen und sich die geringe Popularität des Themenfeldes wenigstens aufmerksamkeitsökonomisch zu Nutze zu machen.

Sprachhoheit ist Deutungshoheit

Die Bundesregierung handelt, indem sie kommuniziert, sie ist selbst ein Kommunikationssystem (Gebauer 1998: 464). Regierungskommunikation als Teilsystem unternimmt dabei den Versuch, Regierungshandeln zu erklären, vorzubereiten, durchzusetzen und zu rechtfertigen, indem sie Politik versprachlicht, bisweilen aber auch die Sprache als Herrschaftssprache politisiert, etwa durch ausgiebigen Gebrauch von Euphemismen und Fahnenwörtern. Für den Erfolg der Regierungskommunikation, also das Erreichen von Zielgruppen und die Herstellung einer wenigstens neutralen Haltung gegenüber dem Gesagten, ist die semantische Besetzung von Begriffen von entscheidender Bedeutung. Verselbständigt sich der öffentliche Streit um die Auslegung von Begriffen, wird es der Regierung schwer fallen, ihre Politik positiv zu ‚framen', das heißt ihre Themen normativ einzubetten in allgemein vorhandene und medial abbildbare Deutungsrahmen. Da die Herstellung und Darstellung von Politik zunehmend verschmelzen, ist Regierungskommunikation stets auch Darstellungskommunikation (Heinze 2012: 29). Sachlogik und Darstellungslogik befinden sich im Zuge der Vereinfachung von Botschaften häufig in einem gespannten Verhältnis (Pfetsch 1998: 247).

Beispiele für eine missglückte Besetzung von Begriffen sind, durch die Presse popularisiert, ‚Hartz IV' und die ‚Herdprämie' ebenso sehr wie im Politikfeld Verteidigung die heftige Kontroverse über die vom BMVg so bezeichneten ‚kriegsähnlichen Zustände' in Afghanistan. Dass die offizielle, auch formaljuristisch wenig gewinnbringende und insgesamt holzschnitthafte Sprachregelung hier dergestalt ungenügend die allgemeine Empfindung, übrigens auch innerhalb der Bundeswehr bei den Soldaten im Einsatz, reflektierte, führte schließlich zum persönlichen Eingreifen des damaligen Verteidigungsministers Guttenberg mit dem Verweis auf die umgangssprachliche Bedeutung von ‚Krieg‘. Bei der Planung von regierungsamtlichen Kommunikationsvorhaben sind also besondere sprachliche Akkuratesse und Vorsicht geboten, um keine Vorlagen für kommunikative Missverständnisse und folglich Misserfolge zu liefern. Dass die derzeitige ‚Agenda Attraktivität‘ der Bundeswehr bereits – auch im offiziellen Sprachgebrauch von BMVg und Bundeswehr – als ‚Attraktivitätsoffensive‘ apostrophiert wird, trägt wenig zu ihrer Erklärung, Durch- und Umsetzung bei. Es kommt nicht allein darauf an, was gesagt wird, sondern wie etwas gesagt wird, die Empfänger haben hierfür zumeist ein feineres Gespür als die Sender. Zugleich haben die Empfänger ein besseres Gedächtnis: durch die hohe Verfügbarkeit und Abrufbarkeit vergangener Berichterstattung ist Regierungskommunikation zugleich Regierungsdokumentation, die Kohärenz von Regierungshandeln muss sich verstärkt an ihrer ‚Kommunikationshistorie‘ messen lassen. Selbst kleinste Kommunikationsfehler können langfristig präsent bleiben und zukünftige Informationsarbeit von BMVg und Bundeswehr beeinflussen.

Inwieweit die Regierung erfolgreich kommuniziert, wird von den Medien als Vierte Gewalt kritisch bemessen. Medien setzen Standards für die Bewertung der Regierung, ohne zugleich „Werbeträger für die Marke Regierung" oder ‚Hofberichterstatter‘ zu sein (Pfetsch 2003: 24), was ihnen einen so empfundenen Objektivitäts- und damit Glaubwürdigkeitsvorteil verschafft. Diesen wiederum macht sich die Regierungskommunikation zu eigen, insofern sie ihre Inhalte vorrangig über Medien, also vermeintlich unabhängige Akteure (Theiler 2009: 29), auszuspielen versucht, sowohl, um eine höhere Reichweite zu erzielen, als auch, um die Medien als ‚Übersetzer‘ und ‚Sekundanten‘ einzubeziehen. Presse- und Medienarbeit ist denn hauptsächliches Handlungsfeld der regierungsamtlichen Kommunikation (Heinze 2012: 147), nicht zuletzt mittels der zuvor genannten Regierungspressekonferenz.

Kanäle und Dynamik der sicherheitspolitischen Debatte

Während der Wahrheitsgehalt militärischer Information aufgrund ihrer besonderen Schutzbedürftigkeit und Einstufung von außen schwer überprüfbar ist, sind Gegenstand und Inhalte politischer Informationsarbeit notwendigerweise vollständig offen zu legen. Neben einer dergestalt beschaffenen Transparenz und einer grundsätzlichen Sachkompetenz ist die kommunikative Kohärenz von Ministerin, BMVg und Bundeswehr entscheidend für deren Glaubwürdigkeit. BMVg und Bundeswehr können Einfluss darauf nehmen, auf welcher Informationsgrundlage eine öffentliche Debatte geführt wird, nicht aber, von wem, wie, welche und ob überhaupt eine Debatte geführt wird. Allerdings können sie durchaus den Versuch unternehmen, Publizität im Einzelfall zu verhindern, indem sie den Zugang zu anderweitig nicht verfügbarer Information unterbinden (Kamps, Nieland 2006: 227). Das Öffentlichwerden solcher Unterbindungsversuche erzeugt allerdings einen kaum reparablen Vertrauensverlust. Informationsvorteile sind Machtvorteile. Die sicherheits- und verteidigungspolitische Berichterstattung der Medien speist sich zu weiten Teilen aus regierungsamtlichen Quellen (Löffelholz 2008: 127), die strukturell bedingte Informationsüberlegenheit des Akteurs Bundeswehr im eigenen Politikfeld ist demnach beträchtlich. Eine dauerhafte Deutungshoheit und Meinungsführung ergeben sich daraus jedoch keineswegs, dies umso weniger, als die mediale und öffentliche Nachfrage nach bestimmten Themen nicht notwendigerweise mit dem regierungsamtlichen Angebot des Ministeriums korrespondiert.

Medien erschaffen sekundäre Wirklichkeiten, bilden für den Bürger jedoch insbesondere nach Aussetzung der Wehrpflicht und dem Abzug der Bundeswehr aus der Fläche zumeist die Primärerfahrung mit der Sicherheits- und Verteidigungspolitik und den Streitkräften als Instrument der Politik. Diese Wahrnehmung wird verstärkt durch die Einsatzorientierung der Bundeswehr, ihre Wirkungsfelder scheinen exterritorialisiert und lösen nur geringe direkte Betroffenheit und damit wenig aktives Interesse in Reihen der Gesellschaft aus. Auch das Internet, über das zunehmend Inhalte transportiert und wahrgenommen werden, verstärkt allen voran ‚laute‘ Mitteilungen, die sich wiederum selten mit der Informationsabsicht und dem Kommunikationsinteresse des Ministeriums decken. Demgegenüber verpflichten sich gerade die öffentlich-rechtlichen Rundfunkanstalten mit ihrem Grundversorgungs- und Programmauftrag zur – freilich kritischen – politischen Berichterstattung, und so sind die Reichweite und Sendedauer politischer Formate hier deutlich höher als bei privaten Kanälen, was sie zu den bevorzugten Medienpartner für die regierungsamtliche Kommunikation macht, wenngleich parteipolitische Verflechtungen in den Sendern wiederholt Anlass zur Kritik an der Objektivität und Neutralität der jeweiligen Formate boten (Lucht 2009: 26).

Interessanterweise geht in Deutschland die sicherheitspolitische Debatte, sofern sie in der Öffentlichkeit überhaupt vernehmbar geführt wird, nicht dem jeweiligen Einsatz voraus, sondern wird erst durch den Einsatz reflexartig ausgelöst, ist also eher kommentierend als gestaltend ausgerichtet. Gewiss ist es dem Politikfeld Sicherheit und Verteidigung geschuldet, dass es medial stark als von konkreten Ereignissen (Ukraine, Syrien, IS etc.) getrieben wahrgenommen wird. Es liegt aber im Interesse der Regierung, sich auch ohne konkreten Anlass über die eigenen politischen Grundlagen zu verständigen, Themen und Leitbotschaften zu setzen (,agenda setting'), anstatt bloß vom Tagesgeschehen und von Krisen zur Erklärung gedrängt zu werden. Zu den selbst gewählten Hauptthemen der Regierungskommunikation des BMVg zählen denn momentan die laufenden Einsätze, die Einsatzfähigkeit und -bereitschaft (Rüstung und Beschaffung, darunter Lufttransport und Drohnen) und die Neuausrichtung und Attraktivität der Bundeswehr. In der jüngeren Vergangenheit war die Aussetzung der Wehrpflicht als fundamentale Abkehr einer verteidigungspolitischen Grundkonstante der Bundesrepublik weiteres wesentliches Thema, welches sich nunmehr ganz konkret auf die – auch legitimatorische – Ausgestaltung der Personalgewinnung auswirkt.

Jugendoffiziere und weitere Akteure

Das BMVg ist der wesentliche, aber nicht alleinige Akteur der Regierungskommunikation im eigenen Geschäftsbereich. Eine herausragende Rolle im nachgeordneten Bereich nehmen seit 1958 – weltweit in dieser Form einmalig – die Jugendoffiziere der Bundeswehr ein (BMVg ZDv A-600/1 2014: 24), die auf Einladung v.a. von Schulen als Referenten für Sicherheitspolitik über die Absichten und Entscheidungen des BMVg sowie über Auftrag, Aufgaben und Einsätze der Bundeswehr informieren (Samulowitz 2008: 171). Die vorgesehenen, derzeit nicht voll aufgewachsenen 94 hauptamtlichen Jugendoffiziere absolvierten im Berichtszeitraum 2013 6.020 Einsätze mit 152.235 Teilnehmerinnen und Teilnehmern (BMVg 2014: 4). Als ,Botschafter' der Bundeswehr sind sie dem 1976 im Beutelsbacher Konsens zur politischen Bildung festgeschriebenen Überwältigungsverbot verpflichtet (BMVg Vorl konz Gdlg InfoA GB BMVg 2014: 19), das abermals auf die erforderliche Staatsfreiheit der politischen Meinungs- und Willensbildung gemäß BVerfGE 20, 56 (1966) verweist. Entgegen häufiger, aber sachlich falscher Kritik betreiben Jugendoffiziere gerade keine Personalwerbung und -gewinnung und sind für diesen Zweck auch nicht ausgebildet. Die Bundesregierung bekennt sich explizit im Koalitionsvertrag der Großen Koalition von 2013 zur sicherheitspolitischen Kommunikation der Jugendoffiziere.

„Die Jugendoffiziere leisten eine wichtige Arbeit bei der Information über den Auftrag der Bundeswehr. Wir begrüßen es, wenn möglichst viele Bildungsinstitutionen von diesem Angebot Gebrauch machen. Der Zugang der Bundeswehr zu Schulen, Hochschulen, Ausbildungsmessen und ähnlichen Foren ist für uns selbstverständlich." (CDU, CSU, SPD 2013: 123)

Als besonders sichtbare Staatsbürger in Uniform personalisieren Jugendoffiziere die sicherheitspolitische Kommunikation und stellen vielfach – neben medialer ‚Ersatzerfahrung' – den persönlichen Erstkontakt ihres Publikums mit den Streitkräften her.

Das dreiundzwanzigseitige Adress- und Telefonverzeichnis der Informationsarbeit des BMVg und der Bundeswehr lässt derweil erahnen, dass der nachgeordnete Bereich inzwischen von einer hohen ebenenspezifischen Ausdifferenzierung der Zuständigkeiten für die Informationsarbeit insgesamt gekennzeichnet ist. Gleichwohl verbleiben die Zuständigkeiten für die Regierungskommunikation zuallererst im Presse- und Informationsstab des BMVg. Für den nachgeordneten Bereich, also die Presse- und Informationszentren (PIZ) in den Teilstreitkräften, Organisationsbereichen und Verbänden, hat die Regierungskommunikation eine deutlich geringere, allenfalls passive, das heißt die regierungsamtlichen Vorgaben in das Tagesgeschäft inkorporierende und perpetuierende Praxisrelevanz (BMVg Vorl konz Gdlg InfoA GB BMVg 2014: 16).

Als regierungsamtlich zu fassen sind derweil die vielfältigen, von der Führungsakademie der Bundeswehr und dem Zentrum Informationsarbeit Bundeswehr (vormals: Akademie für Information und Kommunikation) angebotenen sicherheitspolitischen Informationsformate für verschiedene gesellschaftliche Gruppen, etwa Parteireferenten, Studierende und Medienvertreter. Insbesondere das Zentrum Informationsarbeit Bundeswehr kann dabei als „der erste und bisher einzige Versuch einer Regierung [gelten, F. S.], über amtliche Verlautbarungen, Presse- und Öffentlichkeitsarbeit hinaus durch offenen, direkten, zumeist mehrtägigen Meinungsaustausch Publikumsnähe zu halten und damit Vertrauen zu mehren"(Prayon 1998: 527). Regierungsamtliche Kommunikation ist für die Streitkräfte in der Demokratie zuvorderst eine vertrauensbildende Maßnahme, die sich dem kritischen Dialog nicht verschließt.

Als höchstrangiger ressortübergreifender Weiterbildungsstätte des Bundes auf dem Gebiet der Sicherheitspolitik kommt der Bundesakademie für Sicherheitspolitik wiederum herausragendes Gewicht für die Regierungskommunikation zu. Die Akademie wird geführt als selbständige Dienststelle innerhalb des Geschäftsbereiches BMVg und unterliegt der Aufsicht des Bundessicherheitsrates unter Vorsitz der Bundeskanzlerin. Der Unterhalt der Bundesakademie ist damit explizites Bekenntnis der Bundesregierung zur Bedeutung sicherheits- und verteidigungspolitischer Kommunikation. Mit ihrem mehrmonatigen Kernseminar für Sicherheitspolitik und zahlreichen weiteren Veranstaltungen wirkt die Bundesakademie unter Einbeziehung weiterer Ressorts, vor allem des Auswärtigen Amtes, vornehmlich innerhalb einer bereits weithin sensibilisierten und informierten sicherheitspolitischen ‚Community'. Regierungskommunikation dient in diesem Kontext hauptsächlich der Rückversicherung, Aktualisierung und Vertiefung einer apriorischen sicherheitspolitischen Übereinkunft von Experten und weniger der Werbung um Zuspruch für Regierungshandeln. Sicherheitspolitische Kommunikation bleibt weithin Expertenkommunikation, die eher die Ausgestaltung als die Akklamation von Politik zum Gegenstand hat (Prayon 1998: 525).

Informations- und Meinungslage

Effektive und responsive Informationsarbeit setzt eine umfassende Kenntnis öffentlicher und veröffentlichter Meinungs- und Stimmungsbilder zu relevanten Themen voraus, die durch die Fähigkeit zur Feststellung der Informationslage (Presseauswertung, Medienmonitoring und -evaluation, wissenschaftliche Grundlagenarbeit etc.) gewährleistet wird (BMVg Vorl konz Gdlg InfoA GB BMVg 2014: 21, 23). Dazu gehören die Früherkennung von Themen (‚Issue Management') und potentiellen Krisen, die besondere Chancen und Risiken für die Informationsarbeit bergen. Ein Sprecher von Regierung oder Ministerium – Personalien, die direkt von der Kanzlerin oder dem jeweiligem Minister verfügt werden und damit eine hohe persönliche Bindung bedingen – ist immer zugleich ein Hörer öffentlicher Wahrnehmungen, Regierungskommunikation ist damit nach außen Sprachrohr, nach innen darüber hinaus Sensor und Filter (Gebauer 1998: 468).

Politische Erwartungen von Öffentlichkeit und Medien an die Regierung erzeugen Handlungsdruck, sind also in der Regierungskommunikation zu berücksichtigen und aufzunehmen, um die Anschlussfähigkeit und Responsivität von Regierungshandeln zu ermöglichen. Freilich darf von der grundsätzlichen Dialogfähigkeit der Regierung und der Bevölkerung nicht auf deren tatsächliche Dialogwilligkeit geschlossen werden. Die übergroße Mehrheit der Empfänger ergreift trotz niedriger kommunikativer Hemmschwellen, zum Beispiel in sozialen Medien, keinerlei Initiative, über ein passives Wahrnehmen von Information hinaus in einen tatsächlichen Austausch mit dem Sender zu treten. Aufgrund ihres starken Verlautbarungscharakters sind die partizipativen und dialogischen Elemente der Regierungskommunikation ohnehin eher Forderung als Beschreibung, tatsächliche Rückkopplungen finden trotz vorhandener Möglichkeiten für den Empfänger und Bereitschaft der Sender zur Interaktion allenfalls in Form digitaler ‚Kommentare‘ statt. Der geringe Stellenwert von Sicherheits- und mehr noch Verteidigungspolitik in der öffentlichen Wahrnehmung der meisten Deutschen trägt ein Übriges zur Marginalisierung entsprechender Informationsarbeit bei.

Als besonders kritisch erweist sich hier die Kompatibilität von militärischer und ziviler Kommunikationskultur, die sich im spannungsreichen Verhältnis von Abschirmung und Offenheit widerspiegelt. Als auf Schutz und Sicherheit ausgerichtete Organisation sozialisiert die Bundeswehr ihre Angehörigen im Sinne einer Mentalität der Verschwiegenheit und ‚Funkdisziplin‘. Kommunikative Verschlossenheit über militärische Vorgänge ist als Gebot der Operationssicherheit internalisiert und hier ebenso sinnvoll wie unabdingbar. Im Bereich der politischen Informationsarbeit jedoch sind Transparenz und Auskunftsbereitschaft maßgeblich für die Zuschreibung von Glaubwürdigkeit (Prayon 1998: 529). Der Erfolg von Regierungskommunikation im Geschäftsbereich BMVg bemisst sich auch an deren Fähigkeit, zivile Kommunikationslogik und Medienmechanismen zu erfassen und in die eigene Arbeit zu inkorporieren anstatt jene zu ‚militarisieren‘. Freilich ist ein kommunikativ stark abgeschlossenes System wie das der Streitkräfte besonders anfällig für Indiskretionen, die die Regierungskommunikation zur reaktiven Krisenkommunikation nötigen (Mertes 2007: 20). Ähnliches gilt für den ‚strategischen Gefreiten‘ im Einsatz: die Skandalanfälligkeit einer Armee steigt mit der Verfügbarkeit neuer Technologien zur Dokumentation und Verbreitung der Handlungen und Verfehlungen Einzelner und hat handfeste politische Konsequenzen. Feldpost und Regierungskommunikation können sich durchaus in einem Spannungsverhältnis befinden, dessen Öffentlichwerden Letztere unterminieren kann.

Krisenkommunikation

Es liegt in der Natur des Politikfeldes Sicherheit und Verteidigung, allen voran dem Einsatz der Streitkräfte, dass der überwiegend reaktiven Krisenkommunikation eine quasi institutionalisierte Rolle im Rahmen der Informationsarbeit zufällt, insofern das parlamentarische Mandat zum Militäreinsatz zumeist Antwort auf und damit Resultat einer auswärtigen politischen oder humanitären Krise ist. Es gilt das Primat der Politik und damit das Primat des Zivilen, weshalb die militärische Kommunikation der politischen nachgeordnet sein muss. Unter die Krisenkommunikation fällt die Unterrichtung der Öffentlichkeit über sicherheitsrelevante Vorkommnisse in den deutschen Kontingenten, also etwa Tod und Verwundung, aber auch die kommunikative Reaktion auf Skandale (Totenkopffotos in Afghanistan, 2006) und Kontroversen (Angriff auf Tanklaster bei Kundus, 2009). Als oberster Dienstherr steht das BMVg in der Pflicht, die Aufklärung potentieller Verfehlungen deutscher Soldaten vollumfänglich und öffentlich zu veranlassen sowie politische Bewertungen des Einsatzgeschehens vor dem Hintergrund von Regierungsentscheidungen und strategischen Rahmenbedingungen, allen voran der Bündnispflichten, vorzunehmen.

„Grundsätzlich erfolgt die Information der Leitung BMVg bzw. der militärischen Führung sowie des parlamentarischen Bereichs [über bedeutsame Ereignisse im Einsatz jedoch, F. S.] zeitlich vor der Information von Medien und Öffentlichkeit." (BMVg ZDv A-600/1 2014: 34)

Hiervon unmittelbar berührt wird neben dem gesamtverantwortlichen Presse-/Informationsstab des BMVg die Informationsarbeit des Einsatzführungskommandos der Bundeswehr, das originär für die Planung, Führung und Auswertung der Einsätze im Ausland verantwortlich zeichnet. Im Einsatz selbst wird keine regierungsamtliche Öffentlichkeitsarbeit betrieben, wohl aber Pressearbeit. Dabei ist zum einen zu berücksichtigen, dass gerade im Einsatz internationale Presse bedient werden muss, die womöglich nach anderen Gesichtspunkten Themen setzt und mit anderen professionellen Standards arbeitet. Zum anderen ist bei multilateralen Einsätzen, und nur solche führt die Bundeswehr im Ausland durch, eine einheitliche Sprachregelung der beteiligten Nationen zu gewährleisten, was eine gemeinsame und abgestimmte, also in den Führungsprozess integrierte Informationsarbeit erforderlich macht. Der Vorsatz, wonach erst die politische und militärische Führung und dann die Öffentlichkeit zu informieren seien, ist angesichts der Schnelligkeit internationaler medialer Berichterstattung, bei der Geschwindigkeit gleichbedeutend ist mit Exklusivität, nur schwer einzulösen. Im Wettrennen um Aufmerksamkeit treten Medien in Konkurrenz zu regierungsamtlichen Akteuren und werden selbst Konfliktpartei, indem sie die Politik zum Handeln zwingen können (‚CNN Effekt').

Verfassungsrechtlich relevant für die Informationsarbeit im Bereich Einsatz ist – jenseits von unstrittigen humanitären Hilfseinsätzen im Innern (z. B. Flutkatastrophen) – gerade deren Auslandsbezug.

„[D]ie Aufgabe der Staatsleitung und der von ihr als integralem Bestandteil umfassten Informationsarbeit der Bundesregierung [...] Ausdruck ihrer gesamtstaatlichen Verantwortung [ist]. [...] Der Bund ist zur Staatsleitung insbesondere berechtigt, wenn Vorgänge wegen ihres Auslandsbezugs oder ihrer länderübergreifenden Bedeutung überregionalen Charakter haben und eine bundesweite Informationsarbeit der Regierung die Effektivität der Problembewältigung fördert. In solchen Fällen kann die Bundesregierung den betreffenden Vorgang aufgreifen, gegenüber Parlament und Öffentlichkeit darstellen und bewerten [...]." (BVerfGE 105, 252)

Hier ist zugleich eine Grenze zur ebenfalls stattfindenden Regierungskommunikation auf Länderebene gezogen. Da die Aufstellung und der Unterhalt von Streitkräften hoheitliche Aufgaben des Bundes sind, ist sicherheits- und verteidigungspolitische Regierungskommunikation stets Bundesregierungskommunikation.

Allgemein lässt sich demnach ein einsatzbedingt erhöhter Informationsbedarf der Öffentlichkeit feststellen, der abermals den Befund nährt, dass das öffentliche Interesse eher dem konkreten militärischen Tagesgeschäft als Anwendungsfall deutscher Sicherheitspolitik gilt als der allgemeinen Erörterung der ‚großen Linien' deutscher Sicherheits- und Verteidigungspolitik, wie sie u.a. im Weißbuch von 2006 und den Verteidigungspolitischen Richtlinien von 2011 abgebildet sind. Darunter fallen – in Ermangelung einer tatsächlichen Strategie – etwa der Verzicht auf einen ‚deutschen Sonderweg' oder militärischen Alleingang, die universelle Anerkennung der Menschenrechte sowie das Primat des Völkerrechts zur Regelung der Außenbeziehungen von Staaten. Jene über Jahrzehnte gewachsenen Grundpfeiler der vor allem zivil angelegten deutschen Sicherheitspolitik machen nicht nur deren Komplexität und Kontingenz durch entsprechende narrative Einbindung, ‚gebetsmühlenhafte' Wiederholung und Verstetigung bewältigbar, sondern bilden den argumentativen Korridor für langfristige Kommunikationsziele. Die Kohärenz von sicherheits- und verteidigungspolitischer Regierungskommunikation wächst mit ihrer Kontinuität.

Reformkommunikation

Neben dem Einsatz und der Einsatzbereitschaft ist die Reform bestimmendes Großthema der Bundeswehr, vor allem die seit 2010 vorgenommene Neuausrichtung oder die unlängst initiierte ‚Agenda Attraktivität'. Reformkommunikation richtet sich stärker als die Krisenkommunikation proaktiv nach innen, an die Betroffenen selbst und wird damit öffentlich und medial weniger registriert. Während die Krisenkommunikation entlang der hier vorgeschlagenen Definition der Informationspolitik zuzuschreiben ist, ist die Reformkommunikation Gegenstand der regierungsamtlichen Informationsarbeit. Offensichtlich ist das aktive, mithin konstruktive oder kritische Interesse an der Reformkommunikation ursächlich abhängig vom Grad der individuellen Betroffenheit (oder aber des dadurch ausgelösten Schocks/Tabubruches), so werden beispielsweise mit einer Rentenreform eine größere Reichweite und breitere Diskussion einher gehen als mit Inhalten, die fernab der jeweiligen Lebenswirklichkeit liegen. Eine konzertierte Reformkommunikation, die eine solide hauseigene Kampagnenfähigkeit voraussetzt, welche allerdings in der Informationsarbeit der Bundeswehr nicht strukturell angelegt ist, bietet wiederum die Gelegenheit, organisatorischen Wandel positiv zu besetzen und somit dessen unverzichtbare interne Unterstützung und externe Anerkennung aktiv zu befördern. Die Grenzen der Kommunizierbarkeit verweisen hier mehr als andernorts auf die Grenzen der Durchführbarkeit: Initiativen, deren Planung keine umfangreiche kommunikative Begleitung und fortwährende Erklärung als Kernstück der angestrebten Veränderungen vorsieht, sind zum Scheitern verurteilt.

Der professionelle Umgang mit Krisen und Reformen stärkt das Vertrauen der Gesellschaft und Angehörigen in die Lösungskompetenz und Leistungsstärke der Bundeswehr und dient damit letztlich der Imagebildung, die wiederum Voraussetzung für personalwerblichen Erfolg ist. Dennoch müssen Krisen- und Reformkommunikation freilich mehr als aus der Not geborene kommunikative Kür sein, um als Führungsinstrument volle Wirkung zu entfalten. Sie müssen konsequent an den entsprechenden regierungsamtlichen Vorgaben ausgerichtet werden, die sie – direkt und indirekt – selbst abbilden müssen, damit sie nicht bloßer Selbstzweck zu werden drohen.

Im Gegensatz zu Krisen sind Reformen das direkte und vor allen Dingen beabsichtigte Resultat von Regierungsentscheidungen, ihre kommunikative Darstellung ist also Regierungskommunikation, auch wenn sie im jeweiligen Geschäftsbereich nur mittelbar politikfeldspezifisch sind. Gerade die Reformkommunikation erfordert eine perspektivische, auf intendierte und antizipierte Entwicklungen Bezug nehmende Informationsarbeit, um Wandel mitzugestalten anstatt nur kommentierend zu verwalten.

„Regierungsamtliche Öffentlichkeitsarbeit war herkömmlich insbesondere auf die Darstellung von Maßnahmen und Vorhaben der Regierung, die Darlegung und Erläuterung ihrer Vorstellungen über künftig zu bewältigende Aufgaben und die Werbung um Unterstützung bezogen. Informationshandeln unter heutigen Bedingungen geht über eine solche Öffentlichkeitsarbeit vielfach hinaus. So gehört es in einer Demokratie zur Aufgabe der Regierung, die Öffentlichkeit über wichtige Vorgänge auch außerhalb oder weit im Vorfeld ihrer eigenen gestaltenden politischen Tätigkeit zu unterrichten." (BVerfGE 105, 279 (2002))

Die mit großer ministerieller Entschlossenheit betriebene Vermittlung der Attraktivitätsagenda etwa ist erklärtes Ziel der als sehr medienkompetent und –präsent geltenden Ministerin und wird als ‚Chefsache' personalisiert. Obwohl der implizite personalwerbliche Charakter der Agenda offenkundig ist und sie damit per se nicht als politische Kommunikation zu verorten wäre, handelt es sich doch in erster Linie um eine organisatorische Binnenmaßnahme. Die regierungsamtliche Ansprache der Bundeswehrangehörigen verfolgt das Ziel, Regierungsentscheidungen zu erklären und um Unterstützung und Folgebereitschaft zu werben. In den Massenmedien wurde die Agenda vor allem von ehemaligen hochrangigen Bundeswehrangehörigen verschiedentlich auf die Anschaffung von Flachbildschirmen verkürzt und als ‚echte' militärische Notwendigkeiten ignorierend kritisiert. Gleichwohl ist die mit zahlreichen untergesetzlichen und gesetzlichen Maßnahmen (Führungskultur, Balance Familie und Dienst, Arbeitsautonomie, Karriereplanung usw.) angestrebte Attraktivitätssteigerung des Arbeitgebers Bundeswehr eben gerade keine kosmetische Korrektur, sondern Signal und Mittel, bestehendes Personal zu fördern und zu halten sowie qualifizierten Nachwuchs zu gewinnen. Ein leistungsfähiger, motivierter und loyaler Personalkörper ist *conditio sine qua non* für die Auftragserfüllung und Durchhaltefähigkeit der Bundeswehr. In anderen Worten: sollte es nicht gelingen, wirksame Anreize zu schaffen, um den Dienst in der Bundeswehr dauerhaft attraktiv zu gestalten, werden Reproduktionsfähigkeit, Demographiefestigkeit und damit der Fortbestand der Bundeswehr in ihrer jetzigen Form mittel- und langfristig in beträchtlichen Zweifel gezogen werden müssen. Die Reform würde sich zu eben jener Krise auswachsen, die zu beseitigen sie sich ursprünglich zum Anlass genommen hat. Gescheiterte Reformkommunikation wird abermals Krisenkommunikation.

Daraus folgt, dass durchaus Inhalte jenseits des eigentlichen ‚Tellerrandes' der Sicherheits- und Verteidigungspolitik Gegenstand der Regierungskommunikation im Geschäftsbereich BMVg werden können. Die nicht unmittelbar offenkundige Verflechtung von Agenda Attraktivität und Sicherheitspolitik etwa gilt es in der Planung und Durchführung der begleitenden Kommunikation angemessen zu berücksichtigen.

Metakommunikation

Regierungskommunikation entspricht ihrem Informationsauftrag durch die informationelle und kommunikative Einordnung von Regierungsentscheidungen in Staatsziele. Das regierungsamtliche Sprechen über politische Entscheidungen ist selbst politisches Handeln. Eine glaubwürdige Regierungskommunikation muss daher ihre politischen Entstehungs- und Funktionsbedingungen und gegebenenfalls die eigenen Interdependenzen und Grenzen offenlegen und ist damit zunehmend Metakommunikation (Sarcinelli 2005: 259). Die Regierungskommunikation im Geschäftsbereich BMVg bildet dabei trotz ihrer geschilderten Eigen- und Besonderheiten keine Ausnahme, weshalb gerade die hauseigenen Fähigkeiten zur wissenschaftlichen Grundlagenarbeit verstärkt mit den hier nur skizzierten Herausforderungen und Möglichkeiten befasst, zur Empfehlung aufgefordert und schließlich gehört werden sollten.

Literaturverzeichnis

Bredow, W. von (2008). Akzeptanz ohne Verbindlichkeit: Die deutsche Sicherheitspolitik im zivilgesellschaftlichen Diskurs. In Ose, D. und Biehl, H. (Hrsg.), *Sicherheitspolitische Kommunikation im Wandel*. Baden-Baden: Nomos (83–97).

Buch, D., J. Schulz und N. Zowislo-Grünewald (Hrsg.) (2011). *Den Krieg erklären. Sicherheitspolitik als Problem der Kommunikation*. Frankfurt am Main: Lang.

Bundesministerium der Verteidigung (28.01.2008). *Zentrale Dienstvorschrift A-2600/1: Innere Führung, Selbstverständnis und Führungskultur*.

Bundesministerium der Verteidigung (01.07.2013). *Konzeption der Bundeswehr*.

Bundesministerium der Verteidigung (25.04.2014). *Zentrale Dienstvorschrift A-600/1: Informationsarbeit*.

Bundesministerium der Verteidigung (30.04.2014). *Vorläufige konzeptionelle Grundlagen der Informationsarbeit im Geschäftsbereich BMVg*.

Bundesministerium der Verteidigung (10.06.2014). *Jahresbericht der Jugendoffiziere der Bundeswehr 2013*.

Bundesverfassungsgericht (19.07.1966). *BVerfGE 20, 56 Parteienfinanzierung I*.

Bundesverfassungsgericht (02.03.1977). *BVerfGE 44, 125 Öffentlichkeitsarbeit der Bundesregierung*.

Bundesverfassungsgericht (26.06.2002). *BVerfGE 105, 252 Glykol*.

Bundesverfassungsgericht (26.06.2002). *BVerfGE 105, 279 Osho*.

Christlich Demokratische Union Deutschlands, Christlich Soziale Union Deutschlands und Sozialdemokratische Partei Deutschlands (2013). *Deutschlands Zukunft gestalten. Koalitionsvertrag zwischen CDU, CSU und SPD für die 18. Legislaturperiode*. Berlin.

Diermann, M. (2011). *Regierungskommunikation in modernen Demokratien. Eine modellbasierte Analyse sozialpolitischer Diskurse im internationalen Vergleich.* Wiesbaden: VS Verlag für Sozialwissenschaften.

Gasde, S. (2006). Reformkommunikation unter der Regierung Schröder. In Köhler, M. (Hrsg.), *Handbuch Regierungs-PR. Öffentlichkeitsarbeit von Bundesregierungen und deren Beratern.* Wiesbaden: VS Verlag für Sozialwissenschaften (411–22).

Gebauer, K.-E. (1998). Regierungskommunikation. In Jarren, O., U. Sarcinelli und U. Saxer (Hrsg.), *Politische Kommunikation in der demokratischen Gesellschaft.* Wiesbaden: VS Verlag für Sozialwissenschaften (464–472).

Heinze, J. (2012). *Regierungskommunikation in Deutschland. Eine Analyse von Produktion und Rezeption.* Wiesbaden: VS Verlag für Sozialwissenschaften.

Jäger, T. und H. Viehrig (Hrsg.) (2009). *Sicherheit und Medien.* Wiesbaden: VS Verlag für Sozialwissenschaften.

Jarren, O., U. Sarcinelli und U. Saxer (Hrsg.) (1998). *Politische Kommunikation in der demokratischen Gesellschaft.* Wiesbaden: VS Verlag für Sozialwissenschaften.

Kamps, K. und J.-U. Nieland (Hrsg.) (2006). *Regieren und Kommunikation. Meinungsbildung, Entscheidungsfindung und gouvernementales Kommunikationsmanagement: Trends, Vergleiche, Perspektiven.* Köln: Von Halem.

Kocks, J. N. und J. Raupp (2014). Rechtlich-normative Rahmenbedingungen der Regierungskommunikation – ein Thema für die Publizistik- und Kommunikationswissenschaft. *Publizistik* 59(3): 269–284.

Köhler, M. (Hrsg.) (2006). *Handbuch Regierungs-PR. Öffentlichkeitsarbeit von Bundesregierungen und deren Beratern.* Wiesbaden: VS Verlag für Sozialwissenschaften.

Körber Stiftung (2014). *Einmischen oder zurückhalten? Ergebnisse einer repräsentativen Umfrage von TNS Infratest Politikforschung zur Sicht der Deutschen auf die Außenpolitik.* Berlin.

Kreyher, V.-J. (Hrsg.) (2004). *Handbuch politisches Marketing. Impulse und Strategien für Politik, Wirtschaft und Gesellschaft.* Baden-Baden: Nomos.

Löffelholz, M. (Hrsg.) (2004). *Krieg als Medienereignis II. Krisenkommunikation im 21. Jahrhundert.* Wiesbaden: VS Verlag für Sozialwissenschaften.

Löffelholz, M. (2008). Medien als ‚Mediatoren‘?: Entstehung, Inhalte und Folgen der sicherheitspolitischen Berichterstattung. In Ose, D. und Biehl, H. (Hrsg.), *Sicherheitspolitische Kommunikation im Wandel.* Baden-Baden: Nomos (123–31).

Löffelholz, M., C. Auer und K. Schleicher (2012). Vorsichtige Annäherung: Die Beziehungen der Bundeswehr zu den Medien vom Ende des Kalten Krieges bis heute. *Militärgeschichtliche Zeitschrift* 70(1): 69–84.

Lucht, J. (2009). Öffentlich-rechtlicher Rundfunk in der Demokratie. *APuZ* (9-10): 26–32.

Marx, S. (2008). *Die Legende vom Spin Doctor. Regierungskommunikation unter Schröder und Blair.* Wiesbaden: VS Verlag für Sozialwissenschaften.

Mertes, M. (2007). Regierungskommunikation in Deutschland: komplexe Schranken. In Weidenfeld, W. (Hrsg.), *Reformen kommunizieren. Herausforderungen an die Politik.* Gütersloh: Verlag Bertelsmann-Stiftung (17–35).

Mok, K. (Hrsg.) (2010). *Politische Kommunikation heute. Beiträge des 5. Düsseldorfer Forums Politische Kommunikation.* Berlin: Frank & Timme.

Ose, D. und H. Biehl (Hrsg.) (2008). *Sicherheitspolitische Kommunikation im Wandel.* Baden-Baden: Nomos.

Pfetsch, B. (1998). Regieren unter den Bedingungen medialer Allgegenwart. In Sarcinelli, U. (Hrsg.), *Politikvermittlung und Demokratie in der Mediengesellschaft.* Bonn: Bundeszentrale für politische Bildung (233–53).

Pfetsch, B. (2003). Regierung als Markenprodukt. Moderne Regierungskommunikation auf dem Prüfstand. In Sarcinelli, U. und J. Tenscher (Hrsg.), *Machtdarstellung und Darstellungsmacht. Beiträge zu Theorie und Praxis moderner Politikvermittlung.* Baden-Baden: Nomos (23–32).

Prayon, H. (1998). Sicherheitspolitische Kommunikation. In Jarren, O., U. Sarcinelli und Saxer, U. (Hrsg.), *Politische Kommunikation in der demokratischen Gesellschaft.* Wiesbaden: VS Verlag für Sozialwissenschaften (525–30).

Reeb, H.-J. (2004). Öffentlichkeit als Teil des Schlachtfeldes. In Löffelholz, M. (Hrsg.), *Krieg als Medienereignis II. Krisenkommunikation im 21. Jahrhundert.* Wiesbaden: VS Verlag für Sozialwissenschaften (197–213).

Reinhold, K. (2009). *Speaking with one voice? Ein Vergleich der Regierungskommunikation in Grossbritannien und Deutschland.* Berlin: Universitätsverlag der TU Berlin.

Samulowitz, K. (2008). Die Rolle der Jugendoffiziere im System der Informationsarbeit der Bundeswehr. In Ose, D. und Biehl, H. (Hrsg.), *Sicherheitspolitische Kommunikation im Wandel.* Baden-Baden: Nomos (170–82).

Sanders, K., M. J. Canel Crespo und C. Holtz-Bacha (2011). Communicating Governments: A Three-Country Comparison of How Governments Communicate with Citizens. *The International Journal of Press/Politics* 16(4): 523–547.

Sarcinelli, U. (Hrsg.) (1998). *Politikvermittlung und Demokratie in der Mediengesellschaft.* Bonn: Bundeszentrale für politische Bildung.

Sarcinelli, U. (2005). *Politische Kommunikation in Deutschland. Zur Politikvermittlung im demokratischen System.* Wiesbaden: VS Verlag für Sozialwissenschaften.

Sarcinelli, U. und J. Tenscher (Hrsg.) (2003). *Machtdarstellung und Darstellungsmacht. Beiträge zu Theorie und Praxis moderner Politikvermittlung.* Baden-Baden: Nomos.

Schemer, C. (Hrsg.) (2010). *Politische Kommunikation. Wahrnehmung, Verarbeitung, Wirkung.* Baden-Baden: Nomos.

Sievert, H. (Hrsg.) (2014). *Social-Media-Kommunikation nationaler Regierungen in Europa. Theoretische Grundlagen und vergleichende Länderanalysen.* Wiesbaden: Springer.

Stier, S. (2012). *Die Bedeutung des Internets als Medium der politischen Kommunikation in Deutschland und den USA. Eine vergleichende Fallstudie.* Münster: Lit.

Stoltenow, S. (2011). Kriegsbilder – die Medialisierung des Militärischen. In Buch, D., J. Schulz und N. Zowislo-Grünewald (Hrsg.), *Den Krieg erklären. Sicherheitspolitik als Problem der Kommunikation.* Frankfurt am Main: Lang (147–164).

Theiler, O. (2009). Die Eigendarstellung staatlicher Sicherheitsakteure in den Medien: Das Beispiel der Bundeswehr. In Jäger, T. und Viehrig, H. (Hrsg.), *Sicherheit und Medien*. Wiesbaden: VS Verlag für Sozialwissenschaften (25–34).

Theiler, O. und U. Albrecht (Hrsg.) (2001). *Deutsche Interessen in der sicherheitspolitischen Kommunikation. Tagungsband zum 7. Strausberger Symposium vom 28. bis 30. Juni 2000*. Baden-Baden: Nomos.

Trussler, M. und S. Soroka (2014). Consumer Demand for Cynical and Negative News Frames. *The International Journal of Press/Politics* 19(3): 360–79.

Vogel, M. (2010). *Regierungskommunikation im 21. Jahrhundert. Ein Vergleich zwischen Großbritannien, Deutschland und der Schweiz*. Baden-Baden: Nomos.

Wagner, A. und H. Biehl (2013). Bundeswehr und Gesellschaft. *Aus Politik und Zeitgeschichte* 63(44): 23–30.

Weidenfeld, W. (Hrsg.) (2007). *Reformen kommunizieren. Herausforderungen an die Politik*. Gütersloh: Verlag Bertelsmann-Stiftung.

Embedded Journalist Reversed: Ulrich de Maizière alias „Cornelius"

John Zimmermann

Einleitung

Ulrich de Maizière gilt heute zusammen mit Wolf Graf Baudissin und Johann Adolf Graf von Kielmansegg als einer der Väter der Inneren Führung und wichtigster Generalinspekteur in der Geschichte der Bundeswehr. Weiten Kreisen der westdeutschen Gesellschaft wurde er insbesondere dadurch bekannt, dass er sich als erster Inspekteur des Heeres überhaupt ins deutsche Fernsehen gewagt hat. In einem einstündigen Interview in der Fernsehreihe *Zur Person* stellte er sich im Mai 1965 dem renommierten politischen Journalisten Günter Gaus. Vergleichsweise unbekannt ist indes, dass er bereits seit Jahresbeginn 1955 ein- bis zweimal pro Monat militärpolitische Artikel für die *Kölnische Rundschau (Bonner Rundschau)* veröffentlichte. Über ein Jahrzehnt lang prägte er unter seinem Pseudonym „Cornelius" die militär- und sicherheitspolitische Berichterstattung dieses Blattes. Erst als Generalinspekteur beendete er diese Tätigkeit.

De Maizière hatte sich für diese Aufgabe empfohlen, weil er bereits seit 1954 zusammen mit anderen in öffentlichen Vorträgen für die neue westdeutsche Armee bzw. den westdeutschen Wehrbeitrag warb. Damit kann er zu den ersten bundesdeutschen Soldaten gerechnet werden, die offensiv den Kontakt zu Öffentlichkeit und Medien suchten. Soweit bis heute bekannt, war er zudem aber der erste, der dies als Journalist getarnt über einen so langen Zeitraum und angeblich unerkannt umsetzte. Insofern kann er als der erste „embedded journalist", freilich unter umgekehrten Vorzeichen, bezeichnet werden: Er war als Soldat bei den Journalisten „eingebettet".

Im Folgenden werde ich deswegen zwei Fragen nachgehen: zum einen, was die Führung der Bundeswehr auf der einen und die *Kölnische Rundschau* auf der anderen Seite dazu bewogen hatte, diesen Versuch zu wagen, zum anderen, wie dieses Engagement die steile Karriere Ulrich de Maizières beeinflusste. Seine mediale Vernetzung und die damit verbundenen Darstellungsmöglichkeiten dürften, so die Anfangsvermutung, wenigstens hilfreich gewesen sein. Von besonderem Interesse sind dabei die Themen, die von ihm besetzt worden sind.

Insgesamt handelt es sich im vorliegenden Fall um ein plastisches Beispiel für die Medienarbeit der jungen Bundeswehr, noch dazu um ein besonders spektakuläres, weil es im Geheimen ablief. Das heute umfassend praktizierte Verfahren des „embedded journalist" wurde von der US-amerikanischen Regierung bekanntlich während des 3. Irak-Krieges 2003 eingeführt, um den medialen Druck auf die eigene Informationspolitik zu kanalisieren und gleichzeitig zu lenken[1]. Im Falle de Maizières alias Cornelius verhielt es sich ähnlich, aber ungleich: Der Soldat Ulrich de Maizière war einerseits frei in seiner Themenwahl, blieb andererseits aber als Journalist getarnt. Darüber hinaus zeigt sich an diesem Beispiel anschaulich, wie sehr die Geschichte der Bundesrepublik bislang zu Unrecht größtenteils ohne Berücksichtigung ihres Militärs geschrieben worden ist[2]. Hat der Staat an sich seine Entstehung nicht zuletzt militär- und sicherheitspolitischen Entwicklungen zu verdanken, so gestalteten ihn auch seine Staatsbürger in Uniform von Anfang an mit, individuell wie institutionell.

Die Idee zu „Cornelius"

Als er zu Beginn des Jahres 1950 in das sogenannte Amt Blank eingestellt wurde, hatte der 1912 geborene Ulrich de Maizière einen vergleichsweise typischen Lebensweg für seine Generation in Deutschland hinter sich[3]. Den Vater im Ersten Weltkrieg verloren, wuchs er zusammen mit einem älteren Bruder und zwei jüngeren Schwestern in einem protestantisch-bildungsbürgerlichen Frauenhaushalt in Hannover auf. Nach seinem Abitur 1930 überraschte er sein gesamtes Umfeld damit, eine Offizierskarriere bei

---

1 Siehe dazu grundsätzlich Howard Tumber/Jerry Palmer, Media at war - The Iraq Crisis. London 2008, und John Byrne Cooke, Reporting The War - Freedom of the Press from the American Revolution to the War on Terrorism. New York 2007.

2 Edgar Wolfrum, Die geglückte Demokratie. Geschichte der Bundesrepublik Deutschland von ihren Anfängen bis zur Gegenwart. Bonn 2007 (=Schriftenreihe der Bundeszentrale für politische Bildung, 641); Bernd Stöver, Die Bundesrepublik Deutschland. Darmstadt 2002 (=Kontroversen um die Geschichte); Marie-Luise Recker, Geschichte der Bundesrepublik Deutschland. München 2002; Manfred Görtemaker, Geschichte der Bundesrepublik Deutschland. Von der Gründung bis zur Gegenwart, München 1999; Rudolf Morsey, Die Bundesrepublik Deutschland. Entstehung und Entwicklung bis 1969, München 1995.

3 Siehe grundsätzlich sowie zum Folgenden John Zimmermann, Ulrich de Maizière. General der Bonner Republik, 1912-2006. München 2012.

der Reichswehr anzustrengen. Bis dahin hatte der musisch begabte, sportlich eher untalentierte und körperlich schwächelnde de Maizière eher als Nachwuchshoffnung für den musikalischen Bereich gegolten. Dass er dennoch die Familientradition fortsetzte, in den Staatsdienst zu treten, entsprang ganz praktischen Überlegungen in Zeiten der Weltwirtschaftskrise. Folgerichtig tat er sich in der teilweise menschenfeindlichen Ausbildungspraxis der Reichswehr anfangs sehr schwer, setzte sich aber durch und gelangte 1935 an die Spitze seines Jahrgangs. 1939 zog er als Hauptmann und Regimentsadjutant in den Zweiten Weltkrieg, in dem er – unterbrochen durch die Generalstabsausbildung an der Dresdner Kriegsakademie – vornehmlich in Stabsverwendungen diente, ab Anfang Februar 1945 schließlich als Ia der Operationsabteilung im Generalstab des Heeres. Dort erlebte er das Kriegsende im Mai 1945 und ging mit der letzten Reichsregierung unter Großadmiral Karl Dönitz in britische Kriegsgefangenschaft, aus der er erst 1947 zurückkehrte.

Zurück in der Zivilgesellschaft absolvierte de Maizière zunächst eine Lehre als Buchhändler in Hannover, nach deren Abschluss er von seinem Kriegskameraden Kielmansegg für das „Amt Blank" angeworben wurde. Damit begann im Januar 1951 seine zweite militärische Karriere, die deutlich steiler verlaufen sollte als die erste. 1955 als Oberst in die neu aufgestellte Bundeswehr übernommen, avancierte er bis 1966 zum Generalinspekteur der jungen westdeutschen Streitkräfte. Schon aus dieser Tatsache heraus stellt sich die Frage, wie ein derart rasanter Aufstieg zu erklären und zu bewerten ist.

Ersten Ergebnissen zufolge zeichneten dafür nicht zuletzt diverse Netzwerke verantwortlich, denen er entweder angehörte oder die er selbst aufbaute bzw. miteinander verwob[4]. Dazu gehörten vor allem die Verbindungen der ehemaligen Angehörigen des Generalstabes des Heeres in der Wehrmacht, die sich in der bundesrepublikanischen Kriegsfolgegesellschaft regelmäßig trafen, und diejenigen seines Offizier-Jahrgangs 1930, dem nicht weniger als 20 Generale der Bundeswehr entstammten und der deswegen der „regierende" Jahrgang genannt worden ist.[5] Bei der Übernahme in die Bundeswehr erfüllten diese Netzwerke ebenso ihre Funktion wie

---

4 Siehe dazu ausführlich Zimmermann, General.
5 Kameradenkreis (KK) Bonn Jg. 30/Albert Schnez, Rundbrief, Dezember 2004, Privatarchiv Andreas de Maizière (PA AdM), Akte Jahrgang 1930. Etwas mehr als ein Drittel der rund 180 Angehörigen fiel im Zweiten Weltkrieg, 49 der Überlebenden sind später in die Bundeswehr eingetreten, 20 von ihnen erreichten Generalsdienstgrade, darunter die Generale Ulrich de Maizière und Jürgen Bennecke sowie die vier Generalleutnante Albert Schnez, Karl Wilhelm Thilo, Anton Detlev von Plato

bei der Beeinflussung der öffentlichen Diskussion seit der sogenannten Wiederbewaffnungsdebatte.[6] Ab 1958 war de Maizière zudem Rotarier und traf in den jeweiligen „Clubs" nach eigener Aussage auf Männer in „leitenden Stellungen unterschiedlicher Berufe"; auch Rotarier ist er lebenslang geblieben[7].

Das Engagement als „Cornelius"

Von Beginn seiner Zeit im „Amt Blank" an gehörte Ulrich de Maizière zu jenen, welche die neue Führungsphilosophie der Inneren Führung nachdrücklich unterstützten. Unermüdlich warb er auch in der Öffentlichkeit für die neuen Streitkräfte. Dabei legte er allerdings Wert auf die Feststellung, dass das „Ob" des deutschen Verteidigungsbeitrags eine Frage sei, die die Politik zu beantworten habe, während sich die ehemaligen und bald erneut Dienst leistenden Soldaten auf das „Wie" eines solchen Beschlusses zu beschränken hätten[8]. Allein zwischen Sommer 1954 und Ende 1957 will de Maizière an etwa 70 solchen Vortragsveranstaltungen teilgenommen haben.[9] Darüber hinaus verfasste er seit Jahresbeginn 1955 eben jene militärpolitischen Artikel in der *Kölnischen Rundschau* (*Bonner Rundschau*) –

---

und Otto Uechtritz. Die komplette namentliche Liste des Jahrgangs 1930 findet sich als Auszug aus der Dienstaltersliste zur Stellenbesetzung vom 1.8.1934 in PA AdM, Karton Ratsgymnasium, Neuruppin, Landsberg/Warthe, Sudetenland. Zum Jahrgang 1930 siehe 10. Offizier-Ergänzungsjahrgang des Reichsheeres (»Der Jahrgang 30«). In: Friedrich Doepner, Der Jahrgang 30 – 10. Offizier-Ergänzungslehrgang des Reichsheeres, Privatdruck [o.O.] 1980, S. 110–129. Dort finden sich auch die Listen zu den Überlebenden des Zweiten Weltkriegs sowie zu denjenigen in der Verwendung in der Bundeswehr inklusive der späteren Generale der Bundeswehr.

6 So z. B. am 19./20.5.1967. Siehe de Maizière an Hans-Henning von Christen, 23.1.1967, Bundesarchiv-Militärarchiv Freiburg (BArch), N 673/38. Für weniger begüterte Kameraden gab es für diese Treffen eigens einen „Reisekostenfonds", der seinerzeit von BG Dr.-Ing. Schönefeld betreut worden ist. Siehe Gen. a. D. Heusinger an die „Kameraden der ehemaligen Operationsabteilung des Generalstabes des Heeres", 30.1.1967, BArch, N 673/42. Zu weiteren Teilnehmern siehe GL a.D. Karl-Wilhelm Thilo an de Maizière, 3.4.1988; Kielmansegg an de Maizière, 2.6.1988, beide BArch, N 673/177; und de Maizière an GL a.D. Schmidt, 2.5.1967, BArch, N 673/51a.
7 Ulrich de Maizière, In der Pflicht. Lebensbericht eines deutschen Soldaten im 20. Jahrhundert. Herford, Bonn 1989, S. 220.
8 De Maizière, In der Pflicht, S. 180.
9 Rautenberg (1982: 174) zählte dagegen 57 Vortragsveranstaltungen.

einem Blatt, das sich unter seinem Gründer Dr. Reinhold Heinen zu einer CDU-nahen, aber parteiunabhängigen Zeitung entwickelt hatte, die gerade aus ihrem zeitweiligen Dissens mit der Adenauer-Regierung Renommee bezog.[10]

Heinen war es auch, der mit seiner Bitte an Theodor Blank um Vermittlung eines entsprechenden Experten bei diesem offene Türen einrannte. Blank selbst hatte schon geraume Zeit zuvor den Staatssekretär des Bundeskanzleramtes, Dr. Hans Globke, davon zu überzeugen versucht, dass „die Chance, die in dem großen Interesse der Öffentlichkeit liegt, [...] jetzt beschleunigt genutzt werden [sollte]". Seine Erfahrungen belegten ein erhebliches und stetig steigendes öffentliches Bedürfnis, in Fragen nach den Voraussetzungen, der Auswirkung und der Durchführung des Wehrbeitrags aufgeklärt zu werden. Weil seine Dienststelle den „täglich von den verschiedenen Organisationen, den allgemeinen Publikationsmitteln und Einzelpersonen" herangetragenen Wünschen „aus personellen und finanziellen Gründen nur in geringem Maße nachkommen" könne, regte Blank „eine systematische Planung und Arbeit [...] auf dem Gebiet der Wehraufklärung" an.[11] Insofern kam ihm Heinens Anfrage wie gerufen; vielleicht hatte er sie sogar lanciert. Jedenfalls sprach er de Maizière darauf an, und dieser erklärte sich nach der Zusage eines Pseudonyms umgehend dazu bereit. Das Pseudonym und dessen Geheimhaltung waren für ihn eine Grundvoraussetzung, „weil nur dann die Möglichkeit besteht, offen zu schreiben und auch einmal etwas Kritisches im Sinne der Soldaten zu sagen".[12]

Dass dies tatsächlich notwendig war, monierte ein Jahr später noch die FDP-Fraktion des Deutschen Bundestages gegenüber Bundeskanzler Dr. Konrad Adenauer. Hier führte man das schlechte Verhältnis zwischen Bundesverteidigungsministerium und Presse vor allen Dingen auf die dürftige Informationspolitik seitens der Regierung zurück. Dagegen schien den Freidemokraten „die Herstellung eines guten, publizistischen Klimas

---

10 Hans-Jürgen Rautenberg, Ulrich de Maizière. Stationen aus einem Soldatenleben. Eine biographische Skizze. In: Lothar Domröse (Hg.), Ulrich de Maizière. Stationen eines Soldatenlebens. Herford, Bonn 1982, S. 125-222, hier S. 174, zählte dagegen 57 Vortragsveranstaltungen. Zu Heinen siehe Rainer Moltmann, Reinhold Heinen (1894-1969). Ein christlicher Politiker, Journalist und Verleger, Düsseldorf 2005 (= Forschungen und Quellen zur Zeitgeschichte, 48).

11 Blank an Staatssekretär Bundeskanzleramt, Dr. Hans Globke, 12.4.1954, BArch, B 136/6824.

12 „Cornelius" an Standortkommandant Köln, OTL Schwarz, 19.10.1959, BArch, N 673/91.

bei der Aufstellung der deutschen Wehrmacht" von besonderer Bedeutung: „Gerade wenn der deutsche Soldat sich weder überbewertet noch deklassiert fühlen soll, wenn er kein Fremdkörper im Staat, sondern als ‚Soldat im Volk' und ‚Bürger in Uniform' empfunden werden soll, muss die Pressepolitik des Bundesministers für Verteidigung klüger gehandhabt werden, als dies bisher geschehen ist."[13] Dem versuchten nun die „Cornelius"-Artikel Rechnung zu tragen. Außer den jeweiligen Ministern, Staatssekretären, Generalinspekteuren und Pressesprechern soll angeblich niemand über dessen wahre Identität Bescheid gewusst haben[14] Hier sind allerdings Zweifel angebracht: Kielmansegg und Baudissin mussten de Maizière Ende der 1980er-Jahre daran erinnern, dass er selbst sie eingeweiht hatte, und kluge Köpfe im internationalen Bereich, wie General Lyman L. Lemnitzer, von 1963 bis 1969 Supreme Allied Commander Europe (SACEUR), ahnten wenigstens etwas.[15]

---

13 FDP-Fraktion des Deutschen Bundestages an Bundeskanzler Dr. Konrad Adenauer, 31.1.1956, BArch, B 136-6811.

14 De Maizière, In der Pflicht, S. 181 f., und einführend zu seiner „Zusammenstellung der ‚Cornelius-Artikel' vom März 1955 bis Dezember 1956", in: BArch, N 673/91.

15 Kielmansegg teilte de Maizière bei seiner Durchsicht des Manuskripts *In der Pflicht* mit: „S. 15, Zeile 27: Von Cornelius wusste ich durch Sie auch." Siehe Graf Kielmansegg, Anm. zu Kap. 3 (des Manuskripts von *In der Pflicht*) „Innenpolitische Arbeit und interne Probleme der Dienststelle Blank", Juni 1988, BArch, N 673/177. Baudissin schrieb de Maizière Ende August 1966, dass sich „Lemnitzer […] seinerzeit über einen Cornelius-Artikel, den die ‚Stars and Stripes' im Auszug brachten, erheblich gesorgt [hat]." Er habe sich zu Lemnitzers Beruhigung von General Moll „eine Erklärung für die US-Botschaft, Bonn" fernmündlich vorlesen lassen, „nach der der Inspekteur des Heeres diesen Artikel nicht geschrieben habe". Baudissin stellte de Maizière in diesem Zusammenhang „einen freundlichen, klärenden Brief anheim, der sich auf meinen Hinweis bezieht". Anfang September 1966 antwortete ihm de Maizière: „Ich möchte ungern General Lemnitzer von mir aus auf den CORNELIUS-Artikel ansprechen. Es bleibt bei der Auskunft: Es ist Sache der Redaktion der Kölnischen Rundschau und daher dem Hause nicht bekannt, wer sie unter dem Namen CORNELIUS schreiben lassen will. Man sollte einen einzelnen Artikel in einer einzelnen Zeitung nicht zu ernst nehmen." Siehe Baudissin an de Maizière, 30. 8.1966, und dessen Antwort an Baudissin, 8.9.1966, beide BArch, N 673/84. Zudem brachte ihn der *Rundschau*-Chefredakteur Edmund Pesch bereits Mitte der 1950er-Jahre mit seinem Bundeshaus-Korrespondenten in Verbindung. Unklar ist, ob diesem de Maizières Funktion als „Cornelius" dabei bekannt wurde; de Maizière an Chefredakteur Kölnische Rundschau, Edmund Pesch, 7.9.1956, BArch, N 673/92. Denn selbst in der Redaktion bemühte man sich um Geheimhaltung. Ein „laufendes Konto bei der Honorarbuchhaltung" existierte nicht, und de Maizières Antworten auf Leserbriefe wurden stets von dort aus verschickt, damit der Poststempel keine Anhaltspunkte lie-

Was den eigenen Leuten nicht aufgefallen sein will, hatten zudem die „Kollegen" jenseits der Elbe zumindest teilweise entdeckt: Bereits im Juli 1959 unterrichtete Heinen de Maizière über einen Artikel im Ostberliner Blatt *Neues Deutschland*, der „recht deutlich auf Sie hin[zielt]".[16] Offiziell soll jedoch erst kurz vor de Maizières Ernennung zum Generalinspekteur 1966 dem *Spiegel* die Enttarnung gelungen sein, allerdings nicht durch eine Indiskretion, sondern durch Stilvergleich.[17] Um einer Enthüllung zuvorzukommen, teilte de Maizière sofort nach seiner Ernennung Heinen mit, er wolle sein entsprechendes Engagement nun beenden, schloss allerdings eine Fortführung nicht für alle Zeiten aus: „Wenn ich zu einem späteren Zeitpunkt glaube, dass es gut wäre, wenn ich unter meinem oder einem anderen Namen der Öffentlichkeit etwas sagen sollte, würde ich gerne wieder auf Sie zurückkommen und Sie um Ihre Hilfe bitten. Dass darüber hinaus die persönlich geknüpften Beziehungen erhalten bleiben sollten, brauche ich wohl nicht besonders zu betonen."[18] So erschien der letzte der insgesamt 229 Artikel am 1. Juni 1966.

Den ersten Artikel als „Cornelius" hatte de Maizière bereits am 1. März 1955 übersandt.[19] Er erschien vier Tage später unter dem Titel „Militäraufgaben – auf drei Ebenen. Die militärischen Folgen aus dem Pariser Vertragswerk – WEU und die NATO". Vorab erklärte die Zeitungsredaktion, die große Bedeutung, die „nunmehr militärische Fragen für die Bundesrepublik gewonnen haben", ließen es als notwendig erscheinen, „einen ständigen Mitarbeiter für unsere Zeitung zu gewinnen. Unsere Leser werden Gelegenheit haben, sich ein Urteil über seine Vertrautheit mit den ein-

---

fern konnte; Pesch an de Maizière, 30.7.1958, und de Maizière an Pesch, 6.4.1960, beide BArch, N 673/91.

16 Dr. Reinhold Heinen, Herausgeber Kölnische Rundschau, an de Maizière, 18.7.1959, BArch, N 673/91. In der Anlage findet sich eine Kopie des Artikels aus *Neues Deutschland*, 11.7.1959. Der mitgeschickte Artikeltext dazu lautete: „Ein enger Mitarbeiter des Generalinspekteurs der Bonner NATO-Armee, des Nazi-Generals Heusinger, weist in dem CDU-Blatt ‚Kölnische Rundschau' auf diese Pläne hin. [...] Er schreibt unter dem Pseudonym ‚Cornelius".

17 „Nach meiner Rückkehr ins Verteidigungsministerium als Inspekteur des Heeres im Herbst 1964 hatte ich den Fehler gemacht, in Cornelius-Artikeln Formulierungen zu benutzen, die ich in ähnlicher Weise auch in offiziellen Äußerungen gebraucht hatte. Als die Identität von Cornelius und de Maizière nicht mehr zu leugnen war, beendete ich meine Mitarbeit [...] in vollem Einverständnis mit dem Herausgeber"; De Maizière, In der Pflicht, S. 182. Siehe auch de Maizières Erklärung in diesem Tenor einführend zu seiner „Zusammenstellung der ‚Cornelius-Artikel' vom März 1955 bis Dezember 1956", BArch, N 673/91.

18 De Maizière an Heinen, 2.9.1966, BArch, N 673/84.

19 De Maizière an Heinen, 1.3.1955, BArch, N 673/92.

schlägigen Fragen zu bilden".[20] Herausgeber Heinen war dabei von Anfang an sehr angetan von de Maizières „Cornelius"-Artikeln. Bis auf kleine stilistische Änderungen wurden sie nahezu wörtlich übernommen.[21] Vor allem lobte er dessen Schreibstil, mit dem er in seiner klaren und allgemein verständlichen Art auch dem Laien einen guten Überblick über die Probleme gebe, um die es sich dabei handle.[22] Rasch einigten sich beide auf eine Fortführung der zunächst für drei Monate vereinbarten Zusammenarbeit.[23]

Mit seinen Artikeln warb de Maizière für die politischen Entscheidungen der Bundesregierungen im Rahmen der Sicherheits- und Verteidigungspolitik. Zu Anfang sollten sie „der Einführung der Leser in die Grundfragen der Bündnis-, Sicherheits- und Verteidigungspolitik (etwa im Sinne eines ‚Elementarunterrichts')" dienen und waren meist an aktuelle Anlässe angelehnt.[24] Im Weiteren befassten sie sich jedoch zunehmend mit der inneren Struktur der Bundeswehr, der Wehrgesetzgebung sowie der Probleme mit und um die Innere Führung. Manchmal geschah dies auf Anregung der Zeitungsredaktion, meist entsprangen die Artikel aber de Maizières eigenem Befinden. Inhaltlich blieb er argumentativ auf derselben Linie, die er auch in seinen zahlreichen öffentlichen Vorträgen vertrat, teilweise bis hin zu identischen Formulierungen.[25] Er selbst wollte die Artikel „durchaus als Kommentierung der damaligen Auffassungen des Verteidigungsministeriums und der militärischen Führung" verstanden wissen und behauptete, die jeweiligen Entwürfe nicht vorher vorgelegt und die alleinige Verantwortung für sie getragen zu haben.[26] Mindestens in einem

20 Kopie der *Kölnischen Rundschau* bzw. *Bonner Rundschau* Nr. 54, 5.3.1955, ebd.
21 Heinen an de Maizière, 20.10.1955, ebd. Für die stilistischen Änderungen hatte de Maizière „volles Verständnis". Siehe de Maizière an Heinen, 25.10.1955, ebd.
22 Heinen an de Maizière, 23.3.1956, ebd.
23 De Maizière an Heinen, 25.5.1955, ebd.
24 So de Maizière einführend zu seiner „Zusammenstellung der ‚Cornelius-Artikel' vom März 1955 bis Dezember 1956", BArch, N 673/91. Das änderte sich auch in der Folge nicht. Siehe dazu beispielhaft de Maizière an Pesch, 4.4.1957, BArch, N 673/92.
25 Eine Ausnahme war die Besprechung eines Buches des *Rundschau*-Redakteurs und Adenauer-Intimus Robert Ingrim, *Macht und Freiheit. Wie man den Feind aus dem Land bringt*. Siehe dazu das „Cornelius"-Manuskript „Macht und Freiheit. Ein neues Buch von Robert Ingrim", BArch, N 673/92.
26 So de Maizière einführend zu seiner „Zusammenstellung der ‚Cornelius-Artikel' vom März 1955 bis Dezember 1956", BArch, N 673/91.

Fall, nämlich der Glosse „Zum Fall Bonin", erschienen am 25. März 1955, hatte er jedoch Heusinger „um Billigung" gebeten.[27]

De Maizière nutzte seine journalistischen Möglichkeiten aber auch, um auf politische Entscheidungen persönlich Einfluss zu nehmen. So schaltete er sich in die laufende Diskussion um die Verkürzung der Wehrdienstzeit von 18 auf 12 Monate ein. Mit seinem Artikel „12 Monate Dienstzeit. Eine militärische Bilanz" stellte er die seiner Ansicht nach negativen Konsequenzen der möglichen Reduzierung in den Vordergrund. Dafür rechtfertigte er sich in seinem Schlusssatz damit, dass „der Soldat" verpflichtet sei, „den politisch entscheidenden Männern ihre Verantwortung für die Sicherheit der Bundesrepublik sehr deutlich zu machen".[28] Solche direkten Einflussversuche blieben eher die Ausnahme, wurden von ihm dann aber sehr gezielt eingesetzt. In der Vorbereitung der Wehrpflichtgesetze äußerte er beispielsweise im Artikel „Wehrpflicht der Abiturienten 1956", „[a]n den Verteidigungsminister [...] zwei Wünsche" – unter Umgehung des Dienstweges sozusagen.[29] Und auch in anderen Artikeln forderte er „die Politiker" dezidiert zum Handeln auf, beispielsweise beim Thema „Militärische Integration in der NATO": „Die militärische Struktur der NATO ist auf dem Wege der Integration ein gutes Stück vorwärts gekommen. Der Soldat kann nur wünschen, dass ihm die Politiker auf diesem Wege rasch nachkommen, ja ihn überholen mögen."[30]

Dass er über die veröffentliche Meinung die politischen Debatten beeinflusste, war de Maizière freilich bewusst. Als er der Zeitung seine „Gedanken zur Atomrüstung" anbot und darin argumentierte, der Westen müsste

---

27 De Maizière an Gen. a. D. Heusinger, 24.3.1955, BArch, N 673/92. Den „Fall Bonin" schilderte Kielmansegg de Maizière 1988 noch einmal aus seiner Sicht anlässlich der Durchsicht des Manuskripts zu *In der Pflicht* detailliert. Kielmansegg war der Hinweis wichtig, „dass Bonins Uneinsichtigkeit und Ablehnung, etwas zu ändern, der Grund für seine Ablösung war, nicht die französische inoffiziell gebliebene Intervention [...] Heusinger weigerte sich, Bonin meinem Vorschlag entsprechend zu entlassen – Blank war geneigt, es zu tun, wollte es aber nicht gegen Heusinger verfügen." Siehe Kielmansegg, Anm. zu Kap. 3 (des Manuskripts von *In der Pflicht*) „Innenpolitische Arbeit und interne Probleme der Dienststelle Blank", Juni 1988, BArch, N 673/177.

28 Denn, so in einem weiteren Artikel dazu, „[d]ie Verantwortung, die mit der Entscheidung über die Dauer des Grundwehrdienstes verbunden ist, ist groß"; „Cornelius"-Manuskript „12 Monate Dienstzeit. Eine militärische Bilanz", BArch, N 673/92, und „Cornelius"-Manuskript „12 oder 18 Monate Grundwehrdienst", ebd.

29 „Cornelius"-Manuskript „Wehrpflicht der Abiturienten 1956", BArch, N 673/92.

30 „Cornelius"-Manuskript „Militärische Integration in der NATO" (04/1959), BArch, N 673/91.

weiterhin atomar bewaffnet bleiben und gleichwohl am politischen Ziel der atomaren Abrüstung festhalten, schrieb er diesen Beitrag ausdrücklich „für die Atomdebatte" und im Wissen, „dass das, was ich geschrieben habe, nicht allzu gut in den Ohren der Wähler klingen mag". Wichtig war es ihm dennoch, weil „es realistisch ist".[31]

Für seine Artikel verwendete er interne Informationen, die anderen nicht zugänglich waren, bis hin zu eigenen Vorträgen vor dem Verteidigungsausschuss des Bundestages.[32] Da ihn Blank am 1. Juni 1955 endgültig mit der bereits kommissarisch geführten Unterabteilung „Allgemeine Verteidigungsfragen" bzw. ab Ende 1955 „Führung", der im Laufe der Jahre eine zentrale Rolle zugewachsen war, betraut hatte, saß er praktisch an der Quelle.[33] In dieser Funktion nahm er an über zwei Dutzend Sitzungen des parlamentarischen Ausschusses für Fragen der europäischen Sicherheit, ab Jahresbeginn 1956 Verteidigungsausschuss, teil, dem das Hauptgewicht bei der parlamentarischen Beratung zum militärischen Komplex zufiel.[34] Kein Wunder also, dass seitens der Zeitung der Wunsch geäußert wurde, „dass in Zukunft Ihre Mitarbeit noch häufiger in Anspruch genommen werden kann, als in der Vergangenheit".[35] Umgekehrt versorgte ihn Heinen mit Interna aus dem Bonner militärpolitischen Umfeld.[36]

---

31 De Maizière an Pesch, 7.5.1957, BArch, N 673/92. Der Beitrag erschien in der Ausgabe vom 10.5.1957 unter dem Titel „Vor der ‚Atom-Schlacht'. Verzicht auf Nuklearwaffen ist kein Heilmittel".

32 Siehe als Beispiel hierfür de Maizière an Pesch, 10.8.1959, BArch, N 673/91.

33 Zur Struktur des Bundesministeriums für Verteidigung (ab 30.12.1961 „der Verteidigung") nach seiner Gründung am 7.10.1955 siehe Matthias Molt, Von der Wehrmacht zur Bundeswehr. Personelle Kontinuität und Diskontinuität beim Aufbau der Deutschen Streitkräfte 1955 bis 1966, Diss. Heidelberg 2007, S. 653-656, 667.

34 Siehe zu de Maizières belegten Teilnahmen Der Bundestagsausschuss für Verteidigung, Bd. 2, S. 44 f., 368-370, 372, 374, 869 f., 872 f., 880, 897.

35 Pesch an de Maizière, 25.9.1957. Heinen hatte die Verbindung zwar inzwischen an seinen Chefredakteur Edmund Pesch delegiert, doch auch dieser harmonierte mit de Maizière „ausgezeichnet"; de Maizière an Heinen, 13.7.1957, und Pesch, 7.10.1957, alle in BArch N 673/91.

36 Siehe z. B. Heinen an de Maizière, 21.7.1958, ebd.: „Übrigens war es mir bei einer Besprechung mit Herrn General Heusinger eine besondere Freude, festzustellen, in wie unverändert großen Ehren sich dort unser Mitarbeiter Cornelius befindet (den auch Herr Dr. Bachmann, der neue persönliche Referent des Bundeskanzlers, inhaltlich wie stilistisch als einen der besten Artikel-Autoren der ‚R' bezeichnete; ich habe natürlich das Geheimnis *nicht* gelüftet). Heusinger nannte ihn ausdrücklich unter den Brigadegeneralen, die geeignet seien, die allmählich ausscheidende Spitzengruppe der bisherigen militärischen Führer abzulösen. […] Es gebe aber in der mittleren Generation nur wenige zum Aufrücken geeignete Kräfte. Es

De Maizières journalistische Betätigung war offenbar förderlich für seine weitere Karriere. Auch aus der Bundeswehr erreichten die Zeitung positive Zuschriften, welche die „sehr sachlichen Darstellungen [...] und von guter Sachkenntnis getragenen Berichte" lobten.[37] In einem Fall antwortete „Cornelius" ausnahmsweise direkt und gestand zu, dass die Wirkung seiner Artikel „genau die ist, die ich mir erhofft hatte, nämlich eine sachliche, positive Information, ohne den Eindruck einer propagandistischen Beeinflussung zu machen".[38]

Von allem anderen abgesehen zahlte sich sein Engagement für de Maizière auch finanziell aus: Pro Artikel erhielt er 200,– DM,[39] was angesichts eines monatlichen Einkommens von rund 1.600,– DM brutto zu Beginn seiner journalistischen Tätigkeit kein schlechtes Argument für die zusätzliche Arbeit gewesen sein mag.[40] Selbst seine Ehefrau scheint zwischenzeitlich Artikel verfasst zu haben.[41] Und vielleicht war de Maizière als „Cornelius" auch Vorbild für seinen späteren Adjutanten Jörg Bahnemann. Jeden-

---

gebe sehr tüchtige Leute unter den ‚Obristen', wo er [Heusinger] auch Herrn de Maizière erwähnte."

37 Siehe z. B. OTL Schwarz, Standortkommandatur Köln, an die „Kölnische Rundschau", zu Hdn. Herrn Cornelius, 5.10.1959, ebd.

38 „Cornelius" an Standortkommandant Köln, OTL Schwarz, 19.10.1959, ebd.

39 Heinen an de Maizière, 4.12.1958, ebd. Alle Honorar-Überweisungen erbat sich de Maizière auf sein Konto auf der Bonner Rhein-Ruhr-Bank. Siehe de Maizière an Heinen, 10.3.1955, BArch, N 673/92.

40 Bundesminister der Verteidigung an de Maizière, 23.6.1955, PA AdM, Akte Persönliche Unterlagen. Im Juni 1955 verdiente de Maizière demnach in der Vergütungsgruppe ADO S 1.646,– DM brutto. Siehe hierzu auch Dienstvertrag Ulrich de Maizière, 11.6.1955, ebd. Zu diesem Kontext siehe auch de Maizière an Heinen, 26.7.1958, BArch, N 673/91: De Maizière bat den Herausgeber der *Kölnischen Rundschau* im Juli 1958: „Für meine Herbstreise [Urlaub mit seiner Frau in Meran] wäre ich außerordentlich dankbar, wenn Sie veranlassen könnten, die Abrechnung der bisher in diesem Jahr erschienenen Artikel [...] in den nächsten Wochen durchführen zu lassen. Ich bitte Sie herzlich, das nicht etwa als irgend eine Mahnung auffassen zu wollen, ich wollte nur gern die Gelegenheit dieses Briefwechsels benutzen, um meine Brieftasche für den Oktober etwas zu füllen." Heinens Chefredakteur Pesch antwortete ihm umgehend, er habe „in diesen Tagen das Honorar für Ihre Beiträge aus dem ersten Halbjahr 1958 angewiesen". Siehe Pesch an de Maizière, 30.7.1958, ebd.

41 De Maizière an Pesch, 25.6.1957, BArch, N 673/92: „Schließlich lege ich Ihnen einige Ausführungen meiner Frau bei, die sich auf die Frage des Wirtschaftsgeldes in der Frauenbeilage der R beziehen. Sollten Sie Lust haben, diesen kleinen Beitrag zu bringen, so bitte ich herzlich darum, es nicht unter dem Namen meiner Frau zu tun, sondern unter dem Motto ‚eine Bonner Hausfrau'. Sollte das Thema bereits erledigt sein, so schmeißen Sie es in den Papierkorb."

falls stellte dieser sich als Kommandeur des Flugabwehrraketen-Regiments 2 im hessischen Lich (1975-1977), gleichfalls inkognito – 1977 als „Unser militärpolitischer Mitarbeiter" –, einer Gießener Tageszeitung mit sicherheitspolitischen Kommentaren zur Verfügung[42]. Immerhin hatte de Maizière schon während seiner Zeit als „Cornelius" öffentlich, beispielsweise Anfang 1964 in einem Vortrag vor dem Rotary-Club Hannover-Ballhof, die mangelnde Expertise der bundesdeutschen Medien in dieser Frage beklagt. Dabei könnten „wir doch erwarten, dass die Öffentlichkeit auch auf diesem so wichtigen Gebiet sachverständig informiert wird".[43]

Dass es de Maizière allerdings nicht allein um Informationsvermittlung ging, sondern er mitunter auch Klientelpolitik betrieb, beweist spätestens sein Engagement in der sogenannten Kriegsverurteiltenfrage, und zwar bereits mit einem seiner ersten „Cornelius"-Artikel. Seinem Herausgeber Heinen gegenüber betonte er, „dass uns dieses Thema sehr am Herzen liegt; wenn es auch vielleicht weniger Interesse für den normalen Zeitungsleser haben wird, würden Sie mir einen Gefallen tun, wenn Sie diesen Beitrag abdrucken lassen könnten, damit vor allen Dingen die Alliierten immer wieder auf diese Frage gestoßen werden".[44] Im Artikel selbst schrieb de Maizière, „das Problem der Kriegsverurteilten" sei unter den zahlreichen politischen und psychologischen Voraussetzungen, die bis zu diesem Tage gegeben sein mussten, ein wesentliches, das „noch nicht in ausreichendem Maße erfüllt" sei. Zwar seien in den letzten Jahren beachtliche Fortschritte gemacht worden, indem sich die Zahl von 3.650 Inhaftierten zum 1. April 1950 auf 207 verringert habe. Aber diese Männer seien noch immer „ihrer Freiheit beraubt". Sie gehörten überwiegend „Organisationen an, deren Leiter oder Führer unbestritten ein großes Maß an Schuld auf sich geladen haben". Dabei handelte es sich gar „nicht um eine Klärung der Schuldfrage, sondern um die Gewährung von Gnadenerweisen". Es sei auch noch nicht an der Zeit, in diesem Zusammenhang die Schuldfrage aufzuwerfen. Entscheidend sei, in welch tragische Konflikte diese Soldaten durch die nationalsozialistische Gewaltherrschaft gekommen seien. Deswegen dürften nur noch diejenigen in Haft bleiben, die eindeutig verbrecherische Handlungen begangen hätten. Für die Übrigen aber sollte „rasch ein Schlussstrich gezogen werden". Geschehe dies nicht, sähe sich in dem Augenblick, in dem die Bundesrepublik sich anschicke, wieder Soldaten zu schaffen, je-

---

42 Jörg A. Bahnemann, Parlamentsarmee? Bundeswehr braucht Führung, Aachen 2010, S. 189.
43 Ulrich de Maizière. Vortrag „Die nationale Verteidigungsverantwortung" vor dem RC Hannover-Ballhof, 28.1.1964, BArch, N 673/55.
44 De Maizière an Heinen, 19.7.1955, BArch, N 673/92.

der ehemalige Soldat in einen ernsten Gewissenskonflikt gedrängt und müsse sich die Frage stellen, ob er dem Ruf der Regierung in Anbetracht der politischen Lage folgen solle.[45]

Inhaltlich deckten sich Artikel und Argumentationslinie des „Amtes Blank" in dieser Thematik also fast aufs Wort.[46] In diesem Zusammenhang zeigte sich, wie zentral die Unterstützung aus dem Amt Blank und später im Verteidigungsministerium für die Inhaftierten gewesen ist. Die Ehrenerklärungen Adenauers und Eisenhowers für „den" deutschen Soldaten waren in diesem Kontext die äußerlich sichtbaren Erfolge einer Politik, die sich ansonsten hinter verschlossenen Türen abspielte[47]. Vor allem die Hartnäckigkeit, die hierbei an den Tag gelegt wurde, verweist auf den erheblichen Einfluss, den die soldatischen Netzwerke insgeheim auf die Ausformung des Nachkriegsgedächtnisses genommen haben. Zusammen mit der zeitgenössisch ausufernden Erinnerungsliteratur war das Verquicken der so verstandenen Vergangenheitsbewältigung mit der Wiederbewaffnungsdebatte ein gezieltes Unterfangen. Schon die Begrifflichkeit deutet in diese Richtung: Diejenigen wieder bewaffnen zu wollen, die im letzten Krieg gekämpft hatten, sollte gleichsam der Beweis ihrer Schuldlosigkeit sein. Damit verbunden war insbesondere die Übernahme der Deutungsmuster, wie sie von den Generalen in den Kriegsverbrecherprozessen und der Gefangenschaft mit Blick auf den geführten Vernichtungskrieg formuliert worden waren, bis weit in die bundesrepublikanische Gesellschaft hinein. Dass sie über Jahrzehnte Bestand haben sollten, ist ein weiteres „indirektes Ein-

---

45 „Cornelius"-Manuskript „Zur Frage der Kriegsverurteilten" (07/1955), ebd.

46 Referent IV C 6 an Referent IV B 3, Betr.: Beantwortung von Fragen aus der Truppe, hier: „Kriegsverurteilte", 6.12.1956, BArch, Bw 2/1254. Dort findet sich auch eine Chronologie der deutschen Bemühungen seit 1950.

47 Oliver von Wrochem, Erich von Manstein: Vernichtungskrieg und Geschichtspolitik, Paderborn [u.a.] 2006 (= Krieg in der Geschichte, 27), S. 219-221, 255; Bert-Oliver Manig, Die Politik der Ehre. Die Rehabilitierung der Berufssoldaten in der frühen Bundesrepublik, Göttingen 2004 (= Veröffentlichung des Zeitgeschichtlichen Arbeitskreises Niedersachsen, 22), S. 221-233, 451-487; Dieter Krüger, Das Amt Blank. Die schwierige Gründung des Bundesministeriums für Verteidigung, Freiburg i.Br. 1993 (= Einzelschriften zur Militärgeschichte, 38), S. 23-28; Kerstin von Lingen, Kesselrings letzte Schlacht. Kriegsverbrecherprozesse, Vergangenheitspolitik und Wiederbewaffnung: Der Fall Kesselring, Paderborn [u.a.] 2004 (= Krieg in der Geschichte, 20), S. 236 f.; Alaric Searle, A Very Special Relationship: Basil Liddell Hart, Wehrmacht Generals and the Debate on West German Rearmament, 1945-1953. In: War in History, 5 (1998), 3, S. 327-357, S. 342; Georg Meyer, Zur Situation der deutschen militärischen Führungsschicht im Vorfeld des westdeutschen Verteidigungsbeitrages 1945-1950/51. In: Anfänge westdeutscher Sicherheitspolitik, Bd 1, S. 577-735, hier S. 641.

geständnis der gesamtgesellschaftlichen Verstrickung in den Nationalsozialismus", wie Norbert Frei es treffend formulierte.[48]

Das merkte man besonders de Maizières ersten „Cornelius"-Artikeln nach seiner Versetzung in die Truppe 1958 an.[49] Sie hatten nicht nur erstmals Praxisbezug, sondern orientierten sich auch inhaltlich an der Verbindung zwischen Althergebrachtem und Neuem: Gute und warme Verpflegung „bis in die vordersten Widerstandsnester" hinein, ausreichend heißen Kaffee sowie „ein hohes Maß an Härte [...], an Härte aber, die sinnvoll und auf die Verteidigungsaufgabe ausgerichtet ist und sich nicht im formalen Exerzieren auf dem Kasernenhof erschöpft", schrieb er dort auf die Positiv-Seite der jungen Streitkräfte in bekanntem Duktus.[50]

Doch de Maizière betrieb mit seinen Artikeln auch direkt Werbung in eigener Sache: Die Umstellung auf die Brigadestruktur erforderte bereits im September 1958 eine Lehr- und Versuchsübung mit je einer Panzer- und Grenadierbrigade.[51] De Maizière führte die Grenadiere in den drei ein- und einer zweitägigen Übung inklusive der Vorübungen.[52] Zwei Übungen wurden anschließend für Zuschauer wiederholt, unter denen sich nicht nur Bundeskanzler Adenauer, sondern auch andere Persönlichkeiten des öffentlichen Lebens, nationale wie internationale Gäste aus der Politik, der NATO und dem Militärattachédienst befanden. Zum ersten Mal stellte sich die Bundeswehr der Öffentlichkeit in einem größeren Ma-

---

48 Norbert Frei, Vergangenheitspolitik. Die Anfänge der Bundesrepublik und die NS-Vergangenheit, München 1996 (= Veröffentlichungen des Instituts für Zeitgeschichte), S. 399. Zur Kriegsverbrecherdebatte ausführlich ebd.,133-306, zu ihrem Zusammenhang mit der Rehabilitierung der Wehrmachtelite siehe Wrochem, Erich von Manstein, S. 212-281, zu den Deutungen des Vernichtungskrieges ebd. 107-211.

49 De Maizière an Pesch, 4.3.1958, BArch, N 673/91.

50 „Cornelius"-Manuskript „Mit den Grenadieren in den Winter" (03/1958), BArch, N 673/91.

51 Zur „Lehr- und Versuchsübung 1958 (LV 58)" vom 15.-26.9.1958 auf dem Truppenübungsplatz Bergen-Hohne siehe Martin Rink, »Strukturen brausen um die Wette«. Zur Organisation des deutschen Heeres. In: Hammerich, Helmut R., Dieter H. Kollmer, Martin Rink und Rudolf Schlaffer, Das Heer 1950 bis 1970. Konzeption, Organisation und Aufstellung. Unter Mitarb. von Michael Poppe, München 2006 (= Sicherheitspolitik und Streitkräfte der Bundesrepublik Deutschland, 3), S. 353-483, hier S. 446-455.

52 Die Lehr- und Versuchsübung, in der de Maizière mit seiner Kampfgruppe A vorgesehen war, wurde in Bonn vom 24.-26.06.1958 intensiv vorbesprochen. Siehe Ulrich de Maizière, Dienstliche Tagebuchaufzeichnungen 7.10.1957-27.10.1958, Eintrag vom 26.06.1958, BArch, N 673/24.

növer und errang nach den Worten ihres Ministers einen „politischen Erfolg".[53]

Mit spürbarem Stolz nahm de Maizière die „überall positive[n] Berichte im In- und Ausland über [die] Lehr- und Versuchsübung 1958" wahr,[54] zu denen er kurioserweise als „Cornelius" selbst beitrug. Seiner größtenteils sachlichen Darstellung bei der Vorberichterstattung fehlte nicht der Hinweis, die beiden Übungsbrigaden seien „in die Hand bewährter Offiziere gegeben worden".[55] Hinterher gehörte er jedenfalls auch in der medialen Berichterstattung, beispielsweise des gewöhnlich gut unterrichteten Platow-Dienstes[56], zu jenen jungen Generalen, die angesichts der zu Beginn der 1960er-Jahre anstehenden „Verjüngungskur" zu den aussichtsreichsten Kandidaten zählten.[57] De Maizière zeigte indes sein feines Gespür für das Machbare, als er Heinen gegenüber äußerte, er „glaube, dass alle Progno-

---

53 Ebd., Eintrag vom 26.09.1958. Siehe dazu auch Gästestab/Abt. Gästebetreuung LV 58, Fahrzeugeinteilung für die Übung „Moritz", 23.09.1958, BArch, BH 1/10932.

54 Vor allem begeisterte ihn, dass durchgehend „die besondere Hingabe unserer jungen Soldaten bei gelockerter und unbefangener äußerer Form" hervorgehoben wurde. Beinahe euphorisch fügte er nach seiner Rückkehr am 28. Oktober 1958 in seinem Tagebuch hinzu: „Unsere Jugend ist zum Einsatz bereit bei sinnvollen Aufgaben. Unsere Erziehung ist auf dem rechten Weg." Siehe Ulrich de Maizière, Dienstliche Tagebuchaufzeichnungen 28.10.1958-12.09.1959, Eintrag vom 28.10.1958, BArch, N 673/25.

55 „Cornelius"-Manuskript „Die Lehr- und Versuchsübung des Bundesheeres" (07/1958), erschienen in der *Rundschau* Nr. 211 unter dem Titel „80 000 Mann, die zogen ins Manöver. Die ersten Lehr- und Versuchsübungen des Bundesheeres haben begonnen", beide BArch, N 673/91.

56 *Die Zeit*, 6.5.1960: „Neues vom Platow-Dienst: Eine Nachricht, die ausnahmsweise einmal nicht im Informationsbrief Dr. Platows gestanden hat und stehen wird, soll unseren Lesern nicht vorenthalten werden: Dr. Robert Platow wird am 7. Mai 60 Jahre alt. In Hamburg geboren, hat Dr. Platow, nach dem Studium in Kiel bei Prof. Bernhard Harms, seine journalistische Tätigkeit in Magdeburg begonnen, ist dann bald nach Berlin gegangen und hat dort sein Informationsbüro aufgebaut. Nach dem Kriege ist er in seine Heimatstadt zurückgekehrt, und hier hat er seine Informationsdienste – voran den in einem sehr persönlichen Stil gehaltenen „täglichen Brief" – zu einem unentbehrlichen Handwerkszeug der Unternehmenspraxis entwickelt. Wie jedermann wünscht, gut und schnell (und möglichst auch richtig) informiert zu sein, so ist es der Wunsch Dr. Platows, mit der rechten Mischung aus Sachlichkeit und Phantasie, mit ausgeprägtem Spürsinn für die Dinge von morgen, seinen Klienten einen Wegweiser für deren Entschlüsse und Dispositionen zu geben. G. K.".

57 Heinen an de Maizière, 27.5.1960, BArch, N 673/91. Der Auszug findet sich als Anlage.

sen den Möglichkeiten um viele Jahre vorauseilen".[58] Ganz in diesem Sinne
verfasste er – nach eigener Aussage auf Anregung des Chefs vom Dienst
der *Rundschau*[59] – einen „Cornelius"-Artikel unter dem Titel „Verjüngung
in der Spitze. Die Altersgrenze bei der Bundeswehr".[60] In ihm mahnte er
zur Vorsicht bei „der Spekulation mit Namen". Es sei „nichts [...] für die
Kontinuität der Truppe und die Qualität der Führungsspitze gefährlicher
als ein plötzliches Auswechseln aller führenden Generale zum gleichen
Zeitpunkt". Bei den Nachbesetzungen sei es außerdem wichtiger, allmählich wieder ein ausgewogenes Altersverhältnis in den höheren und höchsten Rängen des Offizierskorps herzustellen, das die Bundeswehr später vor
tief greifenden, auf verhältnismäßig kurzem Zeitraum zusammengedräng-
ten Personalveränderungen bewahre.

Schluss

Zumindest die politische Führung der Bundeswehr machte sich offenbar
sehr viel früher Gedanken um eine aktive Presse- und Informationspolitik
als bislang bekannt. Möglicherweise war das Beispiel de Maizières kein sin-
guläres Phänomen, jedoch fehlen für eine weiter gehende Aussage bislang
einschlägige Forschungen. Solche sind unbedingt wünschenswert, denn in
der bisherigen Geschichtsschreibung zur Bundeswehr wird deren Verhältnis zur medialen Öffentlichkeit eher stiefmütterlich behandelt und dabei
als rein reaktiv beschrieben. Mit „Cornelius" konnte hier ein erster Beleg
dafür erbracht werden, dass dieser Befund so nicht aufrechterhalten werden kann. Wie umfangreich der bisherige Forschungsstand revidiert werden muss, können freilich erst umfangreichere Recherchen aufzeigen.

Warum die Wahl seinerzeit ausgerechnet auf Ulrich de Maizière fiel, ist
bisher nicht zweifelsfrei zu ergründen. Seine schon damals in vielerlei Hinsicht hilfreichen Vernetzungen mögen geholfen, seine persönlichen Eigen-
arten die Überlegung gestützt haben. Vor allem ist in diesem Kontext eine
gewisse Distanz anzuführen, die bei de Maizière gegenüber fast allen Menschen seiner Umgebung spürbar war, selbst solchen, die er als seine Freunde bezeichnete. Weder in seiner privaten oder dienstlichen Korrespondenz
noch in Vorträgen, Zeitungsartikeln oder sonstigen Veröffentlichungen

---

58 De Maizière an Heinen, 7.6.1960, ebd.
59 De Maizière an Pesch, 7.6.1960, ebd.
60 „Cornelius"-Artikel „Verjüngung in der Spitze. Die Altersgrenze bei der Bundes-
    wehr" in der *Rundschau*, 18.6.1960, ebd.

sind größere Unterschiede in Sprachduktus oder -verhalten auszumachen. Vertraulichkeiten bildeten ebenso Ausnahmen wie rhetorische Spitzen, Zynismus oder Ironie. Schrift und Rede waren gleichermaßen prägnant, schnörkellos, äußerst strukturiert und zielführend formuliert, dabei verbindlich bis liebenswürdig. Er setzte auf eine knappe, einfache Sprache, deren Konstruktionen jedermann zu folgen vermochte. Nicht ohne Grund war er – ob nun inkognito oder nicht – über ein Jahrzehnt mit seinen „Cornelius"-Artikeln ein verständlicher Mittler der verteidigungs- und sicherheitspolitischen Vorgänge in Bonn. Sein nicht unbedeutender Erfolg als Autor ist ebenso auf diese Qualitäten zurückzuführen wie seine überzeugenden späteren Auftritte im noch jungen Massenmedium Fernsehen. Als Persönlichkeit war er glaubwürdig. Vor allen Dingen darauf gründete sich das Ansehen, das er sich bald überall zu erwerben verstand – vom einfachen Zeitungslesenden oder Fernsehkonsumenten über die militärische Hierarchie bis hinein in den politischen Raum, national wie international. Über die weiteren Lebensjahre hinweg ist in diesem Fähigkeits- und Verhaltensprofil keine einschneidende Veränderung zu erkennen, zunehmende Erfahrung und Routine verfeinerten es vielmehr. In der Retrospektive scheint er also einmal mehr der richtige Mann zur rechten Zeit am richtigen Platz gewesen zu sein. Die ihm hier als „embedded journalist" gebotene Chance vermochte er virtuos zu nutzen – sowohl zum Vorteil der noch jungen Streitkräfte als auch zu seinem eigenem.

„Härte muß sein!"
Die frühe Bundeswehr in der Berichterstattung deutscher Tageszeitungen

Klaus Schroeder

1. Einleitung

Untersucht man die Aufbauphase der Bundeswehr, stößt man beinahe zwangsläufig auf das Iller-Unglück (1957) und die Nagold-Affäre (1963). Beide Ereignisse befeuerten die kontroverse öffentliche Debatte über die Wiederbewaffnung der Bundesrepublik und den Umgang mit der Rückkehr des Militärs in deren Gesellschaft. Sie werden daher oftmals stellvertretend für die Probleme der Aufbauphase der Bundeswehr gesehen. Von einem „freundlichen Desinteresse" gegenüber der Bundeswehr, wie der damalige Bundespräsident Horst Köhler es unter anderem 2008 formulierte, war die bundesdeutsche Gesellschaft zu dieser Zeit weit entfernt (Spiegel Online 2008). Dementsprechend haben das Iller-Unglück und die Nagold-Affäre in die Forschung zur Geschichte der Bundeswehr Eingang gefunden (vgl. als Überblick: Bald 2005; Hammerich 2007; Nägler 2007, 2010; Neugebauer 2008). Besonders Rudolf J. Schlaffer hat sich zum Thema ausführlich und auf Grundlage einer breiten Quellenbasis geäußert (vgl. u. a. Schlaffer 2006a, 2006b, 2007). Auf diesen Beiträgen aufbauend, möchte ich den Blick gezielt auf die zeitgenössische mediale Berichterstattung richten. Der Quellenkorpus besteht aus der *Frankfurter Allgemeinen Zeitung* (*FAZ*), der *BILD-Zeitung*, der *Süddeutschen Zeitung* (*SZ*) und der *Frankfurter Rundschau* (*FR*) und soll das Spektrum der meinungsführenden Tageszeitungen überblickshaft abbilden. Der Untersuchungszeitraum erstreckt sich auf die ersten 14 Tage nach dem Ereignis und auf den ersten Jahrestag, um so Tendenzen in der Berichterstattung und Meinungsführung zu erkennen und am ersten Jahrestag etwaige Rückblicke zu identifizieren.

Dieses Set soll einen Überblick über die westdeutsche Presselandschaft im Bereich der überregionalen Tageszeitungen verschiedener politischer Ausrichtungen bieten. Es gilt aufzuzeigen, mit welchen medialen Deutungen sich die Bundeswehr auf der einen, die Zivilgesellschaft auf der anderen Seite auseinandersetzen musste. Dabei sind die folgenden Fragen für die Untersuchung leitend: Galten die Ereignisse gewissermaßen als Unfälle auf dem Weg zur Wiedererlangung der westdeutschen Wehrfähigkeit? Wurden sie als willkommener Anlass genommen, um grundsätzlich über die Wiederbewaffnung der Bundeswehr zu diskutieren? Oder sah man die thematisierten Ausbildungsmethoden als Indikatoren für überkommenes NS-Gedankengut und zog auf dieser Grundlage das Reformkonzept der Bundeswehr in Zweifel?

2. Ein Blick auf die Ereignisse: Das Iller-Unglück und die Nagold-Affäre

Die Bundeswehr wurde am 12. November 1955 durch die Ernennung der ersten Soldaten offiziell gegründet. Im Rahmen der allgemeinen Wehrpflicht wurden zum 1. April 1957 die ersten Grundwehrdienstleistenden eingezogen. So auch im Kemptener Luftlande-Jäger-Bataillon 19. Am 3. Juni befanden sich diese Rekruten im zweiten Drittel ihrer Allgemeinen Grundausbildung. Am späten Vormittag dieses Tages befahl der stellvertretende Zugführer Stabsoberjäger[1] Julitz den Soldaten seines Zuges mit den Worten „Wir gehen jetzt einmal durch die Iller, wir müssen das im Ernstfall auch tun" die Durchquerung des Flusses Iller. Julitz handelte damit dem Dienstplan und einem gültigen Bataillonsbefehl zuwider, was bedeutet, dass der Befehl nicht hätte ausgeführt werden müssen. Julitz selbst glückte die Durchquerung. Die Hälfte seines Zuges konnte sich jedoch nicht auf den Beinen halten, und es ertranken an diesem Tag 15 Rekruten. Am Ende der gerichtlichen Untersuchung des Vorfalls sah sich Julitz zu einer Bewährungsstrafe verurteilt, während der eigentliche Zugführer und sein Kompaniechef von jeglicher Schuld freigesprochen wurden.

Das zweite Fallbeispiel ereignete sich 1963. In diesem Jahr hatte das Fallschirmjägerbataillon 252 in Nagold zum 1. Juli neue Rekruten eingezogen. Als Teil der Allgemeinen Grundausbildung wurde am 25. Juli ein Gewöhnungsmarsch durchgeführt. Dabei erlitt der Jäger Gerd Trimborn einen Hitzekollaps, an dessen Folgen er am 1. August verstarb. Im Zuge der Untersuchung des Vorfalls ergab sich, dass in den Nagolder Ausbildungskompanien Misshandlungen und Demütigungen von Rekruten über einen längeren Zeitraum vorgekommen und bereits dem Wehrbeauftragen Heye als „menschenunwürdige Zustände" gemeldet worden waren. Anders als beim Iller-Unglück wurde in Nagold eine Anzahl von Ausbildern und Hilfsausbildern aller Dienstgrade bis zur Ebene des Kompaniechefs zu teilweise mehrmonatigen Haftstrafen verurteilt. Zudem wurde in einem Auf-

---

1 Entspricht dem Dienstgrad Stabsunteroffizier.

sehen erregenden Vorgang die entsprechende Kompanie aufgelöst und ihr Stammpersonal versetzt.

Zeitgenössische Umfragen zeigten, dass die Bevölkerung über die Umstände und Gründe für das Iller-Unglück gut informiert war. 97 Prozent aller Befragten hatten im Juli 1957 von dem Vorfall gehört. Ein ähnliches Ergebnis ist für die Nagold-Affäre feststellbar. Im Juli 1964 hatten 86 Prozent aller Befragten von den Ereignissen gehört (Noelle/Neumann 1965: 472; Noelle/Neumann 1967: 302; vgl. auch Schlaffer 2006b: 651, 656).

3. Statistische Darstellung der Berichterstattung

Insgesamt fällt auf, dass das Iller-Unglück die Berichterstattung der untersuchten Zeitungen im Untersuchungszeitraum in den ersten vier Tagen dominierte. Nach dem langen Pfingstwochenende (8.–11. Juni 1957) ließ die Berichterstattung merklich nach. Lediglich in der *BILD* wurde auch in der Woche nach Pfingsten noch vier Tage in Folge das Thema aufgegriffen. Am ersten Jahrestag berichtete keine der untersuchten Zeitungen.

Abb. 1: Zum Iller-Unglück veröffentlichte Zeitungsartikel

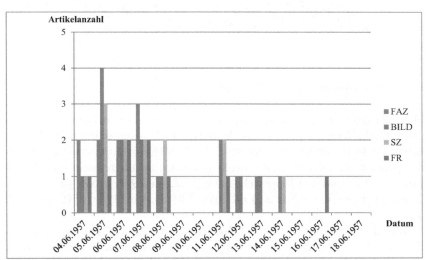

Im Untersuchungszeitraum für die Nagold-Affäre berichtete die *FAZ* nicht über das Thema. War die Berichterstattung zum Iller-Unglück noch einigermaßen einheitlich, was den Zeitraum und die Artikelanzahl betraf, so lässt sich dies im Fall der Nagold-Affäre nicht behaupten. In der *BILD* war das Thema während des gesamten Untersuchungszeitraums und auch darüber hinaus präsent. Als einzige Zeitung berichtete sie am ersten Jahrestag – als ein weiterer Rekrut verstorben war – erneut über den Vorfall. Die *SZ* brachte lediglich einen Artikel über den Tod des Rekruten Trimborn.

Abb. 2: Zur Nagold-Affäre veröffentlichte Zeitungsartikel

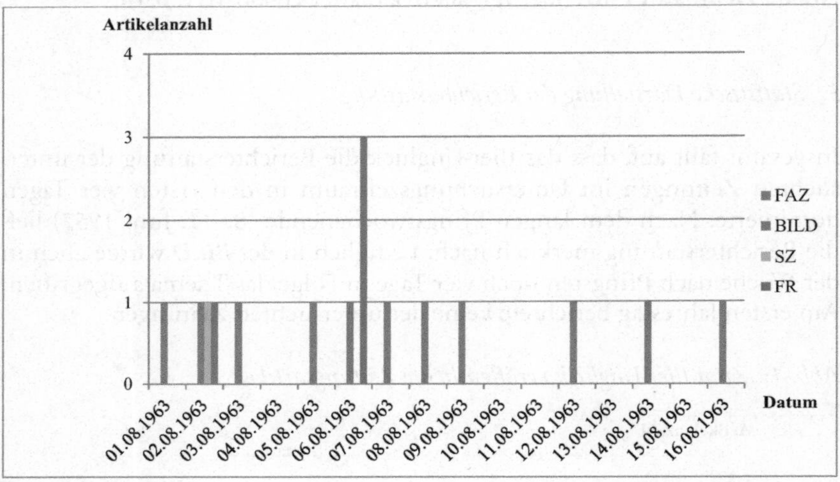

4. Die Berichterstattung zum Iller-Unglück

Der Hergang des Iller-Unglücks wird in den untersuchten Zeitungen grundsätzlich gleich geschildert. Widersprüchlich äußerten sich die Zeitungen jedoch darüber, wie bindend der Befehl zur Durchquerung der Iller gewesen sei. *FAZ* und *SZ* schrieben am 4. Juni übereinstimmend, dass Julitz sie den Soldaten freigestellt habe (FAZ, 4.6.1957: 1; SZ, 4.6.1957: 1). Dem widersprachen *BILD* und *FR* später (BILD, 5.6.1957: 1; FR, 6.6.1957: 3).

Was die Schuldfrage betrifft, ähnelten sich *FAZ*, *SZ* und *BILD* darin, dass sie als unmittelbar Verantwortlichen Julitz ausmachten. Dabei hielt sich die *FAZ* streng an die Meldungen der Bundeswehr, Julitz habe gegen geltenden Befehl verstoßen, als er die Flussdurchquerung befahl. Die *FAZ* folgte so auch der Diktion, dass die vorgesetzten Offiziere zu entlasten seien (FAZ, 4.6.1957: 1, 7.6.1957: 3). *BILD* und *SZ* thematisierten die unklare

Befehlslage mit Blick auf ein Durchquerungsverbot (BILD, 4.6.1957: 1, 5.6.1957: 6; SZ, 4.6.1957: 1, 5.6.1957: 1, 5.6.1957: 3, 6.6.1957: 1).

In der *FR* wurde Julitz' Rolle und sein Verstoß gegen den Durchquerungsbefehl zwar genannt. Statt einer eindeutigen Schuldzuweisung setzte sich die Zeitung jedoch mit den offiziellen Äußerungen der Bundeswehr auseinander. Für die *FR* waren die Erklärungen schlicht falsch, das Unglück habe seinen Ursprung in der Schuld der Zugführer und gehe auf eine tragische Verkettung von Umständen oder die mangelnde Fähigkeit der Rekruten zurück, einen Befehl als verweigerungswürdig einzuschätzen. Sie bezog sich auf die Warnung des damaligen SPD-Abgeordneten Helmut Schmidt, die Bundeswehr sei 1957 noch nicht bereit für die Aufnahme von Wehrpflichtigen gewesen, weshalb sie die „eigentliche Verantwortung für Kempten [...] also nicht unten, sondern ganz oben" sah (FR, 8.6.1957: 3). Der einzige sonstige Vorstoß in diese Richtung war in der *SZ* zu finden, die neben den unmittelbar verantwortlichen Unteroffizieren auf deren Vorgesetzte, aber eben auch auf „die Verantwortung der gesetzgebenden Körperschaft und der Regierung" verwies (SZ, 14.6.1957: 3).

BILD und *FAZ* gaben der Regierung keine direkte Schuld. Allerdings lag in der Schlussfolgerung, die Bundeswehr sei zu schnell aufgebaut worden, durchaus ein Vorwurf in Richtung Bonn. Besonders deutlich wurde die überstürzte Wiederbewaffnung laut *FAZ*, *BILD* und *SZ* an der zu geringen Zahl von Truppenoffizieren und Truppenunteroffizieren und der mangelnden Ausbildung der Letztgenannten (FAZ, 12.6.1957: 1, 7.6.1957: 3; BILD, 6.6.1957: 1, 18.6.1957: 2; SZ, 5.6.1957: 1, 6.6.1957: 3). Dem entspricht, dass Julitz – gleichsam als Beleg des benannten Mangels – als unerfahren und übermotiviert charakterisiert wurde. Vor allem die *SZ* sah in diesen Eigenschaften jedoch weniger einen Sadismus gegenüber den Untergebenen als vielmehr den Versuch, dem elitären Anspruch der Luftlandetruppe gerecht zu werden und in diesem Sinne „ein ‚echtes Fallschirmjägerstück' [zu] vollbringen" (SZ, 5.6.1957: 1). Deutlich widersprachen alle Blätter dem teilweise in Leserbriefen gezeichneten Bild des menschgewordenen Unteroffiziers Himmelstoß oder des Wachtmeisters Platzek – sadistische Ausbilder aus den Romanen *Im Westen nichts Neues* und *08/15* bzw. deren Verfilmungen (FAZ, 12.6.1958: 1; BILD, 14.6.1957: 6; SZ, 5.6.1957: 1). Die *SZ* war vielmehr der Meinung, dass Wehrmachtausbilder, im Gegensatz zu ihren Nachfolgern in der Bundeswehr, sich zwar eher davor gescheut hätten, die harten Ausbildungsmethoden vorbildhaft selbst zu ertragen, gleichzeitig aber auch ein besseres Augenmaß dafür besessen hätten, was geduldet und was bestraft worden wäre (SZ, 5.6.1957: 1).

Lediglich die *FAZ* und die *SZ* boten mit Blick auf das Personalproblem Lösungsvorschläge an. Die *SZ* forderte vor allem für die Ausbildungseinheiten mehr Offiziere und Unteroffiziere. Dort, wo dies nicht möglich sei, dürften eben keine Wehrpflichtigen eingezogen werden, auch wenn dies einen verlangsamten Aufwuchs bedeuten würde (SZ, 6.6.1957: 3, 8./.9./10.6.1957: 3). Demgegenüber empfahl die *FAZ* den verstärkten Rückgriff auf die „Kriegsgeneration der Leutnante und Hauptleute", da diese erfahrener und vorsichtiger zugleich seien und vor allem mit Rückgriff auf eigene Erfahrungen in der Wehrmacht wüssten, „daß sie sich nicht außerhalb einer festgefügten Disziplin und einer technischen wie menschlichen Ordnung stellen dürfen." Dabei muss als fraglich angesehen werden, ob dieses Personal den Vorstellungen der Zeitung tatsächlich entsprochen und dazu beitragen hätte, dass in „einer Demokratie [...] der Wert eines Menschenlebens nicht bagatellisiert" wird (FAZ, 12.6.1957: 1).

Das Iller-Unglück bot allen Zeitungen Anlass, über den Soldatenberuf als solchen zu reflektieren. Trotz aller Kritik stellte kein Blatt die Wiederbewaffnung insgesamt infrage. Vielmehr rückte die *FAZ* sich und damit ihre Leser selbst in den Verantwortungsbereich, als sie davon sprach, „daß *wir* uns zu viel für das allererste Jahr vorgenommen haben" (FAZ, 12.6.1957: 1, Hervorhebung des Verfassers). Gleich der *BILD* erinnerte sie daran, dass der Soldatenberuf immer mit besonderen Gefahren verbunden sei. Die *BILD* ließ dies jedoch nur für den Kriegsfall gelten. Die *FAZ* hingegen versuchte zunächst, den Vorfall zu relativieren, und verglich ihn mit ähnlichen Unglücken bei der Reichswehr oder mit der Gefahr in jedem Betrieb. Auf die vielfach höhere Zahl von Verkehrstoten pro Tag verweisend, konstatierte sie, dass die Bevölkerung am Soldatentod besonderen Anteil nehme. Sie setzte beide Sachverhalte in gewisser Weise gleich, insofern sie in Anlehnung an den Tod im Straßenverkehr, der jeden Verkehrsteilnehmer bedrohe, in der Wehrpflicht einen Mechanismus sah, der das Risiko in die gesamte Gesellschaft streue (FAZ, 4.6.1957: 2).

Diesen Vergleich kritisierte die SZ genauso als unpassend, wie sie die Äußerungen des Verteidigungsministers, „Opfer und [...] Leid [der Rekruten] verpflichten uns in unserem Dienst zum Schutze unserer Heimat", als unangebrachtes Pathos bezeichnete (SZ, 5.6.1957: 1). Bescheinigte die *SZ* Franz Josef Strauß damit eine Sichtweise, die ihr unverständlich blieb, so thematisierte auch die *FAZ* eine nicht nachvollziehbare Denkart, sprach aber hier vom bereits beschriebenen Elite-Denken der Fallschirmjäger, das „außerhalb der Gedankengänge von gewöhnlichen Menschen" liege (FAZ, 7.6.1957: 3). In der untersuchten Berichterstattung zum Iller-Unglück hatte diese Thematik noch keinen breiten Raum ergriffen. Dies sollte sich jedoch im Fall der Nagold-Affäre ändern.

5. Die Berichterstattung zur Nagold-Affäre

Die Schuld und Verantwortlichkeit für den Tod Trimborns sah die *FR* bei den Ausbildern in Nagold. Sie beschrieb sie als erbarmungslose Vorgesetzte, die auch gegen Zivilisten verbal aggressiv vorgingen. Exemplarisch zitierte das Blatt einen Oberleutnant, der Stöße mit dem Gewehrkolben als Hilfeleistungen beschrieben hatte (FR, 6.8.1963: 1). Die *BILD* legte sich hier nicht fest, sondern fragte in verschiedenen Überschriften nach der „Schinderei bei den Fallschirmjägern?" (BILD, 7.8.1963: 1; vgl. auch ebd., 2.8.1963: 6) Möglicherweise nahm das Blatt auch deshalb keine eindeutige Haltung ein, weil die Reaktionen, die sich in den abgedruckten Leserbriefen zeigten, durchaus geteilt waren. Neben entsetzten Zuschriften wurden auch solche wiedergegeben, die im Rückblick auf Kriegserfahrungen an der Ostfront dafür plädierten, die Ausbildung so hart wie möglich zu gestalten, um auf einen neuen Krieg vorbereitet zu sein (BILD, 8.8.1963: 1, 8.8.1963: 2, 12.8.1963, 1[2] u. 2). Grundsätzlich bewertete die *BILD* das Ergebnis der Nagolder Grundausbildung allerdings positiv, indem sie der bataillonsinternen Meinung zustimmte, Soldaten dieser Ausbildungskompanie „taugten etwas". Dennoch spekulierte das Blatt im gleichen Artikel: „Sind die Ausbilder tatsächlich viel zu hart? […] Oder wird in der Gemeinschaft junger Menschen falscher Ehrgeiz erweckt, wenn sie miteinander in Wettbewerb stehen?" (BILD, 3.8.1963: 2)

Dass es in Nagold in dieser Hinsicht eben doch anders war als an anderen Standorten, zeigt die Äußerung des Oberst Pestke (Kommandeur der Luftlandebrigade 25, zu der die fragliche Einheit gehörte), der das Elite-Denken am Standort „ausrotten" wollte (ebd.). Die *FR* kritisierte genau dieses Elite-Denken scharf und beschrieb die als besonders „zackig" wahrgenommenen Fallschirmjäger als „Bundeswehreinheit […,] deren Offizierskorps zum Teil Elitelorbeeren erstrebt"; damit gab das Blatt seine Sichtweise in der Frage nach dem Schuldigen zu erkennen (FR, 6.8.1963: 1). Pestke spielte in den Berichterstattungen von *BILD* und *FR* durchaus unterschiedliche Rollen. Die *BILD* übernahm Argumente des hochdekorierten Teilnehmers des Zweiten Weltkriegs, die *FR* hingegen beschrieb ihn als bewussten Vertuscher der Vorfälle und sah ihn an der Spitze einer Informationspolitik, bei der alle Stellen nur stückchenweise Informationen herausgäben oder ganz zurückhielten. Für die *FR* war Pestke eindeutig Teil des Problems (ebd.).

---

2 Aus diesem Artikel stammt auch die Überschrift dieses Aufsatzes.

Besonders deutlich wird die Übernahme von Pestkes Argumenten durch die *BILD* in der veröffentlichten Sichtweise auf die Arbeit der Musterungskommissionen bzw. die Zuteilung von Rekruten auf die verschiedenen Einheiten. Pestke hatte Erstere als „neuralgischen Punkt" für die Bundeswehr bezeichnet (BILD, 3.8.1963: 2) und damit der Dienststelle des Wehrbeauftragten widersprochen, die diese Formulierung für die Vorfälle in Nagold gewählt hatte (FR, 6.8.1963: 1). Die *BILD* titelte entsprechend „Rekruten-Auslosung ist unser Unglück" und sprach von einer „flammende[n] Anklage gegen das deutsche Musterungssystem!" (BILD, 2.8.1963: 6, 5.8.1963: 2). Im Gegensatz zu den Rekruten, die an der Iller verunglückten, bestand die Ausbildungskompanie Trimborns nicht nur aus Wehrpflichtigen, die sich freiwillig zu den Fallschirmjägern gemeldet hatten, sondern auch aus Soldaten, die dort ohne besondere Meldung Dienst taten.

Die Bewertung der *BILD* zielte außerdem wieder in Richtung des Personaldefizits, das die Bundeswehr seit ihrer Aufstellung begleite (BILD, 5.8.1963: 2). Des Weiteren – und hier liegt eine erneute Parallele zum Iller-Unglück – vermutete das Blatt, dass die Offiziere in den Ausbildungseinheiten „durch den ‚Papierkrieg' zu oft in der Kaserne festgehalten werden und zu selten im Gelände sind" (BILD, 9.8.1963: 2). Das Resultat dieser Gemengelage mündete für die *FR* darin – und das war in der Bewertung neu –, dass sich die Rekruten in Nagold einer „offenbare[n] ‚Himmelstoß'-Figur" gegenübergesehen hätten (FR, 6.8.1963: 1). Diesen Vorwurf nahm der Wehrbeauftragte Heye direkt auf, als er kurz darauf gegenüber der *BILD* (7.8.1963: 2) verkündete: „Wir brauchen bessere Ausbilder. Aber keine Himmelsstößer." Die *FR* abstrahierte das Problem der Nagold-Affäre und verwies auf die Gefahr, dass die Bundeswehr auf dem besten Wege sei, sich zu einem Staat im Staate zu entwickeln (FR, 6.8.1963: 1). Dieser – wenn auch unausgesprochene – Vergleich mit der Reichswehr konnte nur als Kritik an der Umsetzung jeglicher Reformkonzepte in der Bundeswehr angesehen werden.

Völlig gewandelt hatten sich die Aussagen der *BILD* zum Erfolg überharter Ausbildung ein Jahr später, als wieder ein Rekrut an einem Hitzekollaps starb. Rückblickend wurden der Bundeswehr „1000 Lügen und Ausreden" angekreidet und das Konzept der Inneren Führung als unzureichend zum Schutz von Rekruten vor sadistischen Ausbildern bezeichnet (BILD, 18.07.1964: 6). Die *FR* positionierte sich in dieser Frage von Anfang an deutlich klarer: Die detaillierte Schilderung der sinnlosen Schikanen gegenüber Trimborn und seinen Kameraden ließ keinen Zweifel an der Missbilligung der Zeitung.

6. Unterschiede in den Berichterstattungen

Die rein quantitativen Unterschiede in der Berichterstattung sind augenfällig. Veröffentlichten die ausgewerteten Tageszeitungen im Untersuchungszeitraum 49 Artikel zum Thema Iller, waren es für die Ereignisse in Nagold nur 17. Dies ist sicherlich auch auf die Größenunterschiede bei den Todeszahlen der beiden Ereignisse zurückzuführen. Vielleicht erkannten die verantwortlichen Redakteure im Tod Trimborns auch nicht den Zündstoff und die möglichen Folgen, die dem Vorfall innewohnten. Auf der anderen Seite war es vielleicht gerade die Explosivität des Themas – um im Bild zu bleiben –, das nur kurze Zeit nach der *Spiegel*-Affäre dazu führte, dass man sich bei derart brisanten Themen zurückhielt. Das vollständige Schweigen der *FAZ* erscheint in diesem Zusammenhang dennoch nicht erklärbar.

Unterschiede sind ebenfalls in den von den Zeitungen verwendeten Quellen feststellbar. Dass sich 1963 weniger verschiedene Stellen der Bundeswehr zu den Vorfällen äußerten als 1957, kann als Versuch gewertet werden, widersprüchlichen Meldungen vorzubeugen. Dies scheiterte jedoch daran, dass es den Zeitungen gelang, mit einer Vielzahl von beteiligten Soldaten zu sprechen. Vor allem die Interviews mit den Nagolder Ausbildern verdeutlichten, dass Teilen der befragten Offiziere nicht daran gelegen war, auf einer Linie mit der offizielle Meinung der Bundeswehr zu bleiben, wenn es um Art und Weise der Ausbildung ging.

Dass Interviews mit den jeweiligen Rekrutengruppen ohne beaufsichtigende Vorgesetzte stattfinden konnten, wurde als Versuch der Bundeswehr, im Umgang mit der Presse unverkrampft und offen aufzutreten, zur Kenntnis genommen und erwähnt. Einen Umschwung in der grundsätzlichen Bewertung der Informationspolitik hatte dies aber nicht zur Folge. Im Gegenteil: Für *BILD*, *SZ* und *FR*, die das Thema Bundeswehr kritisch begleiteten, waren derartige Informationslagen ein gefundenes Fressen, um die Bundeswehr auch in ihrer Informationspolitik zu kritisieren. Der Bezug auf zivile Augenzeugen und im Falle der *BILD* auf Angehörige der verstorbenen Soldaten bot ein zusätzliches Skandalisierungspotenzial, das dazu genutzt wurde, einen Gegenstandpunkt zur offiziellen Sichtweise der Bundeswehr zu schaffen. Interessant ist die Auseinandersetzung der Zeitungen mit den amtierenden Verteidigungsministern. Franz Josef Strauß wurde im Zuge des Iller-Unglückes als Hauptverantwortlicher für den schnellen Aufbau der Bundeswehr gesehen und von *FR* und *SZ* scharf kritisiert. Sein Nachfolger Kai-Uwe von Hassel tauchte im Rahmen der Nagold-Berichterstattung viel weniger prominent auf, was vielleicht auch daran lag, dass er weniger polarisierte als Strauß. Gleichzeitig lag nun ein Teil der Aufmerksamkeit auf dem Wehrbeauftragten Hellmuth Heye.

Die Schuld der Vorgesetzten vor Ort wurde ebenfalls unterschiedlich bewertet. Im Fall des Iller-Unglückes wurde Julitz relativ einhellig ein fahrlässiges Verschulden attestiert. Er wollte trotz Verbots das beschriebene „echte Fallschirmjägerstück" vollbringen und unterschätzte dabei die örtlichen Begebenheiten. Den Ausbildern der Nagold-Affäre hingegen wurde zumindest von der *FR* eine Schuld mit Böswilligkeit unterstellt. Die Forderung nach Härte um der Härte willen konnte aus Sicht der Zeitung kein unmittelbares Ausbildungsziel sein.[3] Aber auch gerade der Bundesregierung wurde eine Schuld zugesprochen, da sie für den Zustand der Streitkräfte verantwortlich sei. Standen für das Iller-Unglück noch organisatorische Fehler im Vordergrund, rückten im Zuge der Nagold-Affäre vor allem ideologische Fehler an deren Stelle. Dabei variierte der Ton der Schuldzuweisungen erheblich. Besonders aggressiv argumentierte die *FR*, während die *FAZ* entweder keine Schuld bei der Regierung sah oder diese äußerst vorsichtig formulierte und an den Wähler zurückgab.

Da in Nagold Offiziere zentral an den Vorfällen beteiligt gewesen waren, konnte hier das Argument, es gebe zu wenig qualifizierte Ausbilder und vor allem zu wenig dienstaufsichtsfähige Truppenoffiziere, nicht mehr im gleichen Maße wie beim Iller-Unglück herangezogen werden.[4] Zusätzliche Offiziere waren also nicht ausschließlich die Lösung. Zielten die entsprechenden Schlussfolgerungen 1957 noch in Richtung einer Aufstockung des Ausbildungspersonals im Allgemeinen, rückte nun nach der Nagold-Affäre die Qualität dieser Gruppe in den Vordergrund. Das äußerte sich auch in der Frage, ob diese Soldaten fähig und willens seien, das Konzept der Inneren Führung mitzutragen. Allein die *FR* fasste all diese Aspekte unter der Forderung zusammen, den Status der Bundeswehr in der Gesellschaft grundsätzlich zu überprüfen. Stärker als die Bewertungen zum Personal der Bundeswehr unterschieden sich aber die Deutungsangebote zum Sinn und Unsinn des Todes der Rekruten. Anders als beim Iller-Unglück wurde der Soldatentod für Nagold nicht mehr als unvermeidlicher Bestandteil von Armeen thematisiert – ein untrügliches Zeichen dafür, dass die Vorfälle in Nagold deutlich stärker als Verbrechen angesehen wurden.

Untersucht man die Berichterstattung der Zeitungen auf ihren Tonfall, so fällt auf, dass die Formulierungen von *FR* und *BILD* zur Nagold-Affäre

---

3 Eine Sichtweise, die auch der von Wolf Graf von Baudissin entsprach, vgl. (Hammerich 2007: 130).
4 Interessanterweise hatte die *FAZ* auf genau dieses Problem im Rahmen ihrer Iller-Berichterstattung verwiesen (FAZ, 12.6.1957: 1).

sehr viel kritischer ausfielen, als es in ihren Beiträgen zum Iller-Unglück der Fall gewesen war. Möglicherweise haben beide Blätter das Iller-Unglück trotz seines Ausmaßes noch als eine Art Anfängerfehler gesehen, während die Geduld der Redakteure 1963 aufgebraucht war. Zumindest bei der *BILD* ist diese Entwicklung spätestens dann klar ersichtlich, wenn die Artikel des Folgejahres mit einbezogen werden. Für die *FAZ* ist aufgrund der fehlenden Würdigung der Nagold-Affäre eine solche Untersuchung nicht möglich. Gleiches gilt im Prinzip für die *SZ*, da sich deren Berichterstattung auf einen darstellenden Artikel beschränkte.

7. Fazit

Fragt man nach den ereignisgeschichtlichen Folgen des Iller-Unglückes und der Nagold-Affäre, so folgte auf Letztere eine Phase, die von Verteidigungsminister Kai-Uwe von Hassel zur Konsolidierung gedacht war.[5] Probleme wie der Ausbildermangel konnten allerdings nicht zeitnah abgestellt werden. Noch Mitte der 1970er-Jahre bestand weiterhin ein Mangel an erfahrenen Unteroffizieren. Auf die Ausbildung in der Bundeswehr hatten das Iller-Unglück und die Nagold-Affäre jedoch besondere Auswirkungen: Dem sogenannten „Iller-Befehl" zufolge musste ab 1957 stets ein Portepeeunteroffizier bei Geländeausbildungen anwesend sein, und nach Nagold musste ein Offizier diese Aufsicht führen. Das eigentliche Problem – den zahlenmäßigen Mangel an Offizieren und Unteroffizieren – lösten diese Maßnahmen jedoch nicht (Pauli 2010: 240).

Die eingangs gestellten Fragen lassen sich wie folgt beantworten: Wenn überhaupt, dann interpretierte nur die *FAZ* die Vorfälle als Unfall, und dies auch nur für das Iller-Unglück – ein Unfall auf dem Weg zur Wiedererlangung der Wehrfähigkeit, von dem die Bundeswehr, hier in Gestalt des Stabsoberjägers Julitz, abgekommen war. Vor allem *FR* und *SZ* grenzten sich von der Lesart des Unfalls ab, um eine mögliche Verharmlosung des Vorfalls an sich zu vermeiden. Ganz anders sah dies in der Bewertung der Nagold-Affäre aus. Wie die Analyse der Schuldzuweisungen gezeigt hat, wurde das Verhalten der Ausbilder nicht wie im Falle des Iller-Unglückes als fahrlässig, sondern von vornherein als menschenfeindlich und sadistisch bezeichnet.

---

5 Für die Möglichkeit der Einsichtnahme in den entsprechenden Befehl des Bundesministers der Verteidigung vom 31. Januar 1964 danke ich Herrn Brigadegeneral a. D. Helmut Harff.

Interessanterweise nahm keine der untersuchten Zeitungen die Vorfälle zum Anlass, um grundsätzlich über die Wiederbewaffnung der Bundeswehr zu diskutieren. Zwar kritisierten sie besonders nach dem Iller-Unglück das Tempo der Wiederbewaffnung – vor allem mit Blick auf die Einführung der allgemeinen Wehrpflicht. Zweifel am Sinn und Unsinn des westdeutschen Verteidigungsbeitrags wurden jedoch nicht artikuliert. Stattdessen standen die Verantwortlichen für die Vorfälle im Vordergrund: Die *FAZ* ließ die Regierung aus dem Spiel und stellte die Soldaten in den Vordergrund, die *FR* vertrat mit Blick auf die Regierung den genau gegenteiligen Standpunkt, klagte aber auch die Nagolder Vorgesetzten an, während *SZ* und *BILD* sich nicht vollständig festlegten. In beiden Fallbeispielen kritisierte die Presse demnach weniger die Existenz der Streitkräfte, sondern vielmehr ihren Zustand.

Die thesenhafte Vermutung, NS-Gedankengut bzw. Wehrmacht-Ausbildungsmethoden könnten als Auslöser der Vorfälle angesehen werden, ließ sich durch die Analyse nur teilweise bestätigen. Keine der Zeitungen brachte das Iller-Unglück damit in einen direkten Zusammenhang. Die *FAZ* und die *SZ* widersprachen sogar ausdrücklich entsprechenden Leserbriefen – wenn auch aus unterschiedlichen Gründen. Ging es der *FAZ* darum, jeglichen Versuchen, einen Zusammenhang mit dem Nationalsozialismus herzustellen, entgegenzutreten, zielte das Argument der *SZ* darauf, neue Probleme der Bundeswehr zu erkennen. Die Feststellung des Blattes, in der Bundeswehr herrsche ein Geist, „der dem Soldaten alle nur erdenklichen Freiheiten läßt, um ihm dann noch in der Ausbildung menschlich und körperlich unerträgliches zuzumuten" (SZ, 5.6.1957: 1), ist als Kritik an der Inneren Führung zu lesen. Diese verstärkte sich jedoch im Zuge der Nagold-Affäre deutlich. Finden sich hier erneut Leserbriefe, die in den Ereignissen Parallelen zu den Armeen des Nationalsozialismus, aber auch des Kaiserreichs sehen, widersprechen die Zeitungen diesen Sichtweisen nun nicht mehr. Ihr Abdruck kann als Zeichen dafür gesehen werden, dass die Redakteure von *BILD* und *FR* die Meinung der Zuschriften möglicherweise teilten. Ein offenes Bekenntnis scheuten sie aber offensichtlich.

Auf die Kunstfiguren Himmelstoß und Platzek nahmen die Redakteure der untersuchten Zeitungen wahrscheinlich deshalb so ausdauernd Bezug, weil sie offensichtlich einem großen Teil der Leserschaft bekannt waren. Mit der Gleichsetzung der Ausbildungsmethoden in Nagold mit denen aus *Im Westen nichts Neues* und *08/15* ließen die Zeitungen indirekt durchblicken, als wessen Geistes Kind sie die aktuellen Vorfälle ansahen.

Unterschiedliche Sichtweisen fallen besonders stark zwischen *FAZ* und *FR* auf. Das kleinste gemeinsame Deutungsangebot der untersuchten Tageszeitungen könnte man aber folgendermaßen formulieren: Da die Wiederbewaffnung spätestens 1957 unveränderbare Realität geworden war, nützten Kritiken in dieser fundamentalen Richtung nichts mehr. Zugleich hatte die Allgemeine Wehrpflicht die Bundeswehr aber wieder zu einem Projekt der gesamten Bevölkerung gemacht, und so erschien es der Presse legitim, die Probleme der Truppe zu benennen, zu kritisieren und so letztendlich an deren Beseitigung ein Stück weit mitzuwirken.

Literatur

Bald, Detlef (2005): *Die Bundeswehr. Eine kritische Geschichte 1955–2005.* München: Beck.

Hammerich, Helmut R. (2007): „Kerniger Kommiss" oder „Weiche Welle"? Baudissin und die kriegsnahe Ausbildung in der Bundeswehr. In: Schlaffer, Rudolf J.; Schmidt, Wolfgang (Hrsg.): *Wolf Graf von Baudissin, 1907–1993. Modernisierer zwischen totalitärer Herrschaft und freiheitlicher Ordnung.* München: Oldenbourg, S. 127–137.

Hammerich, Helmut R.; Kollmer, Dieter H.; Rink, Martin; Schlaffer, Rudolf J. (Hrsg.) (2006): *Das Heer 1950–1970. Konzeption, Organisation, Aufstellung.* München: Oldenbourg.

Nägler, Frank (Hrsg.) (2007): *Die Bundeswehr 1955 bis 2005. Rückblenden, Einsichten, Perspektiven.* München: Oldenbourg.

Nägler, Frank (2010): *Der gewollte Soldat und sein Wandel. Personelle Rüstung und Innere Führung in den Aufbaujahren der Bundeswehr 1956 bis 1964/65.* München: Oldenbourg.

Neugebauer, Karl-Volker (Hrsg.) (2008): *Die Zeit nach 1945. Armeen im Wandel.* München: Oldenbourg.

Noelle, Elisabeth; Neumann, Erich Peter (Hrsg.) (1965): *Jahrbuch der öffentlichen Meinung 1958–1964.* Allensbach: Verlag für Demoskopie.

Noelle, Elisabeth; Neumann, Erich Peter (Hrsg.) (1967): *Jahrbuch der öffentlichen Meinung 1965–1967.* Allensbach: Verlag für Demoskopie.

Pauli, Frank (2010): *Wehrmachtsoffiziere in der Bundeswehr. Das kriegsgediente Offizierkorps der Bundeswehr und die Innere Führung 1955–1970.* Paderborn: Schöningh.

Schlaffer, Rudolf J. (2006a): *Der Wehrbeauftragte 1951 bis 1985. Aus Sorge um den Soldaten.* München: Oldenbourg.

Schlaffer, Rudolf J. (2006b): Schleifer a. D.? Zur Menschenführung im Heer in der Aufbauphase. In: Hammerich, Helmut R.; Kollmer, Dieter H.; Rink, Martin; Schlaffer, Rudolf J. (Hrsg.): *Das Heer 1950–1970. Konzeption, Organisation, Aufstellung.* München: Oldenbourg, S. 615–698.

Schlaffer, Rudolf J. (2007): Das Wirken des Wehrbeauftragten in der politischen Kommunikation. In: Nägler, Frank (Hrsg.), *Die Bundeswehr 1955 bis 2005. Rückblenden, Einsichten, Perspektiven*. München: Oldenbourg, S. 213–230.

Schlaffer, Rudolf J.; Schmidt, Wolfgang (Hrsg.) (2007): *Wolf Graf von Baudissin, 1907–1993. Modernisierer zwischen totalitärer Herrschaft und freiheitlicher Ordnung*. München: Oldenbourg.

Spiegel Online (2008): Köhler fordert mehr Aufklärung über Auslandseinsätze. In: *Spiegel Online*, 27.11.2008. Online verfügbar unter: http://www.spiegel.de/politi k/deutschland/bundeswehr-koehler-fordert-mehr-aufklaerung-ueber-auslandsein saetze-a-593131.html, Abruf am 22.10.2013.

Zeitungsquellen

Ausgaben der *BILD-Zeitung*, der *Frankfurter Allgemeinen Zeitung*, der *Frankfurter Rundschau* und der *Süddeutschen Zeitung* vom:
– 4. Juni 1957 bis 18. Juni 1957
– 3. Juni 1958.
– 1. August 1963 bis 16. August 1963.
– 18. Juli und 1. August 1964.

Medien machen die Affäre:
Die Entlassung von General Dr. Günter Kießling 1983/84

Heiner Möllers

„Anfang der Fünfzigerjahre gab es in der alten Bundesrepublik pro Jahr etwa zwei bis drei politische Skandale mit bundesweiter Beachtung. Dies blieb so bis Mitte der Siebzigerjahre, als die Zahl dieser Skandale zunächst langsam und dann schneller zunahm und bis 1993 auf etwa zehn pro Jahr stieg. Bis 2005 hat die Zahl der politischen Skandale auf schätzungsweise 20 bis 25 pro Jahr erheblich zugenommen und dürfte seitdem weiter gestiegen sein" (Kepplinger 2012: 139). Die Entlassung des Generals Dr. Günter Kießling, ihre Hintergründe und ihre Begleiterscheinungen sowohl der medialen Berichterstattung als auch der politischen Aufbereitung – und letztlich ihrer Akteure, „Strippenzieher" und „Trittbrettfahrer" – ist dabei eines der eindrücklichsten Beispiele für eine wenige Wochen dauernde, aber dafür in der Geschichte der (alten) Bundesrepublik nachwirkende Affäre. Täter und Opfer, Gewinner und Verlierer lassen sich nach eingehender Analyse genau bestimmen. Die mediale Berichterstattung musste nichts großartig „offenbaren", weil in der Bonner Republik kaum etwas „unter der Decke" gehalten werden konnte. Aus heutiger Sicht ist jedoch bemerkenswert, mit welchem journalistischen Elan recherchiert und kommentiert wurde und dass sich offenbar viele Journalisten – auch der Boulevardmedien – um eine seriöse und solide Aufklärung bemühten. Verglichen mit heutigen Skandalen ist eine solche Affäre gut zu ergründen. Es gab und gibt keine Nebenberichterstattung kommentierender Laien im Internet, und die Medienlandschaft war hinsichtlich ihrer Akteure überschaubar. Darüber hinaus strebten die Akteure der politischen Landschaft – freilich nach kurzer Polemisierung – danach, Klarheit in die Angelegenheit zu bringen. Es gab kein Frühstücksfernsehen, das dem Oppositionspolitiker die Gelegenheit zum Frontalangriff ermöglicht hätte, bevor das Regierungsmitglied seine Frühstückszeitung gelesen hat. Und noch weniger gab es Medien, in denen jeder selbsternannte Berufene seinen Kommentar für eine möglicherweise verschwindend geringe Zahl von Verschwörungstheorieanhängern hätte in die Welt setzen können.

Kurzum: der Skandal um General Dr. Günter Kießling ist eine der intensiv untersuchten Affären der Bundeswehrgeschichte. Sie ist ein umfassendes Beispiel für die parlamentarisch-politische wie auch mediale Kontrolle der Bundeswehr und ihres Ministeriums. Dabei zeigt sie auf, wie einem Regierungsmitglied infolge eigenen Fehlverhaltens die Kontrolle über einen politischen Prozess und seine mediale Darstellung entgleitet und er trotz parteipolitischer Bindungen den Rückhalt in den eigenen Reihen verliert. Ersteres wird hier in den wesentlichen Zügen dargestellt, das Zweite muss noch untersucht werden.

* * * *

„Da brach Gelächter aus", titelte die *Saarbrücker Zeitung* am 2. Februar 1984 (Jacobs 1984; ähnlich Szandar 1984e; Pruys 1984), nachdem am Tag zuvor Bundeskanzler Kohl in der Bundespressekonferenz „das qualvolle Ende einer Affäre" (Möllers 2016) verkündet hatte: „General Kießling hat bittere Wochen durchmachen müssen, aber auch für Manfred Wörner war dies eine Zeit, an die er sicherlich noch lange in seinem Leben zurückdenken wird." Dröhnendes Gelächter war die Folge dieser Formulierung, die unglücklicher und zweideutiger nicht sein konnte. Die vom aufgeräumt wirkenden Kanzler (Neumaier 1984) ausgesprochene Rehabilitierung des Generals Dr. Günter Kießling nach einem dreiwöchigen Medienhype, der sich vom General sukzessive zum Minister verlagert hatte, fand damit sein Ende. Es war eine „Beerdigung dritter Klasse für einen Bonner Skandal" (Schütz 1984b).

Einführung

Dieser Beitrag skizziert den Verlauf der Kießling-Affäre[1] anhand der Medienberichterstattung und wird sie in ein vorliegendes Phasenschema einordnen (vgl. dazu Mathes 1989). Die Presseausschnittsammlung des Presse- und Informationsstabes im Bundesministerium der Verteidigung dient als Quellengrundlage; in ihr sind nahezu die gesamte bundesrepublikanische Presse, vor allem aber die führenden überregionalen Medien wie *Frankfur-*

---

1 Grundlegend zur Affäre, wenngleich aus Sicht des Opfers, aber dennoch umfassend unter Berücksichtigung der wesentlichen Medienberichterstattung: Kießling (1993: 414–446). Kurzweilig, aber alle Fakten treffend recherchiert: Ramge (2003). Jüngst vor allem: Möllers (2014) und Storkmann (2014a, dort auch weitere Literatur; 2014b). Eine bislang unberücksichtigte Quellen, wie den Nachlass Kießlings, sowie noch lebende Zeitzeugen einbeziehende Darstellung bietet: Heiner Möllers, Die Affäre Kießling. Der größte Skandal der Bundeswehr, Berlin 2019.

ter Allgemeine Zeitung, Die Welt, Süddeutsche Zeitung, Der Spiegel, Die Zeit
und *Frankfurter Rundschau* ebenso enthalten wie die Rundfunk- und Fern-
sehberichterstattung der damals allein agierenden öffentlich-rechtlichen
Sender der ARD sowie des ZDF. Es kann hier jedoch nicht allein um das
chronologische Nachzeichnen einer Affäre gehen. Vielmehr lassen sich anhand dieser einzigartigen Krise des Bundesverteidigungsministeriums und
seines Ministers die Mechanismen ihrer Presse- und Öffentlichkeitsarbeit
und der ihr korrespondierenden Medienberichterstattung der „vierten Gewalt" analysieren. Ein Augenmerk liegt dabei auf der Darstellung der Akteure und insbesondere der Rolle des Bundesministers der Verteidigung,
Dr. Manfred Wörner, sowie seines Gegenspielers, General Dr. Günter Kießling, der Darstellung der Hauptargumente in der Berichterstattung und
schließlich ihrer wesentlichen Entwicklungen. Vereinfacht gesprochen
geht es nicht um das, was berichtet wurde, sondern wie und wer berichtete
– und welche Positionen dabei jeweils eingenommen wurden.[2]

Die Entlassung

Der Entlassung Kießlings am 23. Dezember 1983 ging eine Aktennotiz des
MAD voraus: Ministerialrat Werner Karrasch im Bundesverteidigungsministerium erwähnte am 27. Juli 1983 in einem Personalgespräch mit Mitarbeitern des MAD, im Ministerium sei Kießlings angebliche Homosexualität Gegenstand von Flurgesprächen. Sein Gesprächspartner, Regierungsdi-
rektor Artur Waldmann vom MAD, legte dazu eine Aktennotiz an, die im
behördlichen Bearbeitungsgang im Dezember 1983 zur Entscheidung
Wörners führte, General Kießling *umgehend* zu entlassen (Deutscher Bun-
destag/Bundesrat 1984; Kießling 1993).

Ursprünglich hatten Wörner und Kießling im September 1983 vereinbart, dass der General, der mit seiner Situation als Stellvertreter des Alliierten Oberbefehlshabers in Europa (DSACEUR), des US-amerikanischen
Generals Bernhard Rogers, unzufrieden war (dazu v. a. Kießling 1993: 397–

---

2 Die derzeit boomende Mediengeschichte wie auch die Kommunikationswissenschaften haben bislang die Bundeswehr nur am Rande als Forschungsobjekt erfasst. Lediglich ältere Arbeiten untersuchen die Presse- und Öffentlichkeitsarbeit
   der Bundeswehr, so z. B. Dörner (1991). Dabei geht er lediglich insofern auf die
   Wörner-Kießling-Affäre ein, als einige Journalisten in ihren Interviews gegenüber
   dem Verfasser Urteile über die Pressearbeit des Ministeriums tätigten. Die Wahrnehmung der Bundeswehr durch die Medien heute beschreiben Löffelholz, Auer
   und Schleicher (2011).

410), am 31. März 1984 verabschiedet werden sollte.[3] Zuvor waren Kießling und der Minister erstmals mit dem von Karrasch gestreuten und vermutlich weiterverbreiteten Gerücht konfrontiert, Kießling sei homosexuell. General Kießling sollte daher, so das damalige Agreement zwischen
Minister und General vom 19. September 1983, dem NATO-Hauptquartier SHAPE in Mons und der Öffentlichkeit fernbleiben und sich wegen
diverser Leiden in stationäre Behandlung begeben.[4] (Tatsächlich begüns-
tigten diese Behandlungen dieses Agreement.)

Anfang November 1983 intervenierte der für den MAD zuständige be-
amtete Staatssekretär Joachim Hiehle nach eigener mehrmonatiger Abwesenheit. Obwohl der Stellvertreter des Generalinspekteurs der Bundeswehr,
Generalleutnant Walter Windisch, und der Amtschef des Amt für Sicherheit der Bundeswehr (ASBw), Brigadegeneral Hartmut Behrendt, vorschlu-
gen, den aus ihrer Sicht potenziell öffentlich skandalträchtigen Fall ganz
gemäß der Vereinbarung zwischen Wörner und Kießling im Stillen abzu-
wickeln, ordnete Hiehle die strenge Anwendung einschlägiger Vorgaben
und Anweisungen an. Freilich gab es dazu als „Akten" nicht mehr als den
ersten Bericht über die Anfang September 1983 erfolgte Recherche im Kölner Milieu. Faktisch nötigte Hiehle den Minister kurz vor Weihnachten
1983 zur Entlassung General Kießlings zum 31. Dezember 1983.

Der dazu erstellte Abschlussbericht des MAD an den Minister vom
6. Dezember 1983 suggerierte fälschlicherweise, dass das Landeskriminal-
amt in Düsseldorf, obwohl bislang überhaupt nicht involviert, mit einer
Gegenüberstellung Kießling als homosexuell überführen könne. Wörner
schloss sich dem Votum seines Staatsekretärs aufgrund dieses Berichts
scheinbar bedenkenlos an – er müsse so handeln. Am 23. Dezember 1983
händigte Staatssekretär Hiehle General Kießling die Entlassungsurkunde
aus. Der Minister war zu dieser Zeit bereits im Weihnachtsurlaub.[5]

---

3 Den Abschiedswunsch hatte Kießling sowohl gegenüber dem Minister als auch gegenüber dem Abteilungsleiter Personal, Generalleutnant Hans Kubis, schon im Juli 1983, Letzterem am 13.7.1983, geäußert. Siehe Deutscher Bundestag, Parlaments-
  archiv, 10. Wahlperiode, Verteidigungsausschuss (im folgenden PA-DBT, VertAus.),
  26. Sitzung/4. Sitzung als Untersuchungsausschuss, S. 23 und 46, hier insbesondere
  zu Kießlings Problemen bei SHAPE (Vernehmung Wörner), sowie 32. Sitzung/
  9. Sitzung als 1. Untersuchungsausschuss am 23.2.1984, S. 160–163 (Vernehmung
  Kubis).
4 Schütz (1984a) sprach von einem „Kuhhandel" zwischen Wörner und Kießling, gegen den Kießling dann verstoßen habe, weil er nicht „im Krankenhaus Deckung zu
  nehmen" bereit gewesen wäre.
5 PA-DBT, VertAus., 26./4. Sitzung, S. 33 (Vernehmung Wörner): Kießling habe bewusst, obwohl ihm bekannt gewesen sei, dass Wörner nicht in Bonn war, an die-

Kießling, über den Ablauf der letzten Wochen unangenehm überrascht, reichte dem Staatssekretär, bevor dieser den Urkundentext vorlesen konnte, einen Antrag auf Einleitung eines Disziplinarverfahrens gegen sich selbst ein. Damit focht er die nach § 50 des Soldatengesetzes vollzogene und gesetzlich nicht notwendigerweise zu begründende[6], aber von ihm als fristlose Kündigung verstandene Zwangspensionierung an. Dabei hatten sowohl der Minister als auch der Staatssekretär Kießling zuvor mündlich mehrfach ihre Auffassung verdeutlicht, dass der Verdacht der Homosexualität allein schon ein Sicherheitsrisiko begründe, das eine Entlassung erfordere.[7] Weil damit entgegen § 50 des Soldatengesetzes ein für Kießling fragwürdiger, gar falscher Entlassungsgrund genannt war, den er nicht akzeptieren konnte, focht er die Zurruhesetzung rechtlich an.

Dieser verkürzt dargestellt Ablauf der Entlassung verdeutlicht die drei Ebenen (Berndt 1984), auf denen sich die Affäre in den kommenden Wochen bewegen sollte:

Auf der *ersten* Ebene stand der Entzug des Sicherheitsbescheids als der wesentlichen Voraussetzung für den Dienst Kießlings als DSACEUR. Das auch später niemals verifizierbare Gerücht der Homosexualität des Generals wurde zwangsläufig mit einem „Sicherheitsrisiko" gleichgesetzt.

Auf der *zweiten* Ebene war die damit zusammenhängende Versetzung Kießlings in den einstweiligen Ruhestand entsprechend § 50 des Soldatengesetzes[8] vorgenommen worden, die nicht zwingend mit einer tragfähigen Begründung zu versehen war. Da jedoch von allen Beteiligten gegenüber

---

sem Tag seine Urkunde empfangen wollen. Dies scheint fragwürdig, weil Kießling eine andere Auffassung vertrat: Er sei vielmehr zum Termin befohlen worden (Kießling 1993: 418–419).

6 § 50 Absatz 1 Soldatengesetz besagt, dass der Bundespräsident auf Vorschlag des Bundesministers der Verteidigung Generale/Admirale der Bundeswehr „jederzeit in den einstweiligen Ruhestand versetzen" kann. Nach einer einschlägigen Kommentierung kann als Grund dafür die „Erschütterung des Vertrauens der politischen Führung zu dem Soldaten sein. Dabei ist sowohl an eine Erschütterung des Vertrauens in die politische Haltung wie in die militärisch fachliche Eignung zu denken. […] eine Begründung durch Anführung von Tatsachen [ist] unnötig. Wird die Maßnahme angefochten, dann sind allerdings die Gründe darzulegen." Daneben sind auch Versetzungen in den einstweiligen Ruhestand zur Verjüngung des Führungspersonals zulässig und gang und gäbe. Um eine solche handelte es sich im Falle Kießling freilich nicht (vgl. Scherer 1976: 251–253).

7 Die Genese dieser Entscheidung in *Die Welt*, 29.1.1984: „Herr Minister, hier geht es letztlich um mein Leben ... .Wortlaut der Chronologie von Günter Kießling." Vgl. Kießling (1993).

8 Wenngleich es sich formal um einen rechtmäßigen Verwaltungsakt gehandelt haben könnte, empfand Kießling diese Art der Pensionierung bzw. Zurruhesetzung

Kießling wenigstens beiläufig immer wieder das Gerücht der Homosexualität des Generals als Grund für die Zurruhesetzung genannt wurde, focht der General auf der *dritten* Ebene mit dem Disziplinarverfahren gegen sich selbst diese Pensionierung an und um seine Ehre. (Ungeachtet der tatsächlichen, immer wieder genannten Entlassungsgründe bestritt jedoch der Minister im Verlauf der gesamten Affäre, den Vorwurf eines Dienstvergehens gegen Kießling erhoben zu haben.[9])

Um diese Ebenen bewegte sich ein nicht unerheblicher Teil der Berichterstattung wie auch die Argumentation aller im Ministerium beteiligten Akteure. Dabei ist zu beachten, dass wohl mit Ausnahme einiger weniger sicherheitspolitisch tätiger Journalisten General Kießling der deutschen Öffentlichkeit bis dahin kaum bekannt war. Und dieser Unbekannte wurde in den folgenden Tagen „vollkommen ausgezogen [...] und vorhingerichtet [...]."[10]

---

als Entlassung im Sinne einer fristlosten Kündigung. Gleichwohl war dafür gesorgt, dass er seine Versorgungsansprüche behielt.

9   Hinter all dem stand die schließlich nicht beweisbare Annahme des Ministers und des MAD, Kießling sei homosexuell. Wie die Bundeswehr damals mit Homosexualität umging und welche Folgen das für Soldaten haben konnte, verdeutlichte die Fragestunde des Bundestages am 19.01.1984: Deutscher Bundestag, 10. Wahlperiode, 47. Sitzung, 19.01.1984, S. 3372–3380. Danach war Homosexualität ein Mangel, der die Autorität des betroffenen als Vorgesetzten gefährde und „damit zuweilen in ernstlicher Form die militärische Ordnung und [...] dem Ansehen der Bundeswehr schade" (ebd.: 3374 C). Homosexualität werde in der Bundeswehr aber weder als Krankheit angesehen, noch würde ein solcher Soldat entlassen werden. Dabei ist zu beachten, dass der § 175 des Strafgesetzbuchs bereits seit 1973, nach dem 4. Strafrechtsreformgesetz, nur im Falle der Beteiligung von Minderjährigen Anwendung fand. Insofern wurde General Kießling etwas vorgeworfen, was strafrechtlich nicht relevant war. Dem widersprach Fack (1984a): Ihm zufolge musste sich jeder Staatsbedienstete im sicherheitsrelevanten Bereich an dem „Normativ" messen lassen, dass Homosexualität, „ähnlich einem Offizier, der sich im Dirnenmilieu bewege", immer ein Sicherheitsrisiko begründe.

10 General a. D. Gerhard Schmückle im *ARD-Brennpunkt* am 18.01.1984, zum Verhalten des Minister: „Aber ich habe Bedenken, wenn die Zweifel [des Ministers hinsichtlich der angeblichen Homosexualität der Generals und dem daraus formulierten Sicherheitsrisiko, H. M.] schon ausreichen, jemanden so fertig zu machen [...]" Vgl. Augstein (1984).

Die Krise

Am 5. Januar 1984 eröffnete Alexander Szandar in der *Süddeutschen Zeitung* mit dem Beitrag „Wörner entlässt General Kießling" die Affäre. Bereits am Folgetag nannte die *BILD-Zeitung* die vermeintlichen Hintergründe: „Homosexualität? Hoher deutscher General gestürzt"[11].

Ungewollt, aber absehbar, stand in den folgenden Tagen und Wochen insbesondere der Sprecher des Ministeriums, Oberst Jürgen Reichardt, im Zentrum der öffentlichen Wahrnehmung, die durch die Bundespressekonferenz den Weg in die deutschen Wohnzimmer fand.[12] Anfänglich wies er gebetsmühlenartig – wie von Wörner als Sprachregelung festgelegt – darauf hin, dass General Kießling aufgrund § 50 des Soldatengesetzes in den einstweiligen Ruhestand versetzt worden sei. Fragen zu den Gründen wich er aus, beantworte sie nicht und dementierte auch nicht ausdrücklich, dass eine unterstellte Homosexualität der Entlassungsgrund gewesen war. Dies änderte sich nicht, obwohl Journalisten gezielt danach fragten, nachdem die angebliche Homosexualität des Generals bereits ab dem zweiten Tag der Affäre in nahezu allen Medien zu lesen, zu hören oder zu sehen war.

Für sämtliche Medien waren diese Entlassung und insbesondere die in den ersten Tagen aufkommenden Spekulationen über den Lebenswandel Kießlings ein gefundenes Fressen in einer ansonsten nachrichtenarmen Zeit. Begünstigt wurden ihre Recherchen durch verschiedene Gründe: Zum einen weilte Minister Wörner bis zum 9. Januar noch im Winterurlaub und konnte von daher nicht sofort in den Verlauf des Geschehens eingreifen. Nahezu alle Medien sahen sich angesichts der Haltung des Ministeriums, die Entlassung des Generals nicht weiter zu erklären und auch nicht auf ein möglicherweise gestörtes Vertrauensverhältnis zwischen Minister und General hinzuweisen[13], zu Fragen veranlasst. Begünstigt wurde dies zudem von der verfolgten Linie des Ministeriums, neu aufkommende Gerüchte weder zu kommentieren noch zu dementieren. Wiederholt ließ das Verteidigungsministerium verlauten, General Kießling sei Homosexua-

---

11 *Bild*, 06.01.1984; ebenso *Express*, 06.01.1984: „Sex, Intrigen und eine Stripperin". Die hier angesprochenen „Beziehungen zu einer Striptease-Tänzerin" verschwanden ab dem folgenden Tag völlig aus der Berichterstattung.

12 Aus seiner Sicht darstellend und vieles, auch sachlich Fehlerhaftes miteinander vermengend Reichardt (2008).

13 Dies scheint auch in der Nachbetrachtung höchst zweifelhaft, weil Wörner und Kießling seit Jahren ein gutes persönliches, freundschaftliches Verhältnis miteinander verband und Kießling wiederholt als sicherheitspolitischer Stichwortgeber für Wörner wirkte. Vgl. PA-DBT, VertAus., 26./4. Sitzung (Vernehmung Wörner).

lität nie vorgeworfen worden, und selbst Minister Wörner erklärte dies noch nach der Affäre mehrfach (letztlich wahrheitswidrig). Der General, so wurde immer wieder von offizieller Seite ergänzt, kenne alle Gründe, die zur Entlassung geführt hatten bzw. aus Sicht des Ministeriums führen mussten. Schließlich durfte das Ministerium streng genommen gar nichts sagen, denn den Disziplinarverfahrensantrag des Generals vom 23. Dezember 1983 wertete Minister Wörner als Chefsache. Er sah sich als Chef-Ermittler, was ihn daran hinderte, selbst qualifizierte Aussagen zur Entlassung zu machen, solange das Verfahren noch nicht abgeschlossen war.

Die Akteure der Affäre

Das Ministerium konnte in die Kommunikationsprozesse und -entwicklungen nicht eingreifen, weil sich der Minister aus prozessualen Grundsätzen als Ermittlungsbehörde im Disziplinarverfahren gegen General Dr. Kießling dazu nicht befugt sah. Sein Sprecher, Jürgen Reichardt, musste demzufolge die Linie des Ministers einhalten, dabei aber Stellung zu Fragen nehmen, die immer mehr Zweifel an den Ermittlungen und Entlassungsgründen beinhalteten.

General Kießling suchte geradezu Medienkontakte – wie Journalisten sich um Gespräche mit ihm rissen, um immer wieder darauf hinzuweisen, dass er unter Ehrenwort jegliche homosexuellen Neigungen bestritten hatte und weiterhin bestritt. Es muss aber noch unklar bleiben, ob er dies aus eigenem Antrieb oder vielleicht auf Empfehlung Dritter tat.[14]

Die überregionalen, auflagenstarken Zeitungen und Medien (Radio und TV) mühten sich, Licht ins Dunkel zu bringen und die Gründe für die Entlassung zu recherchieren. Ein tatsächlich vorhandenes „Zerwürfnis" Kießlings mit dem SACEUR, General Bernhard Rogers, war dabei der anfänglich wesentlichste Anknüpfungspunkt, der sachlich begründbar schien und den die *Süddeutsche Zeitung* als Auslöser für die Entlassung vermutete. „Den Dreck würden andere ausgraben", war die Einschätzung ihrer Redakteurs Alexander Szandar.[15]

Die Boulevardmedien, die *Bild-Zeitung* und vor allem der *Express* aus Köln, begannen schon am zweiten Tag der Affäre, Homosexualität als Ent-

---

14 Kießling (1993: 426) legt nahe, dass der damalige Chefredakteur der Tageszeitung *Die Welt*, Claus Jacobi, ihm den Gang in die Öffentlichkeit empfohlen habe. Möglicherweise gab der sich damals aktiv einschaltende General a. D. Gerd Schmückle den Anstoß. Ich danke Georg Meyer, Freiburg, für diesen Hinweis.
15 Mitteilung an den Verfasser, 15.03.2013.

lassungsgrund darzustellen – was andere Zeitungen und Medien dankbar aufgriffen – und darüber hinaus in den einschlägigen Milieus zu recherchieren.

Die politische Opposition – und hier allen voran Wörners Vorgänger im Amt Hans Apel – hinterfragten nicht ohne parteipolitische Spitzen gegen den Minister den Entlassungsgrund und artikulierten als Erste, dass es sich bei der Art und Weise der Entlassung sowie der unkommentierten Hinnahme der Darstellung, Kießling sei homosexuell, um einen grob fahrlässigen Verstoß der Fürsorgepflicht des Minister handle (Apel 1990: 306–308).

Kießling als Akteur

Der Betroffene, General Kießling, den zahlreiche Zeitungen und Medien ab dem zweiten Tag als „schwulen General" diskreditierten, ging ab dem 7. Januar in eine scheinbar wohldosierte Offensive. Mit zahlreichen Interviews stellte er sich von Anfang an als Opfer einer Ermittlungspanne sowie übler Nachrede dar. Interessant ist hierbei der Medienmix, dessen er sich bediente: Das erste umfassende Interview gab er am 8. Januar der Tageszeitung *Die Welt*[16] und damit einem in Bundeswehrkreisen viel gelesenen Blatt. Es folgten am 12. Januar in der *Quick*[17], am 16. Januar im *Spiegel*[18] sowie am gleichen Abend im *heute journal* und an anderer Stelle weitere Interviews (Grunenberg 1984), in denen er einer breiten Öffentlichkeit, die sich mit dem Thema Bundeswehr befasste, seine Sicht der Dinge darstellen konnte und dies auch in Massenmedien außerhalb der Interessensphäre der sicherheitspolitischen Community tat. Der Tenor seiner Stellungnahmen war neben dem Bestreiten jeglicher homosexueller Neigungen vor allem, dass ihm (jeweils bislang) zu keinem Zeitpunkt das „kompromittierende Material" vorgelegt worden sei. Er glaubte, dass sich dann viele Vorwürfe hätten ausräumen lassen können. Auffällig ist allerdings auch, dass Kießling mit einer für die sicherheitspolitische Berichterstat-

---

16 Interview Kießlings mit der *Welt am Sonntag*, 08.01.1984: „Schwerste Stunden meines Lebens". Siehe auch: „Kießling: jetzt rede ich". Interview zu seiner Entlassung. In: *Express*, 07.01.1984.

17 Vgl. das umfassende Interview in: Wörners Abschuss. Vier-Sterne-General Günter Kießling wurde gefeuert. In: *Quick*, 12.01.1984.

18 „Es geht nicht nur um meine Rehabilitierung." Spiegel-Interview mit dem entlassenen Vier-Sterne-Generals Günter Kießling. In: *Der Spiegel*, 16.01.1983, S. 20–21, im Kontext der ebd. erschienen Berichterstattung auf S. 15–28, die die Ermittlungen des MAD umfassend darstellt und hinterfragt.

tung bedeutenden Zeitung nicht sprach, die sich bis zuletzt mit Kritik an Wörner zurückhielt: der *Frankfurter Allgemeinen Zeitung* (vgl. Möllers 2016: 541–544)!

Insbesondere dass das BMVg keine konkreten Vorwürfe kommunizierte, ermöglichte es einigen Journalisten, mit simplen Formulierungen im Sinne Kießlings ernsthafte Zweifel an den „Erkenntnissen" des Ministers zu wecken, die von der übrigen Presse umgehend aufgenommen wurden. Hier ging es vor allem um angebliche Zeugen aus dem Kölner Milieu, die Kießling erkannt haben wollten – ohne anfänglich klar sagen zu können, wann und wo. Aus Kießlings Sicht war nicht relevant, dass diese Zeugen ihn bei einer Gegenüberstellung auch identifizieren würden, denn es gehe dabei „nicht darum, einen Mann namens Kießling zu identifizieren, den kennt vom Bild her inzwischen jeder, sondern es geht darum, konkrete Beweise für die Aussagen dieser Zeugen auf den Tisch zu legen, die zum Beispiel darin bestehen können, an welchem Tag, unter welchen Umständen in welcher Kleidung etwa sie mich gesehen haben."[19] Insgesamt mehrten sich gerade infolge der Medienarbeit Kießlings die Zweifel an der Haltung des Ministers sowie an den „Beweisen" zu seinem Fall.

Expressin Köln und Bild bundesweit – zwei Boulevardblätter

Das Boulevardblatt *Express* nahm in der Affäre eine besondere Rolle ein – nicht nur, weil ihm letztlich das Verdienst zufiel, am 12./13. Januar mit seinen Berichten die Doppelgängerthese in die Debatte einzuführen und wenige Tage später den Beweis zu erbringen, dass Kießling verwechselt worden sein könnte.[20] „Er heißt Jürgen und ist Wachmann beim Bund" war der Artikel überschrieben, in dem die Aufmerksamkeit auf einen Kießling sehr entfernt ähnelnden ehemaligen Wachmann der Bundeswehr gelenkt wurde, der – wie sich in den kommenden Tagen erweisen sollte – ganz of-

---

19 Kießling im Interview im *ARD-Brennpunkt* am 18.01.1984. Diese Forderung Kießlings korrespondiert auch mit seinem Hinweis in der ZDF-Sendung *Kennzeichen D* vom gleichen Tag, eine Überprüfung seiner zahlreichen Dienstreisen als DSACEUR könne ebenfalls solche Verdächtigungen ausräumen. Im Übrigen wies Kießling auch darauf hin, dass er anhand seines Kalenders über Jahre Nachweise erbringen könne, an welchen Tagen er wo war; vgl. Neue Aussagen Kießlings. In: *Quick*, 26.01.1984. Ungeachtet der bis dahin schon erkennbaren Schieflage: „Neuer Zeuge: Am 9.11. mit Kießling im Stundenhotel – Kießling: Alles Lüge, ich war im Bundeswehrkrankenhaus!" In: *Bild*, 19.01.1984.
20 Vgl. Express enthüllt: General – Es war ein Doppelgänger. Er heißt Jürgen und ist Wachmann beim Bund. In: *Express*, 13.01.1984; ebenso Szandar (1984b).

fenkundig von den „Zeugen" mit dem General verwechselt worden war. Und im Übrigen war dieser „General" noch drei Tage zuvor an der Theke des „Tom-Tom", einer Kölner Szene-Kneipe der Homosexuellen, gesehen worden – wenn man das glauben kann.

Dieser Bericht markierte den Wendepunkt in der Berichterstattung. Obwohl der *Express* anfänglich die Entlassung des Generals als notwendig und unumgänglich erklärt hatte, zog er zunehmend die Methoden des MAD in Zweifel. Nun zeigte sich, dass immer weniger Journalisten glaubten, was das Ministerium verkündete, und auch nicht länger glauben wollten, dass die Zeugen des Verteidigungsministeriums „zuverlässig" gewesen seien. Gleichwohl blieb augenscheinlich für den Chefredakteur des *Express*, Michael Spreng, unklar, was denn nun die Wahrheit sei. Verschiedene Zeugen hätten ihre Aussagen zur Belastung von General Kießling gemacht und später „modifiziert" und wollten nun dafür „gerade stehen". Offensichtlich, so Spreng, könnten nur noch Gerichte die Wahrheit ermitteln.[21]

Nachdem sich die Mediendebatte bis zum 12./13. Januar auf die Frage konzentriert hatte, ob Kießling homosexuell und damit ein Sicherheitsrisiko war, verschob sich nun die journalistische Recherche auf die Frage, „welche Beweise der Minister dafür vorlegen könne, dass Kießling durch Homosexualität zu einem Sicherheitsrisiko geworden sei.[22]" In diesem Punkt konnte Wörner kaum Konkretes vorweisen, glaubten nicht nur Oppositionspolitiker. Auch Bundeskanzler Kohl bekam offenbar erste Zweifel und forderte Wörner auf, nun Klarheit zu schaffen.[23] Hinzu kamen Vorhaltungen von Kießlings Anwalt, dem renommierten Bonner Verwaltungsjuristen Professor Dr. Konrad Redeker, der zwar Einsicht in die Akten des BMVg erhalten hatte, aber die Namen der Belastungszeugen nicht erfuhr: Weil Gefahr für „Leib und Leben" der Informanten bestünde, habe das Ministerium deren Namen geschwärzt.[24]

In dieser Phase errang der *Express* die anfangs angedeutete Sonderrolle gerade deswegen, weil er auch in Milieus recherchierte, in die andere, vermeintlich seriöse Blätter eben keine Reporter hinschickten: in der Kölner Schwulenszene. Trotzdem berichtete der *Express* in den ersten Tagen nach

---

21 Michael Spreng im Interview mit dem *heute journal* am 17.01.1984.
22 Auch für das Zitat nach Szandar (1984a).
23 „Kohl: Das läuft nicht gut". In: *Der Spiegel*, 16.01.1984, S. 15–24. Krisenverschärfend für den Bundeskanzler schaltete sich nun auch der bayrische Ministerpräsident Franz Josef Strauß ein, den manche schon als Nachfolger von Wörner sahen. Vgl. „Strauß: Das Telefonat mit dem General." In: *Bild*, 16.01.1984.
24 „Kohl: Das läuft nicht gut". In: *Der Spiegel*, 16.1.1984, S. 17.

seiner Bekanntgabe eines Doppelgängers weiterhin in beiden Richtungen.[25]

Die *Bild-Zeitung* spitzte als auflagenstärkste Tageszeitung in Deutschland wie der *Express* mit einer simplifizierenden Berichterstattung die Situation zu, die die Hintergründe der Affäre immer nur an der Oberfläche behandelte.[26]

Neudefinition der Affäre

Ab Mitte Januar 1984, als der Bundesverteidigungsminister a. D. und Vorgänger Wörners, Hans Apel, Kießlings (für Nicht-Soldaten nicht näher definierbare) „Soldatenehre gegen Strichjungenmoral" (Bredenberg 1984) positionierte, verschob sich der Tenor der Berichterstattung. Ab dem 13. Januar rückten die Zeugen des MAD und damit des Ministeriums ebenso wie die Informationsbeschaffung der militärischen Nachrichtenbehörde unter Zuhilfenahme der nordrhein-westfälischen Polizei auf dem kleinen Dienstweg in den Fokus der Darstellung. Und dies erst recht, als Manfred Wörner von einem „Komplott"[27] gegen ihn sprach und sich vermutlich deswegen weitere Zeugen anboten, den „Minister zu retten". Selbst die *Welt*, die *Süddeutsche Zeitung*, die *Frankfurter Rundschau*, der *Spiegel* und die *Zeit* hinterfragten in ihren Berichten unter diesem Aspekt Wörners Haltung nicht nur, sondern erschütterten sie nachhaltig. Aufgrund der zahl- und umfangreichen Beiträge, die erhebliche Zweifel an einer Ho-

---

25 Ex-Mönch will Wörner retten. Angeblich sah er den General im Tom-Tom. In: *Express*, 16.01.1984.

26 Vgl. dazu die Artikelüberschriften der *Bild* in den ersten Tagen der Affäre: Am 06.01.1984 titelte Bild: „Homosexualität? Hoher deutscher General gestürzt". Ähnlich der *Express* an diesem Tage: „SEX, Intrigen und eine Stripperin. – Geheimdienst Tag und Nacht auf seiner Spur". Am 07.01.1984 titelte der *Express*: „Wo feierte der General? – Amt überfordert Wörner – Kießling. Jetzt rede ich ... Beziehungen zu Frauen als Tarnverhältnis vom MAD bezeichnet." Die *Bild* wiederum am 17.01.1984: „Tom-Tom: Zwei Gäste erinnern sich", und am 19.01.1984: „Wörner: Das merkwürdige am General" sowie „Kießling beweist: 2 Zeugen haben gelogen" und viele mehr.

27 Die gegenteilige Meinung vertretend: „Das war kein Komplott". Was ein früherer Geheimdienstchef zum Fall Kießling zu sagen hat. In: *Bunte Illustrierte*, 02.02.1984. Der ehemalige Präsident des Bundesamtes für Verfassungsschutz, Richard Meier, wies alle Mutmaßungen zurück, ein östlicher Geheimdienst hätte involviert gewesen sein können. Diesem hätten die Entscheidungsgänge, insbesondere diejenigen Wörners und seines Staatssekretärs, nicht bekannt sein können.

mosexualität Kießlings zuließen, bewegte sich das Ministerium in eine Sackgasse hinein: Durch die detaillierten Berichte, die die ganze Affäre und das Scheitern des Versuchs aufrollten, Kießling sozusagen geräuschlos in den Ruhestand zu versetzen (Szandar 1984c), geriet der Minister zunehmend politisch unter Druck.

Nach der Unterrichtung der Obleute von CDU, SPD und FDP im Verteidigungsausschuss am 12. Januar – zu der Wörner den Obmann der Grünen, Generalmajor a. D. Gert Bastian, offensichtlich gezielt nicht einlud – sowie des Ausschusses selbst am 18. Januar, folgte am 20. Januar die erste parlamentarische Aussprache im Rahmen einer Aktuellen Stunde im Deutschen Bundestag.[28] Wenngleich hier nur rhetorisch die Klingen gekreuzt und bereits ausgetauschte Argumente erneuert wurden, zeigte sich einerseits, dass Wörners Rückhalt in der Regierung nachließ. Die Koalitionsparteien schickten keine Redner der ersten Reihe, etwa den Fraktionsvorsitzenden der Union, Alfred Dregger, oder gar den Bundeskanzler ins Rennen. Vielmehr war es eine „Stunde der unbekannten Talente"[29] – mit Ausnahme des Amtsvorgängers von Wörner, Hans Apel. Gerade dieser übte scharfe Kritik am Minister. Ähnlich wie bei seinen bisherigen Presseinterviews[30] wandte sich Apel gegen die Art und Weise, mit der Kießling verabschiedet und in den letzten Tagen bloßgestellt worden war. Die SPD bot damit ihren stellvertretenden Fraktionsvorsitzenden sowohl als ehemaligen Minister wie auch als sachkundigen Gegner Wörners auf. Schließlich hatte Apel im Jahr 1982 Kießling als DSACEUR zum NATO-Hauptquartier entsandt, wohlwissend, dass er ein schweres Amt mit wenig Einfluss

---

28 Deutscher Bundestag, Protokolle, 10. Wahlperiode, 48. Sitzung, 20.01.1984, S. 3439–3452 (http://dip21.bundestag.de/dip21/btp/10/10047.pdf). Im Übrigen fand am Tag zuvor eine Fragestunde statt, in der der Parlamentarische Staatssekretär Peter-Kurt Würzbach umfassend zu Fragen des Abgeordneten Reents (Die Grünen) antwortete, wie die Bundeswehr insgesamt mit Homosexualität umgehe. Demnach habe die Bundeswehr keine Übersicht, wie viele Soldaten homosexuell seien, Homosexuelle seien auch nicht von Vornherein „wehruntauglich" oder „wehrunwürdig", und sie würden bei Bekanntwerden ihrer Homosexualität auch nicht sofort entlassen. So widerlegt der Fall Kießling die Aussagen Würzbachs. Vgl. Deutscher Bundestag, Protokolle, 10. Wahlperiode, 47. Sitzung, 19.01.1984, S. 3373–3379 (http://dip21.bundestag.de/dip21/btp/10/10047.pdf).

29 *Südwest Presse Ulm*, 21.01.1984: „Stunde der unbekannten Talente".

30 Vgl. dazu Feldmeyer (1984a); ebenso: Apel greift Wörner an. SPD-Politiker: Fürsorgepflicht im Fall Kießling verletzt. In: *Frankfurter Rundschau*, 11.01.1984; Moniac (1984); Apel: Fall Kießling sofort klären. In: *Süddeutsche Zeitung*, 11.01.1984. Vollkommen konträr zur Berichterstattung meldete Brockdorff (1984), dass Kießling dort als „Fehlbesetzung" galt.

auszuüben hatte (Apel 1990).[31] Wörner sprach hier und in den folgenden Befragungen und Debatten gebetsmühlenartig von „Erkenntnissen", die ihm vorgelegt worden seien. Eindeutige Beweise, die die Parlamentarier von ihm forderten, nannte er hingegen nicht – und konnte er auch später nie liefern.[32]

Die vor dieser Aktuellen Stunde zudem vereinbarte Konstituierung des Verteidigungsausschusses als Untersuchungsausschuss markierte ebenfalls die Neudefinition des Konflikts, den „Priming-Effekt" (Mathes 1989: 451): Die in der umfassenden Berichterstattung der Medien wiedergegebene und offensichtlich nicht überzeugende Darstellung des Ministeriums, warum Kießling zwingend hatte entlassen werden müssen, löste weitere Recherchen aus und provozierte Vermutungen und Berichte, wonach Kießling möglicherweise Opfer einer Verwechslung sein könnte. Infolge der nun zunehmend medial dargestellten und kritisierten oberflächlichen Ermittlungsarbeit des MAD und seiner Zeugen sowie der Haltung des Ministers, der nach eigenen Worten aus staatspolitischer Verantwortung nicht anders handeln durfte und Kießling entlassen musste, richteten die Medien den Konflikt nahezu geschlossen neu aus. Ab dem 22. Januar resultierte daraus in den meisten Medien sinngemäß ungefähr das folgende, komplett vom bisherigen abweichende Bild: Kießling war vom MAD aufgrund eines im Ministerium aufgefangenen Gerüchts fälschlich der Homosexualität bezichtigt worden. Möglicherweise war dieses Gerücht aus Missliebigkeit Kießlings im NATO-Hauptquartier in Mons „gestreut" worden. Dem widersprachen prompt der SACEUR sowie andere Funktionsträger in SHAPE.

Die Meinungsführerschaft bei dieser Neudefinition der Krise hatten dabei eher die liberalen und regierungskritischen Medien, vor allem die *Süddeutsche Zeitung*, der *Spiegel*, die *Zeit* und das Boulevardblatt *Express*. Sie konnten sogar die Stellung der *Frankfurter Allgemeinen Zeitung* als regierungsnahe und sich staatstragend gebende Tageszeitung erschüttern. Diese hatte die Wendungen der Affäre nicht rezipiert, sondern lange auf der Richtigkeit des Handelns von Minister Wörner beharrt. Zudem versuchte sie den Konflikt in den MAD zu verlagern und griff zuletzt gar die Opposi-

---

31 Demnach redete Apel in der Aktuellen Stunde des Deutschen Bundestages, weil sein Fraktionsvorsitzender, Hans-Jochen Vogel, geglaubt hatte, er könne am ehesten in die Bundeswehr hineinwirken.

32 Dies zeigte sich insbesondere in seiner Vernehmung vor dem Untersuchungsausschuss am 8. und 9. Februar 1984, bei der er der Frage nach Beweisen immer wieder mit dem Hinweis auf Erkenntnisse verwies, die er selbst nicht geprüft hatte.

tion und ihr Verlangen nach Aufklärung an.[33] Mit Kießling selbst sprach die *FAZ* hingegen nie.

Die Zweifel der übrigen Medien an der bisherigen Darstellung des Ministeriums steigerten sich noch, nachdem bekannt geworden war, dass Minister Wörner den Redakteur des schweizerischen Homosexuellenblattes *Du und ich*, Alexander Ziegler, am 20. Januar auf Staatskosten hatte einfliegen lassen. Ziegler hatte sich zuvor dem Minister angeboten. Er glaubte, mit einem Tonbandmitschnitt Material zu besitzen, das Kießling eindeutig als Homosexuellen überführen könnte, und dieses Material wollte er nur dem Minister vorführen – der auch prompt als Chefermittler in dieser Sache im Beisein anderer hoher Amtsinhaber für diesen Zeugen Zeit fand![34] Mit Kießling hatte Wörner hingegen seit September 1983 nicht mehr persönlich gesprochen.

Die Medien bestimmten den Konflikt zu dieser Zeit zwischen dem 13. und 25. Januar neu – und mit ihnen General Kießling: Es ging nunmehr nicht mehr nur um Minister Wörners Entscheidung, General Kießling zu entlassen, sondern vielmehr um die Beweisbarkeit der Vorwürfe, die seit dem 10. Januar zunehmend in den Mittelpunkt der Berichterstattung gerückt und seit dem 13. Januar und mit dem Aufkommen der Doppelgängerthese offenkundig infrage gestellt worden waren. Minister Wörner geriet unter Beweisnot, weil er entscheidende Verfahrensfehler begangen hatte, so etwa die Vernehmung fragwürdiger Zeugen im Beisein ranghoher

---

33 Mehrere Autoren schrieben in der *FAZ* zu der Angelegenheit: Fack (1984b, 1984c) hob auf die Verantwortung des Staatssekretärs Hiehles ab. Fromme (1984a) kritisierte offen Kießlings Klage vor dem Verwaltungsgericht. Reißmüller (1984) verlagerte die Affäre von Wörner auf Kohl und dessen Verantwortung für die Bundesregierung. Fromme (1984b) unterstellte, dass ein Rücktritt Wörners im Bundesverteidigungsministerium nichts verbessern würde. Hefty (1984) verwies auf Personalkontinuitäten bei höheren Stellen im Bundesverteidigungsministerium im Übergang von der sozialliberalen Koalition zur Regierung Kohl und legte den Eindruck nahe, dass die ehemaligen SPD-Anhänger, zu denen auch Hiehle gezählt wurde, gezielt Informationen und Desinformationen an die Öffentlichkeit geben würden.

34 Der „Tonbandmitschnitt" findet sich in: BArch, Bw 1/535 372, Bl. 8–28. Tatsächlich handelte es sich lediglich um eine Niederschrift, deren Übereinstimmung mit einem angeblichen Tonbandmitschnitt nicht überprüft werden konnte, da dieser nicht vorlag. Dass ein Tonbandmitschnitt, dessen Zustandekommen und Herkunft nicht rechtlich vertretbar war, im Geschäftsbereich des BMVg für Aufsehen sorgen konnte, zeigte Staatssekretär Peter Kurt Würzbach wenige Jahre später, als er einen Tonbandmitschnitt eines Gespräch mit dem Bundesverteidigungsminister Prof. Dr. Rupert Scholz kursieren ließ. Vgl. *Der Spiegel*, Heft 52/1988, 26.12.1988, S. 57–58: „Minister. Dickes Ding."

Mitarbeiter des Ministeriums. Die so entstehenden Rechtfertigungsbemü-
hungen Wörners entwickelten sich zum zentralen Punkt im Konflikt.

Entscheidungsphase

Infolge der ab dem 13. Januar aufkommenden Doppelgängerthese und der
zunehmenden Kritik an der Arbeit des MAD, ergänzt am 18. Januar durch
die von Zeitungen aufgenommene Kritik der Parlamentarischen Kontroll-
kommission für die Geheimdienste (PKK) am MAD,[35] stieg der politischen Druck auf Wörner, eine Entscheidung in der Affäre und ihr Ende
beinahe um jeden Preis herbeizuführen. Das Ministerium bestellte dazu
weitere Zeugen aus dem homosexuellen Milieu ein, und der Minister ver-
nahm diese wieder selbst im Beisein ranghoher Vertreter des Ministeriums
sowie des Kanzleramts. Eine ebenfalls eingesetzte akribische Überprüfung
der Dienstreisen von General Kießling – man sprach hier von 200 Tagen
Abwesenheit von SHAPE im Jahr 1983 – ließ bereits nach kurzer Zeit keine Aussagen zum etwaigen Lebenswandel des Generals zu. Die Reisen waren ordnungsgemäß erfolgt, Besuche im Milieu konnten damit nicht nach-
gewiesen werden. Auch im Verteidigungsausschuss vermochte Minister
Wörner nicht zu überzeugen, dass General Kießling nach den Vorgaben
der Bundeswehr entlassen werden musste. Vielmehr stauten sich hier
Zweifel an der Notwendigkeit der voreiligen Entlassung des Generals auf.
Aus diesen Handlungen des Ministers entwickelte sich eine mediale Kritik
sowohl an seinem Vorgehen als auch an den „Beweisen" im Fall Kießling –
die im Übrigen mit einer inhaltlichen Verlagerung der Berichterstattung
hin zu den Pannen des MAD einherging.[36]

Die Abwesenheit des Bundeskanzlers, der vom 24. bis zum 29. Januar
1984 zu einem Staatsbesuch in Israel weilte, verschärfte die Situation: Der
politische Druck nahm ständig zu und die vermeintlichen Beweise wurden
durch die Medien zunehmend erschüttert. Eine kurzfristig für den 24. Januar zusammengerufene Informationsveranstaltung für die Kommandie-
renden Generale der Bundeswehr – also alle Drei- und Viersternegenerale
der Bundeswehr, mithin mehr als 30 Personen! – sorgte nicht für Beruhi-

---

35 Allen voran schildert dies Szandar (1984d). Er weist auf „weisungswidrige" Ermittlungen durch „übereifrige" Mitarbeiter des MAD hin, die ein Bild eines „Försters"
   als Grundlage für Nachfragen im Kölner Milieu bereitstellten.
36 So z. B. in: „Ein Abgrund von Sumpf hat sich aufgetan". In: *Der Spiegel*,
   23.01.1984, S. 15–31, darin S. 27–31, „Daten über Kinder, Greise und Frauen", zu
   Ermittlungspannen des MAD. Vgl. Wildermuth (1984) und Feldmeyer (1984b).

gung. Das anschließend vom Generalinspekteur herausgegebene Kommuniqué besagte, der Minister habe angesichts der vorgelegten Unterlagen des MAD so handeln müssen und keinen Ermessensspielraum besessen. So eindeutig die Generale hinter dem Minister zu stehen schienen, so deutlich las die Presse darin Kritik an Wörner: Unter der Titelzeile „Altenburg geht auf Distanz" wies die *Frankfurter Allgemeine Zeitung* in einem kleinen Beitrag[37] darauf hin, dass es Aufgabe von Strafverfolgungsbehörden und der Justiz und eben nicht des Ministers sei, Ermittlungen zu betreiben und Zeugen zu hören (Kister 1984)[38]. Und der gleiche Bericht kolportierte, Altenburg habe Kritik am Staatssekretär Hiehle geübt, weil dieser den MAD nicht gebremst habe, als das Amt nach dem Arrangement des Ministers mit General Kießling im September 1983 weitere Ermittlungen angestellt habe. Manfred Wörner schien zu diesem Zeitpunkt, wie Robert Leicht am 24. Januar in der *Süddeutschen Zeitung* kommentierte, am „Toten Punkt": Der Kanzler war weit weg und der Minister längst nicht mehr in der Lage, den Konflikt zu beenden.

In der Nachbetrachtung scheint die Abwesenheit von Bundeskanzler Kohl das Ende der Affäre Kießling, die längst zu einer Affäre Wörner geworden war, tatsächlich hinausgezögert zu haben. Insbesondere die Anhörung des Zeugen Ziegler sorgte für heftige Kritik an Wörner. Die Rücknahme des Antrags auf ein disziplinargerichtliches Verfahren von Kießling gegen sich selbst, nachdem das Gespräch Zieglers mit Wörner bekannt geworden war, spitzte den Konflikt an der Stelle zu, die maßgeblich war: „Der General hat nach den Vorgängen der letzten Wochen jedes Vertrauen in eine objektive Aufklärung durch den Minister und sein Ministerium verloren, das anscheinend jetzt nur noch als Rechtsgrundlage für ganz andere Zwecke dienen soll, insbesondere um dubiose Zeugen auf die Hardthöhe einladen zu können."[39] Mit anderen Worten: Der General ließ über seinen Anwalt der Presse mitteilen, dass er keine Hoffnung mehr habe, dass der nunmehr vollkommen desavouierte und offensichtlich über-

---

37 Altenburg geht auf Distanz. In: *Frankfurter Allgemeine Zeitung*, 27.01.1984. Ein Autor ist nicht genannt. Altenburg habe sich demnach bei einer Vortragsveranstaltung in Münster dahin geäußert, dass „die oberste militärische Führung [der Bundeswehr] nicht jede politisch wesentliche Entwicklung im Fall Kießling mitzuverantworten hat oder gutheißen kann." Während Minister und Generalinspekteur den Fall Kießling einvernehmlich mit dem General geregelt hätten, habe Staatssekretär Hiehle nunmehr die Verantwortung für diese Entwicklungen zu tragen.
38 Ähnlich auch: Die Affäre Kießling. In: *Welt am Sonntag*, 29.01.1984.
39 BArch, Bw 1/263 878: Pressemitteilung von RA Redeker zum Rückzug des Disziplinarverfahrens.

forderte Minister das Problem einwandfrei lösen könnte. Und am 26. Januar legte Kießling noch einmal nach, als er in einem Interview mit der Illustrierten *Quick* sagte, er könne anhand seiner Tagebücher über jeden Tag Rechenschaft ablegen.[40]

Obwohl das Verteidigungsministerium am 20., 25. und 30. Januar in *Bundeswehr Aktuell* versuchte, die Entlassung General Kießlings für die Angehörigen der Bundeswehr als verhältnismäßig darzustellen, ging es im Ministerbüro, wie eine Chronologie des Adjutanten des Ministers belegt, nur noch um den geordneten Rückzug: Die Übersicht vermerkt zwischen dem 25. Januar und dem 1. Februar die Vorbereitung von Notizen für ein Gespräch mit dem Bundeskanzler und Überlegungen zur Fortführung des disziplinargerichtlichen Verfahrens. Am 2. Februar, einen Tag nach der eingangs zitierten Bundespressekonferenz, bezeichnete dann *Bundeswehr Aktuell* das Ende der Affäre und die Rehabilitierung Kießlings als „Eine Regelung, die beiden gerecht wird!" Wer der Urheber dieser der Affäre und dem General Kießling kaum gerecht werdenden Schönschreibung war, ließ sich nicht ermitteln.

Zusammenfassung

Die Wörner-Kießling-Affäre kann ausgehend von Rainer Mathes (1989: 450–452) wie folgt periodisiert werden: Nach einer bereits im September 1983 – möglicherweise aber durch Kießlings frühzeitig geäußerten Entlassungswunsch bereits im Juli 1983 – einsetzenden *Latenzphase*, die am 23. Dezember 1983 zur Entlassung Kießlings führte und bis zum 5. Januar 1984 andauerte, setzte eine *Spekulationsphase* ein, die – abweichend zu Mathes nicht die ersten drei Wochen des Konfliktes und damit die Zeit bis zum 28. Januar in Anspruch nahm, sondern – nach 14 Tagen, als die Kölner Boulevardpresse den Doppelgänger vorstellte, bereits beendet war. Wörners Haltung war mit dem Aufkommen dieses Doppelgängers und dem Ausbleiben irgendwelcher beweiskräftigen Argumente in den Grundfesten erschüttert. Bis auf wenige mediale Ausreißer wurde die Fragwürdigkeit der Vorwürfe gegen General Kießling bereits um den 20. Januar kaum noch angezweifelt. Es folgte eine durch die Auslandsreise des Bundeskanzlers künstlich verlängerte *Entscheidungsphase*, die am 1. Februar 1984 in der Bundespressekonferenz und zeitgleich mit der Übergabe der Ernennungsurkunde an General Dr. Günter Kießling im Bundesverteidigungsministe-

---

40 Neue Aussagen Kießlings. Interview mit Jochen Oberstein. In: *Quick*, 26.01.1984.

rium ihr Ende fand. Die *Analysephase* setzte – anders als Mathes sie terminiert – nicht erst am 1. Februar, sondern bereits am 20. Januar mit der Konstituierung des Untersuchungsausschusses ein und endet mit dessen Abschlussbericht am 26. Juni 1984 (abgedruckt in Deutscher Bundestag/ Bundesrat 1984).

Die Arbeit dieses öffentlich tagenden Untersuchungsausschusses und seiner Zeugenvernehmungen auszuwerten, bedarf nicht nur einer umfassenden Lektüre seiner Protokolle. Vielmehr gilt es auch, die darin enthaltenen, oftmals widersprüchlichen Zeugenvernehmungen aufzulösen und nicht zuletzt die Medienberichterstattung über den Ausschuss zu analysieren. Dies muss letztlich an anderer Stelle erfolgen.

Vorab lässt sich aber bereits konstatieren: Die Vernehmungen erhärteten alle Zweifel, die die Medien bereits ab dem achten Tag der Affäre immer mehr in den Fokus rückten. Lagen Fakten vor, die eine Homosexualität Kießlings beweisen konnten? – Nein! – Welche Sorgfaltspflichten hatte der Minister als Gesamtverantwortlicher verletzt, als er sich zunehmend auf die Behauptungen des MAD stützte? – Beinahe alle! – Hatte der MAD sorgfältig gearbeitet und der Staatssekretär eine legale und legitime Grundlage für die von ihm erzwungene Zwangspensionierung des Generals? – Niemals!

Die Kießling-Affäre des Jahres 1984 ist bis heute eines der spektakulärsten Beispiele für die Wirkung der Medien als „vierte Gewalt" oder öffentliche Kontrolle der Politik und hier der Streitkräfte der Bundesrepublik Deutschland – vor allem, weil sich nahezu alle Medien um die Affäre kümmerten. Selbst scheinbar „Geheimes" drang infolge der Recherchen der beteiligten Journalisten im Umfeld der damaligen Bundeshauptstadt Bonn an die Oberfläche und konnte dann durch intensive Medienarbeit aufgeklärt werden – und das ohne die digitalen Recherche- und Kommunikationsmöglichkeiten der heutigen Zeit. Die Affäre war herausragend und erschreckend zugleich, weil das Bundesverteidigungsministerium und sein Minister auch und vor allem wegen einer Verkettung unglaublicher Ereignisse und Abläufe sowie des eigenen Unvermögens zu einer aktiven Pressearbeit die Kontrolle über interne Ereignisse und ihre Außenwahrnehmung vollkommen verloren hatten.[41] Dass der Minister die Medien nicht beeinflussen konnte, lag auch an seiner defensiven Informationspolitik. Sie war von Außeneinflüssen nahezu abgekoppelt und auf einen Argumentations-

---

41 Vgl. Hillmer (1984) zu der Unmöglichkeit für den Leiter des Presse- und Informationsstabes im Bundesverteidigungsministerium, eine aktive Öffentlichkeitsarbeit zu betreiben.

strang festgelegt, der auf Neuigkeiten nicht mehr reagieren konnte oder wollte. Dadurch waren Wörner und sein Umfeld nicht einmal in der Lage, der geschickten Medienarbeit des Generals wenn nicht überzeugend, doch wenigstens irgendwie entgegentreten zu können. Besonders auffällig war auch, dass der Minister letztlich durch den Bundeskanzler, entgegen allen Erwartungen, aus seiner Handlungsunfähigkeit erlöst wurde – und dennoch sein Amt behielt (Quay 1984). Eine Reform des Militärischen Abschirmdienstes schloss sich der Affäre an.

Quellen und Literatur

Apel, Hans (1990): *Der Abstieg. Politisches Tagebuch 1978–1988.* Stuttgart: DVA.

Augstein, Rudolf (1984): Die Vorhinrichtung, in: *Der Spiegel*, 3/1984, 16.01.1984, S. 16.

Berndt, Helmut (1984): Drei Ebenen des Konflikts. In: *Braunschweiger Zeitung/ Aachener Volkszeitung*, 12.01.1984.

Bredenberg, Volker (1984): „Soldatenehre gegen Strichjungenmoral". Interview mit Hans Apel. In: *Hamburger Morgenpost*, 16.01.1984.

Brockdorff, C. Graf (1984): Bei SHAPE gab es seit langem einen Fall General Kießling. In: *Die Welt*, 11.01.1984.

Deutscher Bundestag; Bundesrat (Hrsg.) (1984): *Zur Sache 2/84. Themen parlamentarischer Beratung. Diskussionen und Feststellungen des Deutschen Bundestages in Sachen Kießling. Antrag, Bericht und Aussprache in der Angelegenheit des Bundesministers der Verteidigung. Bericht und Empfehlung des Verteidigungsausschuss als 1. Untersuchungsausschuss. Beratung und Beschluss des Plenums.* Bonn.

Dörner, Franz (1991): *Das Verhältnis zwischen Massenmedien und Bundeswehr. Eine empirische Untersuchung.* Diss., Mainz.

Fack, Ulrich (1984a): Auf politischem Gleis. In: *Frankfurter Allgemeine Zeitung*, 14.01.1984.

Fack, Fritz Ulrich (1984b): Ein Bündel Ungereimtheiten. In: *Frankfurter Allgemeine Zeitung*, 16.01.1984.

Fack, Fritz Ulrich (1984c): Zwischenbilanz. In: *Frankfurter Allgemeine Zeitung*, 19.01.1984.

Feldmeyer, Karl (1984a): Apel kritisiert die Entlassung Wörner. „Alle Tatsachen umgehend auf den Tisch". In: *Frankfurter Allgemeine Zeitung*, 11.01.1984.

Feldmeyer, Karl (1984b): Der Minister muss sich schleunigst um den MAD kümmern. In: *Frankfurter Allgemeine Zeitung*, 24.01.1984.

Fromme, Karl (1984a): Schon zu viel geredet. In: *Frankfurter Allgemeine Zeitung*, 20.01.1984.

Fromme, Karl (1984b): Zu spät? In: *Frankfurter Allgemeine Zeitung*, 26.01.1984.

Grunenberg, Nina (1984): So jäh verblassten vier Sterne. Aufstieg und Sturz des einsamen Generals. In: *Die Zeit*, 13.01.1984.

Hefty, Georg (1984): Auf der Hardthöhe. In: *Frankfurter Allgemeine Zeitung*, 31.01.1984.

Hillmer, Gebhard (1984): Oberst schlug eine schwere Schlacht. Jürgen Reichardt im Blickpunkt. In: *Weser-Kurier*, 02.02.1984.

Jacobs, Volker (1984): Da brache Gelächter aus. In: *Saarbrücker Zeitung*, 02.02.1984.

Kepplinger, Hans Matthias (2012): *Die Mechanismen der Skandalisierung. Zu Guttenberg, Kachelmann, Sarrazin & Co.: Warum einige öffentlich untergehen – und andere nicht.* München: Olzog.

Kießling, Günter (1993): *Versäumter Widerspruch.* Mainz: v. Hase und Koehler.

Kister, Kurt (1984): Kühles Votum von der Generalität. In: *Süddeutsche Zeitung*, 26.01.1984.

Löffelholz, Martin; Auer, Claudia; Schleicher, Kathrin (2011): Vorsichtige Annäherung. Die Beziehungen der Bundeswehr zu den Medien vom Ende des Kalten Krieges bis heute. In: *Militärgeschichtliche Zeitschrift* 70, S. 69–84.

Mathes, Rainer (1989): Medienwirkungen und Konfliktdynamik in der Auseinandersetzung um die Entlassung von General Kießling. Eine Fallstudie und ein Drei-Ebenen-Modell. In: *Massenkommunikation. Kölner Zeitschrift für Soziologie und Sozialpsychologie*, Sonderhefte, Volume 30, S. 441–458.

Möllers, Heiner (2014): Am Anfang war ein Gerücht. Wie sich die Entlassung von General Kießling zur Affäre für Wörner entwickelte. In: *IF – Zeitschrift für Innere Führung*, Heft 1/2014, S. 39–45.

Möllers, Heiner (2016): Die Kießling-Affäre 1984. Zur Rolle der Medien im Skandal um die Entlassung von General Dr. Günter Kießling. In: *Vierteljahrshefte für Zeitgeschichte* 64, S. 517–550.

Moniac, Rüdiger (1984): Im Ausschuss will Wörner Gründe nennen. In: *Die Welt*, 11.01.1984.

Neumaier, Eduard (1984): Zur Schlachtplatte die Lösung serviert. Kohl kam aus dem Unterstand des Kanzleramtes hochgestimmt an die Medienfront. In: *Stuttgarter Zeitung*, 02.02.1984.

Pruys, Karl Hugo (1984): Im übervollen „Aquarium" hatte Kohl keinen leichten Stand. In: *Aachener Volkszeitung*, 02.02.1984.

Quay, Peter (1984): Der Kanzler gab viele Fehler zu. Der Verteidigungsminister kam gar nicht erst zur Pressekonferenz. In: *Bonner Rundschau*, 02.02.1984.

Ramge, Thomas (2003): Günter von der Bundeswehr – General Kießling, Manfred Wörner und die Sittenpolizei (1984/84). In: ders.: *Die großen Polit-Skandale. Eine andere Geschichte der Bundesrepublik.* Frankfurt a. M.: Campus, S. 180–197.

Reichardt, Jürgen (2008): *Hardthöhe Bonn. Im Strudel einer Affäre.* Bielefeld/Bonn: Osning.

Reißmüller, Georg (1984): Wegschicken oder halten? In: *Frankfurter Allgemeine Zeitung*, 23.01.1984.

Scherer, Werner (1976): *Soldatengesetz und Vorgesetztenverordnung. Kommentar.* Begründet von Werner Scherer, fortgeführt von Otto Meyer, 5. , neubearb. Aufl., München: Vahlen.

Schütz, Hans-Peter (1984a): „Warum blieb er nicht im Krankenhaus?". Wie Wörner versuchte, General Kießling einen guten Abgang zu verschaffen. In: *Stuttgarter Nachrichten*, 12.01.1984.

Schütz, Hans-Peter (1984b): Beerdigung dritter Klasse für einen Bonner Skandal. Eine milde Rüge für den Verteidigungsminister – Blitzumfragen gegen Kritik am Kabinett – General darf Abschied wählen. In: *Stuttgarter Nachrichten*, 02.02.1984.

Storkmann, Klaus (2014a): Cui bono? Entscheidungen und Hintergründe des Wörner-Kießling-Skandals 1983/84 im Spiegel neuer Forschungen. In: *Österreichische Militärzeitschrift*, 6/2014, S. 716–721.

Storkmann, Klaus (2014b): Eine Frage der Ehre. Vor 30 Jahren Wörner-Kießling-Affäre. In: *Auftrag* 293 (3), S. 47–51.

Szandar, Alexander (1984a): Die Bombe unter dem Ministersessel. In: *Süddeutsche Zeitung*, 14.01.1984.

Szandar, Alexander (1984b): Polizei findet Doppelgänger des Generals. In: *Süddeutsche Zeitung*, 16.01.1984.

Szandar, Alexander (1984c): Der Weg, der in den Schlamm führte. In: *Süddeutsche Zeitung*, 18.01.1984.

Szandar, Alexander (1984d): Der Weg vom Gerücht zum Bericht. Fall Kießling: Die Rolle des Militärischen Abschirmdienstes. Am Anfang ein skeptischer Admiral, am Ende ein rechtswidrig ermitteltes Ergebnis. In: *Süddeutsche Zeitung*, 21.01.1984.

Szandar, Alexander (1984b): Zapfenstreich für eine Affäre. In: *Süddeutsche Zeitung*, 02.02.1984.

Wildermuth, Ulrich (1984): Der Minister auf der Tretmine. Manfred Wörner und die Affäre Kießling – Die undurchsichtige Rolle des Militärischen Abschirmdienstes. In: *Südwest Presse Ulm*, 24.01.1984.

Ohne Öffentlichkeit keine Vertrauensbildung –
Deutsche Medien und deutsche Armeen im KVAE-Prozess

Oliver Bange und Karl-Heinz Lutz

Der folgende Beitrag stellt aus mehreren Gründen einen Sonderfall des Sammelbandes dar: Zum einen rückt er die Jahre vor 1990 in den Fokus der Analyse, zum anderen betrachtet er nicht nur Bundesrepublik und Bundeswehr, sondern auch die Armee des anderen deutschen Staates, die Nationale Volksarmee (NVA) der Deutschen Demokratischen Republik.

Bis 1986 waren Begegnungen und Kontakte zwischen den Soldaten der beiden deutschen Staaten eher zufälliger Natur. Sie fanden – wenn überhaupt – bei Marinesoldaten auf hoher See[1], bei internationalen Arbeitsgruppen[2] und Hilfeleistungen[3], unter Militärattachés im Rahmen des diplomatischen Verkehrs[4] und im Rahmen wissenschaftlicher Tagungen statt[5]. Mit dem im September 1986 in Stockholm unterzeichneten Abschlussdokument der „Konferenz für Vertrauens- und Sicherheitsbildende

---

1 Ingo Pfeiffer, Gegner wider Willen. Konfrontation von Volksmarine und Bundesmarine auf See, Berlin (Miles) 2012.

2 Etwa den Delegationen von Bundesrepublik und DDR bei der CIHM, bei der sich bald nach der Aufnahme der beiden deutschen Staaten in die UNO Militärhistoriker aus beiden Ländern trafen.

3 Etwa 1984 bis 1988 in Äthiopien, wobei die NVA-Soldaten zunächst als Zivilisten getarnt waren. Vgl dazu Klaus Storkmann, Historisches Erbe: Die Nationale Volksarmee der DDR und die 'Dritte Welt', in: Auslandseinsätze der Bundeswehr, Hrsg. von Bernhard Chiari und Magnus Pahl, Paderborn u. a. (Schöningh) 2010 (= Wegweiser zur Geschichte), S. 263-265.

4 Bernd Biedermann, Offizier, Diplomat und Aufklärer der NVA - Streiflichter aus dem Kalten Krieg; Berlin (Köster) 2008 (= Geheime Nachrichtendienste, 3). Biedermann war auch als Manöverbeobachter der DDR eingesetzt. Zu seinen skurrilen Erfahrungen zählte, dass er in seiner Brüsseler Zeit irrtümlich anstelle seines bundesdeutschen Pendants zu einer Besprechung der NATO eingeladen war und auch daran teilnahm.

5 Dazu Wilfried Schreiber, Als Offizier und Wissenschaftler der NVA im deutsch-deutschen Dialog 1987-1990. Ein Zeitzeugenbericht, Dresden 2005 (= "DSS-Arbeitspapiere", 75) sowie Rolf Lehmann, Zum deutsch-deutschen Dialog von Militärs in den achtziger Jahren. Erinnerungen und Zeitzeugnisse, [Rückblicke (10)], Dresden 1998 (= "DSS-Arbeitspapiere", 43). [http://www.sicherheitspolitik-dss.de/ap/ap043000.pdf, Abruf am 19.05.2014].

Maßnahmen und Abrüstung in Europa" (KVAE) begann eine kurze, aber bedeutende Epoche direkter militärischer Kontakte – zwischen den Blöcken, vor allem aber auch zwischen den beiden deutschen Armeen. Die Kontakte sollten, wie der Titel der Konferenz bereits zum Ausdruck brachte, durch Manöverbeobachtungen und Inspektionen mehr Transparenz und Vertrauen und damit auch ein Mehr an Sicherheit schaffen.[6]

Die im nun folgenden „Stockholmer Prozess" eröffneten militärischen Einsichten in die nicht aggressiven Absichten des Gegenübers bedurften aber, um im Ost-West-Konflikt wirklich stabilisierend wirksam werden zu können, einer gesellschaftlichen und politischen Rückkopplung. Nicht zufällig entstand die KVAE als militärpolitische Nebenlinie der in breiter Öffentlichkeit verhandelten und diskutierten „Konferenz über Sicherheit und Zusammenarbeit in Europa" (KSZE) – auch als „Helsinki-Prozess" bezeichnet. Auf der ersten KSZE in Genf und Helsinki (1973–1975), in den sogenannten Folgekonferenzen in Belgrad (1977/78), Madrid (1980/83), Wien (1986/89) und Paris (1990) hatten die Teilnehmerstaaten aus Europa und Nordamerika die ganze Bandbreite kontroverser Ost-West-Themen der Zeit diskutiert: von Menschenrechten über Wirtschaftsfragen, Medien und Informationszugang bis zu Möglichkeiten militärischer Entspannung zwischen den antagonistischen Militärblöcken von NATO und Warschauer Pakt.

Wie der übergeordnete „Helsinki-Prozess" blieb auch der „Stockholm-Prozess" stets eng verbunden mit der Welt- und Supermachtpolitik. Der Abschluss der KVAE im September 1986 wurde zum Wegbereiter des bilateral zwischen Washington und Moskau ausgehandelten Vertrages über die Abschaffung der atomaren Mittelstreckensysteme in Europe (Intermediate Nuclear Forces, INF-Vertrag) vom November 1987. Im März 1989 begannen die Verhandlungen über den Abbau der konventionellen Streitkräfte in Europa (KSE), die auf den einen Monat zuvor aufgrund eines zu engen

---

6 Fritz Pittelkow, Signal der Hoffnung? In: Loyal 11/1986, S. 3-4. Der Originaltext des Stockholmer Dokuments ist einsehbar unter: http://www.osce.org/de/fsc/41240?download=true. Laut KVAE-Vertrag mussten Manöver über 13.000 Soldaten, über 300 Panzern oder mit mehr als 200 Luftwaffeneinsätzen 42 Tage, bei mehr als 40.000 beteiligten Soldaten zwei Jahre im Voraus angekündigt werden; Manöver über 70.000 Mann wurden unzulässig. Jeweils am 15. November des Vorjahres war eine Liste aller ankündigungspflichten Manöver zu übersenden. Bei amphibischen oder Luftlandungen mit über 5.000 Mann und bei Manövern über 17.000 Beteiligten mussten Beobachter eingeladen werden. Fernglasbenutzung und Kontakt zur Botschaft waren erlaubt, eine Karte des Manövergebiets war zur Verfügung zu stellen. Außerdem waren drei Inspektionen pro Jahr zulässig; diese waren 36 Stunden vorher anzukündigen und durften höchsten 48 Stunden dauern.

Verhandlungsmandats abgebrochenen Verhandlungen über gegenseitige und ausgewogene Truppenreduzierungen (MBFR) aufbauen und im „Wiener Dokument" vom November 1990 (WD 90) zum Abschluss gebracht werden konnten. Im direkten Kontext mit den bereits begonnenen KVAE-Maßnahmen wie Manöverbeobachtungen und Inspektionen und den in eine entscheidende Phase eintretenden KSE-Verhandlungen stand auch das auf der KSZE in Wien beschlossene „Seminar über Militärdoktrinen". Es sollte Anfang 1990 Einblicke in die Logik, die Ziele und die Struktur der gegenseitigen Kriegsbilder und Operationsplanungen geben. Bedingt durch die Auflösung des Warschauer Pakts und die umfangreichen Truppenreduzierungen musste das Wiener Dokument immer wieder an neue Rahmenbedingungen angepasst werden. Im November 1994 wurden das Konfliktverhütungszentrum und das Forum für Sicherheitskooperation gegründet und nur einen Monat später wurde die KSZE institutionalisiert und in OSZE umbenannt.

Die „veröffentlichte Meinung" als Vermittler zur „öffentlichen Meinung" war und blieb stets ein integraler Teil dieses Prozesses. Ein rein auf einen Zuwachs militärischen Wissens von Militärs ausgelegter Prozess passte in der zweiten Hälfte der Achtzigerjahre weder zu Gorbatschows Konzept zum Umbau der sowjetischen Gesellschaft noch zu der von ihm initiierten Neuausrichtung der eigenen Sicherheitspolitik. Und auch dem auf die „Transformation der anderen Seite" (Willy Brandt)[7] zielenden Détente- und Entspannungsentwurf des Westens hätte dies immanent widersprochen. Im Gegenteil – laut Egon Bahr sollte der Abbau von Rüstungen und Stationierungen dazu beitragen, dass die Menschen in Zentral- und Osteuropa anfingen, „freier zu atmen" und überfällige Reformen einzufordern.[8] Ohne Medien – ohne eine freie mediale Berichterstattung und Zugang zu

---

7 So in der Rede Brandts in Tutzing am 15.07.1963 In: Bundesministerium für innerdeutsche Beziehungen 1978: Dokumente zur Deutschlandpolitik, IV. Reihe, Bd. 9, S. 567. Zum Begriff der „Transformationsstrategie" – unter Rückgriff auf die Rede Brandts – Gottfried Niedhart und Oliver Bange, 'Die Relikte der Nachkriegszeit' beseitigen – Ostpolitik in der zweiten außenpolitischen Formationsphase der Bundesrepublik Deutschland im Übergang von den Sechziger- zu den Siebzigerjahren. In: Archiv für Sozialgeschichte, Jg. 44, Bonn 2004, S. 415-448. Für die Übernahme im historiografischen Diskurs stellvertretend Tesujii Senoo, Ein Irrweg zur deutschen Einheit? Egon Bahrs Konzeptionen, die Ostpolitik und die KSZE 1963-1975, Frankfurt/M 2011.

8 Siehe die Memoiren von Brandts engstem außen- und ostpolitischen Berater: Egon Bahr, Zu meiner Zeit, München 1996, sowie Bahrs langes Memorandum für Brandt vom Oktober 1969, zitiert in Oliver Bange, An Intricate Web: Ostpolitik, the European Security System and German Unification. In: Ders. und Gottfried

diesen Informationsmitteln – waren daher weder Gorbatschows Glasnost und Perestroika noch eine Ost-West-Entspannung möglich. Aus diesem Grund war auch die militärische Seite dieses Prozesses stets von großem öffentlichen Interesse und wurde von einer entsprechend intensiven Berichterstattung begleitet.

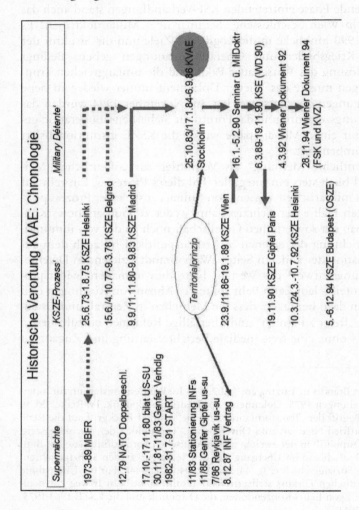

Niedhart (Hrsg.), Helsinki 1975 and the Transformation of Europe, Oxford/New York 2008, S. 23–38.

Den beiden deutschen Staaten fielen in diesem Prozess, der zunächst die sicherheitspolitischen Verhandlungen in Stockholm und dann die Umsetzung von Manöverbeobachtern und Inspektoren nach KVAE- und INF-Richtlinien umfasste, besondere Rollen zu. Nach dem „Territorialprinzip" dieser Verträge waren jene Staaten für die Durchführung der Überprüfungen zuständig, auf deren Boden die Manöver, Truppen und Waffensysteme stattfanden bzw. stationiert waren, die kontrolliert werden sollten. Dies erlaubte den Deutschen – vor allem aber der DDR – nicht nur Einsichten in die räumliche Verteilung der Truppen durch die Supermacht des jeweiligen Bündnisses im eigenen Land, sondern führte auch zu direkten und offiziellen Begegnungen von Angehörigen der NVA und der Bundeswehr. Es galt – stets im grellen Licht der Öffentlichkeit – neue Umgangsformen sowohl im dienstlichen als auch im persönlichen Miteinander zu entwickeln. Das „Bild" vom militärischen Gegner, vom ideologischen Feind, vom „anderen Deutschen" in Uniform veränderte sich – zunächst langsam, dann infolge der Ereignisse von 1989/90 immer schneller. Diese Veränderungen der gegenseitigen Wahrnehmung (Kommunikationswissenschaftler sprechen vom „Perzeptionswandel") betraf aber nicht nur die relativ kleine Zahl der als Beobachter oder Inspektoren betroffenen Offiziere, sondern erfasste durch die zeitnahe mediale Berichterstattung sehr rasch auch andere Soldaten in NVA und Bundeswehr, wie überhaupt die Deutschen in Ost und West.

Prekär war dieser Prozess vor allem für die Repräsentanten der Staatspartei in Ostberlin. Im Rahmen von geheimen bilateralen Absprachen zwischen Moskau und Washington erkaufte sich die UdSSR zunächst eine Stabilisierung der militärischen Lage durch die KVAE und dann auch umfangreiche Abrüstungen im Rahmen von INF und KSE durch weitreichende Zugeständnisse im Rahmen der „humanitären Dimension" der KSZE. Dies musste das auf Repression und Kontrollen fußende Herrschaftssystem der SED (ostdeutsche Diplomaten sprachen von den „Lebensinteressen" der DDR) nachhaltig erschüttern. Gerade durch den Zugang zu westlichen Medien wurde das Wissen um diese neuen Rechte sowohl in der Oppositions- als auch in der Ausreisebewegung der DDR weit verbreitet. Deren Zusammenwirken im Frühsommer 1989 traf auf ein seit Ende 1988 bestehendes sicherheits- und militärpolitisches Vakuum: Die Warschauer Vertragsorganisation („Warschauer Pakt" in der Westdiktion) hatte sich gerade über die Fragen der „menschlichen Dimension" so zerstritten, dass von einem „Pakt" kaum noch die Rede sein konnte. Weder befahl Moskau den sowjetischen Soldaten im Herbst 1989, gegen die Demonstranten vorzugehen, wie dies 1953 der Fall gewesen war, noch sahen die meisten Soldaten der NVA hierzu irgendeine Notwendigkeit. Das Ende der DDR blieb nur noch ein formaler Akt. Nicht zuletzt durch die Berichterstattung freier Medien waren in der öffentlichen Wahrnehmung aus gesichtslosen Soldaten Menschen geworden, vor denen, wie es schien, kaum noch jemand Angst zu haben brauchte.

Die KVAE-Verhandlungen und das absehbare Ende der DDR:
Militärische Entspannung, Medien und Menschenrechte

Der KVAE-Prozess wie ganz allgemein die militär- und sicherheitspolitische Komponente des KSZE-Prozesses sind bislang historiografisch nicht erforscht worden. Auch die im Folgenden vorgestellten Quellen – Dokumente aus den Beständen des BMVg und der Bundeswehr im Bundesarchiv-Militärarchiv in Freiburg, des Ministeriums für Auswärtige Angelegenheiten und der SED-Führung in der Stiftung Archiv und Massenorganisationen der DDR und des Ministeriums für Staatssicherheit im Archiv des Bundesbeauftragten in Berlin sowie private Unterlagen und Gespräche mit Zeitzeugen – sind bis dato weder bekannt noch bearbeitet worden. Gerade bei den Berichten und „Informationen", die explizit für die Machtelite von SED und DDR angefertigt wurden, mag dies verwundern, da die Quellen seit der Auflösung der DDR und ihrer Überführung in die SAPMO seit über zwanzig Jahren frei zugänglich sind. Andererseits ist das Themenfeld Militärpolitik und speziell Rüstungskontrolle in diesem Zeitraum nicht nur von der Historiografie, sondern auch von den deutschen Medien, von Politik und Gesellschaft nur noch selten thematisiert worden. Nicht nur Historikern erschienen derartige Themen als allzu komplex, kaum vermittelbar und vor dem Hintergrund einer neuen und offenbar weitgehend entmilitarisierten Friedensordnung in Europa als geradezu redundant. Dies galt zumindest bis zum Krim- und Ukrainekonflikt im Jahr 2014. Ein genaueres Studium der Quellen ist jedoch überaus lohnend, da die Dokumente ein enges Zusammenspiel von militärischer Entspannung, medialer Öffentlichkeit und Dissidenz belegen – ein Zusammenspiel, das letztlich auch den Herbst 1989 in der DDR mit entschied.

Die weltpolitischen Ereignisse der Jahre 1989 bis 1991 – vom Fall der Mauer über die Wiedervereinigung bis zur Auflösung von WVO und UdSSR – folgten sicherheitspolitischen Bruchlinien, die wenige Jahre zuvor bereits in den internationalen Verhandlungen über Rüstungskontrolle und Militärpolitik aufschienen. Besonders aussagekräftig sind in dieser Beziehung jene Aufzeichnungen, die der SED-Führungsebene über diese in nun schneller Folge stattfindenden internationalen Verhandlungen vorgelegt wurden.

So informierte die sowjetische Delegation bei den KVAE-Verhandlungen nur sechs Wochen vor deren Abschluss „vertraulich" die ostdeutschen Kollegen, dass das „Problem der Einhaltung und Kontrolle" – also der Verifikation der numerischen Deckelung militärischer Übungen und ihrer Ankündigung – durchaus „lösbar" sei.[9] Zwei Wochen später hieß es dann in einer von Honecker „an die Mitgl[ieder] u[nd] Anw[ärter] des P[olit]B[üros]" weitergeleiteten „Information", dass „der Inspektion faktisch Übungen, Truppenbewegungen und Truppenverlegungen unterliegen"[10] würden. Im Klartext bedeutete die vertrauliche Mitteilung aus Moskau, dass es ohne Inspektionen vor allem in der DDR keine Kontrolle und ohne Kontrolle keinen KVAE-Vertrag geben würde – den Gorbatschow, wenn nötig auch über die Köpfe des SED-Politbüros hinweg, aber unbedingt anstrebte. Die Mitteilung aus Moskau implizierte damit zugleich auch, dass Transparenz und Öffentlichkeit als Folge von Inspektionen und Manöverbeobachtungen – gerade auch in der DDR – eine grundlegende Voraussetzung für die Weiterführung des KVAE-Prozess bildeten.

Kurz nach dem Ende der KVAE im September 1986 bilanzierte eine Aufzeichnung „Zum Abschlußdokument der Stockholmer Konferenz" die Konsequenzen für den SED-Staat. Es seien „detaillierte innerstaatliche Festlegungen notwendig, um den mit dem Stockholmer Dokument übernommenen Verpflichtungen zu entsprechen". Vor allem aber müsse sich die DDR „auf die Anwesenheit ausländischer Beobachter und Inspekteure" einstellen. Bei den „innerstaatlichen Festlegungen" dürfte es sich also vor allem um die Abschirmung der eigenen Bevölkerung gehandelt haben, die es von der von allen westlichen Repräsentanten ausgehenden „politisch-ideologischen Diversion" fernzuhalten galt. In Ostberlin tröstete man sich damit, dass die militärpolitischen Festlegungen der KVAE ein „Kompromiß" seien, „der die Sicherheitsinteressen der sozialistischen Staaten" wahre. Man freute sich darüber, dass die Ankündigungsschwelle von 13.000 Mann sicherstellte, dass „nicht jede Divisionsübung angekündigt werden muß", und das Dokument der DDR vielversprechende „Möglichkeiten für einen Einblick in die NATO- und neutralen Staaten" biete.[11] Die KVAE

---

9 Information über die 11. Verhandlungsrunde der KVAE, 25.07.1986, Stiftung Archiv der Parteien und Massenorganisationen der DDR im Bundesarchiv (SAPMO-BA), DY 30/11643.

10 Vertrauliche Mitteilung über die sowjetische Information vom 08.08.1986, die am 10.08.1986 von Honecker an die anderen Politbüro-Mitglieder und Anwärter weitergeleitet wurde, ebd.

11 Aufzeichnung „Zum Abschlussdokument der Stockholmer Konferenz", 22.09.1986, ebd.

schien mit einem Kompromiss geendet zu haben, mit dem Ostberlin – noch – leben konnte.

Der sicherheitspolitische Bruch zwischen Ostberlin und Moskau, der sich hier bereits andeutete, kam dann kaum ein Jahr später. Ende November 1987 informierten sowjetische Offizielle ihre schockierten Kollegen aus der DDR hinter den Kulissen der KSZE-Folgekonferenz in Wien, dass Moskau und Washington eine bilaterale Absprache über sämtliche Verhandlungsforen hinweg geschlossen hätten: Für die amerikanische Zustimmung zum INF-Vertrag über die Abschaffung der atomaren Mittelstreckensysteme in Europa, die Teilnahme der NATO-Staaten an Verhandlungen über konventionelle Abrüstung in Europa und die Abhaltung einer Konferenz zu Menschenrechten und humanitären Fragen in Moskau[12] müssten die WVO-Staaten einer ganzen „Reihe von Forderungen" des Westens im „humanitären Bereich" der KSZE-Schlussakte entgegenkommen. Dazu gehörten die „Gewährleistung der ‚Freizügigkeit' der Aus- und Einreise von Personen", die schriftliche Bearbeitung von (Aus-)Reiseanträgen einschließlich einer Begründung bei deren Ablehnung, die Zustimmung zur Bildung „sogenannter Helsinki-Überwachungsgruppen" und der Abschluss von „unerledigten Fällen" nach spätestens sechs Monaten.[13]

Die Delegation der DDR protestierte heftig. „Mehrmals" – so die Aufzeichnung für die Politbüromitglieder – habe man die sowjetische Delegation in Wien darauf hingewiesen, „daß diese sowjetischen Überlegungen über unsere nationale Gesetzgebung weit hinausgehen, und gebeten, die Interessen der DDR zu berücksichtigen." Dies hieß nichts anderes, als dass das Kontroll- und Repressionssystem der SED nach innen von Moskaus Zugeständnissen an den Westen ausgehebelt und damit letztlich das Machtmonopol der Partei zur Disposition gestellt zu werden drohte.

---

12 Tatsächlich beschloss die KSZE-Folgekonferenz in Wien in ihrem Schlussdokumente eine Reihe von Treffen über die „menschliche Dimension". Das erste dieser Treffen fand aber nicht in Moskau, sondern vom 30.05. bis 23.06.1989 in Paris statt. Vom 05. bis 29.06.1990 folgte ein Treffen in Kopenhagen, und erst vom 10.09. bis 04.10.1991 kam es zu dem sowjetischerseits angestrebten Treffen in Moskau. Zu diesem Zeitpunkt war Gorbatschow zwar noch Staatspräsident der UdSSR, seine Partei, die KPdSU, war aber auf Betreiben Boris Jelzins in Russland bereits verboten worden. Das Treffen stellte damit zwar eine persönliche Bestätigung Gorbatschows dar, bot Ende 1991 aber keinerlei Hilfe mehr für dessen politisches Überleben.

13 Bericht für die Politbüromitglieder zum „Stand des Wiener KSZE-Folgetreffens" vom 23.11.1987, SAPMO-BA, DY 30/11644. Die Vorgespräche zur KSZE in Wien hatten am 23.09.1986, die Konferenz im November 1986 begonnen; sie endete am 19.01.1989.

Ein derart heftiger Protest Ostberlins gegen die internationalen Vorgaben aus Moskau war ein bis dato einmaliger Vorgang. Genutzt hat es wenig. „Während die anderen Staaten des Warschauer Vertrages den sowjetischen Vorstellungen zustimm[t]en[14]", opponierte nur noch das von Ceauşescu regierte Rumänien „in gleicher Weise" wie die DDR. Mit dem von Moskau angestrebten Deal musste die SED-Führung ihre Gesellschaft vielfältigen Einflüssen – gerade auch aus eigenen Dissidenten- und Ausreisekreisen – öffnen. Gorbatschow erhielt hingegen am 8. Dezember 1987 die amerikanische Unterschrift zum INF-Vertrag, am 19. Januar 1989 den Beschluss der KSZE in Wien zur Einberufung der Konferenz über konventionelle Streitkräfte in Europa (KSE) nur wenig später und ein „Treffen über die menschliche Dimension", das in Moskau allerdings erst im September 1991 abgehalten wurde.

Die aus heutiger Sicht eher übersichtliche Zahl von Manöverbeobachtungen und Inspektionen infolge des Stockholmer Dokuments sorgte bei den Gralshütern der sozialistischen Gesellschaft in der DDR – dem Ministerium für Staatssicherheit – für schlaflose Nächte. Minister Erich Mielke forderte einerseits eine „Entlarvung" der „Friedensdemagogie" des Westens in Stockholm, andererseits aber auch eine „noch bessere" ideologische Schulung der NVA-Angehörigen, insbesondere solcher, die mit West-Militärs und West-Medien in Kontakt kommen könnten.[15] Dass die Auswertung des Ausbildungsjahres 1985/86 erbrachte, dass ein Drittel der NVA-Angehörigen keine klare „Klassenposition" besaß, mag reine Koinzidenz oder doch bereits ein „KVAE-Effekt" gewesen sein.[16] Mielke jedenfalls forderte „mehr Gewicht der Partei [also des MfS] in der Armee".[17] Die Folge

---

14 Ebd.
15 (Protokoll-)Entwurf einer Arbeitsberatung des MfS mit Vertretern der NVA (Presseoffizieren, Presseabteilung), auf der Mielke mit diesen Worten zur Umsetzung der Beschlüsse des XI. Parteitages der SED aufforderte, 30.04.1986, Behörde für die Unterlagen des Staatssicherheitsdienstes der ehemaligen Deutschen Demokratischen Republik (BStU), Ministerium für Staatssicherheit (MfS), HA I, Nr. 14389.
16 Auswertung des Ausbildungsjahres 1985/86 der NVA, Grenztruppen und Zivilverteidigung vom 18.12.1986, BStU, MfS, HA I, Nr. 15891.
17 Dementsprechend verlangte der lange Arm des MfS in der NVA, die Verwaltung 2000, im November 1988, dass Manöverbeobachter und Inspektoren, prinzipiell aber alle „Reisekader" der NVA nur noch nach Auswahl durch die Verwaltung 2000 benannt werden sollten. Siehe die Kommentare zum Entwurf für die „Ordnung Nr. 049/9/008" des Ministeriums für Nationale Verteidigung („Ordnung zur Koordinierung internationaler politischer Kontakte"), 04.11.1988, Bundesarchiv-Militärarchiv (BA-MA), DVW 1/104253.

war eine Schulungswelle zur fortgesetzten „Feindbildvermittlung".[18] Doch spätestens als die neue Defensivdoktrin des Warschauer Paktes im Mai und der INF-Vertrag im Dezember 1987 verkündet wurden, zwang dies diejenigen, die die Schulungen durchführten, in einen immer schmerzhafteren rhetorischen Spagat. Auch auf sicherheitspolitischem Gebiet fand so eine schrittweise Delegitimierung des SED-Systems statt.

Bis zum Dezember 1988 blieb Rumänien das einzige WVO-Mitglied, das öffentlich gegen die sowjetische KSZE-Politik argumentierte. Erst kurz vor Beginn der KSE-Verhandlungen protestierten dann auch die sozialistischen Regierungen in Ostberlin und Prag gegen Moskaus Deal „menschliche Erleichterungen für Abrüstungsverhandlungen". Und bereits im April 1989 konnte von einem Ost-„Block" keine Rede mehr sein: Beim KSZE-Informationsforum in London „orientierten", so ein internes ostdeutsches Dokument, „Vertreter der UdSSR, Ungarns und Polens auf ein ‚Höchstmaß an Offenheit und Information für die Menschen' und die Festschreibung entsprechender internationaler Standards". Sie argumentierten für die Schaffung „gesamteuropäischer blockübergreifender Strukturen im Informationswesen" und propagierten – aus SED-Perspektive – sogar „bürgerliche Wertvorstellungen von Meinungs- und Informationsfreiheit".[19] Als Beispiele nannte das Honecker vorgelegte Papier die Schaffung einer „neuen ‚pluralistischen' Informationsordnung in Polen", die „Ablehnung eines Meinungsmonopols" der sozialistischen Staatsparteien und die „Zulassung privater Medien in Ungarn". Während der KSZE-Veranstaltung wurde Rumänien sogar von den Ungarn „wegen angeblicher Behinderung ungarischer Journalisten direkt" und öffentlich „angegriffen". Angesichts der bis dato trotz mancherlei Meinungsverschiedenheiten nach außen immer dokumentierten Block-Solidarität kam dies einem unerhörten Tabubruch gleich. Von jetzt an bestand der Warschauer Pakt aus neuen und gegeneinander hart abgegrenzten Staatengruppen.

---

18 „Anforderungen an die politisch-ideologische Arbeit in der PO I zur wirksamen Bekämpfung der Angriffsrichtung ‚Menschenrechte'" vom 16.04.1987 und „Hinweise für die politisch-ideologische Arbeit zur Feindbildvermittlung" vom 11.05.1987, BStU, MfS, HA I, Nr. 14820. Beide Dokumente entstanden in der für die NVA zuständigen Hauptabteilung I des MfS.

19 Aufzeichnung „Zum Beginn des KSZE-Informationsforums in London", am 21.04.1989 von Honecker abgezeichnet, SAPMO-BA, DY 30/IV 2/2.035.

Militär und Sicherheitspolitik in zwei unterschiedlichen Mediensystemen: Bundesrepublik und DDR

Sowohl in bundesdeutschen Medien als auch in der westdeutschen Historiografie war und blieb die Bundeswehr eher ein randständiges Thema. Berichtet und geforscht [20] wurde ganz überwiegend nur zu skandalträchtigen Einzelaspekten. Die Gründe hierfür sind vielfältig und eng verbunden mit dem Selbstbild der bundesdeutschen Gesellschaft nach dem Zweiten Weltkrieg. Das partielle Desinteresse[21] gründete also weniger auf Misstrauen oder Feindseligkeit, sondern eher, wie der Historiker Dominik Geppert vermutet, auf „einer freundlichen Gleichgültigkeit, weil Militärhandwerk nicht zum friedliebenden, auf konsensualen Interessenausgleich bedachten Selbstbild passte, das sich die Nachkriegsdeutschen zugelegt hatten"[22].

Trotz und gerade durch ihre an Sensationalisierungskriterien orientierte Berichterstattung prägten die Massenmedien der alten Bundesrepublik die Meinungsbildung über die Bundeswehr in der deutschen Gesellschaft. Laut einer EMNID-Studie von 1970 waren – abgesehen von den Gesprächen im Familien- und Bekanntenkreis – Fernsehen, Rundfunk und Presse die zentralen Informationsquellen der Westdeutschen über ihre Streitkräfte. Der Spitzenwert in dieser Untersuchung fiel unter den Konsumenten mit Abitur der Tagespresse zu; über vier Fünftel dieser Gruppe gaben an, sich in Zeitungen über die Bundeswehr zu informieren.

---

20 Die sprichwörtlich „amtliche" Ausnahme bilden die Schriftenreihen des ehemaligen Militärgeschichtlichen Forschungsamtes (MGFA), des heutigen Zentrums für Militärgeschichte und Sozialwissenschaften der Bundeswehr (ZMSBw), wie etwa die *Anfänge westdeutscher Sicherheitspolitik 1945–1956* und – erst nach der Herstellung der deutschen Einheit – *Sicherheitspolitik und Streitkräfte der Bundesrepublik Deutschland* sowie *Neueste Militärgeschichte. Analysen und Studien*, wobei die letztgenannte sich vor allem den Auslandseinsätzen widmet.

21 Vgl. auch Heiko Biehl und Jörg Jacobs, Freundliches Desinteresse? Zur sicherheitspolitischen Sensitivität der deutschen Bevölkerung. In: if. Zeitschrift für Innere Führung 4/2007, S. 52-55. Wolfgang R. Vogt, Soziale Konflikte zwischen Militär und Gesellschaft. Hrsg. von der Akademie Sandelmark, 1973 (= Schriftenreihe der Akademie Sandelmark, N.F. H. 22/23), S. 73 Tabelle 13. Sie basiert auf der EMNID-Untersuchung: *Stellung der Bundeswehr in Staat und Gesellschaft*, Bielefeld 1970, zitiert nach *Aktuelles Stichwort*, Nr. 39 vom 01.09.1971, hrsg. v. Bundesministerium der Verteidigung / Informations- und Pressestab 3.

22 Dominik Geppert, Die Bundeswehr in der Geschichtsschreibung der Bundesrepublik. In: Möllers, Heiner; Schlaffer, Rudolf J. (Hrsg.): Sonderfall Bundeswehr? Streitkräfte in nationalen Perspektiven und im internationalen Vergleich (= Sicherheitspolitik und Streitkräfte der Bundesrepublik Deutschland, 12). München (De Gruyter/Oldenbourg) 2014, S. 35–50, hier S. 35 f.

Rückblickend scheint es, dass die Kommentatoren aus der Frühphase der Bundeswehr ihr kritisches Bild zu und über die Streitkräfte an die nachfolgenden Journalistengenerationen gewissermaßen weitergaben. Gerade weil diese journalistische Gründergeneration noch von den eigenen Kriegserlebnissen und der daraus resultierenden Friedenssehnsucht geprägt war, wirkte ihre grundsätzliche Skepsis allem Militärischen gegenüber im Kontext der 1960er-Jahre als Verstärker für die Haltung der nachfolgenden Journalistengeneration, die infolge der gesellschaftlichen Einflüsse jener Zeit ohnehin kritisch war. Deshalb, so Reeb noch 2011 in einer Studie, sei auch nur jener Soldat in der veröffentlichten Meinung akzeptiert, der fest in die Demokratie eingebunden sei[23].

Auch der Umgang der Bundeswehr mit den Medien und insbesondere mit der kritischen Berichterstattung veränderte sich über die Jahre. Noch in den 1960er-Jahren reagierte die Armee teilweise mit einer in einer Demokratie oft bedenklichen „Neigung zur Empfindlichkeit gegenüber jeglicher Kritik, von welcher Seite sie auch kommen" mochte[24]. Hierzu gehörte auch der sogenannte „Fall Heye", in dem sich der Wehrbeauftragte des Deutschen Bundestages, der frühere Vizeadmiral Hellmuth Heye, förmlich genötigt sah, sich an die Medien und die Öffentlichkeit zu wenden, um seinen Anliegen überhaupt Gehör zu verschaffen, weil er bislang mit seiner Kritik an der inneren Verfassung der Streitkräfte am Bundesministerium der Verteidigung abgeprallt war[25]. Presseoffizieren der Bundeswehr hing noch lange der Ruf von „Presse-Abwehr-Offizieren" an. Der Militärsoziologe Wilfried von Bredow führte diese presse- und kritikfeindliche Einstellung noch 1969 auf das Aufbaujahrzehnt der Bundeswehr zurück, als „die Freund-Feind-Ideologie vom aggressiven Weltkommunismus" vorherrschte und die Kritiker der Bundeswehr „als bewußte oder unbewußte Helfershelfer" des Warschauer Paktes angesehen wurden[26].

Das entsprach durchaus dem Zeitgeist mancher Journalisten. Nach Adelbert Weinstein, einem der einflussreichsten Journalisten im Ressort Si-

---

23 Hans-Joachim Reeb, Ethische Erwartungen an die Soldaten der Bundeswehr – eine Analyse der Medien. In: Jahrbuch Innere Führung 2011, S. 168-177, hier S. 176 f.

24 Walter Jablonsky,, Kritik an der Bundeswehr. Warum ist die Bundeswehr empfindlich? In: Truppenpraxis 1965, S. 593–595, hier S. 593.

25 Rudolf J. Schlaffer, Der Wehrbeauftragte 1951 bis 1985. Aus Sorge um den Soldaten (= Sicherheitspolitik und Streitkräfte der Bundesrepublik Deutschland, 5). München, (Oldenbourg) 2006.

26 Wilfried v. Bredow, Der Primat militärischen Denkens. Die Bundeswehr und das Problem der okkupierten Öffentlichkeit, Köln (Pahl-Rugenstein) 1969 (= Sammlung Junge Wissenschaft), S. 86.

cherheitspolitik der frühen Bundesrepublik, mussten „Presse und Armee" einig sein, um die zentrale „Schlacht" des Kalten Krieges – die der „geistigen Beeinflussung der Massen" – nicht zu verlieren.[27] Und selbst als diese sehr spezifische „Schlacht" längst geschlagen war oder doch zumindest die Sieger und Verlierer in ihr feststanden, lamentierten bundeswehrnahe Journalisten weiter über den in der bundesdeutschen Gesellschaft und deren Medien grassierenden Pazifismus. Helmut Michelis, Redakteur bei der *Rheinischen Post*, bezeichnete die eigenen jungen Kollegen deshalb 1986 im Reservistenmagazin *Loyal* sogar als „Zeitbombe": „Auffallend viele männliche Nachwuchsjournalisten haben keine Wehrpflicht geleistet und betrachten die Bundeswehr mit ausgeprägter Skepsis; der Großteil der Volontärinnen ist aus nebulös erscheinenden Gründen sowieso grundsätzlich dagegen. Diese jungen Leute sind Ressortleiter und Chefredakteure von morgen. Wer oder was kann diese Zeitbombe entschärfen?"[28]

Die unterschiedliche Rolle der Massenmedien in Bundesrepublik und DDR wurde auch in der Bundeswehr selbst thematisiert. Im Rahmen der sogenannten „Winterarbeiten" sollten sich junge Offiziere 1961/62 auch mit Aspekten der „Meinungsbildung und öffentliche[n] Meinung in Bundesrepublik und Sowjetischer Besatzungszone" befassen. Drei Jahre später mussten sich dann auch die Unteroffiziere mit der „Bildpresse als Informationsmittel" beschäftigen[29].

Die Geschichte der Bundesrepublik ist reich an Beispielen dafür, wie Offiziere die Presse für ihre Zwecke mehr oder weniger geschickt zu nutzen versuchten. Eines der bekanntesten Beispiele bot General Kießling, der nach seiner unrühmlichen Entlassung aus dem aktiven Dienst mit seinem Fall an die Öffentlichkeit ging und sich gegen Minister Wörner durchsetzte[30]. Weniger glücklich agierten 1976 die Luftwaffengenerale Krupinski

---

27 Zitiert nach: Bredow, Der Primat, (wie Anm. 26), S. 67 f. Weinstein (1916–2003) war Major i. G. der Wehrmacht und Oberstleutnant d. R. der Bundeswehr sowie Sicherheitsexperte bei der *Frankfurter Allgemeinen Zeitung*.

28 Helmut Michelis, Der Feind im eigenen Land? In: Loyal 5/1986, S. 20-21, hier S. 21.

29 Siegfried Ziemann, Bildpresse als Informationsmittel. In: Unteroffiziere heute, 1965, S. 55-78.

30 Klaus Storkmann »Ein widerwärtiges Schmierenstück« Die Wörner-Kießling-Affäre. In: Militärgeschichte, 4/2013, S. 18-21; Heiner Möllers, Am Anfang war ein Gerücht. Wie sich die Entlassung von General Kießling zur Krise für Wörner entwickelte. In: IF Zeitschrift für Innere Führung, 58. Jg., H. 1/2014, S. 39-45; Heiner Möllers, Die Kießling-Affäre 1984. Zur Rolle der Medien im Skandal um die Entlassung von General Dr. Günter Kießling. In: Vierteljahrshefte für Zeitgeschichte 63 (2016), Heft 3, S. 517-550.

und Franke, als sie den damaligen Fraktionsvorsitzenden der SPD mit dem wegen seiner NS-nahen Gesinnung umstrittenen Ritterkreuzträger Hans-Ulrich Rudel verglichen und beiden gleichermaßen einen Gesinnungswandel zubilligten. In der Folge versetzte der damalige Verteidigungsminister Georg Leber beide in den einstweiligen Ruhestand.[31] Die sogenannte „Rudel-Affäre" löste immerhin eine breite und längst überfällige öffentliche Diskussion zum Traditionsverständnis der Bundeswehr aus, die schließlich in den Traditionsrichtlinien von 1982 mündete[32].

Im Unterschied zur Bundesrepublik Deutschland existierten in der DDR nur gelenkte Massenmedien, die im Auftrag der Partei in Funk und Presse berichteten[33]. Im Zuge der Verträge, die im Rahmen eines zunächst bilateralen, sehr bald aber schon multilateralen Entspannungsprozesses entstanden, musste die DDR in den Siebzigerjahren aber zunehmend Korrespondenten aus dem Westen die Einreise erlauben. Seit 1974 gab es auch Korrespondenten, die nicht nur über die DDR berichteten, sondern dort auch lebten. Hierzu gehörten etwa Peter Pragal, der von 1974 bis 1979 für die *Süddeutsche Zeitung* und von 1984 bis 1991 für den *Stern* aus Ostberlin berichtete, und der bereits Ende 1976 wieder ausgewiesene ARD-Korrespondent Lothar Loewe; beide haben über diese Erfahrungen der besonderen Art sehr anschauliche Rückblicke verfasst[34]. Diese Korrespondenten hielten nicht nur der SED und ihrem Staats- und Regierungsapparat, sondern auch den Sicherheitsorganen immer wieder einen „entlarvenden Spiegel"[35] vor. Westdeutsche Fernseh- und Radiosender, die auch in der DDR empfangen werden konnten, zeigten den Ostdeutschen mit Berichten aus dem eigenen Land täglich die Kluft zwischen offizieller Propagan-

---

31 „Es ist niemand zu mir gekommen". Warum Verteidigungsminister Georg Leber im Spionagefall Lutze bis zum Schluß ahnungslos blieb. In: *Der Spiegel*, 5/1978, S. 23-28, hier S. 27. Vgl. auch Donald Abenheim, Bundeswehr und Tradition. Die Suche nach dem gültigen Erbe des deutschen Soldaten. Mit einem Vorwort von Gordon A. Craig, München (Oldenbourg) 1989 (= Beiträge zur Militärgeschichte, 27), S. 191–194.

32 Abenheim, Bundeswehr, (wie Anm. 31), S. 230-234.

33 Renate Schubert, Doppel-Leben. Fernsehen, Rundfunk und Presse in der DDR. In: Information für die Truppe (IfdT) 10/1991, S. 20-30.

34 Peter Pragal, Der geduldete Klassenfeind. Als West-Korrespondent in der DDR, Berlin (Osburg) 2008. Lothar Loewe, Abends kommt der Klassenfeind. Eindrücke zwischen Elbe und Oder. Frankfurt/M 1977.

35 Wolfgang Thierse, Buchvorstellung „Der geduldete Klassenfeind" von Peter Pragal, 24. September 2008 [http://www.thierse.de/reden-und-texte/reden/buchvorstellung-peter-pragal/ , Abruf am 02.10.2014].

da und Alltagsproblemen auf. Statt „Fiktionen für das Volk"[36] zu produzieren, erwies sich die offizielle Propaganda in den Partei- und Staatsmedien der DDR so als Legitimationsfalle für die Herrschenden. Als Loewe im Spätsommer 1976 ausführlich über die Selbstverbrennung des Pfarrers Oskar Brüsewitz berichtete und am 21. Dezember 1976 in der *Tagesschau* vor einem Millionenpublikum in Ost und West genauso trocken wie zutreffend konstatierte, dass „hier in der DDR jedes Kind weiß, dass die Grenztruppen den strikten Befehl haben, auf Menschen wie auf Hasen zu schießen", erfolgte nur wenige Stunden später die Ausweisung. Den SED-Kadern nutzte es nichts, denn auch ohne Loewe kam pünktlich um acht Uhr abends „der Klassenfeind" in die Wohnzimmer der gar nicht so demokratischen Republik im Osten der geteilten Nation.

Zu der medialen Delegitimierung der SED-Führung trugen in der Endphase des Systemkonflikts aber nicht nur die West-, sondern auch die Ostmedien bei. Das Auseinanderfallen der sozialistischen Medien- und Informationslandschaft zwischen UdSSR und DDR in der Ära Gorbatschow wurde besonders augenfällig durch das Verbot der sowjetischen Zeitschrift *Sputnik* im November 1988 – ein Verbot, das wiederum zeitnah durch die westdeutschen Medien in der DDR-Gesellschaft verbreitet wurde.

Deutsche Manöverbeobachter: „Diplomaten-Soldaten" zwischen Militär und Medien

Gegenseitige Einladungen zu Manövern von Warschauer Pakt und NATO waren bereits in der Schlussakte von Helsinki vom August 1975 vorgesehen. Der entsprechende Passus lautete: „Die Teilnehmerstaaten werden freiwillig und auf bilateraler Grundlage, im Geiste der Gegenseitigkeit und des guten Willens allen Teilnehmerstaaten gegenüber, andere Teilnehmerstaaten einladen, Beobachter zur Teilnahme an militärischen Manövern zu entsenden."[37] Im Zeitraum von 1975 bis Ende 1984 gab es auf diese Weise mehr als 100 Manöverankündigungen. Zu etwa jedem zweiten dieser Ma-

---

36   Fiedler, Anke, Fiktionen für das Volk: DDR Zeitungen als PR Instrument: Fallstudien zu den Zentralorganen Neues Deutschland, Junge Welt, Neue Zeit und Der Morgen. Berlin/Münster (Lit Verlag) 2011.

37   Die Schlussakte ist online verfügbar unter http://www.osce.org/de/mc/39503?dow nload=true, das Zitat S. 15. Auf den Grundsatz der Freiwilligkeit verwies auch Staatsministerin Hamm-Brücher auf die Frage des Abgeordneten Dr. Voss, ob es zutreffe, dass bei den derzeitigen Manövern der NATO Beobachter aus den Warschauer-Pakt-Staaten anwesend seien, diese aber gleichzeitig keine westlichen Be-

növer wurden Beobachter der Gegenseite eingeladen. Dabei fällt auf, dass die NATO-Staaten mehr Manöver ankündigten und zu mehr Manövern Beobachter einluden als die Staaten des Warschauer Vertrages (64 : 25 bzw. 36 : 7)[38].

Obwohl oder vielleicht gerade weil die Manöverbeobachtungen vom sicherheitspolitischen „Establishment" aus Politikern und ihren zivilen wie militärischen Beratern als Mittel zur Vertrauensbildung zwischen Ost und West angesehen wurden, sahen viele Troupiers darin eher eine Legalisierung von Spionage. Damit war klar, dass die Militärs der jeweiligen Gegenseite auch nur das zugänglich machten, was gezeigt werden sollte. So konnte der sowjetische Militärattaché in der Bundesrepublik, Generalmajor Alexander Knyrkow, 1978 zwar den „Leopard 2"-Panzer von außen sehen, einsteigen durfte er aber nicht. Ganz ähnlich stellte auch der bundesdeutsche Militärattaché in Moskau, Brigadegeneral August-Wilhelm Vogel, bei den Manövern der Sowjetarmee bereits 1977 fest: „Viel zu trinken, wenig zu sehen."[39]

Die Aufgabe der Manöverbeobachtungen übernahmen in dieser frühen Phase zumeist die Militärattachés der betroffenen Botschaften. Gerade wenn sich eine Seite über längere Zeit daran nicht beteiligt hatte – wie die UdSSR in den Jahren der Supermacht-Krise zu Beginn der Achtzigerjahre – wurden derartige Besuche von der Presse schnell zum Fieberthermometer der internationalen Politik aufgewertet. Als der sowjetische Militärattaché in Bonn, Generalmajor Tscherjomuchin, 1985 nach drei Jahren Abwesenheit wieder eine NATO-Übung beobachtete, wurde er schnell zum „Star des Manövers. Wo er stand und ging, klickten ununterbrochen die Objektiv-Verschlüsse der Photoreporter, surrten die Kameras der Fernsehleute, umdrängten ihn Dutzende von Journalisten". Ähnlich heißt es auch: „Tscherjomuchin [...] ist längst Fotostar bei allen Bundeswehr- und NATO-Manövern auf westdeutschem Boden."[40]

---

obachter zu den Manövern in die DDR eingeladen hätten. Dazu: Deutscher Bundestag, Drucksache 8/4502, Hamm-Brücher, Antwort des Staatsministers Frau Dr. Hamm-Brücher vom 30. September. In: Fragen für den Monat September 1980 mit den dazu erteilten Antworten. Teil III, S. 3.

38 Zitiert nach dem Eintrag „Konferenz über Sicherheit und Zusammenarbeit in Europa" in *Wikipedia*. Online verfügbar unter: http://de.wikipedia.org/wiki/Konfere nz_%C3%BCber_Sicherheit_und_Zusammenarbeit_in_Europa, Abruf am 14.06.2014.

39 Tarnung vom Förster. Manöver. In: *Der Spiegel*, 38/1980, S. 138–139, hier S. 139.

40 Peter Raabe, Vom Geist und Ungeist vertrauensbildender Maßnahmen. Manöverbeobachtung durchs Opernglas. In: Loyal 3/1986, S. 3-4, hier S. 3.

Das Stockholmer Dokument vom September 1986 setzte an die Stelle der Freiwilligkeit die Verpflichtung, Manöver ab bestimmten Größenordnungen anzumelden und Militärbeobachter einzuladen. Auch war es den Staaten freigestellt, welche Beobachter sie benannten. Von den insgesamt 48 Manöverbeobachtungen zwischen 1987 und 1990 fanden allein 23 in der Bundesrepublik Deutschland und in der DDR statt[41]. Eine Folge des Stockholmer Dokuments war daher, dass nun erstmalig deutsche Soldaten von Bundeswehr und NVA organisiert – und nicht als Einzelpersonen wie auf wissenschaftlichen Tagungen schon zuvor – auf deutschem Boden aufeinandertrafen. Damit hatten sie auch die Gelegenheit, die „andere" deutsche Truppe erstmalig in Aktion zu erleben. Die damit verbundenen Möglichkeiten zum Abgleich des eigenen langjährigen Gegnerbildes waren für die Bundeswehr gänzlich neu. Informationen zur NVA stammten bisher überwiegend von geflüchteten NVA-Soldaten[42]. Für die vier Siegermächte hingegen war die Situation nicht ganz so neu: Durch die Militärmissionen bei der Gegenseite (in Potsdam, Frankfurt, Bünde oder Baden-Baden) hatten sie seit dem Ende des Zweiten Weltkriegs einen unmittelbaren Kontakt zu den anderen Armeen, aber auch zur jeweils anderen deutschen Gesellschaft und deren Armee[43].

Trotz des Erkenntnisgewinns, den sie für die Aufklärung und Operationsplanung erbrachten, waren die Manöverbeobachtungen im Rahmen des KSZE- und KVAE-Prozesses von Anfang an als politisches Instrument gedacht. Schon der erste westdeutsche Manöverbeobachter war der Überzeugung, seine Aufgabe sei „auf jeden Fall ein hochpolitischer, weniger ein militärischer Auftrag[44]. Je mehr Vertrauen durch ein Plus an Transparenz im Bereich von Rüstung, Truppen und Einsatzdoktrinen geschaffen werden konnte, je stabiler die militärische Lage in Mitteleuropa wurde, desto leichter – so die Erwartung – würde auch der übergreifende gesellschaftlich-politische Annäherungsprozess fallen. Dennoch blieben Manöverbe-

41 Kontrollierte Feindschaft. Manöverbeobachtungen und Inspektionen 1987–1990. Hrsg. von Guntram König, mit Beitr. von Rudolf Patzer [u.a.], Aachen (Helios) 2011, S. 161. In der letzten Spalte der Tabelle wurde in Zeile 3 der offensichtliche Druckfehler von 4 auf 24 berichtigt.

42 Zu Befehl Genosse Unterleutnant. Authentische Berichte aus dem Alltag der Nationalen Volksarmee. Hrsg. und eingeleitet von Jörg Lolland, Stuttgart (Seewald) 1971. Lolland war ein Pseudonym, hinter dem Angehörige der Truppe der Psychologischen Verteidigung (PSK/PSV-Truppe) der Bundeswehr standen.

43 Klaus Behling, Spione in Uniform – Die alliierten Militärmissionen in Deutschland, Stuttgart (Hohenheim) 2004.

44 Hans-Henning Kahmann, Partei BLAU kam vom Westen. Als Manöverbeobachter der Bundeswehr in der DDR. In: Loyal 5/1987, S. 10-11, hier S. 10.

obachtungen im Kontext der „großen" Ost-West-Politik ein relativ kleines, wenngleich nicht unwichtiges Puzzleteilchen. Drei Jahre vor dem Ende des Systemkonflikts und fünf Jahre vor seiner eigenen Berufung zum Bundesverteidigungsminister relativierte der noch junge Bundestagsabgeordnete Volker Rühe[45] daher auch die Wirkmächtigkeit der Manöverbeobachtungen: „Manöverbeobachter der Bundeswehr in der DDR und umgekehrt NVA-Offiziere in der Bundesrepublik sind sicher neu und wichtig. Aber damit schaffen wir nicht das Vertrauen, um wirklich zu einer grundlegenden Umgestaltung unserer Beziehungen zu kommen. Für das Vertrauen kommt es auf andere Dinge an[46]."

Gerade für die Deutschen in Ost und West – und nicht nur für die beobachtenden oder beobachteten Soldaten in NVA und Bundeswehr – waren und blieben die neuen Kontaktmöglichkeiten aber von besonderer Bedeutung. Dieses doppelte deutsche Interesse an mehr Vertrauen und Stabilität zwischen den Militärblöcken und an engeren Kontakten zum anderen Deutschland brachte auch Bundeskanzler Helmut Kohl mit seinem Besuch beim Manöver „Landesverteidigung 88" zum Ausdruck. Damit blieb Kohl bis zum Ende des Ost-West-Konflikts der einzige Regierungschef, der persönlich einer Manöverbeobachtung beiwohnte.[47]

Aus den seit Jahrzehnten etablierten Feindbildern, aus der Verhandlungsgeschichte der KVAE und den in Stockholm kodifizierten Rahmenbedingungen für Manöverbeobachtungen und Inspektionen ergaben sich aber auch wichtige Fragen an und für das beobachtende Personal. In den Verteidigungsministerien aller beteiligten Staaten musste entschieden werden, welche Personen für die neuen Aufgaben zur Verfügung standen und wie sie geschult werden sollten. Bei den Soldaten aus Ost- und Westdeutschland stellte sich zudem die Frage des offiziellen und persönlichen Umgangs miteinander. Ein besonderer Aspekt dieser deutsch-deutschen Brisanz wiederum war der Umgang mit den Medien: Wie sollten die Ma-

---

45 Rühe war von 1976 bis 2005 MdB sowie 1983 bis 1989 Vorsitzender des Bundesfachausschusses Außen- und Sicherheitspolitik der CDU; von 1992 bis 1998 war er Bundesminister der Verteidigung.

46 Zit. nach: Zusammenarbeit als Mittel zur Vertrauensbildung. Die Zukunft der Ost-West-Beziehungen in Europa. 83. Bergedorfer Gesprächskreis, Beiträge Nr. 9, 32, Budapest, Gästehaus der ungarischen Regierung, 1987, Volker Rühe. http://www.koerber-stiftung.de/internationale-politik/bergedorfer-gespraechskreis/protokolle/beitragsdetails.html?tx_mitbg_pi1%5Buid%5D=10928&tx_mitbg_pi1%5Bband_no%5D=83, Abruf am 27.09.2014.

47 Kontrollierte Feindschaft (wie Anm. 41), S. 122 f.

növerbeobachter auf Medienvertreter reagieren und wie würden die Medien selbst mit ihnen umgehen?

Manöverbeobachter wurden zumeist Stabsoffiziere der Geburtsjahrgänge 1932 bis 1952, die ihre militärische Sozialisierung in den 1950er- bis Anfang der 1970er-Jahre erhalten hatten. Aufseiten der Bundeswehr waren diese Offiziere zumeist noch durch ehemalige Wehrmachtsangehörige, aufseiten der NVA durch ehemalige Spanienkämpfer, Angehörige des Nationalkomitees Freies Deutschland oder Kommunisten sowie, allerdings nur zu einem geringen Teil, ebenfalls durch frühere Wehrmachtssoldaten ausgebildet worden. Es trafen also Soldaten aufeinander, die auf beiden Seiten eine stark polarisierte ideologische Schulung und Sozialisation erhalten hatten.

Bei der Zusammensetzung der bundesdeutschen Teams von Manöverbeobachtern wurde – laut Brigadegeneral Hans Hübner – darauf geachtet, dass stets Offiziere aus dem Rüstungskontrollbereich des BMVg die Delegation führten, auch und gerade wenn ihr Offizier aus dem Führungsgrundgebiet 2 – also der Feindlage/Feindaufklärung – angehörten.[48] Dieses Prinzip ließ sich schon bei der ersten Manöverbeobachtergruppe mit den Oberstleutnanten Kahmann und Hornig erkennen. Die westdeutschen Manöverbeobachter rekrutierten sich aus den entsprechenden Abteilungen bzw. Referaten des BMVg, manchmal auch aus der Gruppe 22 beim Bundeskanzleramt oder dem Amt für Nachrichten. Da es sich dabei oft um Generalstabsoffiziere handelte, war eine gewisse Fluktuation vorprogrammiert. Zu den Voraussetzungen, die Manöverbeobachter und Inspektoren erfüllen sollten, gehörten nach Angaben von Staatssekretär Wimmer auf eine Frage des SPD-Abgeordneten Erler am 6. April 1989 „praktische Fertigkeiten bei der KVAE-Inspektion und -Beobachtung, wie Fragetechnik, Technik der Dokumentation, Verhalten gegenüber Presse".[49]

Bei der NVA wurde im Ministerium für Nationale Verteidigung beim Stellvertreter des Hauptstabes für Operative Fragen, Generalmajor Gottwald, ein Strukturelement geschaffen, das unter Leitung des Obersten und späteren Generalmajors Peter Herrich[50] zunächst mit je einer Abteilung Betreuung und Manöverbeobachtung/-ankündigung die neuen Aufgaben

---

48 Interview vom 24.10.2012 durch Bange und Lutz in Hübners Wohnung.
49 Deutscher Bundestag, 11. Wahlperiode, Drucksache 11/4353 vom 14.04.1989, Schriftliche Fragen mit den in der Woche vom 10. April 1989 eingegangenen Antworten der Bundesregierung, S. 33.
50 Peter Herrich, und Lutz Vogt, Zur Realisierung der rüstungskontrollpolitischen Vereinbarungen der KSZE und des INF Vertrages durch die DDR. In: Kontrollierte Feindschaft (wie Anm. 41), S. 16-42.

übernahm. Später kam noch eine Abteilung hinzu, die mit der Umsetzung des INF-Vertrags beauftragt war. Da die in diesen Funktionen arbeitenden Offiziere Kontakt zu den westlichen Beobachtern hatten oder selbst in den NATO-Ländern als Inspektoren oder Manöverbeobachter eingesetzt wurden, war der Anteil von Mitarbeitern des Ministeriums für Staatssicherheit entsprechend groß und umfasste etwa 50 Prozent. Im Unterschied zum Rotationsansatz der Bundeswehr verfügte die NVA so über einen festen Stamm von Mitarbeitern, die in langer Tätigkeit intensive Erfahrungen sammeln konnten.

Der Ablauf der Manöverbeobachtungen zwischen 1987 und 1990 blieb stets gleich: Nachdem die KVAE-Vertragsstaaten anzeigepflichtige Manöver ein Jahr zuvor mitgeteilt und dazu auch Manöverbeobachter eingeladen hatten, reisten etwa 40 bis 60 Beobachter aus rund 20 Staaten der KSZE auf dem Luft- oder Landweg an. Sie wurden durch eine Betreuungsgruppe des Gastlandes aufgenommen, zentral untergebracht und dann in die Anlage und den Ablauf des Manövers eingewiesen. Da die Manöver in der DDR meist auf verschiedenen Truppenübungsplätzen stattfanden, mussten auch die Beobachter entsprechend auf dem Land- oder Luftweg verlegt werden. Manöver in der Bundesrepublik wurden hingegen meist im freien Gelände abgehalten. Die Beobachter hatten Gelegenheit, von wenigen Beobachtungspunkten aus dem Manöververlauf zwei Tage lang zu folgen. Am Ende stand meist noch ein Empfang des gastgebenden Staatssekretärs oder Ministers auf dem Programm.[51]

Ergebnisse der Manöverbeobachtungen und Inspektionen:
Rolle und Wert des öffentlichen Bildes

Medienberichte über die NVA oder die Bundeswehr hatte es auf beiden Seiten immer gegeben, aber die unmittelbare Begegnung von deutschen Soldaten in den Uniformen der verfeindeten Bündnisse war etwas Besonderes. In ihr zeigte sich die Abweichung von der Norm des Kalten Krieges. Das bekamen auch die betroffenen Offiziere selbst bald zu spüren. Als die bundesdeutschen Oberstleutnante Kahmann und Hornig im März 1987 um 11.30 Uhr vor dem Interhotel in Potsdam eintreffen, erwartete sie ein

---

51 Eine detaillierte Beschreibung einer Manöverbeobachtung – mit zahlreichen Fotos – findet sich in Hans-Peter Menkel, Manöverbeobachtung bei WP-Übung „Freundschaft 88". In: Soldat und Technik 8/1988, S. 460-467. Zum kulturellen Anteil siehe das Bild mit General Kunze und Oberstleutnant Kahmann als Bild-Nr. 14232 bei BerlinPressServices von Klaus Mehner.

„wahres Blitzlichtgewitter. Reporter fragen, Mikrofone, überall laufende Kameras und Tonbandgeräte. Sollten wir bis dahin geglaubt haben, einen ganz normalen Alltagsauftrag ausführen zu sollen, spätestens jetzt wird es klar: Das ist etwas Besonderes, etwas Erstmaliges, manche Kommentatoren schreiben: Historisches[52]."

„DDR"-Oberstleutnant Hans Beirauther (L) begrüßt die Bundeswehr-Oberstleutnants Joa- | chim Hornig (r.) und Henning Kahmann (Mitte) bei ihrer Ankunft im Potsdamer „Interhotel".

Die Journalisten nutzten jede Gelegenheit, um die Eindrücke der beiden Offiziere einzufangen. Diese fühlten sich bedrängt und waren auf ein derartiges Medieninteresse nicht vorbereitet.[53] Das bekannteste Foto von der

---

52 Kahmann, Partei BLAU (wie Anm. 44), S. 10. Siehe auch: Burkhard Kieker, Im Glashaus auf dem Feldherrenhügel. Manöverbeobachter in der DDR. In: Die Zeit Nr. 15 vom 03.04.1987.
53 BStU, MfS, HA I, Nr. 14123, Abt 26/5 an HA II/12, Berlin, 26.03.1987, „streng vertraulich", S. 147.

Begrüßung im Foyer des Interhotels – von einem Fotoreporter der *Bild-Zeitung* – ging bald um die Welt: Darauf ist NVA-Oberstleutnant Wolfgang Baireuther zu sehen, wie er Bundeswehr-Oberstleutnant Hans Henning Kahmann die Hand reicht. Doch die Bildsprache ist zweideutig, scheint sich doch der barhäuptige NVA-Offizier geradezu devot vor dem aufrecht stehenden und mit Kopfbedeckung abgebildeten Westdeutschen zu verneigen[54]. Das Foto in der *Bild* wirkte damit der Absicht der DDR-Führung entgegen, über Bildreportagen zu den Manöverbeobachtungen gerade auch in Westmedien die Stellung ihres Staates in der internationalen Politik zu dokumentieren. Baireuther hatte durchaus eine entsprechende Anweisung erhalten, doch das Gedränge und Durcheinander im Foyer des Interhotels machten eine entsprechende Selbstinszenierung unmöglich. Neben den ankommenden Beobachtern mit ihrem Gepäck standen auch die Angehörigen der Betreuergruppe der NVA und warteten auf den Fahrstuhl. In dieser Situation beugte sich Kahmann über einen zwischen ihnen stehenden Koffer, um Baireuther die Hand zu geben. Genau in diesem Augenblick klickte der Auslöser des Bild-Fotografen[55].

Die nun folgende erste Manöverbeobachtung auf deutschem Boden nach den Grundsätzen des Stockholmer Dokuments – 1987 waren ja bereits je eine in der Tschechoslowakei und in Polen erfolgt[56] – gab sowohl Militärs als auch Journalisten Anlass zur Klage. Die westlichen Beobachter mussten ihre Ferngläser zur Kontrolle gegen möglicherweise darin versteckte – und verbotene – Minikameras vorlegen. Ihnen wurden nur wenige Beobachtungspunkte zugewiesen, von denen aus sie nur einen Teil des Manövergeschehens verfolgen konnten. Der österreichische Oberst Rolf Födisch wurde anschließend überaus deutlich: „Zuviel Details, zu wenig Gesamtüberblick für uns, das muß besser werden[57]."

Auch die westlichen Medienvertreter waren in mehrfacher Hinsicht unzufrieden. Sie konnten nur am Unterkunftsort die Manöverbeobachter interviewen; mit ins Gelände durften sie nicht. Aufnahmen vom Manöver durften nur DDR-Journalisten machen, die ihr Material dann den westlichen Korrespondenten zur Verfügung stellen konnten. Diese hatten sicher auch mehr Informationen von ihren Interviewpartnern erhofft als nur Aussagen zur Anreise und zur Unterbringung. Schon vorab hatten west-

---

54 Abdruck des Fotos als Bild 3-3 in Kontrollierte Feindschaft (wie Anm. 41), S. 52.

55 Kontrollierte Feindschaft (wie Anm. 41), S. 53 f.

56 Potsdam war also nicht die „Generalprobe", wie Kieker, Im Glashaus (wie Anm. 52), fälschlich schreibt. Dieses Prädikat trifft bestenfalls darauf zu, dass es die erste Manöverbeobachtung auf deutschem Boden war.

57 Kieker, Im Glashaus (wie Anm. 52).

deutsche Medienvertreter, unter anderem Peter Merseburger als Leiter des ARD-Studios in der DDR, Werner Dassui vom Deutschlandfunk und Peter Nöldechen von der *Westfälischen Rundschau*, vom BMVg erfahren, dass es im Stockholmer Dokument keine explizite Aussage gebe, wie mit Journalisten zu verfahren sei.[58] In der Bundesrepublik dürften sie sich zwar frei bewegen, weil dies dem Geist von Stockholm entspreche, aber eine Verpflichtung dazu gebe es nicht. Auch dürfte man sich von den Interviews der Offiziere nicht allzu viel versprechen, weil die Angelegenheit „sehr heikel" sei und noch zwischen dem Auswärtigen Amt und dem BMVg abzustimmen sei. Bruno Funk vom ZDF und Peter Merseburger von der ARD protestierten deshalb am 23. März 1987 gegen die – im Vergleich mit den Medienmachern des Gastlandes – ungleichen Arbeitsbedingungen.

Laut Abschlussbericht des MfS bestand das Ziel der Übung unter anderem darin, „den anwesenden Manöverbeobachtern den Verteidigungscharakter der sozialistischen Militärdoktrin zu demonstrieren"[59]. Erwähnenswert schien auch, dass den Beobachtern aus der Bundesrepublik, Österreich, der Schweiz sowie Großbritannien das „vorrangige Interesse der westlichen Journalisten" galt. In den „Schlußfolgerungen" schließlich wurde angeregt, die Anzahl der Besichtigungspunkte zu erhöhen, noch mehr Zeit für die Besichtigung der Manöver und Truppenteile einzuräumen und den Journalisten auch auf den Truppenübungsplätzen Zutritt zu gewähren.

Dieser Empfehlung folgte bald darauf auch das Ministerium für Nationale Verteidigung. Den Befehlshabern der sowjetischen Streitkräfte in Deutschland wurde offiziell empfohlen, „den westlichen Journalisten bei zukünftigen Übungen mit Manöverbeobachtung die Möglichkeit einzuräumen, die Handlungen der Truppen auf den für die Manöverbeobachter vorgesehenen Besichtigungspunkten zu verfolgen. Dabei könnten durch organisatorische Maßnahmen die Festlegungen über die Geheimhaltung gewährleistet werden." Dieses Entgegenkommen schien der sowjetischen Seite aber noch als verfrüht – weshalb die ostdeutsche Seite wieder zurück-

---

58 BStU, MfS, HA I, Nr. 16010, S. 311–312: Streng vertraulich, „Information G/ 012984/26/03/87/02, „Journalistische Aktivitäten zum Manöver in der DDR", sowie BStU, MfS, HA I, Nr. 16010, S. 313–315: Streng vertraulich, „Information G/ 012338/24/03/87/02, „Aktivitäten gegnerischer Journalisten zu den Manövern in der DDR".

59 BStU, MfS, HA I, Nr. 15188, S. 39–49: „Bericht über die Ergebnisse der Manöverbeobachtung der gemeinsamen Truppenübung der GSSD und der NVA in der Zeit vom 25. bis 28.03.1987", hier S. 39, im Folgenden S. 44–45; darin findet sich auf S. 46–49 eine namentliche Liste der Manöverbeobachter.

ruderte. Erich Honecker persönlich entschied als Generalsekretär des ZK der SED und als Vorsitzender des Nationalen Verteidigungsrates, dass die Pressearbeit auch bei der nächsten Übung unverändert restriktiv zu erfolgen habe.[60]

Schon der Umstand, dass jeder einzelne NVA-Beobachter von Honecker persönlich bestätigt wurde, verdeutlicht den politischen Stellenwert, den die DDR-Führung den Manöverbeobachtungen beimaß.[61] Die Umsetzung und Organisation der Manöverbeobachtungen nach Stockholmer Standards war dementsprechend perfekt organisiert. Dass dies sehr wohl auch von den westlichen Militärs goutiert und gemeldet wurde, entsprach denn auch ganz den Zielsetzungen in Ostberlin. In einer Art klandestiner Erfolgskontrolle notierten die IM der Staatssicherheit mit großer Befriedigung im Juli 1987 entsprechende Äußerungen von Oberstleutnant i. G. Bernd Müller, einem Manöverbeobachter der Bundeswehr: Die DDR habe einen „sehr hohen Standard gesetzt", „der von anderen, auch westlichen Teilnehmerstaaten, sehr schwer erreicht werden könne, sowohl was die unmittelbare Betreuung der Beobachter, als auch das praktische Geschehen im Manövergelände betrifft"[62].

Gerade dieses Anliegen Ostberlins, perfekt organisierte Manöverbeobachtungen als eine Art Visitenkarte für „Ansehen und Autorität"[63] von Armee und Staat nach außen und innen zu nutzen, wurde durch das wesentlich restriktivere Verhalten der sowjetischen Kommandeure in der DDR immer wieder konterkariert. Als am 19. März 1987 in Strausberg die Abschlussbesprechung zwischen Vertretern des MfS und deren sowjetischen Kollegen von der Verwaltung der Sonderabteilung des KfS stattfand, zeig-

---

60 BStU, MfS, HA I, Nr. 14120, S. 74–75: HA I Operativer Einsatzstab, Strausberg 12.04.1987, Lagebericht zur politisch-operativen Sicherung der Truppenübung der NVA in der Zeit vom 10.04.87 bis zum 16.04.87 unter Teilnahme ausländischer Beobachter [identisch mit BStU, MfS, HA I, Nr. 13520, S. 87–88], S. 74.

61 Kontrollierte Feindschaft (wie Anm. 41), S. 74. Im Regelfall waren alle Einsatzdokumente durch Honecker genehmigt – „die ganze Angelegenheit war ‚hoch angebunden', wie man damals zu sagen pflegte".

62 BStU, MfS, HA I, Nr. 14123, S. 14-16: HA II, Berlin, den 05.08.1987, Informations-Nr. 2915/87 Streng geheim. „Information. Äußerungen des Leiters der Beobachtergruppe der Bundeswehr zum Manöver der GSSD und NVA vom 27. bis 31.07.1987, Oberstleutnant i. G. Bernd Müller, zum bevorstehenden Besuch des Genossen Honecker in der BRD sowie zu Fragen der Ost-West-Beziehungen", S. 16.

63 BStU, MfS, HA I, Nr. 16010, S. 170–176, ohne Datum, ohne Überschrift, aber wohl Redemanuskript Chef Hauptstab für die Besprechung zum Stand der Vorbereitungen für die Übung im März 1987.

ten sich die Sowjets besonders an der „Durchführung operativ-technischer Kontrollmaßnahmen in den Unterkünften der Beobachter im Interhotel Potsdam" und dem „Zimmerbelegungsplan" interessiert. Oberst Grawunder vom MfS wies deshalb auf „das strikte Verbot des Ministers für Staatssicherheit bezüglich des Einsatzes von operativer Technik im Interhotel" hin. „Um politischen Schäden [!] zu vermeiden", würden lediglich alle Telefonanschlüsse kontrolliert.[64] Obwohl beim März-Manöver die Truppen der GSSD im Mittelpunkt standen, ließen die Sowjets weder Reporter zu noch war eine Pressekonferenz vorgesehen.

Auch bei der Vorbereitung der Beobachtung im Juli 1987 zeigten sich zahlreiche Probleme bei der deutsch-russischen Zusammenarbeit. So monierten die auf NVA-Seite Verantwortlichen Oberst Herrich und Oberst Wörfel intern, dass ihr Ansprechpartner auf Seiten der GSSD „damit objektiv überfordert" und „bereits seit mehreren Wochen nicht erreichbar" sei. Herrich und Wörfel vermuteten deshalb, dass in der GSSD „eine Unterschätzung der politischen Bedeutung der Sache und eine Fehleinschätzung des Faktors Zeit" vorliege. „Es wird noch immer nicht richtig begriffen, daß entsprechend dem Stockholmer Dokument die DDR/NVA für die Organisation und Sicherstellung der Manöverbeobachtung verantwortlich zeichnet, auch wenn sie in erster Linie die GSSD bei dieser gemeinsamen Truppenübung betrifft."[65]

Schon nach der März-Beobachtung 1987 hatten westliche Medien immer wieder auf die Unterschiede zwischen den sowjetischen und den deutschen Soldaten hingewiesen. Vor allem US-amerikanische Medien stellten heraus, „daß die DDR als ‚Gast' auf ihrem eigenen Territorium"[66] handeln würde – was implizit die Souveränität der DDR infrage stellte. Im Laufe der Inspektionen und Manöverbeobachtungen mussten die Offiziere der GSSD tatsächlich lernen, die Zuständigkeit der DDR – nach dem Territorialprinzip des Stockholmer Dokuments – zu akzeptieren. So gewährte die

---

64 BStU, MfS, HA I, Nr. 16010, S. 161–162: HA I, Abt MfNV, Strausberg 19.03.1987, „Aktennotiz", gez. Major Otto.

65 BStU, MfS, HA I, Nr. 14121, S. 7–9: HA I/Abt MfNV, UA Hauptstab, Strausberg, 10.07.1987, gez. OTL Willert, Ltr der UA, „Information über Probleme bei der Zusammenarbeit zwischen der NVA und dem Stab der GSSD in Vorbereitung der Manöverbeobachtung während der gemeinsamen Truppenübung der GSSD/NVA vom 28. 7. bis 30. 7. 1987".

66 BStU, MfS, HA I, Nr. 14120, S. 53–55: HA I Abt MfNV, Strausberg 11.04.1987, „Lagebericht über den Stand der Vorbereitung der politisch-operativen Sicherung der Truppenübung der Landstreitkräfte der NVA in der Zeit vom 10.4.87 bis 16.4.87 auf dem Territorium der DDR unter Teilnahme von ausländischen Beobachtern", hier S. 53.

sowjetische Generalität bei einer der ersten Übungen auf DDR-Gebiet erst nach einer nachhaltigen Intervention des westdeutschen Beobachters auch den NVA-Begleitoffizieren Zutritt zum eigenen Gefechtsstand.[67] Für das mangelnde Verständnis und den Unwillen zur notwendigen Umsetzung der Stockholmer Vereinbarungen, oft auch für die Unkenntnis der Details aufseiten der sowjetischen Soldaten und ihrer Kommandeure gab es zahlreiche Belege. So verweigerte eine sowjetische Panzerbesatzung dem britischen Brigadegeneral Giles den Handschlag zur Verabschiedung.[68] Die zu NATO-Übungen eingeladenen NVA-Beobachter wiederum notierten überrascht, „daß man sich allein nach dem Betrachten der in der lokalen Presse veröffentlichten Artikel ein ziemlich klares Bild vom Übungsgeschehen verschaffen konnte, was für uns ungewohnt war [...]. Die örtliche Presse informierte recht umfangreich über das Manövergeschehen und auch über die Anwesenheit unserer Inspektionsgruppe[69]."

Soldaten und Presse – Erfahrungen und Erlebnisse

Bei der ersten Manöverbeobachtung auf dem Gebiet der DDR im März galt es noch Erfahrungen zu sammeln. Da die Pressevertreter im Manövergelände nicht zugelassen waren, konnten Interviews nur in Potsdam im Filmmuseum gemacht werden. Als die Medienvertreter am 27. März 1987 auf ihre Interviewpartner warteten und sich NVA-Major Bernhard Rudolph „äußern wollte, wie er persönlich die im „DDR-Feindbild" als aggressiv beschriebene Bundeswehr einschätzt", soll er an das Telefon gerufen worden und in einen Nebenraum verschwunden sein", noch bevor er etwas sagen konnte[70].

Ein Bild brachte es gar zum Foto des Jahres bei der *Bild-Zeitung*. Hier lachten NVA-Generalleutnant Gerhard Kunze und Bundeswehr-Oberstleutnant Joachim Hornig gemeinsam in die Kamera. Nach Jahrzehnten

---

67 Dabei hatte er sich zuvor bei den anderen Beobachtern aus NATO- und N+N-Ländern rückversichert. Die Gruppe verweigerte in einer Art Steh-Streik den Zutritt zum sowjetischen Gefechtsstand, bis nach Rücksprache mit der Führung der GSSD in Wünsdorf der sowjetische Kommandeur den Vorfall nach geraumer Zeit als „Missverständnis" abtat und die NVA-Begleitoffiziere hinzu bat.

68 Kontrollierte Feindschaft (wie Anm. 41), S. 78.

69 Kontrollierte Feindschaft (wie Anm. 41), S. 85.

70 BStU, MfS, HA I, Nr. 15015, S. 17–19: HA I /AKG, Berlin, 03.04.1987, „Information zum wesentlichen Inhalt der Meldungen westlicher Nachrichtenagenturen, Rundfunk- und Fernsehstationen sowie der Presse über die Entsendung von Manöverbeobachtern in die DDR (März 1987)".

militärischer Konfrontation war für die öffentliche wie für die veröffentlichte Meinung nicht nur das deutsch-deutsche Soldatenmotiv, sondern auch die entspannte Atmosphäre neu, die nun offenbar selbst zwischen Offizieren beider Blöcke herrschte[71]. Ein anderes Pressebild von der Manöverbeobachtung im April 1987 hatte für Generalleutnant Kunze allerdings Folgen. Weil er sich – eingerahmt durch zwei Offiziere der Bundeswehr – ablichten ließ, wurden Informelle Mitarbeiter (IM) des Ministeriums für Staatssicherheit (MfS) angewiesen, seine Verhaltensweisen „weiter unter Kontrolle zu halten"[72].

Abb.: Bild-Zeitung vom 26.03.1987

Die Angehörigen beider Seiten – der Bundeswehr und der NVA – zeigten sich in den Gesprächen einigermaßen informiert über die offizielle Sicherheitspolitik und die gesellschaftlichen Diskussionen des jeweils anderen Deutschlands. Wie weit diese Kenntnis ging, wurde manchmal erst am En-

---

71 Abdruck des Fotos als Bild 3-2 in Kontrollierte Feindschaft (wie Anm. 41), S. 52. Die Bildüberschrift mit „Bundeswehr-Oberst" zeugt davon, dass es der Medienvertreter mit den Dienstgraden nicht so genau nahm.
72 BStU, MfS, HA I, Nr. 14120, S. 85: Operative Einsatzgruppe – Leiter, Cottbus, 14.4.1987 an HA I/MfNV Oberst Grawunder – persönlich, gez. Oberstleutnant Willert.

de einer Manöverbeobachtung deutlich. So räumten im April 1988 westdeutsche Offiziere nur halb im Scherz ein, dass „man jede Woche die
‚Volksarmee' lese und sich auch die Mädchenfotos auf der Kulturseite sehr
aufmerksam betrachte"[73].

Nur wenige Wochen später diskutierte ein anderer Bundeswehroffizier
mit einem NVA-Angehörigen über eine wenige Wochen alte Artikelserie in
der *Volksarmee* zum Thema „Überzogene Stärkeangaben des Warschauer
Vertrages in einem offiziellen Datenvergleich der BRD Regierung"[74]. Dabei konzedierte der westdeutsche Offizier, dass man in Bonn immer noch
glaubte, die NVA könnte „unter Umständen in unterirdischen Panzerla-
gern eine ganze Reihe von T 34 versteckt" halten. Demnächst werde aber
ein Artikel mit genaueren Angaben hierzu im Westen erscheinen. Beide
Gesprächspartner vereinbarten Stillschweigen über das Gespräch, und der
ostdeutsche versicherte sogar, dass eine Veröffentlichung in der DDR-Presse
ohne vorherige Absprache ein Vertrauensbruch „dem Leser, dem Partner,
dem Autor gegenüber" wäre. Was der Bundeswehrangehörige nicht wissen
konnte, aber vielleicht ahnte: Sein ostdeutscher Gesprächspartner war
auch Informeller Mitarbeiter des Ministeriums für Staatssicherheit und fer-
tigte über das „vertrauliche" Gespräch einen ausführlichen Bericht für seine anderen Vorgesetzten an.

Vom Vertrautsein zum Vertrauen und zur epistemischen Gemeinschaft

Die KSZE-Staaten hatten eine unterschiedliche Vorgehensweise in der Frage, wen sie wie oft als Manöverbeobachter entsandten. Fast immer war der
jeweilige Militärattaché der Botschaft dabei – wenn es denn einen gab. Ansonsten scheinen manche Staaten auf Kontinuität gesetzt zu haben, andere
eher auf regelmäßige Rotation des Personals. In jedem Fall trafen sich die
einzelnen Beobachter der verschiedenen Nationen aber immer wieder. Rudolf Patzer, einer der Manöverbeobachter der Nationalen Volksarmee der
DDR, schildert so ein Treffen wie folgt: „Bereits bei der Fahrt zu unserem
Treffpunkt im Haus der Armee in Moskau [erkannte ich] im Pkw vor uns
Brigadier Giles aus Großbritannien, der vom 10. bis 12. September 1987
die erste Inspektion in der DDR geleitet hatte. Unsere Begrüßung fiel recht

---

73 BStU, MfS, HA I, Nr. 14123, S. 61–65: Abschrift „Information über ausländische
Beobachter bei ‚DRUSHBA 88'" vom 19.04.1988 eines Presseberichters, hier S. 65.
Am Rande der zitierten Stelle ein rotes Ausrufezeichen, das einzige im ganzen
Text.
74 BStU, MfS, HA I, Nr. 14123, S. 27–28: Bericht des IMS „Konter" vom 28.07.1988.

herzlich aus, man betrachtete sich sozusagen als alte Bekannte und konnte sich so ohne Distanz angeregt unterhalten und die Meinungen austauschen[75]."

Bei Manöverbeobachtungen und Inspektionen prallten aber nicht nur unterschiedliche Militär-, sondern auch sehr verschiedene Alltags- und Konsumkulturen aufeinander. Als etwa amerikanische Offiziere bei einer INF-Inspektion in der DDR einige Coca-Cola-Dosen mit an Bord des Hubschraubers brachten, lehnten die sowjetischen Begleitoffiziere misstrauisch ab, „orientierten sich zunächst am Verhalten der NVA-Begleiter" – und erst als diese „mit so einem ungewohnten Verschluß" die Dose geöffnet und getrunken hatten, nahmen auch die Sowjets einen Schluck.[76]

In den Akten finden sich immer wieder Hinweise auf vertrauliche, persönliche Gespräche und den Austausch von Grüßen an frühere Manöverbeobachter. Im Laufe der Jahre entstanden so persönliche Beziehungen, die selbst den Untergang der DDR und des Warschauer Paktes überdauerten.

In den Manöverbeobachtungen spiegelten sich in vielfältiger Weise auch die Besonderheiten der Geschichte von Bundeswehr und NVA. Gemeinsamkeiten, aber auch Unterschiede wurden deutlich, die im vorliegenden Aufsatz nur angerissen werden konnten. Gerade im Umgang mit den Medien, in der Einbeziehung oder Ausgrenzung der Journalisten zeigten sich einmal mehr die unterschiedlichen Gesellschaftskonstrukte, die politischen und militärischen Kulturen. In der DDR fiel dem Ministerium für Staatssicherheit als „Schwert und Schild der Partei" – und nicht etwa, wie bei einem Ministerium zu erwarten wäre, des Staates – angesichts des militärischen Entspannungsprozesses eine zentrale Rolle zu. Gerade der Kontakt mit dem „Feind" im eigenen Land, in der eigenen Gesellschaft erforderte offenbar einen überaus intensiven Einsatz von Informellen und hauptamtlichen Mitarbeitern.

Inwieweit die westliche Berichterstattung über die Manöverbeobachtungen in Funk und Fernsehen die öffentliche Meinung in der DDR beeinflusste, lässt sich mangels quantitativer Quellen nicht eruieren. Dass die Westberichte über die neue militärische Offenheit auch bei den DDR-Bürgern auf lebhaftes Interesse stießen, weil sie das eigene Land genauso wie die geteilte Nation in den Kontext der Abrüstungsinitiativen Gorbatschows rückten, belegen indes unzählige misstrauische Aktennotizen des MfS. Die gleichen Medienberichte zeigten aber auch in der Bundesrepu-

---

75 Kontrollierte Feindschaft (wie Anm. 41), S. 80.
76 Kontrollierte Feindschaft (wie Anm. 41), S. 77.

blik Wirkung. Hier stellten in den 1980er-Jahren die Vermesser der öffentlichen Meinung einen kontinuierlichen Rückgang der „gefühlten Bedrohung aus dem Osten" fest. Welche Rolle dabei der deutsche Oberstleutnant – egal, ob Bundeswehr oder NVA – spielte, der in ADN- oder ARD-Interviews plötzlich in die ost- und westdeutschen Wohnzimmer flimmerte, muss letztlich offenbleiben. Sicher trug auch er – oder genauer: seine mediale Vermittlung – dazu bei, dass das Bedrohungsgefühl in der deutschen Bevölkerung auf beiden Seiten zurückging. Beide – Manöverbeobachter und Medien – hatten Anteil daran, dass Gorbatschows Politik die Nagelprobe des Stockholmer Dokuments bestand und damit der Weg nicht nur zu weiteren Rüstungskontroll-, sondern zu umfassenden Abrüstungsverhandlungen frei wurde. Für die auf beiden Seiten beteiligten Soldaten führten die persönlichen Kontakte ganz sicher zu mehr Wissen über die andere Seite und mehr Verständnis für die Lebenswirklichkeit der Kollegen in der anderen Uniform – jenseits der in der Medienberichterstattung immer noch vorherrschenden Stereotype.

Medien und Sicherheitsverständnis
Die Debatte um Auslandseinsätze der Bundeswehr 1987–1991

Marc Chaouali

„Sind die Deutschen Drückeberger?"[1] Diese Frage prangte in großen gelben Lettern auf dem Titelblatt einer Februar-Ausgabe des *Spiegels* im Frühjahr 1991. Sie spielte auf die zögerliche Haltung der Bundesregierung in der Frage einer möglichen Beteiligung der Bundeswehr am Golfkrieg an. Die Entsendung deutscher Soldaten im Rahmen militärischer Auslandsmissionen stellt bis heute eines der umstrittensten Felder bundesrepublikanischer Außenpolitik dar (vgl. u. a. Maulucci 2004; Harnisch 2006: 171ff.; Schlaffer 2010). In der öffentlichen Auseinandersetzung spielten Printmedien eine zentrale Rolle als meinungsbildende Akteure.

Dieser Beitrag analysiert das Sicherheitsverständnis unterschiedlicher Printmedien anhand eines Ausschnitts der Debatte um Auslandseinsätze der Bundeswehr im Zeitraum von 1987 bis 1991. In dieser Phase wurde das bis dato vorherrschende Sicherheitsverständnis außenpolitischer Zurückhaltung bei militärischen Auslandseinsätzen im Kontext internationaler Entwicklungen, insbesondere in der Golfregion, zunehmend infrage gestellt. Der Beitrag wertet die Berichterstattung im *Spiegel*, in der *Zeit* und in der *Frankfurter Allgemeinen Zeitung* (FAZ) aus, um ein möglichst breites Spektrum der politischen Ausrichtung abzubilden.[2]

1. Sicherheitsverständnis und Medien

„Sicherheit" respektive die Vorstellung und Wahrnehmung dessen, was unter Sicherheit zu verstehen ist, war und ist ein umstrittener Begriff. Vorstellungen von Sicherheit sind weder statisch noch in sich geschlossene Deutungsmuster, sondern bedürfen, aus historischer Perspektive betrachtet, einer Verortung in ihren jeweiligen zeitlichen und gesellschaftlichen Kontexten. Als umkämpfte Maxime schlug sich „Sicherheit" in der Ge-

---

1 Sind die Deutschen Drückeberger? In: *Der Spiegel*, 07/1991, 11.02.1991, S. 1, 18ff.
2 Der Beitrag fußt auf dem Dissertationsprojekt des Verfassers zur bundesrepublikanischen Debatte um Auslandseinsätze der Bundeswehr von 1973 bis 2010.

schichte in zahlreichen politischen Diskursen und öffentlichen Auseinandersetzungen nieder.[3] Vor dem Hintergrund divergierender Bedürfnisse und Interessen haben sich auch in der Geschichte der Bundesrepublik, die bestimmt war „von der Suche nach Sicherheit", wie Eckart Conze (2009: 15) ausführt, verschiedenste Kontroversen um das Verständnis von Sicherheit entsponnen (vgl. Conze 2009, 2012).

Mit Blick auf die Außenpolitik wurde und wird seit dem UN-Beitritt der Bundesrepublik 1973 in unterschiedlicher Intensität um das Für und Wider eines neuen, erweiterten Sicherheitsverständnisses und die Beteiligung der Bundeswehr an militärischen Auslandsmissionen gerungen. Ausgehend von der Gründung der Bundeswehr 1955 ging es dabei unter den beiden Schlagworten „Sicherheit und Streitkräfte" über Jahrzehnte hinweg vor allem um zwei Ziele: die Verteidigung der eigenen Landesgrenzen und den Schutz des transatlantischen Bündnisgebiets innerhalb der NATO (Maulucci 2004; Chiari 2010). Nicht zuletzt vor dem Hintergrund der Erfahrungen aus der Zeit des Dritten Reichs und des Zweiten Weltkriegs wurde lange Zeit in breitem politischen Konsens an der Leitlinie festgehalten, deutsche Soldaten keinesfalls außerhalb der Landes- oder Bündnisgrenzen zu militärischen Zwecken einzusetzen (Schwelling 2007). Darüber hinaus sah man in den ersten Jahrzehnten nach der Gründung der Bundeswehr weder eine rechtliche Grundlage noch eine sicherheitspolitische Notwendigkeit für eine Neubewertung dieser Auffassung. Im Zuge des UN-Beitritts 1973 begannen sich diese Koordinaten allerdings zu verschieben (vgl. Maulucci 2004).

Das Grundgesetz bot durchaus Interpretationsspielraum für einen möglichen Einsatz der Bundeswehr über die bisherige außenpolitische Praxis hinaus (Breitwieser 2010). Vor diesem Hintergrund entbrannte im Verlauf der 1970er-Jahre angesichts der internationalen Entwicklungen – insbesondere der Ölkrise und später des Ausbruchs des Irak-Iran-Krieges – zunächst ein politischer Streit um das enge, traditionell interpretierte Sicherheitsverständnis. Nachdem amerikanische Regierungsvertreter auf dem Höhepunkt des Iran-Irak-Krieges 1987 mit der Bitte an die Bundesregierung herangetreten waren, zum Schutz der Schifffahrtswege Marineeinheiten in den Persischen Golf zu entsenden, griffen auch die Printmedien das Thema zunehmend auf. Daraufhin erfuhr die Debatte mehr und mehr gesamt-

---

3 Zum Thema Sicherheit bzw. wie sich in der Geschichte Vorstellungen von Sicherheit entwickelten und wie sie in den politischen Prozess gelangten, forscht seit dem 1. April 2014 der SFB/Transregio 138 „Dynamiken der Sicherheit" der Universitäten Marburg und Gießen sowie des Herder-Instituts, in dem auch das Dissertationsprojekt des Verfassers eingebunden ist. Siehe auch www.sfb138.de.

gesellschaftliche Aufmerksamkeit (vgl. Maulucci 2004; Harnisch 2006: 171ff.). Im weiteren Verlauf formierten sich die Auseinandersetzungen entlang einschneidender Ereignisse wie dem Ende des Ost-West-Konflikts, der Überwindung der Teilung Europas und der Wiedervereinigung Deutschlands (vgl. Schlaffer 2010).

Der Beitrag geht folgenden Leitfragen nach: Wie positionierten sich die drei Printmedien *Der Spiegel, Die Zeit* und *Frankfurter Allgemeine Zeitung* in dieser Phase der Debatte um Auslandseinsätze der Bundeswehr von 1987 bis 1991? Welches Verständnis von Sicherheit artikulierte sich in den Beiträgen und welche Rolle wurde der Bundeswehr zugeschrieben? Analytisch richtet sich der Blick auf zentrale Semantiken und argumentative Strukturen in den untersuchten Artikeln. Medien werden in diesem Kontext als Akteure in einer pluralen Öffentlichkeit verstanden, als elementare Bestandteile kommunikativer Interaktion (vgl. hierzu u. a. Frevert 2005; Bösch 2010). Als meinungsbildende Akteure reproduzierten der *Spiegel*, die *Zeit* sowie die *FAZ* die Kontroverse nicht nur in Form eines illustrierten Abbildes, sondern wirkten mittels Themen- und Schwerpunktsetzung, über Kommentare und Bewertungen dezidiert inhaltlich auf Konstitution und Genese der Debatte ein. Dabei geht es im Folgenden insbesondere um diejenigen Beiträge, die sich von den bisherigen, tradierten Sicherheitsvorstellungen abhoben. Wenngleich sie keine printmediale Hegemonialmeinung darstellten, da die Debatte weiterhin äußerst kontrovers verlief, lässt sich an ihnen doch eine allmähliche Veränderung des Verständnisses von Sicherheit sowie der Definition des Aufgabengebiets der Bundeswehr erkennen.

Zwei Thesen seien einleitend vorweggeschickt: *Erstens* war das bis dato vorherrschende Sicherheitsverständnis in dieser Phase der Debatte umstrittener denn je. In den ausgewählten Medien kamen veränderte und erweiterte Vorstellungen von Sicherheit zum Ausdruck und zugleich wurde für ein neues Verständnis von den Aufgaben und der Rolle der Bundeswehr geworben. *Zweitens* lässt sich das veränderte Verständnis von Sicherheit und das damit zusammenhängende Plädoyer für militärische Auslandseinsätze an drei übergeordneten Leitvorstellungen festmachen, die die Debatte in dieser Phase maßgeblich bestimmten: illegitime Selbstbeschränkung, internationale Verantwortung und nationale Verpflichtung der Bundesrepublik. Diesen können bestimmte Semantiken und Argumentationsmuster zugeordnet werden, die dem durch die betreffenden Printmedien artikulierten Sicherheitsverständnis zugrunde lagen und eine Abwendung von den gängigen Vorstellungen von Sicherheit in Bezug auf Aufgaben- und Einsatzgebiet der Bundeswehr darstellten. In ihrer argumentativen Zusammensetzung verhalten sich die hier aufzuzeigenden Leitvorstellungen teils komplementär, teils überschneiden sie sich inhaltlich.

2. Illegitime Selbstbeschränkung

Als die Debatte 1987 durch die Beistandsanfrage der US-Regierung aufzuflammen begann, gab der *Spiegel* zu bedenken, dass trotz der sich zuspitzenden Situation am Persischen Golf ein Einsatz der Bundeswehr außerhalb des Bündnisgebiets rechtlich unzulässig sei. Zugleich schien ihm dieses Hindernis jedoch auch als problematisch, da sich die Bundesrepublik mit den Anfragen der Verbündeten auf Dauer schwer tun dürfte und so „der Krach mit den Amerikanern [...] vorprogrammiert" sei.[4] Wenige Jahre später, kurz nach Ende des militärischen Eingreifens der Internationalen Staatenkoalition unter Führung der USA gegen das Regime Saddam Husseins im Frühjahr 1991, sah der *Spiegel* angesichts der zunehmenden nationalen wie internationalen Kritik, die „Deutschen [...] hätten im Golfkrieg nur eine Drückeberger-Rolle gespielt", die Zurückhaltung bei Auslandseinsätzen infrage gestellt. Er warnte allerdings, dass die Bonner Regierung angesichts des wachsenden Drucks nun vorschnell „bisher geheiligte Grundsätze" ohne Rücksicht auf das Grundgesetz über Bord werfen könnte.[5] Die einzige Option lag für den *Spiegel* daher in der Änderung des Grundgesetzes, um im äußersten Bedarfsfall künftig über eine rechtliche Grundlage und Absicherung für die Entsendung der Bundeswehr auch zu militärischen Zwecken zu verfügen, „und zwar so, daß ein deutscher Einsatz überall auf der Welt möglich wird" (Augstein 1991b).

Die *Zeit* sah dagegen in dem Verweis auf die Verfassung bereits 1988 nur einen vorgeschobenen Grund und bescheinigte den Verantwortlichen im gleichen Atemzug mangelnden politischen Willen, das vorherrschende Sicherheitsverständnis zu überdenken. Bisher hätten sich, so der Vorwurf, alle Bundesregierungen, gleich welcher parteipolitischen Konstellation, „hinter dem Grundgesetz verschanzt, um ihre weltpolitische Verweigerung zu begründen" (Sommer 1988). Diese Kritik erneuerte die *Zeit* kurz nach Beginn des Golfkriegs. Das Grundgesetz sei in seiner Aussagekraft „höchst undeutlich, ja zweideutig" (Sommer 1990). Früh schon brachte die Wochenzeitung ihre Position auf die klare Formel: „Wir müssen nur wollen" (Sommer 1988). Die Notwendigkeit internationaler Bundeswehreinsätze

---

4 Billige Worte. In: *Der Spiegel*, 32/1987, 03.08.1987, S. 31f.
5 Sozis in der Klemme. In: *Der Spiegel*, 20/1991, 13.05.1991, S. 31f.

differenzierte die *Zeit* jedoch zugleich: Während sie in einem NATO-ge-
führten Einsatz von Bundeswehreinheiten außerhalb des Bündnisgebiets
den „Ausbruch eines neuen Größenwahns" sah, sei eine Beteiligung an
UN-Friedensmissionen dagegen „der Ausdruck eines gesunden, der weltpolitischen Drückebergerei abholden Selbstbewusstseins, wie es der Bundesrepublik 43 Jahre nach dem Kriege notwendigerweise gut tun würde"
(ebd.). Auch sollten mit den Einsätzen weitreichendere Möglichkeiten als
bisher verbunden sein, „nicht nur die Bereitstellung von zahnlosen Frie-
denstruppen" (Bertram 1991c). Statt „die Kritiker mit dem Scheckbuch zu
besänftigen", forderte die *Zeit* eine klare politische Positionierung (Bertram
1991b).

Die *FAZ* ging in ihrer Berichterstattung bereits 1987 noch einen Schritt
weiter. Sie zweifelte die politisch mehrheitlich konstatierte Rechtmäßigkeit
der sicherheitspolitischen Zurückhaltung in der Frage von Out-of-area-Ein-
sätzen grundsätzlich an, denn schließlich sei im Grundgesetz „von ‚Nato-
Gebiet' nirgendwo die Rede". Zudem gehe das Grundgesetz über die bloße
Landesverteidigung hinaus, und auch die Bestimmungen der NATO und
des Völkerrechts seien nicht mit der Logik des bundesrepublikanischen Sicherheitsverständnisses einer Zurückhaltung vereinbar. Vielmehr fasste die
FAZ militärische Auslandseinsätze als eine Art legitime Selbstverteidigung
auf. Zu diesem Zweck sei „die Anwendung von Waffengewalt gestattet"
und auch von „Grundgesetz und Völkerrecht" entsprechend gedeckt. Entsprechend sei es legitim, dass, wenn „etwa Tanker unter deutscher Flagge
im Golf angegriffen werden […], ihnen Kriegsschiffe der Marine […] zu
Hilfe kommen" (Thielbeer 1987). Der Kern der Auseinandersetzung um
die Notwendigkeit derartiger Einsätze lag nach Auffassung der *FAZ* weniger in einer rechtlichen Problematik, vielmehr sah sie in ihm eine politische Frage (Nonnemacher 1987).

3. Internationale Verantwortung

Nachdem sich die Bundesregierung dem internationalen militärischen
Vorgehen gegen Saddam Hussein verweigert hatte, führte der *Spiegel* zu
den deutschen Bemühungen um einen Ausgleich im Sinne einer gerechten
Lastenteilung den süffisant-bissigen Kommentar an, die Deutschen hätten
auf ihrer Materialausgabenliste immerhin auch die Lieferung von 200.000
Tuben Sonnencreme und einer halben Million Sandsäcke an die amerika-

nischen Truppen vorzuweisen.[6] Mit ihrer Scheckbuchdiplomatie, so die Kritik des *Spiegels*, könne sich die Bundesrepublik in Zukunft der internationalen Verantwortung nicht mehr entziehen und erwarten, „daß andere für sie die Kastanien aus dem Feuer holen".[7] Der Bundesrepublik bescheinigte das Nachrichtenmagazin auf dem internationalen Parkett einen „Großrepublik"-Status, der in seiner Konsequenz kaum Zweifel daran lassen könne, dass „Deutschland fortan mehr weltpolitische Verantwortung übernehmen muss" (Augstein 1991b). Diese sei angesichts des Streits um die Notwendigkeit und insbesondere um die Rechtmäßigkeit von Auslandseinsätzen vor allem im Rahmen der Vereinten Nationen auszufüllen. Der *Spiegel* bewertete die außenpolitische Zurückhaltung der Bundesrepublik als problematisch. In seiner ganzen Tragweite werde dies einmal mehr daran deutlich, dass „die Bundesrepublik sich als einziges Uno-Mitglied möglichen Kampfeinsätzen unter Uno-Oberkommando verweigert und gleichzeitig eigene Blauhelme quasi nur mit Nelken im Gewehrlauf zur Passkontrolle zwischen feindlichen Fronten bereitstellt".[8]

Da die Bundesrepublik nun einmal in größere internationale Zusammenschlüsse eingebunden sei und sich dort ihr „nationales Schicksal" verwirkliche, müsse sie auch einen entsprechenden Beitrag „zur Existenzsicherung" leisten – immerhin liege die „eigene Sicherheit [...] in der gemeinsamen Sicherheit", so die *Zeit* Mitte 1990 (Sommer 1990). Allein aus moralischen Gründen sei angesichts der realpolitischen Gegebenheiten – von der *Zeit* auf die Kurzformel „Welt und Wirklichkeit" gebracht – eine Zurückhaltung in der Frage einer Beteiligung an internationalen Militärmissionen nicht mehr aufrechtzuerhalten. Wenn Partnerländer die eigene Sicherheit durch einen außereuropäischen Konflikt bedroht sähen, könne das „Mauerblümchen" Deutschland „als Loch in der Mitte" Europas nicht „abseits" stehen (Bertram 1991a). Nach Auffassung der Wochenzeitung kam die Bundesrepublik angesichts der politischen Entwicklungen nicht umhin, sich national wie international der Verpflichtungen, die sie hinzugewonnen habe, bewusst zu werden. In der Konsequenz müsse sie es auch in Fragen einer Beteiligung der Bundeswehr an militärischen Auslandseinsätzen mit „ihrer internationalen Verantwortung ernst" meinen (Arnold 1990). Dazu gehörte nach Auffassung der *Zeit* nicht nur, sich „Friedensfeinden" – wie in der Golfregion – gemeinschaftlich militärisch entgegen-

---

6 Wir müssen erwachsen werden. In: *Der Spiegel*, 34/1990, 20.08.1990, S. 121–123; Sandsäcke für die Saudis. In: *Der Spiegel*, 10/1991, 04.03.1991, S. 17.
7 Die Deutschen an die Front. In: *Der Spiegel*, 06/1991, 04.02.1991, S. 18f.
8 Wie wir es wünschen. In: *Der Spiegel*, 13/1991, 25.03.1991, S. 21.

zustellen. Vielmehr forderte sie auch, die Absicherung gemeinsamer ökonomischer Interessen der westlichen Industriegesellschaften nicht außer
Acht zu lassen: „Vom Erdöl aus Arabiens Wüste hängt deren Wohl und Wehe ab – auch unser Wohl und Wehe." Die Bundesrepublik müsse daher
„ihre außen- und sicherheitspolitische Rolle in Europa [...] überdenken"
(Schueler 1990).

Auch die *FAZ* attestierte der Bundesrepublik eine gestiegene internationale Verantwortung. Unter der Überschrift „Peinlich" kritisierte sie die Versuche der Bundesregierung, sich mit dem Angebot, Aufgaben in anderen
Geltungsbereichen des NATO-Gebiets zu übernehmen, dem Militäreinsatz
und damit der internationalen Verantwortung zu entziehen. Zwar gebe es
noch nachvollziehbare Gründe hierfür, doch könne die Zurückhaltung
nicht zu einer generellen Ablehnung jeglicher Out-of-area-Einsätze führen,
ohne dass der Bundesrepublik im transatlantischen Bündnis das Label eines „Trittbrettfahrers" angeheftet werde (Nonnemacher 1987). Sich der
Wahrung gemeinsamer Sicherheitsinteressen zu verschließen, sei nicht nur
Machtvergessenheit, sondern „ein Symptom politischen Duckmäuser-
tums", warf die *FAZ* denjenigen politischen Verantwortlichen vor, die sich
vehement gegen militärische Auslandseinsätze sperrten (Nonnemacher
1990). All die, die noch am traditionellen Sicherheitsverständnis festzuhal-
ten versuchten, hätten „im Rückblick auf bald vier Jahrzehnte Bundeswehr
[...] Verteidigung noch immer nicht als selbstverständliche Pflicht des Ge-
meinwesens verstanden, sich legitim zu behaupten" (Gillessen 1991). Insbesondere Bundeskanzler Kohl und Außenminister Genscher standen den
Forderungen zögerlich bis ablehnend gegenüber, während sich die Diskussion über das künftige sicherheitspolitische Auftreten quer durch alle politischen Lager zog und dabei auch die Stimmen der Befürworter kontinu-
ierlich lauter wurden (vgl. Harnisch 2006: 171ff.). Um den Makel der „unsichtbaren Deutschen" loszuwerden, forderte die *FAZ* daher, der internationalen Verantwortung künftig nicht nur Worte, sondern auch Taten folgen
zu lassen (Uthmann 1991).

4. Nationale Verpflichtung

Der *Spiegel* warf der Bundesregierung während des Golfkriegs 1991 ein
Ungleichgewicht zwischen ökonomischer Stärke und mangelndem außenpolitischen Selbstbewusstsein sowie Schwäche vor: Trotz seiner „wirtschaftlichen Übermacht" und der Wiedergewinnung der vollen Souveränität sei
Deutschland aufgrund des begrenzten außenpolitischen Handlungsspiel-
raums, „wenn es um Krieg und Frieden geht [...], allenfalls eine mittlere

Macht"[9] Zudem beklagte das Nachrichtenmagazin, den politischen Verantwortlichen sei trotz der Tatsache, dass Deutschland die stärkste Wirtschaftsmacht Europas sei, nicht klar, welche außenpolitische Rolle die Bundesrepublik einzunehmen habe (Augstein 1991a). Es gebe „mittlerweile keinen Anlass mehr, uns als ‚underdogs' zu empfinden. Wir sind jetzt schon die dritte und werden in absehbarer Zeit die zweite Wirtschaftsmacht der Welt sein"[10]

Was der *Spiegel* eher als implizite Konsequenz aus der wirtschaftlichen Stärke der Bundesrepublik ansah, nämlich die nationale Verpflichtung, ein erweitertes Aufgaben- und Einsatzgebiet der Bundeswehr ins Auge zu fassen, wurde von der *Zeit* offen und unverblümt gefordert. Vor allem ökonomische Gründe wurden für eine Loslösung vom traditionell ausgelegten Sicherheitsverständnis stark gemacht: „Die Quellen, aus denen sich unsere Wirtschaft speist und auf die sich unser Wohlstand gründet, liegen nun einmal out of area, außerhalb des Bündnisgebietes der Nato" (Schueler 1990). Ebenso basiere der Wohlstand der Bundesrepublik als „Export-Weltmeister" auf einer intakten internationalen Ordnung. Daher könne es sich die Bundesrepublik, so die *Zeit*, aufgrund ihres wirtschaftlichen Potenzials, der Innovationskraft und der finanziellen Stärke nicht leisten, „bloß die süßen Früchte des Marktes" zu genießen, ohne sich „an der Anstrengung zu beteiligen, seine Grundlage zu sichern" (Sommer 1990).

Auch die *FAZ* beklagte eine Schieflage zwischen wirtschaftlicher Stärke und außenpolitischem Minimalismus der Bundesrepublik. Die internationalen Bündnispartner würden dies „nicht mehr als verständliche Zurückhaltung, sondern als Drückebergerei nach dem Motto" empfinden: „Die Deutschen machen Geschäfte, während ihre Verbündeten für ihre Sicherheit sorgen" (Nonnemacher 1990). Die *FAZ* mahnte an, dass bei aktuellen und künftigen internationalen Herausforderungen für die Bundesrepublik auch „deutsche Interessen existenziell berührt" seien (Stürmer 1991a). Ein wesentlicher Bestandteil des „nationalen Interesses" liege in der Bündnisfähigkeit, und um diese gewährleisten zu können, müssten sich die politischen Verantwortlichen zwangsläufig die Frage nach dem deutschen Beitrag innerhalb der NATO stellen (Stürmer 1990). Es mangele ihnen an Entschlossenheit, die gegebenen „Machtmittel des Staates" zu nutzen, so eine der zentralen Kritiken der *FAZ* (Gillessen 1991). Der Grund hierfür lag nach Meinung der Tageszeitung in einem mangelnden moralischen Zu-

---

9 Der Himmel schließt sich. In: *Der Spiegel*, 04/1991, 21.01.1991, S. 18f.
10 Tolerant, charakterfest. In: *Der Spiegel*, 23/1991, 03.06.1991, S. 22.

trauen: „Die Nation, die sich wirtschaftlich und technisch am meisten zutraut, vertraut sich selbst moralisch am wenigsten" (Stürmer 1991b).

5. Fazit

In dieser Phase der Debatte um Auslandseinsätze der Bundeswehr lässt sich das printmediale Sicherheitsverständnis an drei Leitvorstellungen festmachen: illegitime Selbstbeschränkung, internationale Verantwortung, nationale Verpflichtung. Alle drei waren nicht mehr mit dem über Jahrzehnte hinweg gepflegten Verständnis von Sicherheit und der Rolle der Bundeswehr zu vereinbaren. Allerdings war die inhaltliche Tragweite der jeweiligen Argumente bei den einzelnen Medien unterschiedlich stark ausgeprägt.

1) Im Sinne der Leitvorstellung der *illegitimen Selbstbeschränkung* verwies der *Spiegel* vor allem auf die rechtliche Problematik als Hindernis für eine Entsendung von Bundeswehrsoldaten. Zugleich mahnte er jedoch angesichts des wachsenden internationalen Drucks vor politischen Schnellschüssen und forderte als Lösung eine Grundgesetzänderung, um bei Bedarf den Einsatz deutscher Soldaten zu militärischen Missionen im Ausland zu ermöglichen und entsprechend rechtlich abzusichern. Die *Zeit* kritisierte dagegen die Verweise auf rechtliche Hürden als vorgeschoben. In ihren Augen fehlte es vielmehr am nötigen politischen Willen für ein selbstbewussteres Auftreten und Vorgehen der Bundesrepublik. Dem Verständnis der *Zeit* nach sollten Auslandseinsätze insbesondere auf der Basis der völkerrechtlichen Bestimmungen der internationalen Gemeinschaft erfolgen. Die *FAZ* befand, dass weder das Grundgesetz noch rechtliche Bestimmungen der NATO oder des Völkerrechts bei der Anwendung von Waffengewalt problematisch seien, da es sich bei möglichen Militäraktionen – etwa bei der Einbindung der Bundeswehr innerhalb der internationalen Staatengemeinschaft in ein Szenario wie im Golfkrieg – um legitime Selbstverteidigung handeln werde. Sie forderte eine klare Abkehr von der bisherigen außenpolitischen Zurückhaltung und eine konsequente konzeptionelle Neuausrichtung der bundesrepublikanischen Haltung zu ihrem Militär.

2. Damit die Bundesrepublik die ihr zuteil gewordene *internationale Verantwortung* übernehme, die sich vornehmlich aus den Verpflichtungen Deutschlands als Mitglied der internationalen Staatengemeinschaft der UN speise, trat der *Spiegel* für eine Loslösung von der bisherigen Zurückhaltung in der Frage nach Auslandseinsätzen ein. Als vollwertiges Mitglied müsse Deutschland auch und vor allem im Rahmen von militärischen Ein-

sätzen der UN dieser Verantwortung gerecht werden. Die Argumentationslinie der *FAZ* verlief in eine ähnliche Richtung, wenngleich sie die Forderung nach einer Reformulierung des bisherigen Sicherheitsverständnisses
und der Rolle der Bundeswehr zur Wahrnehmung der internationalen Verantwortung noch deutlicher aus einer Position der Stärke der Bundesrepublik herleitete. Die Erfüllung dieser Aufgaben verortete sie vor allem innerhalb des transatlantischen Bündnisses der NATO. Hierfür forderte sie nicht
nur Lippenbekenntnisse, sondern auch Taten ein. Die *Zeit* führte sogar gemeinschaftliche ökonomische Notwendigkeiten des Westens und die Aufrechterhaltung des Weltfriedens als Gründe für eine Neubestimmung des
Sicherheitsverständnisses im Sinne internationaler Verantwortung an.

3. Im Fall der *nationalen Verpflichtung* als Leitvorstellung für eine Neuausrichtung des Sicherheitsverständnisses für mögliche militärische Auslandseinsätze argumentierten alle drei Printmedien nahezu identisch. Für
den *Spiegel* war es mit der Wiedererlangung der vollen Souveränität für die
Bundesrepublik an der Zeit, angesichts ihrer ökonomischen Verfassung
und weltwirtschaftlichen Verflechtung sich auch außenpolitisch ihrer daraus resultierenden Stellung bewusst zu werden und die selbst auferlegte
Zurückhaltung zu überdenken. Die *Zeit* und die *FAZ* gingen noch einen
Schritt weiter und reklamierten offen die Notwendigkeit, eigene ökonomische Interessen zu schützen, die es eben auch militärisch zu verteidigen
gelte. Die *FAZ* forderte gar, moralische Bedenken aufzugeben, um für
künftige Herausforderungen gewappnet zu sein.

Das in den drei Printmedien artikulierte Sicherheitsverständnis weist also mit Blick auf die Leitvorstellungen durchaus einige Gemeinsamkeiten
auf. Die größten Übereinstimmungen zeigen sich, wenn eine nationale
Verpflichtung für eine sicherheitspolitische Neuausrichtung aus der politischen und ökonomischen Konstitution der Bundesrepublik sowohl auf nationaler als auch auf internationaler Ebene abgeleitet wird. Für die beiden
anderen Leitvorstellungen lassen sich eher Divergenzen in den jeweiligen
Positionen erkennen: Während der *Spiegel* insbesondere völkerrechtlich argumentierte, überwogen bei der *Zeit* die ökonomischen Paradigmen zur
Begründung eines neu bzw. anders gedachten Sicherheitsverständnis. Die
Argumentationsweise der *FAZ* zielte eher in die Richtung einer realpolitischen Anpassung an die nationalen und internationalen Gegebenheiten
und legte der eingeforderten sicherheitspolitischen Neuausrichtung die Pa-
rameter eines nationalen Machtstaates zugrunde.

Darüber hinaus ergibt die Art und Weise, *wie* die drei betrachteten
Printmedien ihre Argumentation zugunsten eines erweiterten Sicherheitsverständnisses artikulierten, ebenfalls ein differenziertes Bild. Die Forderungen und die Argumentationsweise des *Spiegels* lassen sich als vergleichs-

weise gemäßigt in der Sache und vorsichtig abwägend bezeichnen. Er trat sehr moderat für eine Loslösung vom bisherigen Sicherheitsverständnis ein und verband dies zugleich mit mahnenden Forderungen, bei der Neubewertung der sicherheitspolitischen keine rechtlichen Prinzipien zu missachten bzw. diese im Einklang mit den Statuten der UN im Grundgesetz anzupassen. Dabei stützten sich die Argumentationsmuster des *Spiegels* im Wesentlichen auf Ideen und Begriffe wie Gleichberechtigung, Lastenteilung, internationale Stärke und globales Verantwortungsbewusstsein für die Prinzipien der internationalen Gemeinschaft.

Die Argumentationslinie der *Zeit* orientierte sich dagegen stärker an der Forderung nach mehr politischer Verantwortung im Sinne einer kollektiven Verpflichtung und Anpassung an die realpolitischen Gegebenheiten. Ihre Position beruhte auf Termini wie gemeinsame Sicherheit gleich eigene Sicherheit, gemeinschaftliche Ordnung und Verteidigung kollektiver Werte, insbesondere Wohlstand, Wirtschaft und Weltfrieden. Im Gegensatz zum *Spiegel* leitete die *Zeit* ihre Forderungen stärker aus den nationalstaatlichen Interessen der Bundesrepublik ab.

Die *FAZ* bekundete dagegen am klarsten nationale Interessen als Argumente für ein neues Sicherheitsverständnis im Sinne eines außenpolitischen Machtzuwachses. Durch die Berichterstattung der *FAZ* ziehen sich machtpolitische Schlagwörter wie Entschlossenheit, (Selbst-)Behauptung, Selbstverteidigung, Verteidigung deutscher Interessen und die Überwindung moralischer Hemmnisse.

Die Untersuchung zeigt somit für diese Phase der Debatte ein eindeutiges und zugleich differenziertes printmediales Sicherheitsverständnis. Es mag erstaunen, dass alle drei Printmedien überraschend einhellig der Auffassung waren, die bis zu diesem Zeitpunkt praktizierte außenpolitische Zurückhaltung der Bundesrepublik habe nunmehr ihre Gültigkeit verloren, und dass alle drei daraus die Forderung ableiteten, die Rolle der Bundeswehr sei neu zu bewerten. Die Vorstellungen von Sicherheit und Streitkräften lösten sich damit stärker als bisher von der jahrzehntelangen vorherrschenden Auffassung, keine deutschen Soldaten zu militärischen Einsätzen ins Ausland zu entsenden. In der Art und Weise ihrer Argumentation waren die Positionen der einzelnen Printmedien dagegen unterschiedlich gelagert, und dies durchaus mit weitreichenden Konsequenzen.

Die Ergebnisse der hier vorgestellten Untersuchung unterstreichen, wie fruchtbar ein geschärfter Blick auf den Konnex von Medien und Sicherheitsverständnis für die Analyse auch des weiteren Verlaufs dieser Debatte sein kann. Exemplarisch sei hier nur der Rücktritt des Bundespräsidenten Horst Köhler erwähnt. Im Mai 2010 hatte Köhler in einem Radiointerview militärische Auslandseinsätze zu einer im Zweifelsfall notwendigen Maßnahme zum Schutz ökonomischer Interessen der Bundesrepublik erklärt. Eben diese Äußerung löste wenig später einen solchen Sturm öffentlicher Entrüstung aus, dass Köhler letztlich von seinem Amt zurücktrat.[11] Dabei hatte die *Zeit* bereits 1991 prophezeit: „Aber wer glaubt, mit einer verfassungsrechtlichen Klärung der Bedingungen für den Einsatz deutscher Soldaten sei es getan, der wird sich noch wundern" (Bertram 1991b).

Quellen und Literatur

Arnold, Hans (1990): Deutsche an die Friedensfront. In: *Die Zeit*, 46/1990, 09.11.1990, S. 52.

Augstein, Rudolf (1991a): Deutsche im Fadenkreuz. In: *Der Spiegel*, 05/1991, 28.01.1991, S. 18f.

Augstein, Rudolf (1991b): ...und die Deutschen? In: *Der Spiegel*, 23/1991, 03.06.1991, S. 22.

Bertram, Christoph (1991a): Die Deutschen im Zwielicht. In: *Die Zeit*, 06/1991, 01.02.1991, S. 1.

Bertram, Christoph (1991b): Der Riese, der ein Zwerg sein möchte. In: *Die Zeit*, 18/1991, 26.04.1991, S. 12.

Bertram, Christoph (1991c): Wo nicht hin mit der Bundeswehr. In: *Die Zeit* 23/1991, 31.05.1991, S. 1.

Bösch, Frank (2010): Ereignisse, Performanz und Medien in historischer Perspektive. In: Bösch, Frank; Schmidt, Patrick (Hrsg.): *Medialisierte Ereignisse. Performanz, Inszenierung und Medien seit dem 18. Jahrhundert.* Frankfurt: Campus, S. 7–29.

Breitwieser, Thomas (2010): Verfassungshistorische und verfassungsrechtliche Aspekte der Auslandseinsätze. In: Chiari, Bernhard (Hrsg.): *Auslandseinsätze der Bundeswehr.* Paderborn: Schöningh, S. 153–165.

Chiari, Bernhard: Einleitung. In: ders. (Hrsg.): *Auslandseinsätze der Bundeswehr.* Paderborn: Schöningh, S. 12–24.

Conze, Eckart (2009): *Die Suche nach Sicherheit. Eine Geschichte der Bundesrepublik Deutschland von 1949 bis in die Gegenwart.* München: Siedler.

Conze, Eckart (2012): Securization. Gegenwartsdiagnose oder historischer Analyseansatz? In: *Geschichte und Gesellschaft* 38, S. 453–467.

Frevert, Ute (2004): Politische Kommunikation und ihre Medien. In: dies.; Braungart, Wolfgang (Hrsg.): *Sprachen des Politischen. Medien und Medialität in der Geschichte.* Göttingen: Vandenhoeck & Ruprecht, S. 7–19.

---

11 Bundespräsident Köhler zurückgetreten. In: *Frankfurter Allgemeine Zeitung*, 01.06.2010, S. 1.

Gillessen, Günther (1988): Bundeswehrsoldaten für die Vereinten Nationen? In: *Frankfurter Allgemeine Zeitung*, 25.08.1988, S. 10.

Gillessen, Günther (1991): Mit faulen Ausreden. In: *Frankfurter Allgemeine* Zeitung, 10.01.1991, S. 1.

Harnisch, Sebastian (2006): *Internationale Politik und Verfassung. Die Domestizierung der deutschen Sicherheits- und Europapolitik.* Baden-Baden: Nomos.

Maulucci, Thomas W. (2004): Die Regierung Schmidt und die Frage der Out of Area-Einsätze der Bundeswehr 1974–1982. In: Berg, Manfred; Gassert, Philipp (Hrsg.): *Deutschland und die USA in der Internationalen Geschichte des 20. Jahrhunderts. Festschrift für Detlef Junker.* Stuttgart: Steiner, S. 521–541.

Nonnemacher, Günther (1987): Peinlich. In: *Frankfurter Allgemeine Zeitung*, 17.09.1987, S. 12.

Nonnemacher, Günther (1990): Duckmäusertum. In: *Frankfurter Allgemeine Zeitung*, 17.08.1990, S. 1.

Schlaffer, Rudolf J. (2010): Die Bundeswehr auf dem Weg zur „Armee im Einsatz". In: Chiari, Bernhard (Hrsg.): *Auslandseinsätze der Bundeswehr.* Paderborn: Schöningh, S. 247–258.

Schueler, Hans (1990): Wider den Tyrannen. In: *Die Zeit*, 34/1990, 17.08.1990, S. 4.

Schwelling, Birgitt (2007): Die Außenpolitik der Bundesrepublik und die deutsche Vergangenheit. In: Schmidt, Siegmar; Hellmann, Gunther; Wolf, Reinhard (Hrsg.): *Handbuch zur deutschen Außenpolitik.* Wiesbaden: VS, S. 101–111.

Sommer, Theo (1988): Blauhelme für die Bundeswehr. In: *Die Zeit*, 36/1988, 02.09.1988, S. 1.

Sommer, Theo (1990): Keine Sehnsucht nach Stahlgewittern. In: *Die Zeit* 36/1990, 31.08.1990, S. 1.

Stürmer, Michael (1990): Es geht um Bündnisfähigkeit. In: *Frankfurter Allgemeine Zeitung*, 25.09.1990, S. 1.

Stürmer, Michael (1991a): Von innen und außen gefordert. In: *Frankfurter Allgemeine Zeitung*, 12.02.1991, S. 14.

Stürmer, Michael (1991b): Unordnung und frühes Leid. In: *Frankfurter Allgemeine Zeitung*, 04.09.1991, S. 1.

Thielbeer, Siegfried (1987): Schiffe der Bundesmarine in den Persischen Golf? In: *Frankfurter Allgemeine Zeitung*, 04.08.1987, S. 2.

Uthmann, Jörg von (1991): Die unsichtbaren Deutschen. In: *Frankfurter Allgemeine Zeitung*, 24.01.1991, S. 27.

Draußen vor der Tür, mitten in den Medien – Der Afghanistan-Einsatz der Bundeswehr und die massenmediale Suche nach mehr „Einsatzöffentlichkeit"

Dinah Wiestler

Zusammenfassung: Folgender Beitrag beschäftigt sich mit massenmedialen Darstellungen des Afghanistaneinsatzes der Bundeswehr als Suche nach mehr „Einsatzöffentlichkeit" (1). Die Darstellungen erweisen sich als Auseinandersetzung mit einer zivil-militärischen Kluft zwischen Anspruch und Wirklichkeit öffentlicher Resonanz, die sich zunächst über drei bekannte Allgemeinplätze konkretisieren lässt: den unverrückbaren militärischen Kanon vom *„freundlichen Desinteresse"* (2), den Befund einer *postheroischen Gesellschaft* (3) sowie die Annahme einer *Skandalisierung und Verschleierung der „Einsatzrealität" durch die Medien* (4). Anhand ausgewählter Beispiele aus autobiografischer Literatur (5) und Facebookdiskursen (6) lässt sich inhaltsanalytisch veranschaulichen, dass die dortigen Thematisierungen des Afghanistaneinsatzes der Bundeswehr nicht nur als medialer Effekt dieser dreifachen Mangeldiagnose zu werten sind, sondern dieselben narrativen Allgemeinplätze auch inhaltlich zum Thema machen. Ein gesonderter Blick auf die jeweiligen Darstellungen zeigt, dass mit dem Gang vom Buch ins Netz der Anspruch auf Anerkennung schrittweise heruntergeschraubt und auf die Offenheit eines aufmerksamen Publikums abgezielt wird. Darauf schließt der Beitrag mit einem Ausblick offline auf die neuerliche theatralische Verarbeitung und Darstellung des Einsatzes (7).

1. Draußen vor der Tür – ein theatralischer Einstieg in eine zivil-militärische Krise der Bundeswehr als „Armee im Einsatz"

Mit seinem Heimkehrerdrama *Draußen vor der Tür* gelang dem jungen Literaten Wolfgang Borchert ([1946/47]1960) posthum ein Meilenstein der deutschen Nachkriegsliteratur. In den vergangenen Jahren wagten sich diverse deutsche Theaterbühnen an neuerliche Interpretationen seines bahnbrechenden und aufwühlenden Stücks. Mit dem Rückgriff auf denjenigen literarischen Stoff, aus dem gerade nicht *Helden*, wohl aber – denken wir an traumatisierten Protagonisten Beckmann – Albträume gemacht sind, wollte man in Spielplänen von 2014 zum einen auf den 100. Jahrestag des Ersten Weltkrieges vorgreifen und gleichzeitig eine Brücke zum gesteigerten Medieninteresse an Posttraumatischen Belastungsstörungen (PTBS[1]) unter deutschen Afghanistanrückkehrern schlagen.

Während es keiner größeren Übersetzungsleistungen bedurfte, um den traumatisierten Heimkehrer des Ersten Weltkriegs in direkten Bezug zu neueren Fällen PTBS-erkrankter Bundeswehrsoldaten zu setzen, so ließen die Inszenierungen bisweilen diejenige *soziale* Problematik[2] unberührt, die den Autor aber überhaupt erst zum Schreiben seines Stücks angeleitet hatte und den Selbstmord des schwer traumatisierten Heimkehrers Beckmann schließlich als unvermeidbares Ende des Stücks heraufbeschwört. Dass Borchert sein Drama nicht zufällig mit dem defätistischen Nachsatz *ein Stück, das kein Theater spielen und kein Publikum sehen will* untertitelte, versteht sich Appell an die Gesellschaft der damaligen Zeit, die in der „Stunde Null" die Augen vor dem vergangenen Krieg und seinen Folgen verschloss und jede Auseinandersetzung mit denen, die den Krieg erlebt hatten, tunlichst mied.

Zwar mag die Ende 2014 offiziell für beendet erklärte Afghanistanmission der ISAF, an der sich die Bundeswehr beteiligte, kaum vergleichbar mit Art, Umfang oder Intention des Ersten Weltkriegs sein – hierfür steht nicht zuletzt die politikwissenschaftliche Kontrastierung zwischen heutigen als „asymmetrisch" oder auch „neu" bezeichneten Kriegen (Kaldor 2000; Münkler 2002, 2004, 2006a) und klassischen Kriegsschauplätzen nationalstaatlicher Provenienz. In gewisser Weise aber – so die *erste These* des folgenden Beitrags – sieht man sich in der Bundeswehr mit einem dem Borchertschen Drama nicht ganz unähnlichen Problem konfrontiert, wonach sich eine Art ‚zweite Frontlinie' *innerhalb* der eigenen Gesellschaft abzeichnet: Mit der Verstetigung des Bundeswehreinsatzes in Afghanistan wurde nicht nur eine allmähliche Kluft zwischen Einsatzauftrag (‚war on terror') und der militärischen Einsatzrealität – Sein und Sollen der ISAF-Mission – offenbar, die nicht zuletzt im Rückzug der Truppen gipfelte, sondern auch ein gesteigertes Missverhältnis zwischen dem Wunsch vieler Soldaten nach öffentlicher Anerkennung ihres militärischen Einsatzes und der eigentli-

---

1 Begrifflich festgelegt ist die „posttraumatische Belastungsstörung" durch den *Diagnostic and Statistic Manual of Mental Disorders* von 1980 oder den späteren Eintrag in der Liste der *International Classification of Diseases* der WHO von 1992 (vgl. Gerrig/Zimbardo 2008: 475f.).

2 Zur Debatte im Jahr 2011 um die sogenannte „Dunkelziffer"-Studie und PTBS auch als *sozialer*, um nicht zu sagen „postheroischer", Belastungsstörung, siehe Schardt (2012).

chen massenmedialen Aufmerksamkeit, die ihnen de facto zukam. Diese *soziale* Kluft zeigt sich anhand dreier Allgemeinplätze öffentlicher Diskurse: dem von politischer sowie militärischer Seite formulierten Kanon vom „freundlichen Desinteresse", dem wissenschaftlichen Befund einer postheroischen Gesellschaft sowie der These von einer medial skandalisierten oder auch verschleierten „Einsatzrealität".

Medialer Effekt dieser dreifachen Mangeldiagnose ist – so die *zweite These* – eine massenmediale Suche nach mehr Einsatzöffentlichkeit abseits der klassischen Berichterstattung in Zeitung, Fernsehen und Hörfunk. Diese äußert sich in soldatischen Einsatzerzählungen, die abseits der klassischen Berichterstattung Interesse wecken, Empathie statt Ablehnung erzeugen und die ungeschönte Realität zeigen sollen. Mittels empirischer Befunde anhand von autobiografischen Erzählungen aus Afghanistan und ausgewählten Diskursen auf Facebook lässt sich im Folgenden veranschaulichen, dass diese Erzählungen „aus erster Hand" dieselben narrativen Allgemeinplätze immer wieder selbst zum Thema werden lassen. Ihre mediale Darstellung zeigt aber auch, dass sich mit dem Gang vom Buch ins Netz der Anspruch auf öffentliche Anerkennung zu verringern scheint und verstärkt auf die bloße (kurzweilige) Aufmerksamkeit durch ein (selektives) Publikum im Web 2.0 gesetzt wird. Im letzten Abschnitt des Beitrags zeigt sich schließlich, dass die in den letzten Jahren des Einsatzes vermehrte künstlerische Verarbeitung des Einsatzes die Art und Weise der Auseinandersetzung mit der Thematik „Afghanistan" dem Publikum auch offline vollständig überlässt.

2. Armee im Abseits? – Über die Rede vom „freundlichen Desinteresse" (Allgemeinplatz 1)

Spätestens seit der zweiten Hälfte des ISAF-Einsatzes spielte sich im politischen Diskurs um Afghanistan ein gewisser narrativer Kanon ein, der der Bundeswehr ein „freundliches Desinteresse"[3] ihrer (meist statistisch über Bevölkerungsumfragen erschlossenen) zivilen Öffentlichkeit attestierte und

---

3 „(Un)freundliches Desinteresse" wurde von unterschiedlichsten Politikvertretern immer wieder bekundet und bemängelt: vom ehemaligen Verteidigungsminister Franz Josef Jung (Jung 2006) über den 2009 bis 2013 amtierenden Vorsitzenden des Bundeswehrverbands Oberst Ulrich Kirsch (NZZ Online 2008) bis hin zum ehemaligen Wehrbeauftragten des deutschen Bundestages Reinhold Robbe (Spiegel Online 2009a) und dem von neunten Bundespräsidenten Horst Köhler (2004-2010) (Spiegel Online 2009b).

diese vor dem Hintergrund ihres politischen Repräsentationsauftrags als „Armee im Abseits" verortete.[4] Dass seitdem die Rede von mangelnder Anerkennung nicht nur in militärischen Kreisen erfolgt, sondern auch in der Zivilbevölkerung verbreitet zu sein scheint, zeigt sich auch anhand einer Bevölkerungsumfrage des Sozialwissenschaftlichen Instituts der Bundeswehr von 2011 (Bulmahn/Fiebig 2011: 67f). Hier waren 66% der Befragten der Meinung, dass die Bundeswehrsoldaten zu geringe Anerkennung für ihre Auslandseinsätze bekommen, während 23% die Anerkennung für ausreichend befanden.

Die hitzige Diskussion um ein Interview der FAZ.net im Februar 2013 mit Thomas de Maizière über das derzeitige Truppenbild und darauffolgende Diskussionen mochte wiederum verdeutlichen, wie sehr man sich nicht etwa mit der Proklamation einer „Anerkennungskrise" der Soldaten, sondern gerade mit dem *Dementieren* fehlender öffentlicher Anerkennung breiten Unmut von Seiten der Bundeswehr zuziehen konnte. Ein Auszug hieraus mag de Maizières Antwort auf den diskursiven Kanon deutlich machen:

> „Durch den Einsatz in Afghanistan ist die öffentliche Zuwendung zu den Soldaten und zur Bundeswehr deutlich größer geworden. [...] Es gibt zum Beispiel in den Medien große Artikel darüber, wie sich Soldaten im Auslandseinsatz und danach fühlen oder wie es ihren Angehörigen damit geht. Das war auch mehrfach Thema des „Tatort", es gibt Spielfilme, Dokumentationen, sogar Romane. [...] Etliche Soldaten glauben jedoch, dass sie viel weniger anerkannt werden, als es in Wirklichkeit der Fall ist. Sie haben den verständlichen, aber oft übertriebenen Wunsch nach Wertschätzung. Sie sind vielleicht geradezu süchtig danach. [...] Ich sage den Soldaten: Hört einfach auf, dauernd nach Anerkennung zu gieren. Die Wertschätzung anderer bekommt man nicht dadurch, dass man danach fragt, sondern dass man gute Arbeit leistet." (FAZ.net 2013)

Der daraufhin losgetretene Diskurs um die Wortwahl des bis September 2013 amtierenden Verteidigungsministers spiegelte gewissermaßen in doppelter Hinsicht den durchwegs krisenbehafteten Umgang der Bundeswehr

---

4 Als „Armee im Abseits" wurde beispielsweise eine Tagung der Akademie für Politische Bildung Tutzing in Kooperation mit der Clausewitz Gesellschaft e.V., der Führungsunterstützungsschule der Bundeswehr und dem Arbeitskreis Sicherheitspolitik Bayern im Januar 2013 betitelt, die sich mit der gesellschaftlichen und politischen Rolle der Bundeswehr auseinandersetzte (vgl. Deutschlandradio Kultur 2013).

mit der eigenen gesellschaftlichen Rolle wider: Während man einerseits de Maizières inhaltlichen Einwand einer zu hohen Erwartung an gesellschaftlicher Wertschätzung für nicht ganz unberechtigt halten kann, so war es die darauffolgende Debatte um die Angemessenheit seiner Worte (vgl. Zeit Online 2013), die ein Auseinanderklaffen zwischen dem Anspruch an eine öffentliche Auseinandersetzung und ihrer eigenlogischen massenmedialen Wirklichkeit versinnbildlichte. Wie sich im Folgenden anhand empirischer Ausschnitte aus Literatur und Web 2.0 zeigen wird, lässt sich der von de Maiziere erwähnte ansteigende Trend hin zu massenmedialen Einsatzerzählungen in den deutschen Medien gar nicht als klare Widerlegung der Behauptung fehlender öffentlicher Wertschätzung lesen. Vielmehr ist er als Antwort auf die die erwähnten öffentlichen Mangeldiagnosen einer immer stärker werdenden Kluft zwischen Anspruch und Wirklichkeit zu lesen, für die der Allgemeinplatz einer fehlenden öffentlichen Anerkennung den Anfang bildet.

3. „'s ist leider Krieg"[5] – Die zivil-militärische Krise der Bundeswehr als „postheroisches Erbe" (Allgemeinplatz 2)

Stellen wir uns mit Blick auf den zweiten Allgemeinplatz die Frage nach den Überresten eines dezidiert modernen Heroenkults nationalistischer Prägung, so scheint dieser mit den Erfahrungen des Ersten Weltkriegs eine massive Zäsur erlebt und sich schließlich nach dem Versuch einer gesamtgesellschaftlichen Militarisierung im Zuge des Dritten Reichs nach 1945 Stück für Stück als „heroisches Phantasma" in die zivile Populärkultur verflüchtigt zu haben – Alltagshelden ja, Kriegshelden nein (Bolz 2009).

Während Edward Luttwak (1995) bereits in den 1990er-Jahren eine „postheroische" Form militärischer Kriegsführung ausmacht, so greift in den vergangenen Jahren hierzulande insbesondere Herfried Münkler (2006b, 2008) den Topos des Postheroischen auf (vgl. auch Bachhofner 2007; Leonhard 2013). Das wissenschaftliche Label einer sogenannten „postheroischen Gesellschaft" sollte der Tatsache semantisch Rechnung tragen, dass man mit einer Gesellschaft rechnen müsse, die nicht mehr bereit sei, Kriegsopfer in Kauf zu nehmen.

---

5 „… – und ich begehre nicht schuld daran zu sein!" bildet einen Auszug aus Matthias Claudius' Kriegslied von 1778, das wohl zu den bekanntesten vormodernen lyrischen Stellungnahmen gegen den Krieg überhaupt gehört (siehe Fassmann 1971: 62).

Das Beharren westlicher Demokratien auf eine allenfalls „begrenzte Interventionsfähigkeit" lässt sich mit Christian Wevelsiep (2011) auf die prinzipielle Friedensneigung moderner demokratischer Gesellschaften zurückführen: Krieg *könne* – so auch Hans Joas und Wolfgang Knöbl (2008: 289ff.) in sozialwissenschaftlicher Hinsicht – traditionsgemäß nur als Ausnahmezustand und Ultima Ratio gelten; Gewalt müsse systematisch ausgeklammert werden. So heißt es auch bei Angelika Dörfler-Dierken:

> „Früher fiel der Soldat für Gott, Führer, Volk oder Vaterland. Jetzt wird dieses höhere Gut, das dem Soldatentod Sinn verleihen soll, mit dem emotional und in der christlich-abendländischen Tradition hoch besetzten Begriff ‚Frieden' angegeben" (Dörfler-Dierken 2010: 148).

Westliche demokratische Gesellschaften erwiesen sich durch verschiedene soziokulturelle Prozesse als *casualty shy*, scheuten also die militärische Auseinandersetzung und reagierten (über)empfindlich darauf, dass die eigenen Soldaten möglicherweise in Zinksärgen nach Hause zurückkehren könnten (Van der Meulen/Soeters 2005; Kümmel/Leonhard 2004, 2005a, 2005b; Kümmel 2009). In Anbetracht einer „postheroischen Gesellschaft" besteht die Erwartung in öffentlicher Skepsis bis hin zu offener Abneigung gegenüber jeglichen öffentlichen Ehrerbietungen wie etwa Kriegsdenkmälern, Ehren- oder Gedenktagen oder Tapferkeitsmedaillen, aber auch in mangelnder Unterstützung bis hin zu offener Kritik gegenüber militärischen Einsätzen.

Diese Vereinbarkeit von militärischen Belangen und einer traditionsgemäß eher als kriegsavers eingeschätzten Zivilgesellschaft (Bredow/Kümmel 1999), die in den 1990er-Jahren in humanitären Hilfseinsätzen und einer durchwegs zivilen Soldatenethik konkretisiert erschien, sah man jedoch als gescheitert an, als vermehrt Tote und Verwundete zum unwiderruflichen Faktum des ISAF-Einsatzes in Nordafghanistan wurden. Im Zuge der Opfer des Karfreitagsattentats, welches als erstes bewaffnetes Gefecht in die Geschichte des Krieges einging, erreicht auch eine bereits 2008 losgetretene semantische Diskusion in der deutschen

Presse über „Konflikt" oder „Krieg" am Hindukusch ihren Höhepunkt (vgl. zur Debatte: Spiegel Online 2008; SZ-Magazin.de 2009; Deutschlandfunk 2010; Schardt 2011).

Dass sich eine vermutete (kritische) „postheroische Mentalität" zwar schnell annehmen, weniger aber wirklich messen und sogar widerlegen ließ, zeigen damalige Untersuchungen des Sozialwissenschaftlichen Instituts der Bundeswehr zur Einstellung der Bevölkerung zur Bundeswehr im Allgemeinen, aber auch zum Einsatz in Afghanistan im Besonderen (Bulmahn et al. 2009: 41ff.; Biehl/Fiebig 2012: 12f.). Während eine Bevölkerungsumfrage ein Anwachsen der Kritik am Afghanistaneinsatz zwischen 2009 und 2010 (vgl. Bulmahn 2011a: 38, 2011b) verzeichnete, so deutete eine Langzeiterhebung von 1997 bis 2010 auf eine insgesamt überwiegende und über die Jahre gleichbleibende Akzeptanz der Bundeswehr in der Bevölkerung hin (Bulmahn/Fiebig 2011: 67). Da viele Befragte aber über einen generell unzureichenden Wissensstand verfügten und sich demzufolge vergleichsweise indifferent in Bezug auf die Bundeswehr und ihre Einsätze im Allgemeinen verhielten (Fiebig 2011: 29), musste die Annahme differenzierter Abwägungen grundsätzlich infrage gestellt werden.

Gehen wir allerdings mit Niklas Luhmann (2009: 9) davon aus, dass wir alles, was wir wissen, uns ausschließlich über die Massenmedien erschließen, so deutet der Befund eines Wissensdefizits in der Bevölkerung einmal mehr auf eine weitere Kluft zwischen Anspruch und Wirklichkeit hin: das medial erworbene Wissen der Befragten mag nicht unbedingt gänzliich fehlen, aber eben den Erwartungen an eine umfassende Informiertheit über Auslandseinsätze nicht gerecht werden.

4. Mitten in den Medien – Die massenmediale Suche nach mehr „Einsatzöffentlichkeit" (Allgemeinplatz 3)

Insbesondere seit ihre Einsätze mit dem parlamentarischen Beschluss von 1994 *out of area* erfolgen, ist die Bundeswehr maßgeblich darauf angewiesen, ihr ziviles Gegenüber nicht auf direktem oder gar persönlichem Wege, sondern vor allen Dingen über die alten und neuen Massenmedien zu erreichen (vgl. zur medialen Wahrnehmung Bulmahn 2011c: 81f.; Hilpert 2011). Auch eine neuere Bevölkerungsumfrage des Sozialwissenschaftlichen Instituts der Bundeswehr zum Einfluss der Massenmedien auf die Wahrnehmung der Bevölkerung von 2013 bestätigte, dass die Wahrnehmung der Bundeswehr und ihrer Auslandseinsätze maßgeblich über die Massenmedien und nicht so sehr (trotz eines leichten Anstiegs von 2012 auf 2013) über das persönliche Lebensumfeld erfolge (hierzu: Bulmahn/ Wanner 2013: 15f.). Während sich im Gesamten zwar eine gemischte, das heißt positive und negative massenmediale Rezeption verzeichnen ließ, so zeigte die Studie, dass *Face-to-face*-Interaktionen mit Bundeswehrsoldaten (z. B. beim Einkaufen, bei öffentlichen Veranstaltungen) insgesamt aber ein positiveres Bild als die üblichen Massenmedien vermittelten (Fernsehen, Internet, Radio etc.).

Die Unterscheidung zwischen „positiver" und „negativer" Berichterstattung – ungeachtet dessen, ob nun positive oder negative Nachrichten aus dem Einsatz oder aus den Reihen der Bundeswehr zu verzeichnen waren –

deutet auf einen weiteren öffentlichen Kanon im Kontext des ISAF-Einsatzes der Bundeswehr hin, der als solcher vermutlich schon seit der Erfindung des Buchdrucks als epistemologisches Damoklesschwert über dem massenmedialen Zeitalter schweben mag: Die (nicht nur medienwissenschaftliche) Rede ist die von einer massenmedial geprägten Öffentlichkeit, deren Fokus vornehmlich den negativen Schlagzeilen der klassischen journalistischen Berichterstattung gilt und einer ausgeglichenen und multiperspektivischen, „reellen" Sicht auf Ereignisse nicht entspricht. Ging es letztlich um die mediale Darstellung der Bundeswehr, ihrer Auslandseinsätze und allen voran Afghanistan, so taten die Diagnose einer „Informationsgesellschaft" (Löffelholz 1993) und einer zunehmenden „Medialisierung des Militärs" (Virchow 2010) ihr Übriges, um von „den" Massenmedien – gemeint sind hier die klassischen Pressemedien – ein allenfalls vitales „Skandalinteresse" – und damit Aufmerksamkeit, nicht aber Anerkennung – erwarten zu lassen. Auch hier macht sich das narrative Selbstverständlichkeit einer Kluft bemerkbar, welche sich zwischen dem Anspruch an eine umfassende Berichterstattung der „Realität der Massenmedien" (Luhmann 2009) in ihrer gewissen Eigenlogik der Verbreitung von Informationen aufspannt. Hiermit fügt sich also auch der letzte, womöglich populärste Allgemeinplatz in eine triadische Mangeldiagnose eines Auseinanderdriftens von (diesmal medialem) Anspruch und Wirklichkeit.

Es ist diese diskursive Trias aus freundlichem Desinteresse, postheroischer Mentalität und skandalisierenden Medien, aus der im letzten Drittel der Einsatzzeit in Afghanistan allmählich alternative Erzählungen der Soldaten aus ihrer Einsatzzeit in Afghanistan in zunächst Literatur, Radio und Fernsehen, später auch Spielfilm und Internet hervorgehen. Die Idee hinter vielen biografischen Narrationen ist weniger mittels politischer Rede Anerkennung zu propagieren, neue Heldenbilder zu generieren oder die Einsatzgeschehnisse sachlich zu dokumentieren, sondern eine in erster Linie *empathische* Öffentlichkeit abzuholen, indem sie versprechen, über die Darstellung des persönlichen Erlebens der Beteiligten dem Krieg „ein Gesicht" zu „geben" (Groos 2010: 28f) und darüber „eine andere Seite" (SZ Magazin 2011) aufzuzeigen.

Mittels illustrativer Ausschnitte aus autobiografischer Einsatzliteratur und Diskursfragmenten aus Facebook-Chats[6] lässt sich im Folgenden aufzeigen, dass in diesen Einsatzdarstellungen die bisher beschriebenen Dis-

---

6 Die Beispiele sind den analytischen Befunden eigener Forschungsarbeiten im Rahmen der Promotion entlehnt. Als empirisches Material diente eine repräsentative Auswahl an deutscher autobiografischer und fiktiver Einsatzliteratur (2006-2013),

krepanzen zwischen Anspruch und Wirklichkeit nicht etwa abgemildert oder aufgehoben, sondern im Gegenteil sogar noch einmal – aber explizit als (persönlich erfahrene) *Krise* – zum Thema gemacht werden. Die erwähnte „andere Seite" – so zeigt sich hier ebenfalls – kann dabei immer nur das narrative *Andere* bleiben.

5. „Die Front plötzlich ganz nah"[7] – Einsatzliteratur als alternative Krisenberichterstattung

In durchaus bewusstem Kontrast zu der Darstellung von ‚Fakten' durch das Pressewesen mit ihrem Fokus auf kritische, oft mit Tod und Verwundung verbundene Einsatzereignisse kristallisierte sich im Laufe des ISAF-Einsatzes der Bundeswehr ein alternatives mediales Format heraus, welches auf eine Darstellung der ganz persönlichen Sicht auf das Erlebte in Afghanistan abstellt. Alltagsnahe Fernseh-Dokumentationen, Talkshows und Radiobeiträge, aber auch Info-Blogs und vor allen Dingen autobiografische „Einsatzliteratur" (Monografien, Sammelbände, Tagebücher, Feldpost etc.) von einsatzerfahrenen Soldaten, später aber auch Angehörigen (oft Soldatenfrauen oder -mütter) und Einsatzreportern (wie z.B. Roger Willemsen) nahmen verstärkt darauf Bezug, welche Charaktere sich hinter denjenigen Personen verbergen, die „da draußen" vor Ort sind und welche Eindrücke, Gedanken, Gefühle, aber auch Ängste die Betroffenen mit ihrem Erleben im Einsatz verbinden.

Eine der ersten, durchaus sehr umstrittenen, autobiografischen Schilderungen aus Afghanistan im Buchformat bildete Achim Wohlgethans *Endstation Kabul – Als deutscher Soldat in Afghanistan – ein Insiderbericht* (Wohlgethan 2008). Insbesondere traumatische Einsatzerfahrungen wurden von der betroffenen Ärztin Heike Groos (2009, 2010) sowie Robert Sedlatzek-Müller beschrieben oder in Sammelbänden von Leah Wizelman (2009)

Spielfilmen im öffentlich-rechtlichen Fernsehen und Sozialen Netzwerkseiten (Infoblogs und Facebook) im Zeitraum von 2006 bis 2013; die qualitative Auswertung der Daten erfolgte in Anlehnung an das methodische Verfahren der *Grounded Theory* (Glaser/Strauss 2005; Brüsemeister 2000). Die Dissertation im Fach Soziologie, die sich der krisentheoretischen Rahmung ebensolcher massenmedialer Darstellungen des Afghanistaneinsatzes widmet, wird an der Ruprecht-Karls-Universität Heidelberg im Rahmen des Landesgraduiertenkollegs „Die Grenzen der Zivilgesellschaft" (Baden-Württemberg) von Dr. Steffen Sigmund betreut.

7 Vgl. Uwe D.'s Randnotizen, eine Bild-Text-Collage aus Tagebucheinträgen, Infos, persönlichen Bildern und Gedankenfetzen über die eigenen Einsatzerfahrungen als Feldjäger (Deißler 2009).

und Ute Werner (2010) zusammengeführt; auch Andreas Timmermann-Levanas (2010) schrieb aus der Sicht eines Betroffenen über die unzureichende Auseinandersetzung mit der PTBS-Problematik in Politik und Militär, Marita Scholz (2012) als Angehörige über ihre krisenreiche Partnerschaft mit einem traumatisierten Soldaten. Das SZ Magazin (2011) machte es sich zudem zur Aufgabe, (elektronische wie postalische) Feldpost aus Afghanistan zu bündeln, auszuwerten und Auszüge hieraus in einem Sammelband zu verlegen. Johannes Clairs Buch *Vier Tage im November* (Clair 2012), welches v.a. seine Erfahrungen als Infanterist Spezielle Operationen in im Rahmen der „Operation Halmazag"[8] schildert, bildet bislang die einzige detaillierte Abhandlung über Gefechtshandlungen aus Bundeswehrsicht. Eine noch jüngere, anekdotische Sammlung persönlicher Geschichten von Bundeswehrsoldaten über ihr Leben nach dem Auslandseinsatz wurde von der Bundeszentrale für politische Bildung massenwirksam verlegt (Würich/Scheffer 2014).[9]

Oftmals fand sich dort als explizites Eingangsmotiv der autobiografischen Abhandlungen zum Bundeswehreinsatz in Afghanistan, was schon in den letzten Kapiteln in Form der drei Allgemeinplätze deutlich wurde: Statt einer – im besten Falle wohlwollenden, zumindest aber kritischen – öffentlichen Auseinandersetzung mit der Einsatzrealität wird eine vermehrt indifferenten Haltung der Bevölkerung (Allgemeinplatz 1) gegenüber dem Job und dem Erlebten im Einsatz, sogar selbst im engen Umfeld, zum Anlass für die literarische Suche nach einer interessierten Einsatzöffentlichkeit genommen. So heißt es auch im Vorwort der SZ-Feldpost-Sammlung:

---

8 Die exemplarisch für die kriegerischen Ausmaße des Afghanistaneinsatzes stehende sogenannte „Operation Halmazag" (Dari für „Blitz") lässt sich als Offensivoperation von afghanischen Truppen in Zusammenarbeit mit der ISAF verstehen, bei der Aufständische aus dem Distrikt Chahar Darrah vertrieben werden sollten. Letztlich kämpften etwa 500 Soldaten gegen eine unbekannte Anzahl an Insurgenten. Die Operation war zwar nach vier Tagen militärisch erfolgreich, die eingesetzten Mittel scheinen jedoch gegenüber der technologisch und organisatorisch unterlegenen Gruppe an Aufständischen in keinem Verhältnis zu stehen (vgl. Blumröder 2015).

9 Natürlich darf nicht vergessen werden, dass zum Genre der von mir so bezeichneten „Einsatzliteratur" natürlich auch fiktive Abhandlungen gehören, darunter Romane wie *Kriegsbraut* des Journalisten Dirk Kurbjuweit (2011) oder Graphic Novels wie Arne Jyschs *Wave and Smile* (2012). Fiktionen dieser Art genauso wie Spielfilme (u.a. Tatortsendungen mit Afghanistanbezug) spielen durchaus eine tragende Rolle bei der Generierung völlig neuer Unterhaltungspublika, werden aber in diese Abhandlung nicht einbezogen.

„Wir möchten mit diesem Buch keine bestimmte Position vertreten
[...]. Wir wollen dafür sorgen, dass sich unsere Leser für den Bundeswehreinsatz interessieren, weil Menschen, die diesen leisten, ihnen
durch selbst aufgeschriebene Gedanken und Gefühle viel näherkom-
men, als wenn sie nur oliv-grün durch den Hintergrund eines Tages-
schauberichts laufen." (SZ-Magazin 2011: 10)

Öffentliches Interesse, so zeigt sich am Vorwort der Herausgeber, soll dabei
vor allen Dingen über die Authentizität des Erzählten geweckt werden, die
der gewöhnlichen Form medialer Berichterstattung (exemplarisch: *Tagesschau*) diametral gegenübersteht (Allgemeinplatz 3). Auch ein weiteres Zitat eines Feldjägers in einem von Heike Groos' Sammelbänden legitimiert
die autobiografische Schilderung als womöglich einzigen Weg zu einer
Vermittlung des realen Einsatzgeschehens vor dem Hintergrund einer prin-
zipiellen Unmöglichkeit jeder medialen Übersetzung des Erfahrenen im
digitalen Medienzeitalter:

„Es sind Erfahrungen, die nicht viele Menschen in unserer Gesellschaft
machen können. Die Welt ist kleiner geworden, Internet, Nachrichten,
man kann das Gefühl haben, ständig live an jedem Ort der Welt zu
sein. Das in den Medien Gehörte und Gelesene ist aber nicht die Realität eines persönlichen Erlebens, es sind lediglich Momentaufnahmen,
danach kehrt wieder der normale Alltag ein." (Groos 2010: 66)

Dass die „gewöhnliche" massenmediale Übermittlung des Geschehens
überhaupt nicht dem entspricht, was im Einsatz tatsächlich erlebt wird,
verdeutlicht auch der im selben Sammelband festgehaltene anekdotische
Gedankensplitter von Walt Whitman: „Der wirkliche Krieg findet niemals
Eingang in die Bücher" (Groos 2010: 33). Anhand dieses Zitats zeichnet
sich wohl exemplarisch ab, dass die Kluft zwischen massenmedial verkürz-
ter Darstellung und Einsatzwirklichkeit anhand von Einsatzliteratur gar
nicht unbedingt aufgelöst, sondern als eine Art *medialer Krise* erzählerisch
aufrechterhalten werden und die eigene Abhandlung legitimieren bzw.
ihren Aufklärungsgehalt nahezu dringlich machen soll.

Inwiefern aber doch – entgegen dem Ausspruch Whitmans – in diesen
Büchern der „wirkliche Krieg" konkretisierbar scheint, zeigte sich schon allein anhand der mehrfach gezielten Verwendung ‚alter', nicht mehr
selbstverständlicher Semantiken: in Antwort auf die bereits erwähnte
Krieg-oder-Konflikt-Debatte wurde in vielen autobiografischen Abhandlungen immer wieder deutlich gemacht, dass Krieg statt ein Konflikt in Afghanistan herrscht und dass man es hier mit Gefallenen statt einfach nur
Getöteten zu tun habe. Dieser reaktivierte, durchaus als provokante Geste

verstandene Kriegsjargon stellte gewissermaßen auf eine postheroische Krise (Allgemeinplatz 3) ab, indem er einen zum Teil kritischen, zum Teil ironischen Kontrast zwischen gestiegenem Einsatzrisiko und zivilen Kategorien wie zum Beispiel dem obligatorischen Brunnenbau und damit zwischen kriegerischer Wirklichkeit und humanitärem Anspruch herstellte. So nimmt auch eine der Auszüge aus einer Feldpostemail direkt auf den ungeahnte Popularität erlangenden Ausspruch Peter Strucks 2001 Bezug, wonach die Beteiligung der Bundeswehr der „deutschen Sicherheit am Hindukusch" diene:

> „Nachdem ich jetzt Internetzugang habe, möchte ich liebe Grüße vom A... der Welt in dieselbige senden. Ich bitte um Entschuldigung, dass ich das heute in Form einer Sammelmail tue, aber die Verteidigung der deutschen Sicherheit am Hindukusch (Danksagungen nehme ich gerne entgegen...) erfordert meinen ganzen Einsatz." (SZ-Magazin 2011: 28)

Ob nun (wie in diesem Falle) ironisch, anklagend, resigniert oder auch ambitioniert: die persönliche Verinnerlichung der Differenz zwischen ziviler Heimat- und militärischer Einsatzwelt (Zitat 1), Medienskandal und Einsatzrealität (Zitat 2) oder auch politischem Anspruch und militärischer Wirklichkeit (Zitat 3) wurde in fast allen Büchern zum anschlussfähigen Rahmung für die Vermittlung der eigenen Grenzerfahrungen der Soldaten (v.a. im Falle von Tod und Verwundung), ihrer Gefühle, Sorgen und beruflichen Sinn- oder auch psychischen Krisen (Traumatisierung).[10] Sie markieren weniger in rein quantitativer[11] als vielmehr in symbolischer Hinsicht gewissermaßen einen Trend hin zu einer reflektierten persönlichen, emotionalen und zugleich kollektiven Verarbeitung des Einsatzes und eine

---

10 An dieser Stelle kann nicht auf weitere detaillierte Grenzziehungen *im* Einsatz genauer eingegangen werden, so zum Beispiel auf die Unterscheidung von „Drinnies" und „Draußies" im Einsatz, auf die kulturellen Differenzen zwischen den (westlich geprägten) Soldaten und der afghanischen Zivilbevölkerung, zwischen den unterschiedlichen militärischen Einheiten oder zwischen unterschiedlichen nationalen Einsatzkräften.

11 In welchem Ausmaß diese literarischen Darstellungen nun tatsächlich auch ein „Mehr" an interessiertem Publikum erreichen und welche Schilderungen tatsächlich langfristig Eindruck hinterlassen, lässt sich nicht nur angesichts ihrer geringen absoluten Anzahl (die Anzahl der deutschsprachigen autobiografischen Einsatzliteratur beläuft sich seit 2006 weiterhin auf nicht mehr als 60 Stück), sondern auch im Rahmen dieser bewusst non-rezeptiven Ausrichtung der Forschungsarbeit nicht beantworten, die den Fokus vor allem auf den narrativen Bedeutungsgehalt ihres empirischen Materials legt.

Art „Losstrampeln" von einer skandalisierenden und rein punktuellen Medienberichterstattung. Afghanistan, dies zeigte der Anstieg an Einsatzbüchern seit spätestens 2008, sollte damit nicht mehr *draußen vor der Tür* – gewissermaßen auch gedanklich „out of area" – bleiben, sondern *mitten in den Medien* zu finden sein. Einige anekdotische, spannende oder auch ironische Krisen- und Erfolgsgeschichten der Soldaten erinnern zudem immer wieder auffällig an den Sachbuch-Duktus und die Aufmachung diverser Prominenten-Biografien. Damit entstand der Eindruck, dass nicht nur Afghanistan-Fiktionen, sondern eben auch autobiografische Einsatzerzählungen versuchten, an das populäre Format des „Unterhaltungsgenres" anzuknüpfen und damit größere Publika zu erreichen.[12]

Der Afghanistaneinsatz findet aber nicht nur Einzug in das klassische Medium der Literatur. In der Frage nach weiteren Möglichkeiten alternativer Kommunikation über Einsätze unter Angehörigen, Bekannten und Fremden erweist sich insbesondere im digitalen Zeitalter das Web 2.0 als zeitgemäße mediale Diskursplattform, die nicht nur Aussichten auf neue Publika bereithält, sondern in der die erwähnten Allgemeinplätze einer Kluft zwischen Anspruch und Wirklichkeit einen wichtigen, wenn nicht sogar dominanten Platz einnehmen.

6. *Neue Medien, neue Publika – Die Suche nach Aufmerksamkeit im Web 2.0*

Ein Akt der Nostalgie mag sein, dass im Bundeswehreinsatz nach wie vor klassisch „Radio Andernach" gehört und Feldpost in Form von Päckchen und Briefen verschickt wird. Dass es fast über kompletten ISAF-Einsatz hinweg an einer „Feldpost 2.0" über den reinen E-Mail-Verkehr hinaus fehlte,[13] lag lange Zeit an der eingeschränkten bzw. teuren Internet- und Telefonnutzung im Auslandseinsatz, die mittlerweile seit Juli 2016 gewährleistet wird. Die Nutzung von Social-Network-Sites (SNS) ist im Einsatz

---

12 Inwiefern die Existenz neuer Einsatzliteratur als solcher aber auch auf die Tradition einstiger Fronterzählungen des Ersten oder Zweiten Weltkrieges, aber auch auf diejenige anderer Nationen (z.B. US-Soldatenbiografien) verweist und sich hierin ähnelt oder unterscheidet, wird in diesem Beitrag nicht aufgegriffen.

13 Mehrfach forderte der ehemalige Wehrbeauftragte Hellmut Königshaus in seiner Amtszeit (2010-2015) eine Telefon- und Flatrate für Auslandseinsätze der Bundeswehr (vgl. Focus 2010). Im März 2012 reanimierten Bundeswehrabgeordnete und -verbände unter dem Stichwort „Feldpost 2.0" die Debatte um einen kostenlosen Zugang (vgl. Der Westen 2012). Mittlerweile ist eine moderne, umfassende und kostenfreie Betreuungskommunikation weitgehend vertraglich gesichert (DBwV 2016).

nach wie vor allerdings (unter anderem aus informationstechnischen Gründen) nicht erlaubt.

Vor und *nach* dem Einsatz aber sind Bundeswehrangehörige wie der Rest der Bevölkerung im engen E-Mail-Austausch mit Familie, Bekannten und Freunden, sie nutzen Download-, Stream- und Wiki-Seiten, schauen Internetfernsehen und YouTube, kommentieren (kritisch) Internetbeiträge, chatten in speziellen Soldatenforen, bloggen und kommunizieren auf Social-Network-Sites (z. B. Twitter, Facebook). Eine nicht unbeachtliche Anzahl an militärspezifischen Seiten – *Solidaritätsseiten* zur Unterstützung von Soldaten (z. B. support-german-troops.de, solidaritaet-mit-soldaten.de) oder zum Gedenken an Gefallene (z. B. soldatengedenken.de), *Informationsseiten* beispielsweise zur Aufklärung über PTBS-Erkrankungen (www.angriff-auf-die-seele.de) – und (journalistischen) Blogs über sicherheits- und verteidigungspolitische Themen[14], Twitterblogs, vor allem aber auch soziale Netzwerkseiten (z.B. Facebook[15]) lassen zudem vermuten, dass wir es durchaus mit einer *digitalen* „Heimat"-Präsenz der Soldaten, ihrer Angehörigen, ihrer Einsätze im Allgemeinen und Afghanistan im Besonderen zu tun haben.

Postings auf der militärspezifischen Facebook-Seite *Gemeinsam stark mit unseren Soldaten* sollen im Folgenden einen keinesfalls repräsentativen, aber zumindest illustrativen Einblick darin gewähren, dass sich insbesondere auch auf sozialen Netzwerkseiten wie Facebook eine Suche nach Anerkennung – wenn auch in etwas anderer Façon und mit anderer Intensität – fortsetzen mag. Die besagte Seite dient als Solidarseite der Unterstützung

---

14 Exemplarisch für journalistische Blogs rund um Afghanistan, aber auch um verteidigungspolitische Themen: www.afghanistan-blog.de oder auch www.augenge radeaus.net. Die Bundeswehr präsentiert inzwischen persönliche Schilderungen von Soldaten auf ihrer offiziellen Seite in Form persönlicher Blogs (z. B. den Afghanistan-Blog von Norman H., www.bundeswehr.de). In Deutschland nicht erlaubt sind von Soldaten gestaltete militär-unabhängige *Milblogs* (vgl. zum Überblick www.blogsofwar.com, speziell zu US-Blogs siehe Roering 2012).

15 Beispiele für offene Gruppen bilden der auf Facebook vertretene Afghanistan Blog des Reporters Borisch Barschow, die Solidarseiten *Soldatengedenken* und *Gemeinsam stark mit unseren Soldaten* , die Nachrichtenseite *Bundeswehr Soldaten Veteranen News* oder auch die Präsentationsseite *Warum Soldaten?*, die aus einer Ausstellung von studierenden Offizieren und Offiziersanwärtern der Helmut-Schmidt-Universität Hamburg hervorging und hierüber die Debatte um die (Nicht-)Wahrnehmung unserer deutschen Soldatinnen und Soldaten neu aufrollte, diese aber bemerkenswerter Weise nicht auf Facebook weiterführte, sondern es bei dem Kunst-Projekt beließ. Geschlossenen Facebook-Gruppen wie z.B. eigene Bataillonsgruppen der einzelnen Bundeswehrgattungen werden in diesem Beitrag außen vorgelassen.

von Soldaten (z. B. mittels Weihnachts- oder Osterpaketen, die in den Einsatz geschickt werden), wird von Angehörigen aktiv gestaltet, ermöglicht mitunter das Gedenken an Gefallene und thematisiert Verwundete, informiert über neueste Pressemitteilungen oder Dokumentationen und Spielfilme, versendet Memes und veröffentlicht persönliche Erfahrungsberichte, Fotos, Gedichte und Gedankenfetzen von Soldaten und Angehörigen.

Am 11. Oktober 2013 eröffnete hierin ein geposteter Beitrag von Gunnar Schupelius von der *BZ Berlin* eine Diskussion um mangelndes Gedenken an Gefallene (vgl. BZ-Berlin.de 2013), in welcher sich die eben angesprochenen Allgemeinplätze ebenfalls wiederfinden lassen. Unter das gepostete Foto des Ehrenmals mit der Aufschrift „Warum?" reihten sich neben 421 Likes 53 Kommentare, die auf Schupelius' kritische Darstellung des 2010 im Bendlerblock statt vor dem Reichstag untergebrachten „verlassenen" Ehrenmals eingehen:

> „Die Menschen in Deutschland sind sich einfach keiner Gefahr bewusst. Afghanistan oder generell andere Krisenherde sind zu weit weg. Aus den Augen aus dem Sinn. Traurig für die Soldaten die als Motivation eben diesen Schutz-Gedanken oder generell für ihr Land etwas tun wollen dort sind. Ich hoffe die Menschen denken irgendwann um."

Der Kommentar dieses Users mag exemplarisch für durchaus häufige Aussagen stehen, die sich nicht nur zu diesem Post, sondern im Generellen auf vielen Facebook-Accounts dieser Art (Gedenkseiten, Solidarseiten) finden lassen: das deutsche (hier sogar für verständlich erachtete) *Desinteresse* für das, was „out of area" passiert, und die fast schon naturgemäße Differenz zwischen Einsatz und Heimat. Der folgende für Facebook-Postings recht typische Erklär-Kommentar eines weiteren Users verdeutlicht wiederum im eigens formulieren Frage-Antwort-Aussichten-Spiel (inklusive etwas pathetisch geratenem Appell), dass man es vor allem mit einer kriegsaversen deutschen Bevölkerung zu tun hat, die sich an humanitäre Einsätze gewöhnt hat, nicht aber an Krieg (Allgemeinplatz 2):

> „Woran liegt es das sie [Soldaten, Anm. D. S.] nicht geehrt werden? Weil wir in einer Gesellschaft leben die Jahrzehnte lang ausblenden konnte das ihr Frieden und somit auch ihr Wohlstand von unzähligen Soldaten der Bundeswehr und ihrer Natoverbündeten geschützt wurde und wird. Einer Gesellschaft die nicht zu Friedensliebe sondern zur Undankbarkeit und zur politischen Radikalität erzogen wurde. Es wird noch lange dauern bis Ihr den Dank bekommt den Ihr Euch verdient

habt, das war in der Geschichte schon oft das Los der Beschützer und
wird es auch in Zukunft bleiben."

Als Beispiel für eine weniger pathetische, eher nachdenkliche Bemerkung
eines (nicht der Bundeswehr angehörigen) Users im Rahmen der Debatte
lässt sich folgender Zwischenruf aufführen, der sich als Empfehlung an ein
soldatisches Publikum versteht, die Qualität des eigentlichen Beitrags zu
bedenken, unbelegte Behauptungen mit Vorsicht zu genießen, und sich
nicht von einer „reißerischer Presse" im Allgemeinen blenden zu lassen:

> „Die BZ Zeitung als Quelle ich weiß ja nicht ..... Alles was zur Axel
> Springer gehört ist und bleibt Boulevard klatsch und mit der Behaup-
> tung SPD und Linke etc würden Soldaten beschimpfen sollte man 1.
> aufpassen bezüglich Rufmord .2 hab ich persönlich nichts gegen Sol-
> daten ohne geht halt auch nicht ist mir auch klar.3. muss man leider
> auch sagen wer Soldat wird muss halt auch damit Rechnen das er in
> Kriesengebieten sein Leben verlieren kann.was verständlicherweise für
> Familie und angehörige schwer ist . Lasst euch doch nicht immer von
> reißerischer Presse blenden."

Auch auf einsatz- bzw. bundeswehrbezogenen Facebook-Seiten wie *Gemeinsam stark mit unseren Soldaten* werden also die Allgemeinplätze zum
selbstverständlichen Krisen-Jargon, der unangezweifelt in jedem Diskurs-
Kontext, in dem es um die gesellschaftliche Verortung der Soldaten geht,
dauerhaft anschlussfähig zu sein scheint. Dass hierbei oftmals sprachlich,
aber auch bildlich die Selbstverständlichkeit der Rede von den verschiedenen Diskrepanzen zwischen Anspruch und Wirklichkeit immer schon vorausgesetzt wird und in unbestimmten Mediendarstellungen zum Sinnbild
wird, zeigt auch das am 6. Februar 2014 gepostete Spruch-Bild:

*Abbildung 1: Posting auf der Facebook-Seite Gemeinsam stark mit unseren Sol-
daten am 06.02.2014*

An dieser recht typischen sprach-bildlichen Darstellung, wie sie oft auf Seiten wie dieser zu finden sind, zeigt sich, wie die schier unüberwindbaren
zivil-militärischen Differenzen gerade durch das Erleben des Einsatzes – in
der Regel des ISAF-Einsatzes – im Kontrast zur Heimat als persönliches Erleben und Erleiden zum Thema gemacht werden. Das gepostete Bild des
Soldaten in Uniform und mit Sonnenbrille, der den Blick abwendet, steht
symbolisch für den direkt mit dem Text angesprochenen „Verurteilten". Ob
derlei „Geschichten", wie sie hier angesprochen werden, massenmedial
oder über Hörensagen vermittelt sind und was sie beinhalten, wird im Un-
klaren gelassen; sie müssen aber in jedem Fall der Natur nach hinter dem
eigentlich Erlebten und den damit verbundenen Gefühlen zurückbleiben.

Immer wieder – so mag die Diskussion wie auch das Spruchbild auf der
erwähnten Seite illustrieren – prallen über das Social Media Format, wie es
Facebook versinnbildlicht, zwei widersprüchliche Tendenzen aufeinander:
Zum einen wird *inhaltlich* über die permanenten Grenzziehungspraxen anhand der drei Allgemeinplätze die gesellschaftliche Anerkennung des Soldaten in seinem Sonderstatus – und hier in besonders pathetischer Art –
eingefordert. Zum anderen wird aber gerade *darstellungstechnisch* in der Suche nach mehr Öffentlichkeit eine Anpassung an zivile digitale Formen
vorgenommen, die sich von Anerkennung hin zur Aufmerksamkeit be-

wegt. Wenn sich auch die Postings oftmals in „Insidergesprächen" bzw. im Extremfall auch in Opferdiskursen, Shitstorms oder auch in romantisierend-verklärenden bis „kitschigen" Postings verlieren mögen, so mag dies zugleich verdeutlichen, dass sich die Hoffnung auf eine große politische Öffentlichkeit in viele neue Teil-*Einsatzöffentlichkeiten 2.0* verlagert: Das Internet und dient als neue Diskursarena für Blog- oder Video-Aufrufe zu mehr Öffentlichkeit, zum Gedenken an gefallene Kameraden oder zu mehr Solidarität mit traumatisierten Heimkehrern und Soldaten im Einsatz. Dabei wird der eigentliche Anspruch an eine interessierte Öffentlichkeit zwar weiter durchaus propagiert, aber zugleich anhand des Formats auf eine digitale Suche nach Aufmerksamkeit anhand radikal offener Kommunikation heruntergeschraubt, die insbesondere auf Sozialen-Netzwerk-Seiten wie der dargestellten weniger einen wirklichen Informationsdiskurs betreibt als vielmehr einen, der zwischen Unterhaltung und *social networking*, emotionaler Unterstützung und Kritik (bis hin zur Beleidigung und Diskreditierung) laviert und dabei gleichsam auf Ambiguität, Diversität und radikale Gegenwärtigkeit zielt. Angesprochen wird nicht unbedingt eine große politische gesamtdeutsche Öffentlichkeit, das Internet lässt – neben dem Austausch untereinander, mit Angehörigen und Freunden – dennoch hoffen, dass man entweder zumindest auf Gleichgesinnte trifft oder der ein oder andere beim Surfen im Netz auf die „wirkliche" Einsatzrealität und besonders auf die Thematik PTBS aufmerksam wird.

7. *Afghanistan goes arts – Ein unterhaltender Ausblick auf Krisenkunst*

Anhand der Darstellung dreier zentraler Allgemeinplätze in der Auseinandersetzung um die Problematik einer fehlenden Einsatzöffentlichkeit sollte deutlich geworden sein, dass mit der Bundeswehr als „Armee im Einsatz", vor allem aber im Zuge ihres Afghanistaneinsatzes nicht nur eine militärlogische Diskrepanz zwischen Auftrag und Einsatzwirklichkeit in Erscheinung tritt. Vielmehr geht auch eine dezidiert *soziale* Problematik damit einher: eine Art zivil-militärischer Kluft zwischen Anspruch und Wirklichkeit, die in der Rede von freundlichem Desinteresse (Allgemeinplatz 1), von postheroischen Gesellschaften (Allgemeinplatz 2) und von massenmedialen Zerrbildern (Allgemeinplatz 3) sowohl politisch-ethische als auch kulturelle und massenmediale Erklärungsmuster bereithält.

Zitate aus autobiografischer Einsatzliteratur (Beispiel 1) und einer Facebook-Seite (Beispiel 2) wiederum erwiesen sich nicht nur als repräsentativ für die neueren massenmedialen Suchbewegungen von Soldaten, Angehörigen und weiteren in den Einsatz Involvierten nach einem interessierten

Publikum. Sie zeigen zugleich auch, welchen Anspruch sie selbst wiederum mit ihrem Gang in die Medien verbinden: Anhand der permanenten Wiederholung der dargelegten Allgemeinplätze sowohl in der genannten Literatur als auch auf SNS zeigt sich, dass gewisse zivil-militärische Grenzen nicht einfach eingerissen werden dürfen, sondern im Gegenteil über eine Form der *krisenhaften* Kommunikation aufrechterhalten werden müssen, wenn es um die eigene Identitätspraxis geht. Dem Soldaten, so hat sich insbesondere anhand der Darstellung persönlicher Belange ergeben, muss trotz seiner unbedingten Verortung in der Gesellschaft ein Sonderstatus zukommen. Die Heimat, aus der er kommt und in der er lebt, kann (und soll womöglich auch) nie eine sein, die Krieg verstehen bzw. befürworten wird, denn seine persönlichen Darstellungen gewinnen nur im Kontrast zu einer weiterhin konventionellen, die Einsatzwirklichkeit verzerrenden und skandalisierenden Medienwelt als Klarsicht auf den Krieg auch wirklich an maßgeblicher Bedeutung.

Was den Anspruch an die eigenen Suchmöglichkeiten betrifft, zeichnen sich wiederum Unterschiede ab: Im Rahmen literarischer Darstellungen autobiografischen Formats wird die eigene Authentizität als unbedingter Garant einer echten Erzählung vom Krieg verstanden. Dabei wird nicht mehr unbedingt Anerkennung als solche gesucht, zumindest aber soll empathische *Aufmerksamkeit* erzeugt werden. Auf sozialen Netzwerkseiten wie Facebook ist in der Masse von Postings der unbedingte Anspruch an die Authentizität der eigenen Erzählung nicht mehr dominant. Das zu Vermittelnde wird eher anonym in den digitalen Raum gestreut, der offenlässt, ob es sich in Insiderdiskursen verheddert, in Shitstorms untergeht, ohne jeden Widerhall bleibt oder etwa zu Diskussionen mit anderen anregt.

Diese systematische Offenheit des Web 2.0 verweist uns zum Abschluss noch einmal offline auf das eingangs geschilderte ästhetische Darstellungsmittel des Kriegsdramas: Mit Theaterinszenierungen, so machte schon exemplarisch die Renaissance des Borchert-Stücks im afghanischen „Kleid" deutlich, wird in den letzten Jahren als direkte Antwort auf den nicht enden wollenden Afghanistaneinsatz vor allem das chronische Seelen-Leiden des PTBS-erkrankten Soldaten tatsächlich auch öffentlich – auf der Bühne – zum „Drama" gemacht. Aber auch aktuelle Stücke und Theaterprojekte prägen die Theaterwelt, wie zum Beispiel das auf Originaltönen von Soldaten basierende Stück *Soldaten – ein szenisch-musikalischer Einsatzbericht* am Deutschen Theater Göttingen in Kooperation mit dem Göttinger Knabenchor aus dem Jahr 2011 (Deutsches Theater Göttingen o. J.; Deutschlandfunk Kultur heute 2011). Ein weiteres Stück namens *Einsatzspuren* am Theater Kiel (Oktober 2010) setzt die zahllosen Facetten des persönlichen

Einsatzerlebens vor einem „echten" Theaterpublikum empathisch in Szene.

Im Rahmen des kooperativen Kunstprojekts *Schlachtfeld der Seele* (Premiere 7. Mai 2011) konfrontierten sich Soldaten als authentische Darsteller ihrer Geschichten und als Repräsentanten aller Soldaten im Einsatz (v. a. auch der erkrankten Veteranen) *face to face* mit ihrem Publikum und offenbarten ihre Gedanken und Gefühle. Ziel des Projekts sollte sein,

> „[...]dass die Soldaten von sich aus Themen an die Öffentlichkeit bringen können. Das haben wir hier sozusagen angeboten, den Blick auch in die andere Richtung geöffnet und die Soldaten konnten uns ihre Schwerpunktthemen nennen. Wir haben die für die aufbereitet. Wir sind sozusagen Mediatoren für die Soldaten" (YouTube 2011).

Der Einbezug von Soldaten als Protagonisten wie auch die Transformation der Geschichten und Erlebnisse aus den Auslandseinsätzen in Chormusik sollten für eine größtmögliche thematische und dramaturgische Offenheit sorgen und somit zum Sprachrohr für Ideen werden, die sich völlig frei von *medialer Inszenierung* entfalten können:

> „Das Projekt bietet ihnen die Möglichkeit, sich vom journalistischen Nachrichtenwert und von skandalösen oder tragischen Anlässen zu emanzipieren und selbst zu entscheiden, was für sie zu erzählen notwendig ist" (dramavision.de 2011).

Krieg trifft Kunst[16], und scheint – nicht nur – mit dem Theater (wieder!) einen Mittler gefunden zu haben, über den er abseits der „skandalfokussierten" Medienberichterstattung sein authentisches, „wahres" und krisenhaftes Gesicht zu zeigen vermag. Von allen Darstellungsformen, so lässt sich hier schließen, vermag die klassische dramatische Unterhaltung auf spielerische Art am ehesten das Fehlen einer angebbaren verteidigungspolitischen Öffentlichkeit zu kompensieren – über die radikale Gegenwärtigkeit der Inszenierung zum einen und die ebenso radikale Offenheit ihrer künstlerischen Aussage zum anderen. Sie verlangt keine große Öffentlich-

---

16 Gerade in Bezug auf die Erwähnung der fast schon traditionellen automatischen Interdependenz von Krieg und Kunst jeder Art darf nicht unerwähnt bleiben, dass sich die insbesondere mit dem Rückzug noch einmal verstärkende Reflexion auf die Jahre des Afghanistaneinsatzes auch in der Fotografie (z. B. Röttger 2005), der Malerei (z. B. Trantenroth 2010) und der Handwerkskunst (z. B. Bejsovec 2011) niederschlägt. Auch dies ermöglicht eine Auseinandersetzung mit dem Thema, die enormen Interpretationsspielraum lässt und daher einen spielerischen Umgang mit der Thematik Afghanistan gestattet.

keit, sondern sieht sich einem Publikum im Hier und Jetzt gegenüber, das mit jeder Aufführung aufs Neue zum Denken angeregt wird und dem es selbst überlassen bleibt, welche Resonanz das Thema in ihm hinterlässt.

Literatur

Bachhofner, Hans (2007): Die Verletzlichkeit postheroischer Gesellschaften. Krieg heute. In: *Schweizer Zeit aktuell*, 3/2007. Online Verfügbar unter: http://www.sch weizerzeit.ch/0307/krieg.htm, Abruf am 29.05.2012.

Biehl, Heiko; Fiebig, Rüdiger (2012): *Zum Rückhalt der Bundeswehr in der Bevölkerung. Empirische Hinweise zu einer emotional geführten Debatte* (SOWI-Thema 2011). Strausberg: SOWI.

Blumröder, Christian von (2015): Shape, Clear, Hold, Build – Die Operation HAL-MAZAG des Ausbildungs- und Schutzbataillons Kunduz. In: Robin Schroeder, Stefan Hansen (Hrsg.): *Stabilisierungseinsätze als gesamtstaatliche Aufgabe. Erfahrungen und Lehren aus dem deutschen Afghanistaneinsatz zwischen Staatsaufbau und Aufstandsbewältigung (COIN)*. Baden-Baden: Nomos 2015, S. 233–244.

Bolz, Norbert (2009): Der antiheroische Affekt. In: *Merkur* 63 (9–10), S. 762–771.

Borchert, Wolfgang ([1946/47]1960): Draußen vor der Tür. Leipzig: Insel Verlag.

Bulmahn, Thomas et al. (2009): *Sicherheits- und verteidigungspolitisches Meinungsklima in der Bundesrepublik Deutschland. Ergebnisse der Bevölkerungsbefragung 2008 des Sozialwissenschaftlichen Instituts der Bundeswehr* (Forschungsbericht 90). Strausberg: SOWI.

Bulmahn, Thomas (2011a): Einstellungen zu den Auslandseinsätzen der Bundeswehr. In: Bulmahn/Fiebig/Hilpert 2011, S. 37–41.

Bulmahn, Thomas (2011b): Wahrnehmung und Bewertung des Einsatzes der Bundeswehr in Afghanistan. In: Bulmahn/Fiebig/Hilpert 2011, S. 51–62.

Bulmahn, Thomas (2011c): Wahrnehmung der Bundeswehr in den Medien und im persönlichen Umfeld. In: Bulmahn/Fiebig/Hilpert 2011, S. 81–85.

Bulmahn, Thomas; Fiebig, Rüdiger (2011): Einstellungen zur Bundeswehr und Bewertung der gesellschaftlichen Anerkennung. In: Bulmahn/Fiebig/Hilpert 2011, S. 67–73.

Bulmahn, Thomas; Fiebig, Rüdiger; Hilpert, Carolin (2011): *Sicherheits- und Verteidigungspolitisches Meinungsklima in der Bundesrepublik Deutschland. Ergebnisse der Bevölkerungsbefragung 2010 des Sozialwissenschaftlichen Instituts der Bundeswehr* (Forschungsbericht 94), Strausberg: SOWI.

Bulmahn, Thomas; Wanner, Meike (2013): *Ergebnisse der Bevölkerungsumfrage 2013 zum Image der Bundeswehr sowie zur Wahrnehmung und Bewertung des Claims „Wir. Dienen. Deutschland."* (Forschungsbericht August 2013), Strausberg: SOWI.

Bredow, Wilfried von; Kümmel, Gerhard (1999): *Das Militär und die Herausforderung globaler Sicherheit. Der Spagat zwischen traditionalen und nicht-traditionalen Rollen*. SOWI-Arbeitspapier Nr. 119, Strausberg: SOWI.

Brüsemeister, Thomas (2000): Grounded Theory. In: ders.: *Qualitative Forschung. Ein Überblick*. Wiesbaden: Westdeutscher Verlag, S. 189–233.

Clair, Johannes (2012): *Vier Tage im November. Mein Kampfeinsatz in Afghanistan.* Berlin: Econ.

Deißler, Uwe (2009): *Randnotizen*. Isny im Allgäu.

Dörfler-Dierken, Angelika (2010): Identitätspolitik der Bundeswehr. In: Angelika Dörfler-Dierken; Gerhard Kümmel (Hrsg.), Identität, Selbstverständnis, Berufsbild. Implikationen der neuen Einsatzrealität für die Bundeswehr. Wiesbaden: VS, S. 137–160.

Fassmann, Kurt (1971): *Gedichte gegen den Krieg*. Frankfurt a. M.: Zweitausendeins.

Fiebig, Rüdiger (2011): Kenntnisse über die Auslandseinsätze der Bundeswehr. In: Bulmahn/Fiebig/Hilpert 2011, S. 29–35.

Gerrig, Richard J.; Zimbardo, Philip G. (2008): *Psychologie*. 18., akt. Ausg., München: Pearson Studium.

Glaser, Barney G.; Strauss, Anselm (2005): *Grounded Theory. Strategien qualitativer Forschung*. 2. Aufl., Bern: Huber.

Groos, Heike (2009): *Ein schöner Tag zum Sterben. Als Bundeswehrärztin in Afghanistan*. Frankfurt a. M.: Krüger.

Groos, Heike (2010): *Das ist auch euer Krieg. Deutsche Soldaten berichten von ihren Einsätzen*. Frankfurt a. M.: Krüger.

Hilpert, Carolin (2011): Afghanistan und die Bundeswehr im Spiegel der Medien. In: Bulmahn/Fiebig/Hilpert 2011, S. 43–49.

Joas, Hans; Knöbl, Wolfgang (2008): *Kriegsverdrängung. Ein Problem in der Geschichte der Sozialtheorie*. Frankfurt a. M.: Suhrkamp.

Jung, Franz Josef (2006): *Den Wandel der Bundeswehr gemeinsam erfolgreich gestalten*. Rede vom 25.01.2006. Online verfügbar unter: www.bundeswehr.de, Abruf am 20.09.2008.

Jysch, Arne (2012): *Wave and Smile*. Hamburg: Carlsen.

Kaldor, Mary (2000): Neue und alte Kriege: Organisierte Gewalt im Zeitalter der Globalisierung. Frankfurt a. M.: Suhrkamp.

Kümmel, Gerhard (2009): ‚Gestorben wird immer'!? Oder: Postheroismus, ‚Casualty Shyness' und die Deutschen. In: Hartmann, Uwe; Rosen, Claus von; Walther, Christian (Hrsg.): *Jahrbuch Innere Führung 2009. Die Rückkehr des Soldatischen.* Eschede: Miles, S. 92–108.

Kümmel, Gerhard; Leonhard, Nina (2004): Casualty Shyness and Democracy in Germany. In: *Zeitschrift Sicherheit und Frieden* 22 (3). Online verfügbar unter: http://www.security-and-peace.de/archiv/PDF/2004-3/SuF_03_2004_3.pdf, Abruf am 21.02.2011.

Kümmel, Gerhard; Leonhard, Nina (2005a): *Death, the Military and Society. Casualties and Civil-Military Relations in Germany* (SOWI-Arbeitspapier 140), Strausberg: SOWI.

Kümmel, Gerhard; Leonhard, Nina (2005b): Causalites and Civil-Military Relations: The German Polity between Learning and Indifference. In: *Armed Forces & Society* 32 (4), S. 513–536.

Kurbjuweit, Dirk (2011): *Kriegsbraut*. Berlin: Rowohlt.

Leonhard, Nina (2013): *Zivil-militärische Beziehungen im Zeichen des Postheroismus*. Vortrag auf der Tagung der politischen Akademie Tutzing „Armee im Abseits – die Bundeswehr in Politik und Gesellschaft", 25.–27.01.2013. Online verfügbar unter: http://web.apb-tutzing.de/apb/cms/fileadmin/Tagungsmaterialien/2013/1._Quartal/Leonhar_Nina_Zivil-militaerische_Beziehungen.pdf, Abruf am 11.09.2013.

Löffelholz, Martin (1993): Beschleunigung, Fiktionalisierung, Entertainisierung. Krisen (in) der Informationsgesellschaft. In: ders. (Hrsg.): *Krieg als Medienereignis. Grundlagen und Perspektiven der Krisenkommunikation*. Opladen: Westdeutscher Verlag, S. 49–64.

Luhmann, Niklas (2009): *Die Realität der Massenmedien*. 4. Aufl., Wiesbaden: VS.

Luttwak, Edward N. (1995): Toward Post-Heroic Warfare. In: *Foreign Affairs* 74 (3), S. 109–122.

Münkler, Herfried (2002): *Die neuen Kriege*. Reinbek: Rowohlt.

Münkler, Herfried (2004): Die neuen Kriege. Kriege haben ihre Gestalt fundamental verändert. In: *Der Bürger im Staat* 54 (4), S. 179–184.

Münkler, Herfried (2006a): *Der Wandel des Krieges. Von der Symmetrie zur Asymmetrie*. Weilerswist: Velbrück.

Münkler, Herfried (2006b): Die postheroische Gesellschaft und ihre jüngste Herausforderung. In: ders., *Der Wandel des Krieges. Von der Symmetrie zur Asymmetrie*. Weilerswist: Velbrück, S. 310–354.

Münkler, Herfried (2008): *Der asymmetrische Krieg. Das Dilemma der postheroischen Gesellschaft*. In: *Der Spiegel*, 44/2008, S. 176f.

Roering, Johanna (2012): *Krieg bloggen. Soldatische Kriegsberichterstattung in digitalen Medien*. Bielefeld: Transcript.

Schardt, Dinah (2011): Ethik auf schmalem Grat. Ethikkrisen und Krisenethiken im politischen Umgang mit Tod und Verwundung am Beispiel des Afghanistaneinsatzes der Bundeswehr. In: Stella Adorf; Schaffeld, Jan-Florian; Schössler, Dietmar (Hrsg.): *Die sicherheitspolitische Streitkultur in der Bundesrepublik Deutschland. Beiträge zum ersten akademischen Nachwuchsförderpreis „Goldene Eule" des Bundesverbandes Sicherheitspolitik an den Hochschulen (BSH)*. Magdeburg: Meine, S. 97–127.

Schardt, Dinah (2012): PTBS als „Postheroische Belastungsstörung". Zum Umgang mit dem Thema PTBS und der Suche nach Einsatzöffentlichkeit. In: *Hamburger Beiträge zur Friedensforschung und Sicherheitspolitik*, Heft 159, S. 22–42.

Scholz, Marita (2012): *Heimatfront. Mein Leben mit einem Kriegsheimkehrer*. Freiburg: Herder.

Sedlatzek-Müller, Robert (2012): *Soldatenglück. Mein Leben nach dem Überleben*. Hamburg: Edel Germany.

SZ-Magazin (Hrsg.) (2011): *Feldpost. Briefe deutscher Soldaten aus Afghanistan*. Berlin.

Timmermann-Levanas, Andreas (2010): *Die reden – wir sterben. Wie unsere Soldaten zu Opfern der deutschen Politik werden*. Frankfurt a. M./New York: Campus.

Van der Meulen, Jan; Soeters, Joseph (2005): Considering Casualties: Risk and Loss during Peacekeeping and Warmaking. In: *Armed Forces & Society* 31 (4), S. 483–486.

Virchow, Fabian (2010): Militär und Medien. In: Apelt, Maja (Hrsg.): *Forschungsthema: Militär. Militärische Organisationen im Spannungsfeld von Krieg, Gesellschaft und soldatischen Subjekten*. Wiesbaden: VS, S. 107–135.

Werner, Ute Susanne (2010): *Ich krieg mich nicht mehr unter Kontrolle. Kriegsheimkehrer der Bundeswehr*. Köln: Fackelträger.

Wevelsiep, Christian (2011): Die postheroische Gesellschaft und ihre Freunde. Zum Argument der begrenzten Interventionsbereitschaft moderner Gesellschaften. In: *ZFAS* 2011/4, S. 241–261.

Wizelman, Leah (2009): *Wenn der Krieg nicht ende. Schicksale von traumatisierten Soldaten und ihren Angehörigen*. Bonn: Balance.

Wohlgethan, Achim (2008): *Endstation Kabul. Als deutscher Soldat in Afghanistan – Ein Insiderbericht*. Berlin: Ullstein.

Würich, Sabine; Scheffer, Ulrike (2014): *Operation Heimkehr. Bundeswehrsoldaten über ihr Leben nach dem Auslandseinsatz*. Berlin: Bundeszentrale für politische Bildung.

Sonstige Quellen

Bejsovec, Jan (2011): *Tornado*. Online verfügbar unter: http://www.y-punkt.de/porta l/a/ypunkt/!ut/p/c4/TYvLCsIwEEX_KFMzmlR3foWtG0maUAbzIkyt_r3JQpAD Z7jcO3CHRjlvWg1TTibABPNCF7sLuzv_-JQtPVm8RfSOjKXg4NZfnBdLTp67 2Sem5rUazlWUXDn0Zqu1NYIczHjAE47SI6Js7gnbVShx-EeNqPRZm7Y7Kqml HH5AifH6BdbxXwQ!/, Abruf am 01.05.2014.

BZ-Berlin.de (2013): Keine Ehrung für die gefallenen Soldaten. In: *BZ Berlin.de* 10.10.2013. Online verfügbar unter: http://www.bz-berlin.de/artikel-archiv/kein e-ehrung-fuer-die-gefallenen-soldaten, Abruf am 10.05.2017.

DBwV (Deutscher BundeswehrVerband) (2016): *Betreuungskommunikation: DBwV mit „Feldpost 2.0" erfolgreich*. Online verfügbar unter: https://www.dbwv.de/aktue lle-themen/verband-aktuell/beitrag/news/betreuungskommunikation-dbwv-mit-f eldpost-20-erfolgreich/, Abruf 01.05.2017.

Deutsches Theater Göttingen (o. J.): *Soldaten – Ein szenisch-musikalischer Einsatzbericht* (Beschreibung und Video). Online verfügbar unter: http://www.dt-goetting en.de/flycms/de/screen/7/-bzMkP3zBfSrscj0,DzFqAQy,SZwygZW+b4uU5Dna9F TF7JNhAE3Yltju51EYLHHpwfwjP1XGYPsg6u,k+rf1eHS339V+w1Rw4yy,mr0=/ Stuecke.html, Abruf 01.05.2014.

Deutschlandfunk (2010): *Stell dir vor es ist Krieg und keiner sagt es*. 22.04.2011. Online verfügbar unter: http://www.deutschlandfunk.de/stell-dir-vor-es-ist-krieg-un d-keiner-sagt-es.724.de.html?dram:article_id=99812, Abruf am 10.05.2017.

Deutschlandfunk Kultur heute (2011): „*Soldaten – Ein Einsatzbericht*". *Ein Stück von und über im Ausland stationierte Soldaten.* 25.06.2011. Online verfügbar unter: http://www.dradio.de/dlf/sendungen/kulturheute/1490402/, Abruf am 01.05.2014.

Deutschlandradio Kultur (2013): *Armee im Abseits? Bundeswehr: Von der „Schule der Nation" zur „Sicherheitsfirma".* Wortwechsel-Diskussion, 15.11.2013. Online verfügbar unter: http://www.deutschlandradiokultur.de/armee-im-abseits.1083.de.h tml?dram:article_id=269134, Abruf am 01.04.2014.

Der Westen (2012): *Abgeordnete fordern kostenloses Internet für Bundeswehr-Soldaten im Ausland.* 08.03.2012. Online verfügbar unter: http://www.derwesten.de/politi k/abgeordnete-fordern-kostenloses-internet-fuer-bundeswehr-soldaten-im-auslan d-id6439711.html, Abruf am 31.05.2012.

dramavision.de (2011): „*Schlachtfeld der Seele*". Online verfügbar unter: http://www. dramavision.de/?page_id=292, Abruf am 31.05.2012.

FAZ.net (2013): Giert nicht nach Anerkennung! Thomas de Maizière im Gespräch. In: *FAZ.net*, 24.02.2013. Online verfügbar unter: http://www.faz.net/aktuell/polit ik/inland/thomas-de-maiziere-im-gespraech-giert-nicht-nach-anerkennung-12092 201.html, Abruf am 01.04.2014.

Focus (2010): Königshaus will Flatrate für Soldaten im Ausland. In: *Focus.de*, 28.11.2010. Online verfügbar unter: http://www.focus.de/digital/computer/bund eswehr-koenigshaus-will-flatrates-fuer-soldaten-im-ausland_aid_576406.html, Abruf am 31.05.2012.

NZZ Online (2008): Freundliches Desinteresse an Afghanistan. In: *NZZ Online*, 29.08.2008. Online verfügbar unter: http://www.nzz.ch/nachrichten/hintergrun d/wissenschaft/bundeswehr_nachwuchs_1.818888.html, Abruf am 01.03.2011.

Röttger, Jo (2005): *Landscape and memory*. Online verfügbar unter: http://www.joro ettger.com/portfolio/Landscape_Memory/source/landscape_and_memory_22.ht m, Abruf am 01.05.2014.

Spiegel Online (2008): Das böse K-Wort. In: Spiegel Online, 21.01.2008. Online verfügbar unter: http://www.spiegel.de/spiegel/print/d-55508005.html, Abruf am 10.05.2017.

Spiegel Online (2009a): Für die Soldaten ist es Krieg. In: *Spiegel Online*, 24.06.2009. Online verfügbar unter http://www.spiegel.de/politik/ausland/0,1518,632315,00. html, Abruf am 01.03.2011.

Spiegel Online (2009b): Köhler fordert mehr Aufklärung über Auslandseinsätze. In: *Spiegel Online*, 27.11.2009. Online verfügbar unter: http://www.spiegel.de/po litik/deutschland/0,1518,593131,00.html, Abruf am 01.03.2011.

SZ-Magazin.de (2009): Deutschland führt Krieg. In: *SZ-Magazin.de* Heft 28/2009. Online verfügbar unter: http://sz-magazin.sueddeutsche.de/texte/anzeigen/29782 /, Abruf am 10.05.2017.

Trantenroth, Tim (2010): *Kunduz-Zyklus 2010*. Online verfügbar unter: http://www. timtrantenroth.de/index.php?site=detail&&id=kunduz-zyklus&&main=kleine+ bilder+small+size+paintings&&enlarge=1&&picname=kunduz%203kl.jpg&& id1=517, Abruf am 01.05.2014.

Dinah Wiestler

YouTube (2011): *Schlachtfeld der Seele*. Video, 20.04.2011. Online verfügbar unter: http://www.youtube.com/watch?v=S-4F9oC9IIo&feature=player_embedded#!, Abruf am 31.05.2012.

Zeit Online (2013): De Maizière: Soldaten gieren nach Anerkennung. In: *Zeit Online*, 23.02.2013. Online verfügbar unter: http://www.zeit.de/politik/deutschland/2013-02/bundeswehr-maziere-wertschaetzung, Abruf am 01.04.2014.

Drohnen-Berichterstattung in Deutschland – eine Frameanalyse zweier Tageszeitungen und von Internetinformationen der Bundeswehr

Peter Busch

Nur wenige Wochen nach der Bundestagswahl im September 2013 zeichnete sich ab, dass die neue Koalition zunächst keine Kampfdrohnen anschaffen wird und hohe Hürden für einen möglichen Kauf von unbemannten Waffensystemen festlegt. In diesem Zusammenhang zitieren die Autoren eines *Spiegel*-Artikels aus einem internen Papier, als „Koalitionsentwurf" bezeichnet, wie folgt:

> „Extralegale Tötungen mit bewaffneten Drohnen lehnen wir kategorisch ab. Deutschland wird für die Einbeziehung bewaffneter unbemannter Luftfahrzeuge in internationale Abrüstungs- und Rüstungskontrollregime eintreten [...]. Vor einer Entscheidung über die Beschaffung qualitativ neuer Waffensysteme werden wir alle damit im Zusammenhang stehenden völker- und verfassungsrechtlichen, sicherheitspolitischen und ethischen Fragen sorgfältig prüfen" (Medick/ Weiland 2013).

Zwar ist es nicht das Ziel der folgenden Analyse, direkte kausale Zusammenhänge zwischen Medienberichterstattung oder Diskursen im öffentlichen Raum und politischen Entscheidungen herzustellen, aber die folgende Analyse der Drohnenberichterstattung in Deutschland in den Monaten vor der Bundestagswahl legt den Schluss nahe, dass diese Vereinbarung im Koalitionsvertrag[1] der neuen Bundesregierung praktisch unausweichlich war.

Das Zitat aus dem Entwurf gibt auch einen Vorgeschmack auf einige der Ergebnisse dieser Frameanalyse, weil es die Debatte um militärische Drohnen, im angloamerikanischen Raum meist UAVs (unmanned aerial

---

[1] Im endgültigen Koalitionsvertrag beginnt der Absatz mit „Extralegale, völkerrechtswidrige Tötungen [...]"; ansonsten ist das Zitat mit dem Text des Koalitionsvertrags identisch. *Deutschlands Zukunft gestalten: Koalitionsvertrag zwischen CDU, CSU und SPD*, 16.12.2013. Online verfügbar unter: https://www.cdu.de/sites/defaul t/files/media/dokumente/koalitionsvertrag.pdf.

vehicles) genannt, auf einige Aspekte beschränkt: die Nennung dieser „neuen" Waffe im gleichen Atemzug mit „gezielten Tötungen"; der Hinweis auf völkerrechtliche, ethische und sicherheitspolitische Fragen; die Vermeidung einer endgültigen Entscheidung der Bundesregierung über bewaffnete Drohnen zu diesem Zeitpunkt. Die Analyse wird vor allem zeigen, dass die unmittelbare Gleichsetzung einerseits der US-Politik der „gezielten Tötungen" im Kampf gegen den internationalen Terrorismus und andererseits der „bewaffneten Drohnen" den Mediendiskurs dominiert. Dies wird besonders in Berichten deutlich, die sich nicht eingehend mit Drohnen oder Sicherheitspolitik beschäftigen, sondern diesen Themenbereich nur streifen und die Drohnen-Problematik sehr verkürzt und pointiert darstellen.

Die folgende Analyse der Drohnen-Berichterstattung in Deutschland erfolgt vor dem Hintergrund der intensiven öffentlichen Debatten im anglo-amerikanischen Raum. Diese konzentrieren sich hauptsächlich auf Legalität bzw. Legitimität „gezielter Tötungen" (Melzer 2008; O'Donnel 2010), auf Technologie und Risiken (Coker 2009, 2013) sowie auf asymmetrische Konflikte bzw. „neue" Kriege (Kaldor 2012; Münkler 2002), die unter Zivilisten geführt werden und durch amorphe Grenzen gekennzeichnet sind. Diese Debatten dienen zur Erstellung eines groben Kategorienschemas antizipierter „Frames", die in der Berichterstattung der ausgewählten Medien, der *Frankfurter Allgemeinen Zeitung* (*FAZ*) und der *Süddeutschen Zeitung* (*SZ*), sowie auf den Webseiten der Bundeswehr und des Verteidigungsministeriums zu erwarten sind.

Konzeptionelle Überlegungen

Abgeleitet vor allem aus soziologischen (Goffman 1986) und sozialpsychologischen Ansätzen (Kahneman/Tversky 1984) ist die Frameanalyse seit den 1990er-Jahren in den Mittelpunkt vieler Studien zu Medieninhalten gerückt. Das gilt auch für Untersuchungen zur Kriegs- und Konfliktberichterstattung zu Beginn des 21. Jahrhundert (siehe z. B. Edy/Meirick 2007; Rojecki 2008; Ruigrok/Atteveldt 2007; Shehata 2007). Grundsätzlich fallen diese Analysen innerhalb der Kommunikationswissenschaften in das konstruktivistische Paradigma. Die vorliegende Untersuchung erfolgt in Anlehnung an die Studien Entmans (1991, 2003) und die konzeptionellen Ausführungen von Scheufele (1999). Frames werden hier so verstanden, dass sie bestimmte Aspekte der Realität, eines Ereignisses zum Beispiel, betonen und andere herunterspielen. Die so konstruierten Frames ermöglichen es den Journalisten, schnell und routinemäßig neue Informationen einzuordnen, etwa einen „Terroranschlag". Diese Frames sind dem Publikum in der Regel bekannt, sodass es die Informationen ebenso leicht wie die Journalisten in ein bereits bestehendes Verständnisschema einfügen kann (Gitlin 1980). Nur so machen diese Informationen für die Rezipienten überhaupt Sinn. Der Kommunikator, also der Journalist, weiß dies und formuliert seine Aussagen entsprechend. Kurzum, in diesem konzeptionellen Ansatz wird der Komplexität der kommunikativen Situation zwischen Sender und Rezipient Rechnung getragen.

Frameanalysen legen nun oft ihren Schwerpunkt entweder auf den Kommunikator oder den Rezipienten (Scheufele 1999). Ersteres ist in dieser Untersuchung der Fall. Geprüft wird, inwieweit angloamerikanische Frames wie „Technologie", „Ethik", „Völkerrecht" zwischen Januar und August 2013 auch den deutschen Diskurs bestimmten und ob und wie sich die Frames der untersuchten Zeitungen seit Mai 2013 hin zur „klassischen" parlamentarischen Konfliktberichterstattung um den Euro Hawk verschoben haben. Den Ergebnissen der Zeitungsanalyse wird eine Untersuchung der Beitragsarchive von *www.bundeswehr.de* und *www.bmvg.de* gegenübergestellt, um die auffälligsten Unterschiede und Gemeinsamkeiten zwischen der Selbstdarstellung der Bundeswehr und der Berichterstattung der ausgewählten Zeitungen herauszuarbeiten.

Methodologische Überlegungen

Der methodologische Ansatz ist von einer generellen Skepsis gegenüber quantitativen Methoden geprägt. „Zählen" oder „Korrelieren" wird als weniger ergiebig angesehen als Interpretation, also hermeneutische Ansätze. Die methodologischen Erläuterungen an dieser Stelle dienen dem Ziel, die Analyse dennoch transparent und nachvollziehbar zu machen. Die folgende Frameanalyse erhebt keinen Anspruch auf „Objektivität" oder „Repräsentativität". Dennoch liegt der Auswahl der untersuchten beiden Zeitungen natürlich die Überlegung zugrunde, sich auf Medienprodukte von gehobener journalistischer Qualität zu konzentrieren, die bundesweit verbreitet sind und das liberale sowie das konservative politische Spektrum abbilden.

In den Untersuchungszeitraum (1.1.2013–31.8.2013) fällt die deutsche Debatte um die Aufklärungsdrohne Euro Hawk. Diese begann Mitte Mai 2013 mit der Mitteilung des Verteidigungsministeriums, das Euro-Hawk-Projekt zu stoppen. Wegen der bereits entstandenen hohen Entwicklungskosten von rund 500 Millionen Euro geriet Verteidigungsminister Thomas de Maizière schon kurz nach der Bekanntgabe unter Druck. Auf der Suche nach Verantwortlichen wurden Rücktrittsforderungen laut. Anfang Juni brachte die *Frankfurter Allgemeine Zeitung* den Verlauf des „Debakels" auf den Punkt: „Das Drohnendebakel hat Phase vier erreicht. Die erste bestand in einer Hunderte-von-Millionen Zahl, die zweite in der Verwirrung darüber, wie sie zustande kommt, und die dritte in höchstmöglicher Empörung und Rücktrittsforderungen. Die vierte Phase – sie kann Jahre dauern – ist die Entwirrung" (Altenbockum 2013).

Dieses „Drohnendebakel" garantiert einerseits eine für die Untersuchung ausreichende Datenmenge. Andererseits würde ein Fokus allein auf diese Debatte die Ergebnisse verzerren. Daher wurde der Zeitraum der Stichprobe erheblich erweitert. Dies ermöglicht es, die „reguläre" Berichterstattung vor der Debatte zu analysieren und mögliche Verwerfungen während derselben deutlich zu machen. Für die Untersuchung wurden alle Artikel in der *Süddeutschen Zeitung* und der *Frankfurter Allgemeinen Zeitung* (inklusive Sonntagszeitung) ausgewählt, die das Wort „Drohne"[2] enthalten. Benutzt wurde dafür eine Zeitungsdatenbank. Allein Leserbriefe wurden von der Analyse ausgenommen. Alle anderen Artikel wurden in der Frameanalyse berücksichtigt. Das gilt auch für Berichte, die – wie in der Diskussion noch auszuführen sein wird – nicht im Politikteil der Zeitungen erschienen sind und die Drohnenproblematik nur beiläufig erwähnen.

Die Auswahl der online erhältlichen Materialien auf *bundeswehr.de* und *bmvg.de* war, und das muss hier ohne Umschweife betont werden, problematisch. Auch in diesem Fall wurde eine automatische Suchfunktion benutzt, und zwar die auf der jeweiligen Seite verfügbare. Obwohl auf diese Weise sicherlich Lücken bestehen, kann die Methode zumindest als „realitätsnah" beschrieben werden. Die Perspektive ist die eines interessierten Internetnutzers – oder „aktiven Rezipienten" (Neuman/Just/Crigler 1992), der sich auf den offiziellen Internetseiten gezielt über Drohnen informieren will.

Das so erhaltene Datenmaterial war umfangreich und umfasste insgesamt 461.599 Wörter (*FAZ* = 215.834; *SZ* = 201.033; *bundeswehr.de/bmvg.de* = 44.732). Wie zu erwarten, räumten die beiden untersuchten Zeitungen

---

2 Die Datenbank wurde mit dem Suchbegriff „Drohn*" durchsucht.

dem Thema „Drohnen" während der Euro-Hawk-Debatte im Juni den größten Raum ein (siehe Abb. 1).

Abb. 1: Umfang der Berichterstattung (in Wörtern)

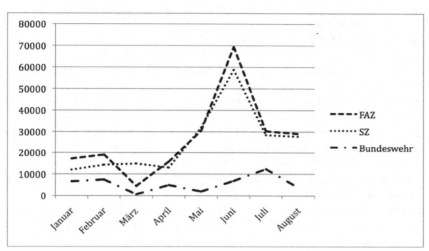

Frames rücken die Frage, wie über ein Thema berichtet wird, in den Vordergrund. Daher werden sie oft als inhaltliche Erweiterung und Präzisierung von Agenda-Setting-Ansätzen gesehen (McCombs 2004). Für Entmann ist dieses „Wie" in den Texten daran zu erkennen, wie Probleme definiert werden, welche kausalen Zusammenhänge dargestellt sind und welche Lösungsvorschläge es gibt (Entman 2004: 6). So sinnvoll diese Kriterien auch sind, für die Operationalisierung einer Inhaltsanalyse von erheblichen Datenmengen sind sie schwer zu greifen. Diese Untersuchung reduziert daher das „Wie" der Berichterstattung in der Regel auf die Frage, welche Zusammenhänge mit Blick auf Drohnen in den Artikeln hergestellt werden. Neben den schon erwähnten übergeordneten Frames, die Zusammenhänge zu Technologie, Völkerrecht oder Ethik betonen, blieb im Untersuchungsprozess durchgehend die Offenheit für neue Frames erhalten.

Ergebnisse

Ein Problem jeder Art von Inhaltsanalyse ist bekanntlich, dass man häufig das findet, wonach man sucht – also das, was in die antizipierten „Frames" passt. Eine gewisse Dominanz in der Berichterstattung – vor allem in der *Süddeutschen Zeitung* – zeigt sich beim Technologie-Frame. Sehr auffällig ist auch der große Anteil der Verknüpfung der Drohnenberichterstattung mit der amerikanischen Sicherheitspolitik: Afghanistan, Pakistan, Jemen, Afrika werden entweder in Form einer Konfliktberichterstattung thematisiert oder Drohnen werden im Zusammenhang mit der US-Sicherheitspolitik genannt. Dies ist in der *Frankfurter Allgemeinen Zeitung* noch ausgeprägter als in der *SZ*. So berichtet rund die Hälfte aller Artikel in der *FAZ* zu Beginn des Jahres über die Drohnenthematik in Verbindung mit der Außenpolitik der USA (13 von 23 Artikeln im Januar, 12 von 23 Artikeln im Februar 2013). Die Haltung zum Einsatz von bewaffneten US-Drohnen ist dabei in der Regel kritisch. So beschreibt die *FAZ* aus Anlass der Ernennung von John Brennan zum CIA-Direktor die US-Strategie im Kampf gegen Terroristen mit „Töten statt gefangen nehmen" (Rüb 2013).

Auch die deutsche Diskussion findet in den erwarteten Frames statt. Nach Beginn der Euro-Hawk-Krise dominiert in der Berichterstattung sehr schnell der „Politik-Frame". Beschuldigungen der Opposition nach dem Motto „Wer wusste wann was" sind bestimmend, und schließlich personalisiert sich die Debatte und stellt den Minister in den Mittelpunkt. Bis auf „Technologie" (11 von 30 *SZ*-Artikeln in der zweiten Hälfte des Monats Mai, also nach Beginn der Euro-Hawk-Krise, fallen in diesen Frame!) treten alle zuvor erwähnten Frames in den Hintergrund.

Im Verlauf der Krise ist ein weiterer Frame auszumachen, der hier als „investigativer Frame" bezeichnet wird. Die Ausweitung der Berichterstattung besteht in aktiven Untersuchungen von Journalisten, die auch „Enthüllungen" zutage fördern, wie etwa vermeintliche Verwicklungen deutscher Bürger in den amerikanischen Drohnenkrieg in Afrika, der auch von US-Einrichtungen in Deutschland aus kontrolliert wird (Fuchs/Goetz/Leyendecker 2013).[3] Zunehmend ergeben sich auch Überschneidungen mit der Berichterstattung über die Praktiken der US Geheimdienste, vor allem der NSA, im Zuge der Enthüllungen von Edward Snowden, also dem zweiten wichtigen außenpolitischen Thema im Untersuchungszeitraum. In diesem Zusammenhang scheint der „Völkerrechtsframe" wieder auf (*SZ*, 26.6.2013: 3).

Die dominierenden Frames in der Berichterstattung über die Drohnenproblematik, die die Analyse der ausgewählten Artikel ergab, ähneln also denen im angloamerikanischen Raum. Diese Ergebnisse überraschen nicht

---

3 Siehe auch: Drohnenangriffe angeblich in Deutschland vorbereitet. In: *Frankfurter Allgemeine Zeitung*, 1.6.2013, S. 5.

wirklich, allerdings sollte betont werden, wie sehr die Berichte vor der Euro-Hawk-Affäre die Drohnen-Problematik im Kontext von Präsident Barack Obamas Außen- und Sicherheitspolitik behandeln. Impulse, Drohnen im Zusammenhang mit deutscher Außenpolitik zu diskutieren, gehen zu Beginn des Jahres hauptsächlich vom deutschen Verteidigungsminister selbst aus. Erst als der Euro Hawk zum bestimmenden Thema wird, forschen die Journalisten selbst genauer nach und fragen, inwieweit Deutsche am „Drohnenkrieg" der USA beteiligt sind.

Sehr interessante Ergebnisse erbrachte die Analyse der Artikel, die Drohnen nur nebenbei erwähnen, also meist nur einmal pro Artikel. Gerade diese kurzen Erwähnungen zeigen eindringlich, wie der jeweilige Journalist das Problem verkürzt. Dabei nimmt er oder sie nicht nur eine eindeutige Einordnung in einen Frame vor, sondern setzt auch bei den Rezipienten ein erhebliches Wissen über die Thematik als selbstverständlich voraus. Entsprechend wird hier sichtbar, welche Frames aus Sicht des Journalisten bereits im Publikum etabliert sind, sodass es den Lesern erleichtert wird, die Informationen entsprechend einzuordnen.

Diese „beiläufigen Erwähnungen" finden sich oft nicht auf den Politikseiten, sondern im Feuilleton, in Reportagen oder in der Wirtschafts- und Wissenschaftsberichterstattung. Die Analyse erbringt sehr eindeutige Ergebnisse, die zumindest teilweise erklären können, warum die zu Beginn dieses Artikels erwähnten Formulierungen im Koalitionsvertrag vom Dezember 2013 den öffentlichen Diskurs widerspiegeln. Denn der Rahmen, der in diesen „beiläufigen Erwähnungen" aufscheint, ist zum einen der einer menschenrechtsverletzenden, kontraproduktiven Gewaltpolitik der Regierung Obama. In einem Atemzug werden „Drohnenangriffe, Lauschangriffe, Guantanamo, Entführungen, Militärtribunale" (*SZ*, 8.6.2013: 2) und auch Drohnen, „gezieltes Töten" und ein US-Geheimdienst (CIA) als „außer Kontrolle" stehend (*SZ*, 30.4.2013: 2) genannt. Die Rede ist von „kill lists" des US-Präsidenten. Unverhältnismäßig brutal, illegal und gleichzeitig feige erscheint hier das amerikanische Vorgehen, weil die US-Soldaten im sonnigen Kalifornien sitzen und aus dieser sicheren Position heraus gezielt töten.

Die Drohne an sich wird zum anderen in einen rüstungsfortschrittlichen Zusammenhang gebracht, der eine Ächtung dieser Technologie nahelegt. Dieser „Ächtungs-Frame", wie ich ihn hier nennen möchte, nennt Drohnen in einer Reihe mit Atomwaffen (*SZ*, 9.9.2013: 12). Der technologische Fortschritt der Drohnentechnik wird beiläufig mit dem des Klonens gleichgesetzt, also einer Technologie, die bei vielen Menschen für eine tiefe Verunsicherung sorgt und oft auf vehemente Ablehnung stößt.

In der *FAZ* sind „beiläufige Erwähnung" der Drohnenthematik auffällig häufig mit dem NSA-Abhörskandal verbunden. Der Begriff „Drohne" allein wird als Teil der Charakterisierung amerikanischer Außenpolitik genutzt. Hier einige Zitate zur Illustration:

> „Aber anstatt die Bürger der Welt mit Aushorchprogrammen zu überziehen, anstatt Drohneneinsätze zu genehmigen oder Gefangene ohne Anklage festzuhalten, sollten Sie [Präsident Obama] auch einmal drüber nachdenken, woher der Hass kommt" (*FAZ*, Feuilleton, 11. 7.2013: 29).
> „Sie [die Amerikaner] werden auch weiterhin alle ihnen zur Verfügung stehenden Mittel zu dessen [des Terrorismus] Bekämpfung nutzen, seien es Drohnen oder Datensuch- und -saugmaschinen" (*FAZ*, 15.7.2013: 1).
> „Wenn Links und Verdachtsmomente stark genug sind, werden unsere Drohnen in Marsch gesetzt. Das ist nur ein einfacher erster Schritt hin zu etwas ganz anderem. Warum potentiell gefährliche Personen (und die unvermeidlichen unschuldigen Zivilisten dazu) töten, wenn es technisch bald möglich sein wird, die gefährlichen Ideen selbst auszuschalten?" (*FAZ*, Feuilleton, 26.7.2013: 31)

In diesen „beiläufigen Erwähnungen" wird auch deutlich, was in der allgemeinen Berichterstattung bereits anklingt: Eine klare begriffliche Unterscheidung zwischen bewaffneten und unbewaffneten Drohnen gibt es selten. Gleichzeitig und paradoxerweise wird trotz der „Ächtung" vermittelt, dass Drohnen effektiv seien: Sie vertreiben Terroristen aus Pakistan in andere Gebiete, schüren neben Abscheu auch Angst unter ihnen. Und: Sie sind eigentlich nicht mehr wirklich wegzudenken. Die Technologie hat den Alltag erobert. Die Deutsche Bahn setzt sie zur Graffitibekämpfung ein (Jung 2013). Auch die Landwirtschaft kann sie benutzen (Hacke 2013). Die Verbreitung der Ansicht „Drohnen sind nicht mehr wegzudenken" steht auch im Mittelpunkt des nächsten Teils der Ergebnisdiskussion.

Bundeswehr-Webseiten

Die Frames in den Veröffentlichungen über Drohnen auf den untersuchten Internetseiten der Bundeswehr und des Verteidigungsministeriums unterscheiden sich in weiten Teilen deutlich von der Berichterstattung in *SZ* und *FAZ*. Eines der auffälligsten Ergebnisse ist, dass der technologische Frame die Darstellungen auf den Seiten der Bundeswehr das ganze Jahr über bestimmt. Nach der Euro-Hawk-Krise werden Statistiken zu deutschen Drohnen veröffentlich, aber schon davor konnte der interessierte Onlineleser viel über sie lernen. Vor allem das Alltägliche dieser Technologie wird klar, wenn die Bundeswehr über Übungen berichtet. Das ist besonders der Fall, wenn Marine oder Sondereinsatzkommandos thematisiert werden.

Ebenfalls größeren Raum als in den Tageszeitungen – zumindest im Verhältnis zum Gesamtumfang der Berichte – nimmt die Ethikdebatte ein. Zu Wort kommen die Kirchen, genauer: Militärbischöfe. Sie sind die „Experten", die warnende Fragen aufwerfen, denen sich der Minister stellt. Die Initiative geht hier vom Verteidigungsminister selbst aus und kann als Teil eines „Debatten-Frames" gesehen werden. Die drohnenkritische Sicht der Militärbischöfe wird auf den Bundeswehrseiten im Vergleich etwa zur *FAZ* (6.2.2013: 5) ausführlich thematisiert, indem die gesamte Pressemitteilung der Bischöfe veröffentlich wird (bmvg.de, 4.2.2013). Trotz dieser Ausführlichkeit wirkt die Kritik dadurch jedoch entschärft, da die Pressemitteilung zu Beginn auf die Notwendigkeit einer politischen Diskussion eingeht, also die Initiative des Verteidigungsministers betont. Bestärkt wird dieser Eindruck noch, indem der „Dialog mit den Kirchen" im April[4] und Juni fortgesetzt wird (*bmvg.de*, 29.4.2013 und 12.6.2013).

Diese Initiative zu Beginn des Jahres kennzeichnet den Versuch des Ministers, die Agenda zu bestimmen und eine Debatte über bewaffnete Drohnen anzuregen. Während diese Versuche ein wenig Widerhall in den Zeitungen finden, regen sie nicht wirklich eine „Debatte" an. In diesem Zusammenhang kann hier von einem „Debatten"-Frame gesprochen werden, welches das Verteidigungsministerium etablieren will. Die Botschaft kann kurz so zusammengefasst werden: Über das Thema Drohnen muss geredet werden, damit eine vernünftige, demokratische Entscheidung fallen kann. Vonseiten des Ministeriums wird Offenheit für Argumente demonstriert, obwohl der Minister selbst wohl nicht von seiner Meinung abgehen wird.[5]

Für Public-Relations-Fachleute wird von Interesse sein, dass es auf den Bundeswehr-Webseiten keine „mediengerechte" Vorbereitung auf die Nachricht vom Aus des Euro Hawk gibt. Im Gegenteil: Nur wenige Tage vor der Entscheidung wird noch ein Artikel veröffentlicht, der über den Neubau von Hangars für den Euro Hawk berichtet und sogar Pilotenschu-

---

4 Der *FAZ* sind die Äußerungen von Bischof Overbeck nur eine ganz kurze Meldung wert. „Bischof Overbeck bekräftigt Warnung vor bewaffneten Drohnen". In: *Frankfurter Allgemeine Zeitung*, 25.4.2013, S. 5.

5 Vgl. Thomas de Maizières *YouTube*-Statement, 1.2.2013. Online verfügbar unter: http://www.youtube.com/watch?feature=player_embedded&v=JDOCEtogHF4.

lungen thematisieren (*Y Magazin*, 07.5.2013, verlinkt auf *bmvg.de*). Die Pressearbeit nach dem Euro-Hawk-„Debakel", wie die Presse es tituliert, ist defensiv und reagiert auf Anfragen und „Enthüllungen". Untermauert wird dies schon allein vom Umfang und Veröffentlichungszeitpunkt der Artikel. Erst nach dem Höhepunkt der Krise im Juli erscheinen ausführliche Statements, allerdings in der Regel in Form von Pressemitteilungen oder der Wiedergabe von Reden und Äußerungen des Ministers zum Thema. Es gibt keine journalistisch aufgearbeiteten Geschichten zu diesem Thema, die „näher" an den Soldaten und der Truppe „dran" wären.

Höchst interessant ist auch das „Schweigen" zu einem der dominantesten Frames in der Zeitungsberichterstattung: Im Zusammenhang mit Drohnen werden die USA in den Veröffentlichungen der Bundeswehr praktisch nicht erwähnt. Es scheint, als existierten die Konflikte in der afghanisch-pakistanischen Grenzregion nicht oder als gäbe es keine „gezielten Tötungen" von Terrorverdächtigen in Jemen oder Afrika. Die einzigen Verbündeten, die im Zusammenhang mit Drohnen genannt werden, sind die Franzosen – sowohl die deutsch-französische Brigade (*bmvg.de*, 1.2.2013 und 10.4.2013, verlinkt von *deutschesheer.de*) als auch der geplante Bau einer gemeinsamen Drohne (*bmvg.de*, 24. 1.2013).

Fazit

Obwohl die Frameanalyse im Großen und Ganzen bestätigt, dass die Berichterstattung in die antizipierten Frames fällt, gibt es doch einige Ergebnisse, die aufmerken lassen. Vor allem die Rahmung der Drohnenthematik in den beiläufigen Erwähnungen der Print-Berichterstattung rückt Drohnen in den Bereich der brutalen, unethischen und illegalen Kriegführung mit einer schändlichen Waffe. Dies kann als „Ächtungs-Frame" bezeichnet werden. So deutlich und pointiert wie in den verkürzten „beiläufigen" Einordnungen der Drohnenproblematik werden die Zeitungsjournalisten selten – auch gerade dann nicht, wenn sie sich ausführlich mit Drohnen und deren Nutzung auseinandersetzen.

Außerdem ist die technologisch fokussierte Rahmung der Drohnenberichterstattung sehr auffällig. Sie trifft sowohl auf die Bundeswehr-Webseiten als auch auf die Zeitungsberichterstattung zu. Das bleibt selbst während des Höhepunkts der Euro-Hawk-Krise, in welcher der Politik-Frame dominiert, in den Printmedien weitgehend unverändert. Eine interessante Parallele ist auch die Tendenz, die Technologie mehr und mehr mit dem Alltag zu verbinden, und zwar als etwas, das nicht mehr wegzudenken ist.

Ein großer Unterschied zwischen Tageszeitungen und den Webseiten der Bundeswehr ist die Darstellung der USA. Auf den Bundeswehrseiten entsteht der Eindruck, US-Sicherheitspolitik und die Drohnen der Bundeswehr hätten nicht viel miteinander zu tun. Interessant ist, dass auch die meisten Zeitungsberichte keine direkte Verbindung herstellen, sondern in getrennten Artikeln über Pakistan, den US-Antiterrorkrieg etc. einerseits, die deutsche Drohnenfrage andererseits berichten. Selbst bei der „Enthüllung" einer angeblichen deutschen Beteiligung im US-Drohneneinsatz in Afrika wird eine klare Abgrenzung gemacht: Sollten Deutsche tatsächlich an illegalen „gezielten Tötungen" beteiligt sein, könnten sie rechtlich belangt werden – ihre US-Kollegen hingegen nicht. In den untersuchten Zeitungen werden militärisch genutzte Drohnen zu einer der wichtigsten Facetten, die Präsident Obamas Außenpolitik charakterisieren. Sie fallen aus journalistischer Sicht in eine Reihe mit Guantanamo oder dem NSA-Abhörskandal. Kurzum: Sie stehen für eine fragwürdige, wenn nicht gar völkerrechtswidrige amerikanische Außenpolitik.

Zum Abschluss noch eine Bemerkung zu den Darstellungen auf den Webseiten der Bundeswehr. Hier entsteht der Eindruck von zwei, wenn nicht gar drei Welten. Auf der einen Seite die Truppe, die Drohnen in ihre Alltagspraxis integriert hat. Auf der anderen Seite steht die Politik, die hauptsächlich durch Reden des Ministers oder Pressemitteilungen dargestellt wird. Eine dritte Welt sind womöglich die kirchlichen Ethikexperten, denen in dieser Debatte ein verhältnismäßig großer Raum gegeben wird – im Gegensatz zu Völkerrechtsexperten, die im untersuchten Material nicht zu Wort kommen.

Quellen und Literatur

Altenbockum, Jasper von (2013): Phase vier. In: *Frankfurter Allgemeine Zeitung*, 7.6.2013, S. 1.

Coker, Christopher (2009): *War in an Age of Risk*. Cambridge: Polity Press.

Coker, Christopher (2013): *Warrior Geeks: How 21st Century Technology Changes the Way We Fight and Think about War*. London: Hurst Publishers.

Edy, Jill A.; Meirick, Patrick C. (2007): Wanted, Dead or Alive: Media Frame Adoption and Support for the War in Afghanistan. In: *Journal of Communication* 57, S. 119–141.

Entman, Robert M. (1993): Framing: Towards clarification of a fractured paradigm. In: *Journal of Communication* 41 (4), S. 6–27.

Entman, Robert M. (2003): *Projection of Power: Framing News, Public Opinion and U.S. Foreign Policy*. Chicago: University of Chicago Press.

Fuchs, Christian; Goetz, John; Leyendecker, Hans (2013): Ramstein sieht und hört mit. In: *Süddeutsche Zeitung*, 31.5.2013, S. 2.

Gitlin, Todd (1980): *The whole world is watching. Mass media in the making and unmaking of the new left.* Berkeley, CA: University of California Press.

Goffman, Erving (1986): *Frame Analysis: An Essay on the Organisation of Experience.* Boston: Northeastern University Press.

Hacke, Axel (2013): Das Beste aus aller Welt. In: *SZ-Magazin*, 30.8.2013, S. 28.

Jung, Helmut Martin (2013): Die fliegenden Augen der Bahn. In: *Süddeutsche Zeitung*, 28.5.2013, S. 10.

Kahnemann, Daniel; Tversky, Amos (1984): Choices, values and frames. In: *American Psychologist* 39, S. 341–350.

Kaldor, Mary (2012): *New and Old Wars: Organized Violence in a Global Era.* 3. Aufl., Cambridge: Polity Press.

McCombs, Maxwell (2004): *Setting the Agenda: The Mass Media and Public Opinion.* Cambridge: Polity Press.

Medick, Veit; Weiland, Severin (2013): Koalitionsverhandlungen: Schwarz-Rot verschiebt Kampfdrohnenkauf. In: *Spiegel Online*, 13.11.2013. Online verfügbar unter: http://www.spiegel.de/politik/deutschland/schwarz-rot-verabschiedet-sich-von-raschem-kampfdrohnen-kauf-a-933355.html.

Melzer, Nils (2008): *Targeted Killing in International Law.* Oxford: Oxford University Press.

Münkler, Herfried (2002): *Neue Kriege.* Reinbek: Rowohlt.

Neuman, W. Russell; Just, Marion R.; Crigler, Ann N. (1992): *Common knowledge. News and the construction of political meaning.* Chicago, IL: Chicago University Press.

O'Donnel, Mary E. (2010): Law from Above: Unmanned Aerial Systems, Use of Force, and the Law of Armed Conflict. In: *North Dakota Law Review* 85, S. 649-671.

Rojecki, Andrew (2008): Rhetorical Alchemy: American Exceptionalism and the War on Terror. In: *Political Communication* 25, S. 67–88.

Rüb, Matthias (2013): Herr der Drohnen. In: *Frankfurter Allgemeine Sonntagszeitung*, 13.1.2013, S. 8.

Ruigrok, Nel; Atteveldt, Wouter van (2007): Global Angling with a Local Angle: How U.S., British, and Dutch Newspapers Frame Global and Local Terrorist Attacks. In: *The Harvard International Journal of Press/Politics* 12 (4), S. 68–90.

Scheufele, Dietram A. (1999): Framing as a theory of media effects. In: *Journal of Communication* 49 (1), S. 103–122.

Shehata, Adam (2007): Facing the Muhammed Cartoons: Official Dominance and Even-Driven News in Swedish and American Elite Press. In: *The Harvard International Journal of Press/Politics* 12 (4), S. 131–153.

„Und wir berichten doch …" – Bundeswehr und Medien als Perzeptionsthema. Eine aktuelle Bestandsaufnahme.

Gottfried Linn

Das Verhältnis von Medien und Bundeswehr war in den vergangenen Jahren von einem grundsätzlichen Interessenkonflikt geprägt. Medien sind krisen- und konfliktorientiert: Worüber gibt es Streit, welche Entwicklungen haben welche Auswirkungen, welche Positionen werden von wem vertreten, wo kann etwas schiefgehen, wo gibt es Skandale, wo auffällige Besonderheiten? Das bewegt Medien nicht nur im Bereich der Bundeswehr. Hinzu kommt das Interesse an der eigenen Welt in „Flecktarn", an der besonderen Wehrtechnik, an Waffen, an soldatischen Regeln und dem militärischen Leben, getarnt hinter meist hohen Mauern und Zäunen auf abgeschirmtem Kasernengelände, oft mit Hinweisschildern auf angedrohten Schusswaffengebrauch. Journalistische Skepsis erscheint hier angebracht. Deshalb interessiert Medien besonders das, was das Zivlleben vom Leben in Uniform unterscheidet.

Die Bundeswehr, so die von Journalisten vielfach geäußerte Meinung, legt großen Wert auf Geheimhaltung, Abschottung und Informationslenkung im Hinblick auf Einsätze, Übungen, Waffen und „besondere Vorkommnisse" im militärischen Alltag. [1] Sie widerspreche damit oft ihren eigenen Grundsätzen, wie sie z.B. in der Zentralen Dienstvorschrift Informationsarbeit (InfoA; ZDv A600-1) formuliert sind: *„Durch Maßnahmen der Info[rmations]A[rbeit] soll die Öffentlichkeit mittel- und unmittelbar sachlich, wahrheitsgetreu, ausgewogen, differenziert, nachvollziehbar, reaktionsschnell, offen und somit transparent informiert werden. Informationen müssen einer kritischen Überprüfung standhalten[2]. "*

Die Bundeswehr ihrerseits weist vielfach auf unverzichtbare Geheimhaltungspflichten hin, die letztlich der „Erfüllung" des Auftrages und dem Schutz handelnder Personen in Uniform dienten. „Begrenzende Faktoren [für die Information der Öffentlichkeit und der Medien] sind allein die mi-

---

1 Vgl.: Christian Thiels, Der Krieg der Wahrheit, in: Alois Bach, Walter Sauer (Hrsg.) „Schützen, Retten, Kämpfen – Dienen für Deutschland", Miles Verlag 2016.
2 Zentrale Dienstvorschrift A600-1 Informationsarbeit, BMVg Pr-/InfoStab (herausgebende Stelle) i.d.j.g.F., S. 5.

litärische Sicherheit bzw. die Sicherheit der Operationsführung, der Schutz der Persönlichkeitsrechte sowie die persönliche Sicherheit der Bundeswehrangehörigen und deren Familien, der Datenschutz, der Schutz vor Cyber-Kriminalität, Aussagen über ausländische Streitkräfte und ggf. weitere gesetzliche Vorgaben. Den vorgenannten Grundsätzen ist insbesondere bei Meldungen über Versehrtheit und Verluste im Inland und vor allem im Auslandseinsatz unbedingt Rechnung zu tragen[3]."

Wo aber beginnen die „begrenzenden Faktoren", und wo enden sie? Werden sie bei der selbstauferlegten Informationspflicht gegenüber der Öffentlichkeit als medialer Schutzschild verwendet, um kritische Informationen zurückzuhalten, wie viele Journalisten vermuten? Folgt die Bundeswehr tatsächlich ihrem in der Informationsarbeit definierten Anspruch: „Informationen aus Sorge vor Kritik oder negativer Berichterstattung über die Bundeswehr zurück zu halten, ist für ihr Ansehen kontraproduktiv und mit den Grundsätzen der InfoA nicht vereinbar. Die InfoA trägt vielmehr zu einer abwägenden, realitätsnahen und ausgewogenen Berichterstattung bei und gewinnt dadurch Glaubwürdigkeit sowie Vertrauen ihrer Zielgruppen in die vermittelten Informationen[4]."

Vor dem Hintergrund dieser Fragestellung wurden in den Monaten Oktober und November 2017 zehn Hauptstadtjournalisten relevanter Medien interviewt. Gemeinsamer „Nenner": die Beschäftigung mit sicherheitspolitischen Fragestellungen und der Bundeswehr.[5] Vor den Gesprächen wurde Vertraulichkeit vereinbart, was zu der methodischen Schwierigkeit in diesem Beitrag führt, keine direkten Zitate mit „Quelle" präsentieren zu können. Alle in Anführung gesetzten Begriffe und Passagen sind wörtliche Zitate aus den diversen Interviews. Auf Seiten der Bundeswehr wurden die Leiter von fünf „Presse- und Informationszentren" (PIZ) befragt[6]. Hier wurde ebenfalls Vertraulichkeit vereinbart, um Erfahrungen und Sichtweisen ungefiltert aufnehmen zu können.

---

3 Ebenda.
4 ZDv A600-1, S. 5.
5 Mathis Feldhoff, ZDF; Marco Seliger, FAZ, faz.net und Loyal; Hanno Kautz, Bild; Christoph Hickmann, SZ; Thomas Wiegold, „Augen Geradeaus"; Johannes Leithäuser; FAZ; Stefan Raue, Deutschlandradio; Christoph Prössl, ARD; Christian Thiels, ARD, Klaus Pokatzky, Deutschlandradio.
6 PIZ Luftwaffe, PIZ Heer, PIZ Einsatzführungskommando, PIZ Streitkräftebasis, PIZ Personal.

Journalistische Wahrnehmung der Bundeswehr

In der Einschätzung der Journalisten gilt nach wie vor das vom ehemaligen Bundespräsidenten Köhler formulierte „freundliche Desinteresse[7]" an der Bundeswehr. Entsprechend ist die journalistische Befassung mit den Streitkräften eingeschränkt. Allenfalls beschäftigen sich noch zwei Dutzend Journalisten im Schwerpunkt und intensiv mit der Bundeswehr und „angrenzenden" Themen. Viele haben noch weitere inhaltliche Themen zu bedienen, etwa die Berichterstattung über die im Bundestag vertretenen Parteien.

Nach der faktischen Abschaffung der allgemeinen Wehrpflicht 2011 ist der „gesellschaftliche Resonanzboden" weiter abgesenkt worden, was die meisten Journalisten nur noch im Zusammenhang mit „besonderen Vorkommnissen" zu Berichterstattungen veranlasst. „Die Gesellschaft ist entmilitarisiert." Dabei werden die Besonderheiten des militärischen Dienstes in der Bundeswehr seitens der Journalisten sehr wohl erkannt. So unterschreibt jeder Freiwillige einen Dienstvertrag, in dem er darauf hingewiesen wird, ggf. im Einsatz verwundet oder getötet werden zu können. Das ist ein „Alleinstellungsmerkmal" und unterscheidet den „Beruf Soldat" von jedem anderen Job. „Diese Tatsache sollte in unserer Berichterstattung berücksichtigt werden."

Minister kommen und gehen – die Pressearbeit bleibt?

Die Einschätzungen der Journalisten zu diesem Thema sind unterschiedlich, geprägt von persönlichen Erfahrungen. Das reicht von: „Es gibt einen sehr starken, prägenden Einfluss des jeweiligen Ministers auf die Presse- und Öffentlichkeitsarbeit" bis hin zu der Meinung, dass „die strukturellen Beharrungskräfte größer sind als die Möglichkeit, sich als Minister einzubringen." Eine für alle befragten Journalisten gemeinsame Ausgangsposition ist die Einschätzung, dass „die Medienarbeit bei einem so brisanten Ministerium natürlich eine eminent politische Aufgabe ist. Wenn der Sitz des Verteidigungsministers nicht ohne Grund als ‚Schleudersitz' bezeichnet wird, liegt es nahe, dass die Medienarbeit in den obersten Ebenen in besonderem Maße die Ministerin oder den Minister absichern muss. Da sollte man sich nichts vormachen."

---

7 Rede des Bundespräsidenten Horst Köhler bei der Kommandeurtagung der Bundeswehr am 10. Oktober 2005 in Bonn.

Wie weit die Perzeptionen der Befragten im Hinblick auf den Einfluss eines Ministers auf die Presse- und Informationsarbeit des Ministeriums und des nachgeordneten Bereiches auseinandergehen, wird bei der medialen Beurteilung der Ministerin Ursula von der Leyen mehr als bei früheren Amtsinhabern deutlich: Einige Journalisten sehen sie als „Solistin" und „Meisterin der Selbstinszenierung", bei der es „keine Eigenständigkeiten der Pressearbeit mehr gibt, bei der im unterstellten Bereich allgemeine Passivität vorherrscht und alle bislang eigenständigen Presseaktivitäten heruntergefahren wurden." Von den parlamentarischen Staatssekretären ist z.B. „keine eigenständige Informationsarbeit mehr wahrzunehmen, wie das bislang der Fall war." Kritik der Journalisten am „System von der Leyen[8]" wird sanktioniert, „indem man die betroffenen Medienvertreter von wichtigen Informationssträngen abtrennt oder sie z.B. nicht mehr zu Informationsreisen einlädt." Nach Einschätzungen einiger befragter Journalisten kommt es auch vor, dass „Interviews oder Drehtermine verweigert werden oder eine Antwort so lange hinausgezögert wird, bis das Thema an Aktualität verloren hat." – Ein Verfahren, das Journalisten im Übrigen auch von anderen Ressorts kennen. – Eine andere Auswirkung der „zentralisierten Pressearbeit": Viele Presseoffiziere folgen einer „Art vorauseilendem Gehorsam und sagen im Zweifel gar nichts. Das hat mit der selbstauferlegten Informationspflicht nichts zu tun."

Von einigen Journalisten wird die Ministerin als „fachfremde und (mit der Truppe) fremdelnde, aber sehr kompetente Führungspersönlichkeit wahrgenommen, die mit deutlicher Stärke Durchsetzungsvermögen zeigt und einen Plan für diese Armee hat." Dabei bleibe aber oft die „Realität auf der Strecke." Wenn etwa die Ministerin auf der Münchner Sicherheitskonferenz 2014 verkündet, „dass Deutschland bereit ist, mehr Verantwortung in Krisensituationen zu übernehmen[9]", dann muss dieser „hehre Vorsatz mit den faktischen Möglichkeiten der Bundeswehr abgeglichen werden. Tut man dies, entlarvt sich die angekündigte Bereitschaft als Luftblase: die Streitkräfte sind in vielerlei Hinsicht derzeit gar nicht in der Lage, dies umzusetzen, weder personell, strukturell, logistisch oder waffentechnisch."

Das seit 1990 unter verschiedenen Bundesregierungen und der sie tragenden Koalitionen forcierte Dilemma der Bundeswehr, für den im Weiß-

---

8 Vgl.: Peter Dausend/Elisabeth Niejahr: "Operation Röschen. Das System von der Leyen", Frankfurt: Campus Verlag 2015.

9 Zeit online vom 5. Februar 2015 : http://www.zeit.de/politik/deutschland/2015-02/muenchner-sicherheitskonferenz-von-der-leyen-verantwortung.

buch der Bundesregierung(en) formulierten Auftrag in Strukturreformen unterfinanziert worden zu sein, wird bei diesen Aussagen oftmals verdrängt. Auch gab es keine breite politische Debatte, über den Zweck, Auftrag und die dadurch bedingte Ausrüstung der Bundeswehr.

Wenngleich die befragten Journalisten die Pressarbeit während der Amtsführung der Ministerin von der Leyen mehrheitlich kritisch sehen, erkennen andere nur graduelle oder keine Änderungen im Vergleich zu ihren diversen Vorgängern im Amt. Jeder „Minister setzt seine eigenen Schwerpunkte. Im Hinblick auf die Pressearbeit bedeutet dies mal mehr und mal weniger Professionalität im Umgang mit uns Journalisten. Damit müssen wir leben."

Der Presse- und Informationsstab des Bundesministeriums der Verteidigung (BMVg) – Verhinderer oder Förderer?

In ihrer überwiegenden Mehrheit sehen die befragten Journalisten die Arbeit des Presse- und Informationsstabes (Pr-/InfoStab) des BMVg kritisch. „Kontakte und Informationsabfragen gestalten sich eher schwierig", so die oft geäußerte Einschätzung. Dabei wird die besondere Rolle des Pr-/InfoStabes als „Frühwarnsystem und Kommunikationszentrum der politischen Führung" gesehen und akzeptiert. „Die Funktion des Pr-/InfoStabes ist es, den jeweiligen Minister gut aussehen zu lassen. Das ist ganz normal und in der Industrie auch nicht anders."

Bemängelt wird von vielen Journalisten insbesondere das Ritual, dass den Journalisten in der Regel immer ein „definierter Ansprechpartner" zugeordnet wird, die Anfragen meist schriftlich eingereicht werden müssen, um dann „mehrfach geprüft" zu werden. So habe man den Eindruck, dass „Verantwortlichkeiten erst intern festgelegt werden müssen". „Eine offene Kommunikation sieht anders aus."

Werden Anfragen gestellt, dauere es oft ein bis zwei Tage – bei manchen Themen auch Wochen –, bis die Antworten erfolgen. „Das ist für einen online getriebenen Journalisten einfach zu lang." Bei kritischen Themen müssen „erst der Minister und dann alle Parlamentarier informiert werden, bis hin zum letzten Obmann. Die Frage ist, ob das immer sein muss?" Der Informationsfluss bei „wichtigen Ereignissen ist schleppend."

Ein weiteres Problem sind die unterschiedlichen Formate der Journalisten. Wenn etwa ein Fernseh-Journalist" beim Pr-/InfoStab zu einem Thema anfragt, bekomme er nach unterschiedlicher Wartezeit oft eine schriftliche, „wolkige" Antwort – kaum ein Statement vor der Kamera. „Das ist dem Format aber in keiner Weise angemessen."

Bei den zahlreichen Auslandseinsätzen der Bundeswehr gibt es aus Sicht der befragten Journalisten viele „Ungereimtheiten und Hindernisse, die die journalistische Arbeit vor Ort beeinflussen oder behindern." Vieles wird dabei auf eine restriktive Informationspolitik des Pr-/InfoStabes zurückgeführt sowie auf den Anspruch, „alles kontrollieren zu wollen."

Wenn z.B. im Zusammenhang mit einer Ministerreise Journalisten die Chance erhalten, mit eingesetzten Soldaten vor Ort zu sprechen, „wieso wird dann die journalistische Arbeit eingeschränkt?" Anlass war die Befragung von deutschen Soldaten in Afghanistan zum Thema „Umgang mit dem Tod von Kameraden und der Angst vor Anschlägen". Für das Interview eines Printjournalisten standen für 15 Minuten „ausgewählte Soldaten zur Verfügung, die man unter Aufsicht befragen konnte." „Das macht keinen Sinn. Dann schreibe ich eher über die Restriktion."

Die erkennbare Absicht, kein Risiko eingehen zu wollen, wird in den Interviews mit einem anderen Beispiel beschrieben: Seit längerer Zeit beschäftigt sich die Bundeswehr, die wie andere Großorganisationen einer in vielen Bereichen wachsenden Digitalisierung ausgesetzt ist, mit dem Thema „Cloudlösung für die Streitkräfte."[10] Es ist naheliegend, dass das journalistische Interesse sich auf das „Was, Wann, Wo, Wie" konzentriert. Entsprechend gab es Anfragen bei Generalleutnant Ludwig Leinhos, seit 1. April 2017 Inspekteur des Kommandos Cyber- und Informationsraum in Bonn. Die Antwort kam vom Pr-/InfoStab des BMVg: Es sei noch keine Entscheidung getroffen worden, und man müsse leider noch bis zum zweiten Quartal 2018 um Geduld bitten. „Wenn ich als Journalist im Sommer 2017 zum Thema Cloudpläne der Bundeswehr anfrage und bis Frühjahr 2018 vertröstet werde, ohne jede weitere, vernünftige Information, dann geht das schon an den Rand von Zensur." Die Konsequenz sei weder für die Bundeswehr noch für die Journalisten zufriedenstellend. „Dann besorge ich mir halt auf anderen Wegen die notwendigen Informationen, und das gelingt fast in jedem Fall."

Das „Pannengewehr" G-36

Im manchen Fällen werde aber auch Agenda Setting durch das gezielte „Lancieren von Information" betrieben, um durch gezieltes „Lancieren

---

10 Mitteilung BWI vom 27. Juni 2016: http://www.herkules-fakten.de/public-private-hybrid-wie-kommen-verwaltungen-in-die-cloud/.

von Information" einen „gewünschten Öffentlichkeitseffekt" zu erzielen, z.B. beim Thema G 36. FAZ.net berichtete am 8. April 2015:

> „Der Bundesrechnungshof will neue Anhaltspunkte für Mängel am Standard-Sturmgewehr der Bundeswehr erhalten haben. Das geht aus einem geheimen Bericht des Rechnungshofs hervor, der dem ‚Stern' vorliegt. Der Bundesrechnungshof bezieht sich in seinem Bericht auf Untersuchungen des Wehrwissenschaftlichen Instituts der Bundeswehr, nach dem in der Kunststoffmischung für das Gehäuse des G36 der Zusatzstoff Polyethylen nachweisbar sein soll. Der Kunststoff kann bei Hitze die Verformung einer Waffe begünstigen."

Offenkundig wurde der als geheim eingestufte Bericht des Bundesrechnungshofes ausgesuchten Journalisten zugespielt, mit der „erkennbaren Absicht, die Position der Ministerin bei diesem Thema in der Öffentlichkeit zu pushen." Sie hatte nämlich schon 2015 entschieden: „... alle 167.000 G36-Gewehre wegen unzureichender Treffsicherheit bei Dauerfeuer oder großer Hitze auszumustern[11]."

Dass die Soldaten der Bundeswehr selbst mit dem G36 im Einsatz zufrieden sind, ergab ein anderes Gutachten – vom BMVg selbst in Auftrag gegeben und unter Verschluss gehalten. Unter der Federführung des früheren Wehrbeauftragten Hellmut Königshaus und des „grünen" Verteidigungsexperten Winfried Nachtwei wurden rund 200 Soldaten befragt. Alle waren sich einig: Präzisionsmängel seien beim G36 im Einsatz nie wahrgenommen worden. Im Gegenteil: Die Waffe sei leicht, bedienungsfreundlich – und sehr zuverlässig. Fazit der Kommission: "Die einsatzerfahrenen Soldaten haben die Qualifizierung des G36 als Pannengewehr widerlegt[12]."

Dieses „Königshaus und Nachtwei"-Gutachten, das zu einem ganz anderen Ergebnis kam, wurde aber offensichtlich bewusst zurückgehalten. „Das ist ein klassisches Beispiel von lancierter Informationspolitik." Das Gutachten auf anderem Wege zu beschaffen, war aber „kein größeres Problem. Das Problem hat das Ministerium, *denn wir berichten doch*, so oder so."

Es deutet einiges darauf hin, „dass diese Strategie aufgeht." Vielen, insbesondere regionalen Journalisten, fehle die tieferen Kenntnisse über die in der Regel komplexe sicherheitspolitische Thematik, weil sie oft über andere thematische, regionale Schwerpunkte schreiben. Sie griffen die Einschät-

---

11 Spiegel Online vom 02.09.2016: http://www.spiegel.de/politik/deutschland/g36-bundesregierung-verliert-prozess-gegen-heckler-koch-a-1110631.html.
12 Spiegel Online vom 02.09.2016: http://www.spiegel.de/politik/deutschland/g36-bundesregierung-verliert-prozess-gegen-heckler-koch-a-1110631.html.

zungen des BMVg, umgesetzt vom Pr-/InfoStab, auf und verbreiten sie ungeprüft. Weitgehend abgeschaltet von den internen Berliner Informationszirkeln, verblieben viele „Kollegen auch nach dem Bekanntwerden des Königshaus/Nachtwei-Gutachtens bei der Darstellung des G 36 als Pannengewehr." Das änderte sich erst teilweise, nachdem das Landgericht Koblenz der Einschätzung des BMVg im Rechtsstreit mit dem G 36-Hersteller Heckler und Koch in einem Rechtsstreit nicht folgte und dem Rüstungskonzern in „vollem Umfang" Recht gab[13].

Aber es gibt nicht nur die Informationsstrategie des „Lancierens und Blockierens". Mehrheitlich berichteten die Journalisten in den geführten Interviews von „einer neuen, sehr viel geschickteren Informationsstrategie des Pr-/InfoStabes: ‚Redaktionellen Overkill' könnte man das nennen. Wir werden zu bestimmten Themen in den Redaktionen regelrecht erschlagen." Auch hier wird mehrfach das Beispiel G 36 angeführt. Den Journalisten wurde unaufgefordert eine „Flut von Stellungnahmen und Gutachten" in die Redaktionen übermittelt. „Wer soll das alles lesen, auswerten und im Detail beurteilen? Angesichts unseres engen personellen und zeitlichen Budgets können wir das gar nicht leisten. Aber wir können uns auch nicht beschweren, da wir ja alle zur Verfügung stehenden Informationen erhalten haben. Wir können halt nur wenig damit machen, weil es uns schlicht überfordert".

Schlechte Krisenkommunikation und mangelnde Koordinierung

Allgemein wird die Krisenkommunikation des Pr-/InfoStabes als keine „Kernkompetenz des Ministeriums" empfunden. „Das gilt auch für den untergeordneten Bereich". Beim Thema Tradition z.B.: „Warum erklärt kein charismatischer General, was es mit den Traditionsräumen in den Kasernen auf sich hat? Warum thematisiert die Bundeswehr nicht offensiv, wel-

---

13 Der Tagesspiegel vom 02.09.2016: „In vollem Umfang stattgegeben" – ein solcher Satz in einem Urteil ist für die unterlegene Seite immer unschön. Vor dem Landgericht Koblenz hat am Freitag Bundesverteidigungsministerin Ursula von der Leyen in vollem Umfang verloren. Denn das Gericht stützt die Ansicht des Waffenherstellers Heckler & Koch, dass das an die Bundeswehr gelieferte G36 nicht dienstuntauglich ist – jedenfalls nicht nach den Bedingungen, welche die Bundeswehr und die Oberndorfer Firma 2013 vertraglich vereinbart hatten. Ein unangenehmes Urteil für die CDU-Politikerin – denn sie will die Waffe ausmustern und durch ein neues Modell ersetzen. Die Zweifel, ob das wirklich nötig ist, sind mit dem Urteil vom Freitag nochmals gewachsen".

che Wandlungen ihr Traditionsbegriff durchlaufen hat? Warum wird das Thema Extremismus nicht präzise und trennscharf aufgenommen? Zuviel Angst, dass etwas am einzelnen Sprecher oder Bundeswehrvertreter hängen bleibt? Das ist keine Krisenkommunikation."

Zeitverzögerungen bei der Freigabe elektronischer Beiträge sind ein weiterer Kritikpunkt. Wenn z.B. in einem Beitrag über den Kosovo ein regional kommandierender General ein Interview gibt, „dann dauert es ewig, und erst nach vielen internen Prüfungen wird das Interview freigegeben. In diesem Fall war der betreffende General zum Zeitpunkt des Erscheinens des Beitrages schon in einen anderen Bereich versetzt worden." Aus journalistischer Perspektive mache das wenig Sinn.

Immer wieder „gibt es auch Verzögerungen beim Bildmaterial." Die Bundeswehr erstellt mit eigenen Fotografen Bilder in Einsatzgebieten, die anschließend Journalisten zur Verfügung gestellt werden sollen. Zwischen Aufnahmedatum und Freigabe liegen oft mehrere Tage. „Hat der Pr-/Info-Stab kein Vertrauen in seine in der Regel ja gut ausgebildeten Fotografen vor Ort? Es gibt offensichtlich die, die die Bilder machen und die, die darüber entscheiden." In einem anderen Fall dauerte die Freigabe von Bildern drei Tage. Auf einem Bild aus dem Einsatzgebiet Mali war ein Toter zu sehen, der erst, wie in diesen Fällen üblich, mit Pixeln unkenntlich gemacht werden musste. Da stellt sich die Frage, „wieso diese simple Technik geschlagene drei Tage dauert?" Bilder der „dpa stehen sofort zur Verfügung, Bundeswehr- Bilder gibt es erst mit viel zu langer Verzögerung."

Handlungsbedarf gibt es aus Sicht einiger Journalisten auch bei der Koordinierung der Presse- und Informationsarbeit. Das gilt insbesondere bei der Festlegung wichtiger Termine. Wenn z.B. der Inspekteur des Heeres zu einem Hintergrundgespräch einlädt, „dann macht es wenig Sinn, wenn parallel dazu auf Einladung der Marine der Parlamentarische Abend stattfindet." Oft würden auch zu regionalen Veranstaltungen der Teilstreitkräfte konsequent nur regionale Journalisten eingeladen. Dabei erfolge die Planung einschließlich der Presseeinladungen über die Landeskommandos. „Wir als Hauptstadtjournalisten erfahren sowas nur per Zufall. Das scheint ein strukturelles Problem zu sein." Oder „wenn es im Juni 2017 eine größere NATO-Übung auf dem Truppenübungsplatz Putlos gibt, dann wird da nur über die NATO eingeladen. Vom Pr-/InfoStab hört man nichts. Und wenn ein Kollege nicht auf dem Verteiler der NATO ist, dann hat er Pech gehabt und bekommt keine Infos[14]."

---

14 Augen Geradeaus, Strandtag in Putlos: Mal gucken, was geht, 10. Juni 2017.

Insgesamt wird also die Arbeit des Pr-/InfoStabes von der überwiegenden Anzahl der befragten Journalisten kritisch gesehen. Es soll allerdings nicht unerwähnt bleiben, dass zwei Hauptstadtjournalisten die Zusammenarbeit mit der „Kommunikations- und Pressezentrale" des Verteidigungsministeriums als gut und unproblematisch bewerten. Hier habe sich „in den letzten Monaten ein deutlicher Wandel hin zu einer sehr guten Kooperation" ergeben. Bei Anfragen „wird man zeitnah und in der Regel auch umfänglich informiert."

Journalistische Einschätzung der Presse- und Informationszentren (PIZ) der Bundeswehr

Aktuell verfügt die Bundeswehr über insgesamt 10 Presse- und Informationszentren. Dazu zählen die PIZ der Teilstreitkräfte (Heer, Luftwaffe und Marine – und neu: PIZ Cyber- und Informationsraum), sowie die PIZ der Streitkräftebasis, des Einsatzführungskommandos, des Personalamtes der Bundeswehr, des Bundesamtes für Ausrüstung, Informationstechnik und Nutzung der Bundeswehr, des Organisationsbereiches Infrastruktur, Umweltschutz und Dienstleistungen sowie des Sanitätsdienstes der Bundeswehr.

Ihre Aufgabenbereiche und Zuständigkeiten werden in der Zentralen Dienstvorschrift A-600/1 definiert. Hier heißt es unter anderem: „Die PIZ nehmen die InfoA im Zuständigkeitsbereich ihres OrgBer [Organisationsbereiches, d. Verf.] wahr. Sie steuern und koordinieren die InfoA in allen ihren Aufgabenfeldern auf Weisung und im Rahmen inhaltlicher Zielvorgaben des Pr-/InfoStab. Sie sind zugleich Ansprechstellen für den Pr-/ InfoStab für die Steuerung und Wahrnehmung der InfoA bei Angelegenheiten von besonderer Bedeutung im jeweiligen Organisationsbereich, soweit diese nicht zentral durch das BMVg wahrgenommen werden[15]."

Die PIZ sind mit ihrem Personal die Ansprechpartner der Journalisten, wenn es um die Belange der jeweiligen Organisationsbereiche geht. Ihre Arbeit erfolgt, wie oben zitiert, „auf Weisung und im Rahmen inhaltlicher Zielvorgaben des Pr-/InfoStabes", was einige Journalisten dazu veranlasst von „der langen Leine des Ministeriums" oder der „medialen Schutzkarte des BMVg" zu sprechen. Dabei wird die Effektivität der Zusammenarbeit

---

15 Zentrale Dienstvorschrift Informationsarbeit, A-600/1, BMVg Pr-/InfoStab (Herausgebende Stelle) 2016,
S. 25.

mit den einzelnen PIZ unterschiedlich beurteilt. Je nach persönlicher Erfahrung ist für den einen das PIZ Heer „kommunikativ und flexibel bei allgemeinen Anfragen, Informationsvergabe und Unterstützung“, für den anderen stellt das PIZ Luftwaffe die bessere, weil „kommunikativere“ Variante dar. Manchmal fehle den Vertretern der Bundeswehr auch das Gespür für journalistische Bedürfnisse oder das eigene Rollenverständnis sei nicht hinreichend ausgeprägt. So wurde in der Befragung zum Beispiel aufgeführt, dass beim „Medientag der Marine zwar die Möglichkeit besteht, sich die umstrittene Fregatte 125 anzusehen“, es aber an keiner Stelle „möglich war, mit dem Kommandanten zu sprechen. Was soll dann mein Besuch?“ Einem anderen Journalisten wurde mitgeteilt, dass man mit seiner kritischen Berichterstattung „keine positiven Erfahrungen gemacht habe“ und er deshalb keine weiteren „Informationen zur Fregatte Baden-Württemberg“ bekomme. „Das ist kurzsichtig, zeigt keine größere Souveränität und schafft vor allem kein Vertrauen. Die Berichte schreiben wir ja auf jeden Fall.“

In einigen Fällen entsteht Misstrauen auch schlicht durch fehlende Information: Im Sommer 2017 verlegte die Bundeswehr Tornados aus dem türkischen Incirlik auf die Asrak-Air Base in Jordanien. Dem Ganzen gingen monatelange nationale und internationale politische Diskussionen voraus.[16] Erwartungsgemäß hatten zahlreiche Journalisten ein großes Interesse an einem Besuch auf der neuen Basis in Jordanien. Auf Anfrage der Journalisten wurde vom zuständigen PIZ Luftwaffe mitgeteilt, dass eine Besichtigung der verlegten Einheiten zum jetzigen Zeitpunkt nicht möglich sei und mindestens um vier Wochen verschoben werden müsse – ohne weitere Begründung. Wie sich erst im Nachhinein herausstellte, waren die Luftwaffeneinheiten mit der Verlegung im Zeitverzug, und die neue Basis war noch nicht komplett eingerichtet. „Hätte man uns diese einfache Begründung vertraulich mitgeteilt, hätte wohl jeder Journalist dafür Verständnis aufgebracht. So aber kochte die Gerüchteküche: politische Komplikationen? Doch keine Verlegung oder anders als geplant? NATO-interne Differenzen? Alles Spekulationen, die man mit einer klareren Informationspolitik hätte verhindern können.“

Truppenbesuche werden in der Regel von den jeweils zuständigen PIZ organisiert. Ziel ist die Information der Öffentlichkeit über den Zustand der Streitkräfte, neue Waffensysteme, neu aufgestellte Einheiten, Ausbil-

---

16 Spiegel Online, 09.07.2017, Bundeswehr startet Abzug aus der Türkei, http://www .spiegel.de/politik/ausland/bundeswehr-startet-abzug-aus-der-tuerkei-a-1156856.ht ml.

dungsverfahren, Alltag der Soldaten usw. Das Interesse der Journalisten an diesen Veranstaltungen ist, je nach Anlass und Bedeutung, „durchaus vorhanden, manchmal sogar groß". Insbesondere die bei diesen Gelegenheiten stattfindenden Gespräche mit Soldaten unterschiedlicher Dienstgradgruppen sind "von besonderem Interesse. Eines muss aber auch klar sein: Bei Truppenbesuchen brauchen wir keine Kontrolle. Wenn ich mich z.B. über den Soldaten der Zukunft informieren möchte, will ich das ungestört tun können. Da brauche ich keinen Presseoffizier als Kontrolleur, der nicht von meiner Seite weicht und alles im Griff haben will. Und ich möchte mir meine Gesprächspartner selbst aussuchen können. Das macht die Sache doch erst interessant. Und so viel Vertrauen sollte man uns schon entgegenbringen."

Mehr Souveränität von verantwortlichen Presseoffizieren wüschen sich die Journalisten auch in der Region. Wenn z.B. als Folge der aktualitätsbezogenen Diskussion um die Tradition in der Bundeswehr einmal mehr Kasernennamen zur Disposition stehen, dann „gibt es so gut wie keine Auskünfte vor Ort". Anlass war die anstehende Umbenennung der Emmich-Cambrai-Kaserne in Hannover im Zuge des Skandals um den rechtsextremen Soldaten Franco A.[17] Nach Anfragen von Journalisten bei den zuständigen Presseoffizieren in Hannover gab es keine Antworten. „Die mussten sich erst einmal beim Pr-/InfoStab versichern, ob und was sie sagen dürfen. Erst nach dem Go von Herrn Flosdorff[18] im BMVg gab es dann wenig präzise Auskünfte. Da gibt es viel Reibungsverluste, und es wird jede Menge Zeit verbraucht, die wir in den Redaktionen nicht haben."

Ausbildung von Pressepersonal in der Bundeswehr

Den Ausbildungsstand und die Professionalität des in den PIZ eingesetzten Personals sehen die befragten Journalisten als gegeben, teilweise als gut oder sehr gut an. Erwähnt wird z.B., dass die Luftwaffe als einzige Teilstreitkraft einen eigenen Medienanteil in den Lehrgängen für Komman-

---

17 Der aktuelle Name ergibt sich aus der Fusion der Emmich- und Cambrai-Kaserne. Otto von Emmich war ein preußischer General, bei Cambrai fand während des ersten Weltkriegs die erste große Panzerschlacht der Geschichte statt. Vgl. auch: Süddeutsche.de, 2. Mai 2017, Die Feldjäger tragen am Barrett die Worte "Suum Cuique", Jedem das Seine: http://www.sueddeutsche.de/politik/bundeswehr-im-gr aubereich-1.3501136-2.

18 Jens Flosdorff ist seit ihrem Amtsantritt Sprecher der Bundesministerin der Verteidigung Ursula von der Leyen und Leiter des Pr-/InfoStabes des BMVg.

deure integriert hat. „Damit wird mehr Sensibilität für den Umgang mit uns Journalisten erreicht, und das macht auch den Job des jeweiligen Presseoffiziers einfacher, der seinem Kommandeur dann nicht an jeder Stelle die Relevanz der Pressearbeit erklären muss." Auch das Zentrum Informationsarbeit Bundeswehr, bei dem die Ausbildung der Presseoffiziere im Wesentlichen erfolgt, bilde „professionell" aus. Einige Hauptstadtjournalisten werden mit eigenen Trainings- und Lehreinheiten in die dortige Ausbildung einbezogen. „So kann man sicherstellen, dass die meist jungen Offiziere mitbekommen, wie wir als Journalisten ticken." Umso unverständlicher ist es, dass einiges wieder in „Vergessenheit gerät, wenn die Damen und Herren Presseoffiziere dann ihren Job übernehmen. Dann sind die Beharrungskräfte des Systems Bundeswehr manchmal größer als der Anspruch, den man an die eigene Pressearbeit hat. Aber das finden wir auch immer wieder in der Wirtschaft. Das ist halt die Schere im Kopf der handelnden Personen." Insgesamt habe aber die Aufgabe „Presseoffizier durch die Auslandseinsätze und die Flut Amtshilfe sehr an Ansehen gewonnen."

„Die Ausbildung in der Presseschiene der Bundeswehr ist alltagsnah und ist durch die langjährigen Krisenerfahrungen deutlich professioneller geworden."

Verbesserungswürdig ist der Umgang mit der „Macht der Bilder". Die Texte, egal ob Print oder online, werden kürzer, die Aussagekraft und die Wirkung der Bilder dafür umso größer. Hier „fehlt es offensichtlich an spezifischer Ausbildung innerhalb der Bundeswehr. Ein Pressefoto nicht nur in seiner Qualität, sondern auch in seiner politischen Dimension, indem, was daraus werden kann, einschätzen zu können, setzt komplexe politische Bildung und Sensibilität in vielerlei Hinsicht voraus. Das ist ja schon für Journalisten mit einer jahrelangen Ausbildung und Erfahrung problematisch. Hier sollte die Bundeswehr ausbildungstechnisch nachlegen."

Als Beispiel wird eine NATO-Übung in Norwegen angeführt, bei der das Rohr an der Waffenanlage des GTK[19] Boxer der Bundeswehr mit einem schwarz angestrichenen Besenstiel simuliert wurde. Dies ging aus dem internen Bericht eines Inspizienten der Bundeswehr hervor, der den ARD-Politikmagazinen „Kontraste" und „Report Mainz" zugespielt wurde. „Diesen Vorgang mit Bildern zu dokumentieren zeigt, dass man sich über die Dimension der Wirkung nicht mal annähernd im Klaren ist. Und das in einer Zeit, in der die Bundeswehr ohnehin schon wegen erheblicher Ausrüstungsmängel in der Kritik steht." Nach Informationen der beiden TV-

---

19 GTK = Gepanzertes Transport-Kraftfahrzeug.

Magazine erfolgte eine Order des BMVg, dass der Bericht samt Bildern nicht an die Presse gelangen dürfe, vor allem nicht der Besenstieleinsatz.[20]

Zum Thema Ausbildung des Personals im Bereich der Presse- und Informationsarbeit stelle sich insgesamt die Frage, warum man nicht eine spezielle Laufbahn „Presseoffizier" einrichte. Der Anspruch in der allgemeinen Offizierausbildung sei zwar, dass man „alles können muss", aber den Bereich Presse mit all seinen Facetten abzubilden, erfordere doch „absolute Fachkompetenz", und die ist nur bei „Kollegen mit wirklich professioneller Ausbildung und Erfahrung gegeben. Da reichen Praktika in irgendwelchen Redaktionen nicht aus." Andere Armeen würden über Presseoffiziere verfügen, die nur diesen „Job machen. Das ist doch auch für die Bundeswehr machbar."[21]

Ein anders Defizit: Schwierig ist es aus journalistischer Sicht, bei Ansprechpartnern der Streitkräfte den Überblick zu behalten. „Da gibt es viel zu viel Ressorts und ständig wechselndes Personal. Unser Job lebt auch von Vertrauen. Wenn ich immer wieder andere Ansprechpartner auf Seiten der Bundeswehr habe, wie soll das dann gehen?"

Das „Auffinden" der Ansprechpartner im gesamten Bereich der Presse- und Öffentlichkeitsarbeit wird teilweise ebenfalls als schwierig eingeschätzt. „Die Bundeswehr hat als einzige Institution zwei Presseverzeichnisse. Eins, das nur mit Funktionen und Telefonnummern der jeweiligen Büros ausgestattet ist, und ein anderes, das auch die Ansprechpartner namentlich aufführt. Das ist aber für uns Journalisten nicht offen zugänglich, weil es als Verschlusssache eingestuft ist. Aber jeder weiß, dass das hier in Berlin an jeder Ecke zu bekommen ist. Was soll das also?"

---

20 Bundeswehr zieht mit Besenstielen ins Manöver, Welt.de, 17.02.2015: https://ww w.welt.de/politik/deutschland/article137549045/Bundeswehr-zieht-mit-Besenstiele n-ins-Manoever.html.

21 Bei der Auswahl des Personals verzichtet die Bundeswehr – anders als andere Armeen – bisher auf eine originäre Laufbahn eines Presseoffiziers. Dennoch gibt es mittlerweile viele Presseoffiziere in allen Dienstgraden, die vielfach in solcherlei „Spezialverwendungen" tätig sind oder waren, ohne dass es einem richtigen Werdegang gibt. Durch Tätigkeiten außerhalb des Pressewesens, was bei jedem Presseoffizier passieren kann, nimmt die Bundeswehr ein gewisses Defizit an Professionalität und Erfahrung in Kauf. Dies bleibt auch den befragten Journalisten nicht verborgen.

Die Bundeswehr sollte mutiger sein

Insgesamt wünschen sich viele Journalisten „mehr Mut, mehr Offenheit, nicht so empfindlich, nicht so schnell beleidigt, mehr Austausch mit der Außenwelt, mehr Basisinformation für die Gesellschaft. Denn nach dem Aussetzen der allgemeinen Wehrpflicht muss Bundeswehr wieder neu gelernt werden."

Als vertrauensbildende Maßnahme werden in der Wahrnehmung der Journalisten Hintergrundgespräche eingeschätzt, die von den PIZ veranstaltet werden. „Hintergrundgespräche machen den Konflikt mit dem Ministerium erträglich, machen ihn handlebar." Allerdings ist die praktizierte Vereinbarung „unter 3" eine „Gratwanderung. Wir bekommen erklärt, warum man so handelt, wie man handelt, aber es gibt in der Regel keine Fakten, Termine, Einzelheiten oder Hinweise auf konkrete Maßnahmen. Das macht den Informationswert meist überschaubar." Deshalb sollte der Kern „eines solchen Gespräches schon eine besondere Botschaft sein. Sinnvoller ist eine offene Informationsarbeit über Fachtagungen, Vortragsveranstaltungen und Diskussionen. Nicht zuletzt auch deshalb, weil mit Hintergrundgesprächen meist nur eine überschaubare Ingroup erreicht wird."

Auch der Ort der Hintergrundgespräche ist bei einigen Journalisten ein Thema. „Wenn wir nach Potsdam, Gatow oder nach Strausberg herausfahren müssen, kostet uns das meist einen Tag. An einem zentralen Ort in Berlin wäre das organisatorisch für alle Beteiligten besser. Die Luftwaffe macht das gelegentlich."

Als besonders hilfreich, informativ und vertrauensbildend werden Einzelreisen z.B. mit den Inspekteuren bewertet. „Wenn ich mit dem Inspekteur des Heeres vier Tage in Afghanistan unzensierte Eindrücke sammeln kann, wenn ich Zugang zu vertraulichen Briefings erhalte, dann kann ich die Dinge als Journalist auch richtig einordnen. Das funktioniert dann viel besser als bei Begleitungen auf Ministerreisen mit Selbstinszenierungscharakter."

Vice versa – Die Sicht der Presse- und Informationszentren der Bundeswehr

Ende 2017 organisierten zehn Presse- und Informationszentren unterhalb der ministeriellen Ebene die Pressearbeit der Bundeswehr in Zusammenarbeit mit ihnen unterstellten Bereichen. Die Erfahrungen in der Zusammenarbeit mit den Journalisten sind erwartungsgemäß unterschiedlich. Dennoch, so die überwiegende Einschätzung: „neunzig Prozent laufen gut, aber es gibt noch Handlungsbedarf auf beiden Seiten." In der Selbstwahrnehmung der leitenden Presse(stabs)offiziere hat es in den vergangenen Jahren einen Wandel zu mehr „Offenheit und Transparenz in unserer Arbeit gegeben." Als „Startpunkt" für die neue „Offenheit" wird eine der jährlich stattfindenden Tagungen für die Presse- und Öffentlichkeitsarbeiter der Bundeswehr aus dem Jahre 2014 angegeben. Seit diesem Zeitpunkt „kommen wir dem Anspruch der ZDv A600-1 nach mehr wahrheitsgemäßer Differenziertheit in unserer Pressearbeit entgegen."[22]

So konnten Missverständnisse durch mangelnde „Kommunikation und Information" zwischen den Journalisten auf der einen Seite und den PIZ auf der anderen Seite „deutlich reduziert werden." Die neue Offenheit zeige sich in vielerlei Hinsicht. So berichtet z.B. ein PIZ vom Einsatz eines Journalisten von NTV, der im November 2017 für „vierzehn Tage an Bord der Fregatte Mecklenburg-Vorpommern" war. „In dieser Zeit konnte er ohne Einflussnahme über den Auftrag, die Mannschaft und alle Ereignisse an Bord berichten. Die Frage, die sich hier stellt: Wo kann man sonst in einem sehr sensiblen Sicherheitsbereich ohne Kontrolle berichten oder drehen? Wäre das z.B. in einem Kernkraftwerk möglich? Sicher nicht!"

Im Übrigen sei ein Vorfall, im Bundeswehr-Jargon ein „besonderes Vorkommnis" während des Einsatzes der Fregatte vor der libyschen Küste auch ein Beispiel für „schlechte, weil falsche journalistische Sensationsberichterstattung ". Der Hintergrund: Am 8. November 2017 fallen von einem libyschen Schnellbot aus Schüsse im Umfeld der deutschen Fregatte. Die Bildzeitung titelt: „Schnellboot greift deutsche Fregatte an." Wie der NTV-Reporter vor Ort feststellen konnte und entsprechend berichtete, könne „von einem Angriff keine Rede sein, aber es ist eine Provokation".[23]

In den Interviews mit dem leitenden Personal der PIZ wurde an verschiedenen Stellen auf die besondere Verantwortung der Presse- und Informationsarbeit im Hinblick auf die Öffentlichkeit, aber auch im Hinblick auf den eigenen Bereich hingewiesen. „Wir arbeiten in einer Armee, in der es ca. 180.000 Soldaten gibt und ca. 75.000 zivile Mitarbeiter, viele davon in internationalen Einsätzen. Da kann man nicht alles steuern oder vorhersehen, um Schadensbegrenzung zu betreiben. Jeden Tag kann irgendwo irgendwas passieren. Und Journalisten und besonders die sozialen Medien sind dann oft schneller als wir."

---

22 Zentrale Dienstvorschrift A600-1 Informationsarbeit, BMVg Pr-/InfoStab (herausgebende Stelle) i.d.j.g.F., S. 5.

23 NTV, 8. November 2017, Die "Provokation" im Mittelmeer, Wie Libyer eine deutsche Fregatte bedrängen, https://www.n-tv.de/politik/Wie-Libyer-eine-deutsche-Fregatte-bedraengen-article20123012.html.

Das Bemühen um eine offene und vertrauenswürdige Informationsarbeit werde besonders bei den zahlreichen Auslandseinsätzen deutlich. „4.100 Soldatinnen und Soldaten leisten aktuell in 16 Einsätzen und einsatzgleichen Verpflichtungen ihren Dienst. Ca. 280 Journalisten konnten sich in den letzten Monaten über die Bedingungen vor Ort informieren und frei berichten. Einschränkungen von unserer Seite gab es nur im Zusammenhang mit notwendigen Sicherheitsmaßnahmen." In den meisten Fällen würden diese Sicherheitsmaßnahmen den Journalisten auch rechtzeitig erklärt. Immer ginge es um den notwendigen Schutz der eingesetzten Soldaten und nicht zuletzt auch um den Schutz der Journalisten. „Im Einsatz geht die operative Sicherheit vor." Beispiele dafür gibt es viele: „Beim Schutz unserer Camps können wir es nicht zulassen, dass Befestigungseinrichtungen oder das Gelände umher gefilmt oder fotografiert und ins Netz gestellt werden. Jeder potenzielle Angreifer kann sich dann ein Bild von unseren Schutzmaßnahmen machen und das zu seinem Vorteil nutzen. Das gefährdet das Leben unserer Soldaten." Gleiches gelte z.B. für die Reihenfolge von Einsatzfahrzeugen auf Patrouille oder deren Bewaffnung. „Wenn man das den Journalisten erklärt, findet man fast immer dafür Verständnis, und es gibt an dieser Stelle auch keine besonderen Probleme."

Anders sieht es aus, wenn Soldatinnen oder Soldaten als Interviewpartner gewünscht werden und zur Verfügung gestellt werden sollen. Oft beklagten Journalisten, dass ihnen nur ausgewähltes Personal zur Verfügung gestellt werde. „Das mag in dem einen oder anderen Fall richtig sein, aber es ist für uns heute wesentlich schwieriger als in der Vergangenheit, Protagonisten zu finden, die bereit und in der Lage sind, Interviews zu geben. Da gibt es schon Ängste, dass man etwas falsch macht, dass Freunde, die Familie oder Kameraden in der Heimat einen dann so sehen oder erleben." Auch dafür müsse man Verständnis aufbringen. Es mache keinen Sinn, „jemanden zu einem Interview zu befehlen." In diesem Kontext sind auch die überall nutzbaren „neuen Kanäle" wie Twitter, Facebook, WhatsApp, Instagram u.a. ein besonderes Problem. Jeder kann heute aus den Einsatzbereichen heraus diese Sozialen Medien nutzen, das gelte für Soldaten wie für die Journalisten und jeden anderen Außenstehenden. „Da werden sicherheitsrelevante Informationen in Sekundenschnelle über den Erdball verbreitet, an Familienangehörige, Freunde, Kameraden getwittert. Das erfolgt unkontrolliert und ist unkalkulierbar, und es besteht in keinem Fall Anspruch auf Gründlichkeit bei der Recherche oder auf Wahrheit." Daraus können für alle Beteiligten erhebliche Risiken erwachsen. „Wenn wir versuchen, das durch notwendige Belehrungen einzuschränken, hat das nichts mit unverhältnismäßigen oder überflüssigen Restriktionen zu tun."

Ein besonders Problem besteht dann, wenn Soldaten im Einsatz zu Tode kommen. Hier gälte es abzuwägen zwischen der Informationspflicht gegenüber der Öffentlichkeit (Journalisten) und dem notwendigen Schutz der Persönlichkeitsrechte des Betroffenen und seiner Familienangehörigen. „Niemand will die Nachricht über den Tod eines Angehörigen aus den Medien erfahren. Hier hat der Schutz des Einzelnen für uns absolute Priorität. Auch wenn wir uns um einen unverzüglichen Kontakt zu den Angehörigen bemühen, kann das im Einzelfall schon mal ein bis zwei Tage dauern. Menschen sind nicht überall und zu jedem Zeitpunkt erreichbar." Ob man bis dahin auch zu dem einzelnen Vorfall eine „Nachrichtensperre verhängen muss, wie zunächst im Falle des abgestürzten Kampfhubschraubers Tiger in Mali, bleibt strittig."[24]

Insgesamt aber werde die Priorität der Informationspflicht gegenüber den betroffenen Angehörigen von den Journalisten akzeptiert.

Qualitätsunterschiede

In der Qualität und der Professionalität der journalistischen Arbeit sehen die PIZ deutliche Unterschiede. Den sicherheitspolitischen Hauptstadtjournalisten wird dabei, mit wenigen Ausnahmen, guter investigativer Journalismus bescheinigt. „Die Recherchen und Berichte sind meistens ergebnisoffen, so wie es sein sollte, auch wenn uns das eine oder andere nicht passt."

Schwierig werde es manchmal beim Boulevardjournalismus. Hier gilt oft das Motto: „Gegenüber der Truppe fair, aber immer kritisch gegenüber der Politik." Und da ist dann, bei aller teilweise berechtigten Kritik, die Recherche „auch nicht immer ergebnisoffen." Es ist für einen Journalisten eben auch schwierig, wenn er „einen Bericht verfasst, die Headline zu seinem Artikel aber von einer anderen Redaktion im Verlag geschrieben wird."

Wenig Probleme in der Zusammenarbeit gebe es mit den digitalen privaten Medien. Sie seien in der Regel „populistisch, aber fair. Da interessiert halt mehr das Leben im Felde und nicht der große politische Zusammenhang oder ob der Minister dies oder jenes sagt."

---

24 Augen Geradeaus, 26. Juli 2017, Zwei deutsche Soldaten bei Hubschrauber-Absturz in Mali getötet (Neufassung), http://augengeradeaus.net/2017/07/bundeswe hr-kampfhubschrauber-angeblich-ueber-mali-abgestuerzt/.

Das Entscheidende im Hinblick auf eine vertrauenswürdige Zusammenarbeit zwischen den Presse- und Informationszentren und den Journalisten
sei immer das Einhalten der definierten Regeln. „Ohne Rules of Engagement geht es nicht. Und daran müssen sich alle Beteiligten halten. Wir genauso wie die Journalisten." Wenn man z.B. Vertraulichkeit in einem bestimmten Zusammenhang vereinbare, dann sollten sich die Journalisten
„ohne Wenn und Aber" auch daran halten. „Ohne Vertraulichkeit kein Vertrauen. Das muss ja eine kritische Berichterstattung nicht ausschließen."

Ein Beispiel dafür, „was aus unserer Sicht nicht geht: Wenn ein leitender
Presseoffizier in einem Einsatzland mit dem anwesenden Minister ein ver-
trauliches Gespräch führt, dann hat das den daneben stehenden Journalisten nicht zu interessieren." In diesem Fall gab es anschließend an den Journalisten den Hinweis: „Wenn Sie das schreiben, werde ich es dementieren."
Die Reaktion des Journalisten wenig später auf Nachfrage des Presseoffiziers: „Wenn die Redaktion ja gesagt hätte, hätte ich es gebracht." Dies ist,
in der Bewertung des PIZ, ein völlig inakzeptables Verhalten des Journalisten gewesen. Andere Verstöße gegenüber vereinbarter Vertraulichkeit erge-
be sich aus der Unkenntnis mancher Journalisten gegenüber der in allen
Fachkreisen eigentlich geläufigen „Regel unter 3" (!).[25]

So sei in einigen Redaktionen ein schneller Wechsel von Journalisten zu
beobachten, „die erst in die Fußstapfen ihres Vorgängers hineinwachsen
müssen." Dabei würden immer wieder – auch unbeabsichtigt – handwerkliche Fehler gemacht. Und dies beträfe gelegentlich auch Verstöße gegen
die „unter 3"-Regel. Das sei aber „vermeidbar und ein internes Lernpro-
blem in den Redaktionen. Wir auf unserer Seite müssen uns aber darauf
verlassen können. Ob beabsichtigt oder unbeabsichtigt: Ein Verstoß gegen
die Vertraulichkeitsregelung kann erheblichen Schaden verursachen."

Das Einhalten von Verabredungen sei aber auch in anderer Hinsicht von
Bedeutung. Wenn Journalisten in einem Vorgespräch zu einem Interview
oder einem Bericht angeben, dass sie einen Beitrag in einem bestimmten
Fachmagazin veröffentlichen, dann sollte man sich auch an diese Absprache halten. Wenn dann aber dieser Artikel in einer ganz anderen Zeitung
erscheine, „dann ist das auch keine vertrauensbildende Maßnahme."

Unfairer Journalismus werde auch durch folgendes Beispiel deutlich:
Vor der Trauerfeier für einen gefallenen Bundeswehrsoldaten wurde aus
Pietätsgründen mit den anwesenden Journalisten vereinbart, keine O-Töne

---

25 Spiegel Online, 06.07.2016, Die Unter-Drei-Regel, http://www.spiegel.de/politik/d
eutschland/medien-was-die-unter-drei-regel-besagt-a-1101548.html.

aufzunehmen.[26] Trotzdem kam ein privater TV-Sender auf den verantwortlichen Presseoffizier mit laufender Kamera zu und fragte:" Was sagen Sie dazu, dass die Feldjäger mit ihrem rigiden Vorgehen die Meinungsfreiheit mit Füßen treten?" Nach der Bitte, die Kamera auszuschalten, um die Vereinbarung „heute kein O-Ton" erklären zu können, versuchte das TV-Team „die Kamera ohne Bild, aber mit Ton weiterlaufen zu lassen." So ein Verhalten präge das wechselseitige Verhältnis nachhaltig und gestalte eine künftige Zusammenarbeit eher schwierig. „Das kann auch dazu führen, dass wir Journalisten nicht mehr mit Informationen bedienen."

Termindruck contra Seriosität

Die Qualität journalistischer Berichterstattung verringert sich nach Einschätzung der befragten Offiziere auch durch die offensichtlich immer schmaleren Zeitfenster in den Redaktionen. Darunter leide manchmal die Recherche. Wer heute online mit aktueller Information punkten wolle, der habe schlicht keine Zeit für eine solide Recherchearbeit. „Und dann gehen Meldungen raus, die falsch sind und anschließend wieder zurückgenommen werden müssen." Dadurch werde auch das Image so manchen soliden Mediums in Mitleidenschaft gezogen. Auch bei eigentlich „soliden" Printmedien komme das vor.

So berichtete eine angesehene Tageszeitung im Sommer 2017 von dem Tod eines Bundeswehrsoldaten nach einem Übungsmarsch. Der Grund für dieses Vorkommnis seien Aufputschmittel gewesen, die der betroffene Soldat zusammen mit Kameraden eingenommen habe. In dem Zusammenhang würde sich – so der Autor - auch die Frage nach der „Qualität" der Ausbildung bei der Bundeswehr stellen. Im Übrigen sei der Zeitung schon seit längerer Zeit bekannt, dass Soldaten der Bundeswehr leistungssteigernde Aufputschmittel nähmen.[27]

---

26 " Der Originalton (O-Ton) ist die Aufzeichnung eines singulären akustischen Ereignisses. Im Rundfunk werden O-Töne in sämtlichen Darstellungsformen verwendet beziehungsweise mitgeschnitten, während Printmedien daraus zitieren oder Auszüge aus Interviews drucken. Dem Journalisten dient der O-Ton gleichermaßen als Dokument bei der Recherche wie auch als Stilmittel für die Darstellung: Zitate und Auszüge lockern Berichte, Reportagen und Dokumentationen auf. Inhaltlich lassen sie sich einsetzen, um Aussagen zu bestätigen oder zu widerlegen". Aus: Deutsches Journalisten Kolleg, https://www.journalistenkolleg.de/lexikon-journalismus/o-ton .

27 Vgl.: FAZ vom 14.08.2017.

Nachdem sich nun die Behauptung, Aufputschmittel seien ursächlich für den Tod des Soldaten, als falsch herausstellte, musste die Zeitung die Meldung noch am selben Tage zurücknehmen.

Selbstkritik

Einige der verantwortlichen Offiziere der PIZ weisen auch auf Probleme der bundeswehrinternen Presse- und Öffentlichkeitsarbeit hin. Es gebe teilweise eine zu enge Anbindung an den Pr-/InfoStab. „Da betreiben wir schon manchmal vorauseilenden Gehorsam, und das ist nicht gut für uns, für die Journalisten nicht und sicher auch nicht für das Ministerium." Bei einigen besonderen Vorkommnissen – also i.d.R. Ereignissen mit Krisencharakter – würde man sich schon eine „Trennung der Welten" wünschen. Viele Dinge beträfen die Teilstreitkräfte und nur mittelbar das Ministerium. Wenn z.B. ein menschenverachtendes Video, an dem Bundeswehrsoldaten beteiligt sind, auftauche, wieso „kann das Thema zunächst nicht bei uns bleiben? Das ist auch eine Frage des Vertrauens. Ich bin auch sicher, dass wir bei unserer Generalität kompetente Ansprechpartner für die Journalisten finden, die erklären können, wie wir beispielsweise mit unserem Traditionsverständnis umgehen." Das setze aber Vertrauen voraus und den Willen zu delegieren. „Beides fehlt, und man hat den Eindruck, dass sich da auch nicht viel ändern wird."

In einigen Fällen würden im Ministerium auch handwerkliche Fehler gemacht. Im Fall „Pfullendorf zum Beispiel. Da titelt Spiegel Online im Februar 2017: ‚Bundeswehrausbilder zwangen Soldatin zum Stangentanz'.[28] Das war eine klassische Falschmeldung, wie sich später herausstellen sollte. In dem Zusammenhang „wird die Ministerin vorschnell und mit falschen Fakten gebrieft und geht viel zu früh an die Presse. Ein Fehler mit Folgen. Das hätte der verantwortliche Sprecher vermeiden können. Wir kennen ja alle die Formulierung – nach dem vorläufigen Stand der Dinge kann man heute so viel sagen…".

Im Übrigen gebe es auch keine Koordinierung der Kommunikation zwischen den meisten Presse- und Informationszentren. Es sei denn auf der Grundlage von Eigeninitiative. „Wir arbeiten hier ohne erkennbare Koordinierung mehr nebeneinander als miteinander. Das wäre eigentlich auch

---

28 Spiegel Online, 14.02.2017, Bundeswehrausbilder zwangen Soldatin zum Stangentanz, http://www.spiegel.de/politik/deutschland/bundeswehr-skandal-in-pfullendorf-sadistische-praktiken-in-der-ausbildung-a-1134529.html.

eine wichtige Aufgabe des Pr-/InfoStabes. Gelegentliche Treffen der Leitungsebene der PIZ zum Gedankenaustausch reichen da nicht aus."

Fazit

Die journalistische Befassung mit der Bundeswehr ist heutzutage begrenzt durch ein „freundliches Desinteresse" der Öffentlichkeit an den Streitkräften. Themen der Berichterstattung sind in der Regel aktualitätsbezogen und gehen oft zu Lasten eines tieferen Diskurses über grundsätzliche Fragestellungen und Zusammenhänge der Rolle der Bundeswehr in der Außen- und Sicherheitspolitik der Bundesrepublik Deutschland.

Der Einfluss der Leitungsebene des BMVg auf die unterstellten Bereiche des Presse- und Informationswesens wird durch die befragten Journalisten unterschiedlich bewertet. Die Beurteilungsspanne reicht dabei von „Selbstinszenierung und vorauseilendem Gehorsam" bis zur Feststellung, dass die „Strukturen des Systems Bundeswehr" größer sind, als die Einflussmöglichkeiten eines Ministers/einer Ministerin. Die Arbeit des Presse- und Informationsstabes des Bundesverteidigungsministeriums beurteilen die Journalisten auch deswegen mehrheitlich als restriktiv, definiert durch den Anspruch allgemeiner Kontrolle.

Die Strategien zur Beeinflussung der Berliner Hauptstadtjournalisten durch lancierte und selektierte Information sind für eine sachgerechte Berichterstattung genauso kontraproduktiv wie die gelegentliche Praxis des Ministeriums, missliebige Journalisten vom Informations- und Unterrichtungsmodus abkoppeln zu wollen. Für Journalisten gilt ungeachtet dessen immer der Grundsatz: „Und wir berichten doch!" Der Presse- und Informationsstab des Ministeriums wird dann aber seinem selbstauferlegten Anspruch, wahrheitsgemäß, umfassend und transparent informieren zu wollen, so nicht gerecht.

Im Bereich der Krisenkommunikation empfinden einige Journalisten die Informationsstrategie des Ministeriums in vielen Fällen als wenig professionell. Hier fehlt aus ihrer Sicht oft der Mut zum Delegieren an eine Ebene, die erfahrungsgemäß mehr Kompetenz im Detail besitzt und Inhaltsvermittlung authentischer betreiben kann. „Das größte Problem der Medienarbeit in der Bundeswehr ist ihre defensive und reaktive Grundhaltung.

Die Öffentlichkeitsarbeit mit ihrer Nachwuchswerbung ist zwar offensiver und auffälliger geworden, die eigentliche Medienarbeit jedoch zu ängstlich, zu sehr auf Selbstverteidigung ausgelegt. Skandale und Probleme werden zu schnell den nachgeordneten Pressestellen in die Schuhe geschoben, die eine Berichterstattung darüber angeblich nicht verhindern konnten. Eine moderne Krisenkommunikation muss anders aussehen. Sie sollte Krisen als ständige Herausforderung verstehen und dazu Strategien entwickeln, die auch für alle Beteiligten lebbar und praktikabel sind."

Auf der Grundlage der journalistischen Erfahrungen können sich u.a. folgende Anregungen für eine Optimierung der Zusammenarbeit zwischen Bundeswehr und Medien ergeben: Eine Verbesserung der internen Terminkoordinierung kann wichtige Einladungen zu Parallelveranstaltungen auszuschließen. Eine transparentere Gestaltung der „Erklärungsmodi" kann Missverständnisse ausschließen, warum z.B. ein Interview oder Besuch zu einem vereinbarten Termin nicht stattfinden kann. Den regionalen Presseoffizieren muss mehr Eigenständigkeit und Auskunftsdelegation zugebilligt werden. In die Ausbildung sollten Module zum Thema Umgang mit Medien in allen relevanten Führungslehrgängen der Bundeswehr platziert werden, wie es in der Luftwaffe teilweise schon der Fall ist. Nicht zuletzt wäre eine Professionalisierung der Funktion des Presseoffiziers durch Einrichtung einer eigenen Laufbahngruppe hilfreich für die mediale Außenwirkung der Bundeswehr.

Hintergrundgespräche sollen beibehalten werden, auch um den Informationswert zu verbessern und – insbesondere für Hauptstadtjournalisten – den Veranstaltungsort Berlin im Sinne einer einheitlichen Pressearbeit zu Generalthemen der Bundeswehr zu zentrieren. Mit einer Erweiterung der journalistischen Informationsmöglichkeiten durch Fachtagungen, Vorträge und Diskussionsrunden könnte der Dialog zwischen Journalisten und Bundeswehr auf eine neue Basis gestellt werden.

In ihrer Selbstwahrnehmung ist die Pressearbeit der PIZ geprägt vom Spannungsbogen zwischen Informationspflicht und Absicherung zum EigenschutzIm Zweifel bestimmt die Schutzverpflichtung gegenüber den anvertrauten Menschen Art, Umfang und Inhalt der zur Verfügung gestellten Information. Die Qualität der Zusammenarbeit mit den Journalisten wird aus Sicht der PIZ damit definiert durch Vertrauen, Offenheit und Aufrichtigkeit. Absprachen sind dazu einzuhalten und eine vereinbarte Vertraulichkeit darf von Journalisten nicht unterlaufen werden. Das ist gesetzt und gilt uneingeschränkt für alle Beteiligten.

Im Unterschied zu den Journalisten üben verantwortliche Presseoffiziere auch ungefragt Selbstkritik. Das zeigt Praxisnähe, Souveränität, Lernfähigkeit und die Bereitschaft zur Veränderung in einem schwierigen Umfeld, geprägt von Hierarchien, festgefügten Strukturen und erheblichem institutionellem Beharrungsvermögen.

Autorenverzeichnis

PD Dr. phil. Oliver Bange, Wissenschaftlicher Direktor und Referent im Bundesministerium der Verteidigung, Abteilung Politik, Berlin

Dr. phil. Franz Beitzinger, Vertreter der Professur für Unternehmenskommunikation an der Universität der Bundeswehr, München

Dr. phil Heiko Biehl, Leitender Wissenschaftlicher Direktor und Leiter des Forschungsbereichs Militärsoziologie am Zentrum für Militärgeschichte und Sozialwissenschaften der Bundeswehr, Potsdam

Dr. phil. Peter Busch, Senior Lecturer im Department of War Studies am King's College, London

Marc Chaouali M.A., Wissenschaftlicher Mitarbeiter am SFB/Transregio 138 „Dynamiken der Sicherheit" im Teilprojekt B06 „Versicherheitlichung und Sicherheitsexport" und Doktorand am Lehrstuhl für Neueste Geschichte (Prof. Conze) an der Philipps-Universität, Marburg

Dr. phil. Jörg Jacobs, Wissenschaftlicher Direktor im Bereich Weiterentwicklung am Zentrum Informationsarbeit der Bundeswehr, Strausberg

Dr. phil. Thilo Jungkind, ehemals wissenschaftlicher Mitarbeiter am Exzellenzcluster 16 – „Kulturelle Grundlagen von Integration" – der Universität Konstanz und wissenschaftlicher Assistent an der Universität des Saarlandes. Heute Lehrer für Wirtschaft und Geschichte an der Klingerschule in Frankfurt am Main

Dr. phil. Gerhard Kümmel, Wissenschaftlicher Direktor und Leiter des Projektbereichs „Wandel von Streitkräften" im Forschungsbereich Militärsoziologie am Zentrum für Militärgeschichte und Sozialwissenschaften der Bundeswehr, Potsdam

Prof. Dr. Dr. Phil C. Langer, Professor für psychoanalytische Sozialpsychologie und Sozialpsychologie an der International Psychoanalytic University in Berlin

Dr. phil. Gottfried Linn, freier Journalist, Geschäftsführer der Agentur Linn KMT-Kommunikation-Medien-Training, Bonn und Berlin

Dr. phil. Karl-Heinz Lutz, Oberstleutnant und Leiter des Projektbereichs Einsatzunterstützung am Zentrum für Militärgeschichte und Sozialwissenschaften der Bundeswehr, Potsdam

Dr. phil. Heiner Möllers, Oberstleutnant und Leiter des Projektbereichs Medien am Zentrum für Militärgeschichte und Sozialwissenschaften der Bundeswehr, Potsdam

Dr. phil. Florian Schaurer, Referent in der Abteilung Politik des Bundesministeriums der Verteidigung, Berlin

Klaus Schroeder M.A., Wissenschaftlicher Mitarbeiter am Arbeitsbereich „Geschichte moderner Gesellschaften" bei Prof. Dr. Thomas Welskopp an der Universität Bielefeld

Dr. phil Adrian Teetz, Wissenschaftlicher Mitarbeiter und Fachbereichsleiter Kommunikation am Zentrum Informationsarbeit der Bundeswehr, Strausberg

Dr. rer. pol. Meike Wanner, Wissenschaftliche Angestellte im Projektbereich Innere Führung, Ethik, Militärseelsorge am Zentrum für Militärgeschichte und Sozialwissenschaften der Bundeswehr, Potsdam

Dipl.-Soz. Dinah Wiestler, Wissenschaftliche Mitarbeiterin für Soziologie an der Pädagogischen Hochschule Heidelberg und Promovierende des Landesgraduiertenkollegs „Die Grenzen der Zivilgesellschaft" (Baden-Württemberg) an der Universität Heidelberg

PD Dr. phil. John Zimmermann, Oberstleutnant und Referent bei den Wissenschaftlichen Diensten (WD 2) des Deutschen Bundestages, Berlin

Prof. Dr. phil. Natascha Zowislo-Grünewald, Professorin für Unternehmenskommunikation an der Universität der Bundeswehr München